亲爱的提奥：梵高传

[荷] 文森特·威廉·梵高
[荷] 约翰娜·梵高·邦格 —— 著

阳亚蕾　李玲 —— 译

长江出版传媒　长江文艺出版社

文森特·威廉·梵高（1853 年 3 月 30 日—1890 年 7 月 29 日），后期印象画派代表人物，是 19 世纪人类最杰出的艺术家之一。他热爱生活，但在生活中屡遭挫折，备尝艰辛。他献身艺术，大胆创新，在广泛学习前辈画家伦勃朗等人的基础上，吸收印象派画家在色彩方面的经验，并受到东方艺术，特别是日本版画的影响，形成了自己独特的艺术风格，创作出许多洋溢着生活激情、富于人道主义精神的作品，表现了自己心中的苦闷、哀伤、同情和希望，这些作品至今享誉世界。

约翰娜·梵高·邦格（1862 年 10 月 4 日—1925 年 9 月 2 日），提奥·梵高的妻子，艺术品交易商，她整理了文森特·威廉·梵高的全部画作和书信，也是她让文森特·威廉·梵高被世人熟识，她让全世界看到了他的画作。

内容简介

　　对许多人来说，梵高完美诠释了什么是疯狂的天才艺术家，但他也是一个善于思考、富于智慧的人。梵高的每一幅画作基本上都在他给弟弟提奥和友人的信中用诗一般的语言描述出来。在他的信中，人们可以读到他对艺术的信仰和独到见解，他对感情的态度以及他对待这个世界的方式。本书萃取梵高数百封信件之精华，将这位伟大艺术家的人生轨迹和闪光思想清晰地展现在读者面前。

图书在版编目（CIP）数据

亲爱的提奥：梵高传 / （荷）文森特·威廉·梵高，（荷）约翰娜·梵高·邦格著；阳亚蕾，李玲译. --武汉：长江文艺出版社，2024.3
（世界名人名传典藏系列）
ISBN 978-7-5702-2029-8

Ⅰ. ①亲… Ⅱ. ①文… ②约… ③阳… ④李…Ⅲ.
①梵高（Van Gogh, Vincent 1853-1890）—传记 Ⅳ.
①K835.635.72

中国国家版本馆 CIP 数据核字（2023）第 031735 号

亲爱的提奥：梵高传

QIN AI DE TI AO：FANGAO ZHUAN

责任编辑：黄柳依　　　　　　　　责任校对：毛季慧
整体设计：壹诺设计　　　　　　　责任印制：邱　莉　胡丽平

出版：长江出版传媒　长江文艺出版社
地址：武汉市雄楚大街 268 号　　　邮编：430070
发行：长江文艺出版社
http://www.cjlap.com
印刷：湖北新华印务有限公司

开本：710 毫米×970 毫米　　　1/16　印张：24.5　　　插页：4 页
版次：2024 年 3 月第 1 版　　　2024 年 3 月第 1 次印刷
字数：450 千字

定价：59.00 元

夜间咖啡馆　1888 年

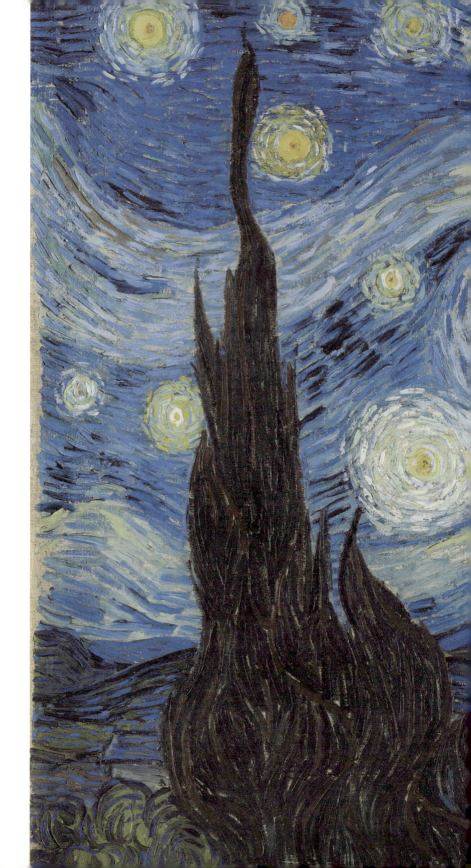

星夜　1889 年

加谢医生的肖像　1890 年

向日葵　1889 年

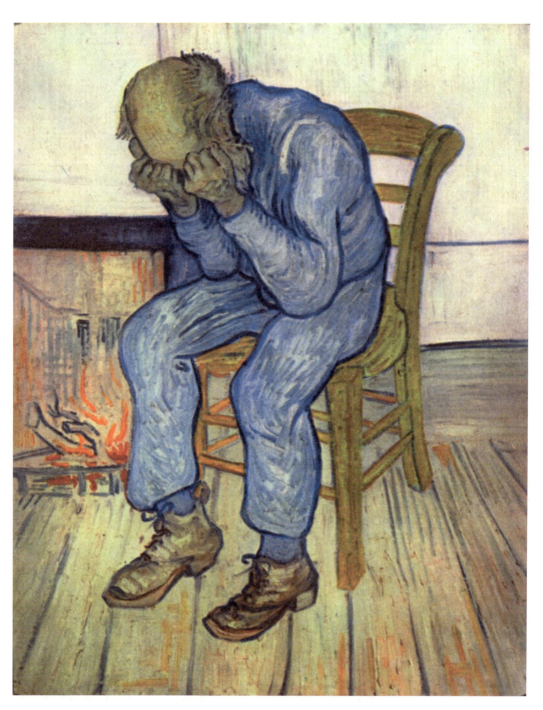

悲伤的老人　1890 年

阿尔勒的卧室　1888 年

橄榄树　1889 年

❉ 目　录 ❉

序
追忆文森特·梵高

　　梵高这个姓可能起源于德国边境上的小城高赫，不过早在16世纪，梵高家族就迁居到了荷兰。根据阿诺尔得·布谢里乌斯所著的《家谱》，在他生活的那个时代，有一位雅各布·梵高住在乌德勒的"市政厅后面"；一位简·雅各布住在"麻布市场里"，靠卖酒和卖书为生，他的儿子是国民卫队的队长。

　　梵高家族的盾徽是一个横条加上三朵玫瑰，直到现在，这依然是梵高家族的饰章。

　　在17世纪，梵高家族的许多成员都在荷兰拥有了很高的社会地位。乔纳森·梵高，是聚特芬的地方法官，于1628年被提拔为联盟的高级财务部长；米歇尔·梵高，最初为驻巴西的总领事，后来成了荷兰的财务部长，他之后作为大使馆的成员，接待了1660年加冕的英国国王查理二世。几乎在同一时期，博斯克普有一位叫科勒里乌斯·梵高的牧师，他的儿子马修斯起初是高达的一名医师，后来移居到莫德雷赫特，也成了一名牧师。

　　18世纪初，梵高家族的社会地位稍有下降。定居在海牙的大卫·梵高是一名金制品拉丝工匠，他的长子简子承父业，后来娶了一位名叫玛利亚·斯塔尔维乌斯的女子为妻，夫妻二人在都瓦龙教区的管辖范围内生活。

　　大卫的次子文森特（1729—1802年）是一位专业的雕刻家，据说在巴黎度过了自己的青春岁月；在1749年，他曾是瑞士核心队（瑞士的一支步兵军队，早先是法国国王的私人卫队）的一名队员。他的艺术天分在后人身上得到了继承，他直到死都孤身一人，死后留给了他的侄子乔纳森——哥哥简·乔纳森之子（1763—1840年）一些遗产。

　　起初，乔纳森同他父亲一样，是一位金制品拉丝工匠，后来，他为了一名讲经的老师，在海牙的一所修道院里任职。乔纳森后来娶了来自马林斯的乔安娜·范德琳为妻，他们的儿子文森特（1789—1874年）收到了同样名为文森特的叔叔的遗赠，得以进入莱顿大学学习神学。这位文森特就是我们的画家的祖父，他是一位智力出众、责任心极强的人。在大学里，他的表现十分优秀，获得了所有的荣誉和证书。1805 年，校长德布依先生这样评价他："聪颖而勤奋的青年文森特·梵高，是所有学生的榜样，他严于律己，待人热忱。"在莱顿大学，文森特顺利地完成了学业，1811 年，22 岁的他在这所学校毕业。他广交朋友；他的友书上写满了拉丁文和希腊文的诗句；他有一个小巧的丝质花冠，上面刺着紫罗兰和勿忘我，标记着 E. H. 薇拉达格，显示了花冠出自这位名叫薇拉达格的姑娘之手。后来，文森特在本斯霍普定居下来，就同姑娘喜结连理。他们幸福地生活在了一起，一开始住在本斯霍普牧师住宅，后来搬到了欧彻，1822 年后定居布鲁达。1857 年，他的妻子在此谢世，文森特继续在布鲁达生活，直到去世，这是一位值得尊敬和钦佩的人。

文森特夫妇一共养育了十二个子女，其中一个不幸在襁褓中就夭折了。文森特家人间的感情由一条温暖而诚挚的情感纽带维系着，尽管孩子们后来可能会天各一方，但他们依然会深深地牵挂着彼此，同甘苦共患难。其中两个女儿均嫁给了地方高官——庞皮将军和克劳温将军，另外三个女儿终身未嫁。

他们的六个儿子都身居要职。约翰内斯参加了海军，并获得了海军的最高军衔，也就是中将。当他担任阿姆斯特丹海军船坞的司令官时，他的侄子文森特曾经在他家居住了一段时间。约翰内斯有三个儿子成了画商：长子亨德利克，他在信中被称为"海因叔叔"，他在鹿特丹踏入商界，之后又在布鲁塞尔定居；科尼利厄斯·马利努斯成为 C. M. 梵高公司的总负责人，他在阿姆斯特丹广为人知（他的侄子经常以他的简称 C. M. 称呼他。）；对侄子文森特和提奥影响最深的三子，名叫文森特，他因为年少时身体虚弱而没能进学院深造，这让对他寄予最高期望的父亲深以为憾。文森特在海牙开了一家小商店，出售颜料和画具，他仅用了几年时间就把它扩大为欧洲颇有声誉的画廊。他是一个天赋异禀、聪明而又机智的人，在那时的艺术世界有很大的影响力。在巴黎，古比尔让他担任自己公司的合作伙伴，这家公司在梵高加入后名噪一时。正是在那里，文森特和提奥第一次接受商业培训。古比尔在他们的生命中扮演了重要的角色——"家园"。提奥留在那里，事业风生水起，文森特在那里工作了六年，那儿一直是他心中最留恋的地方，因为在年少时，那里对于他来说是"世界上最好，最宏伟，最美的地方"。

梵高牧师的六个儿子中只有一个继承了父业。提奥多鲁斯（1822—1885 年）在乌特勒支学习神学，后顺利毕业，并于 1849 年开始在津德尔特生活，那是比利时边境布拉班特的一个小村庄，这一任命来自他的父亲。提奥多鲁斯·梵高富有魅力（有人称他为"英俊牧师"），他天性博爱、品格高尚，却不是一个天资优良的布道者。在被委派去其他地方之前，他一直被遗忘在小村庄津德尔特，而他后来也只去了像埃顿、海尔福伊特和纽恩南这样的小地方。但在他的小交际圈里，人们对他深怀敬意，他的孩子们也很崇拜他。

他在 1851 年 5 月和安娜·科尼莉亚·卡本特斯结婚，她 1819 年出生于海牙，其父亲威廉姆·卡本特斯是海牙有名的图书装订商。他装订了荷兰的第一部宪法，因而获得了"国王的装帧商"这一头衔。他最小的女儿科尼莉亚嫁给了文森特·梵高——那个艺术品交易商；他的长女嫁给了阿姆斯特丹著名的牧师斯特里克。提奥多鲁斯·梵高和安娜·卡本特斯的婚姻十分美满。安娜是他的得力助手，全身心地支持他的工作。尽管这个大家庭让她有干不完的活，但她依然和他一起去拜访他的教民们。宁静乏味的乡村生活从未熄灭她欢悦生动的生命之光。她是一个非凡而可敬的女人，即便不幸在晚年（她活到了 87 岁）时失去了丈夫和三个成年的孩子，她也仍然保持着充沛的精力与向上的精神，用难得的勇气排遣忧愁。

除了对大自然有着深厚的爱，安娜的独特之处之一便是她把自己的想法在纸上表露出来的能力。她那双经常帮助他人的繁忙的手，握着的不仅有针线，还有笔。"我只想寄给你几句话"是她最喜欢的措辞，然而就是这样的"几句话"恰好能给收信人带来安慰与力量。在将近二十年里，它们对我来说都是永不枯竭的希望与力量之源，在这本书里，那是对她的儿子们的纪念，是作为一个母亲的追忆。

1852 年 3 月 30 日，津德尔特的牧师住宅里诞下了一个死婴，一年后的同一天，安娜·梵高生下了一个健康的男孩。根据两位祖父的名字，他被命名为文森特·威廉姆，和外表一样，他的品质和性格都更多地遗传自母亲。文森特生命中展现出来的充沛精力和不屈意志，基本上都源自他的母亲；他还从母亲那里继承了突出的眉毛下好奇的目光。和双亲亚麻色的肤色不同，文森特的皮肤有些微红；他中等身材，双肩开阔，给人强壮坚定的印象。他母亲的话也证实了这一点，她说，除了文森特，她没有一个儿子十分强壮。如果是体格稍柔弱一些的孩子，在文森特偏激性格的重压下，一定早就崩溃了。当他还是个孩子时，他就很难相处，经常惹麻烦，并且以自我为中心，而在他的成长过程中，这些问题也没有得到及时的引导，因为他的父母对长子特别温柔。有一次，梵高祖母从布雷达来看望在津德尔特的子女，看到小文森特在发脾气。有着养育了十一个子女经验的祖母，抓着小犯人，把他带出了房间，并大声教训了他。温柔的母亲为此愤怒得一整天都没和婆婆说话，多亏了和蔼的父亲才让两个人重归于好。提奥多鲁斯有一辆可以跑夜路的四轮马车，于是他载着两个女人来到野外，在感受美丽自然风光的同时，她们原谅了对方。

文森特从小就对动物和花朵表现出了极深厚的爱，他热衷进行各种搜集，这时的他在绘画方面的天赋还没有显现出来。根据文森特回忆，在他 8 岁的时候，他用黏土做了一只小象，这引起了父母的注意，可后来由于父母的过度关注，他马上就把小象毁掉了。后来他又画过一只猫，可最后同样没逃过被撕毁的厄运，这件事给他的母亲留下了深刻的印象。文森特短暂地接受过乡村学校的教育，但是他的父母发现这些针对农村男孩的课程使文森特变得十分粗野，于是他们决定聘请一位家庭女教师，在自己家中给孩子们上课，这时他们已经有了六个孩子。梵高出生后过了两年，一个小女孩就降生到了这个家中，又过了两年，在 1857 年的 5 月 1 日，这个家庭又迎来了一个男孩，和父亲一样，他被取名为提奥。在这之后，又相继降生了两个女孩和一个男孩。（妹妹威廉明娜一直和母亲生活在一起，一直同文森特保持着不太频繁的书信往来。）同长他 4 岁的哥哥文森特相比，提奥更温柔善良一些，他的面孔更俊俏，体型也更匀称，他们都面色微红，眼睛是淡蓝色的，光线较暗的时候，眼睛又是一种蓝中透绿的颜色。

1883 年，梵高曾比较了他和提奥在相貌上的异同。1889 年，在提奥写给我的信中，参照罗丁为施洗约翰雕刻的大理石头像，他也对文森特的外貌进行了描述——"施洗约翰的形象是基督的预表，这座雕像和文森特实在是太像了，虽然罗丁和他素未谋面。可那流露出的愁绪，那因深深的皱纹而扭曲的额头，显示出深邃的思想和严格的自律，完全和文森特一样。虽然相较之下，文森特面部的棱角要更分明些，除此之外，两者鼻子的形状和头部的结构完全一样。"后来我也去看了这尊雕像，发现雕像人物与提奥也有惊人的相似之处。

从孩提时代开始，文森特和提奥两兄弟就形影不离。最大的妹妹在回忆起年少时光时，总会说起一些有关文森特的好玩的事。提奥只记得文森特会发明有趣的游戏，有一次为了向文森特表达感谢，他们在花园的玫瑰丛里摘了一朵最美丽的玫瑰花送给了文森特。他们的童年充满了布拉班特乡村生活的快乐，在乡村牧师住宅的范围内，他们在玉米地里、在荒原和松林间成长，童年生活是他们此生难忘的回忆。幸福的童年使他们将来面对苦难时有些措手不及。在不得不走出乡村，独自面对这个世界的时候，他们年纪尚轻，可他们还是带着苦涩的忧郁上路了。在此之后的许多年里，难以言喻的思乡之情总是萦绕在他们心头，他们是如此思念那个甜蜜的家，它就在荒原上的小小村落里。

文森特后来回到过布拉班特许多次，他的样子看起来还是像个"乡巴佬"。至于提奥，他已经彻头彻尾地变成了一个巴黎人，可他总是笑称，他的心里还藏着某些属于"布拉班特男孩"才会有的东西。

梵高曾说过，"在我和弟弟的记忆中永远都无法忘怀的便是布拉班特的田野地和石楠林"。因为父亲去世，母亲不得已搬离了牧师住宅，对此梵高颇有抱怨，"现在我们已经没有人留在布拉班特了"。后来，他的弟弟来阿尔勒医院探望他，因为此事满怀伤感，便枕在他身旁，梵高便悄声说，"我们离开布拉班特，就像小时候离开津德尔特一样"。不久之后，梵高在其信中写道："当我卧病在床，我仿佛回到了津德尔特小镇。家中的每个房间、镇里的每条道路、花园中的每株花草、镇子周围的田野地连同街坊邻里、教堂墓园、教堂和教堂背后家里的果菜园，甚至连墓园中搭在刺槐树上的喜鹊窝都一一浮现在眼前。"

那些童年的回忆如阳光般照耀在梵高的心底。12 岁那年，梵高便被送往泽文伯根的寄宿学校，关于那段时光，没有任何痕迹可寻，除了梵高的一位妹妹后来在写给提奥的信中提到，"你还记得母亲生日那天文森特是怎么从泽文伯根赶回来的吗？后来我们都玩了些什么？"在寄宿期间，梵高是否结交过朋友，依然无从得知。

在他 16 岁的时候，关于职业的选择变得十分迫切，于是他向叔叔文森特寻求指点。

文森特叔叔通过经营艺术品交易公司赚取了一大笔钱，虽然他与公司依然有着经济上的联系，可由于自身的健康问题，不得不很早就从巴黎竞争激烈的生意场上退休了。他定居在普林森哈格，靠近他的老父亲生前居住的布雷达，同他住在津德尔特的关系最亲密的哥哥也相距不远。在冬季，他和妻子习惯在法国南部的门托尼度过，在去门托尼的旅途中，他们有时也会在巴黎稍作逗留，所以，他并非完全与生意场绝缘。他在普林森哈格有一座漂亮的房子，展出自己收藏的珍贵画作。后来他又对这里进行了扩建，就是在这里，文森特和提奥第一次在艺术的世界里大开眼界。一方面，文森特叔叔没有孩子，他怀着一颗诚挚而热情的心往返于津德尔特的牧师住宅和普林斯哈格。孩子们总是大声欢呼着，欢迎从普林斯哈格来的"那辆马车"，因为它总是带来许多惊喜——花朵、稀有的水果、精美的食物。另一方面，津德尔特的侄子侄女们齐聚一堂的热闹场面，也会在这位来自普林斯哈格的病人心上洒下令人愉悦的光亮。文森特叔叔和提奥多鲁斯只相差一岁，他们彼此间的关系非常亲密，他们的妻子又是亲姐妹，这使他们之间的感情更加牢固。这位富裕的艺术品交易商的年轻侄子自然而然成了他事业上的接班人，甚至是他的继承人。

1869 年，文森特作为最年轻的雇员进入海牙的古比尔公司工作，师从特斯提格先生，那时，一个光明的前程似乎在等待着他。他住在位于贝斯滕广场的罗斯一家的房子里，后来提奥也寄居在这户人家家中。这是一座十分舒适的房子，文森特物质上的所有需求都得到了满足，可是他们的精神上并没有任何交集。在海牙，他经常去母亲的亲戚朋友家中拜访，比如说汉尼贝克一家，范·斯特科姆一家，还有苏菲·卡本特斯婶婶一家，她家里有三个女儿，其中一个嫁给了我们著名的荷兰画家安东·毛弗，另一个嫁给了一位名不见经传的画家。在特斯提格写给文森特父母的信中，他写道，就像他祖父年轻时一样，文森特是一个"勤奋学习的青年"，深受大家的喜爱。

文森特在海牙工作的三年时间里，提奥依然在奥斯特韦克（靠近海尔福伊特）上学，这期间，他有时会来哥哥这里小住几天。在 1872 年 8 月的那次小聚后，兄弟二人开始书信往来，这些现在看来褪色变黄、笔迹稚气的书信，直到文森特去世之前也未曾间断。在文森特去世后，人们在他身上找到了一封写了一半的书信，信的结尾处写着心灰意冷的"我还能再说些什么呢"，似乎是在向这个世界挥手告别。

他们二人生活中发生的主要事件在信中都有提及，细节部分也有补充，这些细节要么是从提奥那里听说的，要么是在提奥与父母的书信往来中找到的，这些书信保存得很完整。（遗憾的是，文森特写给父母的信都损毁了。）从 1873 年 1 月开始，两人就开始通信，那时提奥只有 15 岁，他来到了布鲁塞尔，后来成长为一名艺术品交易商。

这些信总充满了对一个过早离开家的男孩的怜爱和关心——"提奥，你现在还只有 15 岁啊！"母亲在写给提奥的一封信中这样说道。他们都如此牵挂这个孩子，因为他和别的孩子不同，他一直温柔而虔诚地回报着他们的爱，并成长为"他们晚年的荣耀"，他们总喜欢这么称呼他，这些信件事无巨细地记录了牧师住宅里日常生活中的琐事：花园中的鲜花开得如何，果树如何繁育，有没有听到夜莺的歌声，来了怎样的访客，弟弟妹妹们在做些什么，父亲的布道词，除了这些，还有许多关于文森特生活的细节。

在 1873 年，这些信的收信地址改到了伦敦的公司。离开海牙的时候，特斯提格先生对文森特表达了极高的赞赏，他还给文森特的父母写信，告诉他们在画廊里工作的每一个人都喜欢和文森特打交道，不管是实习生、正式员工还是画家，他将来肯定会在事业上取得成功。"这对于我们来说是极大的安慰，他的职业生涯的第一段时期就此画上了一个句号，这时的他还和以前一样单纯。"母亲的信中这样写道。起初，文森特在伦敦的生活进展顺利，他一年能拿到 90 英镑，虽然生活费用昂贵，可他依然养成了存钱的习惯，时常往家里寄钱。像一个真正的商人那样，他也给自己买了一顶礼帽，"你在伦敦不能没有一顶礼帽，"他还喜欢每天从郊区到位于伦敦南安普敦街道上的画廊上班。

他最初租的房子是两位女士的，她们养了两只鹦鹉。这个地方的住宿条件不错，可对于文森特来说价格还是有些贵，于是在 8 月，他搬到了罗伊尔太太家，这是一位郊区牧师的遗孀，家乡在法国南部，和女儿乌苏拉一起开办了一间招收儿童的学校。在这里，文森特度过了一生中最快乐的时光。乌苏拉在他身上留下了不可磨灭的印象，"我从来没看见过，也没想到，会有如此关爱彼此的母女"，他在给一个妹妹的信中这样写道，"看在我的分上，爱她吧。"

他从未向父母提及这件事，因为就连他自己也不能确认对乌苏拉的爱，不过他的这些寄回家的信中闪耀着欢乐的光芒。他在信中说他十分喜欢自己现在的生活——"多么充实的生活啊，感谢上帝的赐予！"

9 月，一位熟人来到伦敦，顺便为文森特捎来了一个包裹，如果你知道这里面装的是什么，一定会觉得很特别。包裹里除了一些日常用品，还有一捆草，一根橡树枝条做的花环，这是提奥放假在家时亲手做的，这一时期，他已经得到了来自布鲁塞尔的任命，将要去往海牙的古比尔公司工作。文森特的房间里必须装饰一些能让他想起深爱的田野和森林的东西。

他同罗伊尔一家一起度过了一个愉快的圣诞节，在这一段时间里，他时常会把一些小画作寄回家，这些画作的内容主要是他所居住的这座房子、外面的大街以及他自己的房间。"通过这些画，我们可以清楚地知道他住在什么样的地方，这些画都画得棒极了！"他的母亲在信中这样写道。在这一时期，文森特的绘画天赋得到了极大的显现。后来，他在从德伦特写给提奥的信中这样写道，"贝斯滕广场在我的画笔下不知道出现了多少次，我从南安普敦大街回来时已经是夜里了，一种虚无感袭来，然后仿佛有一个声音在对我说，'什么叫透视，我会经历多少困难，要是早点结婚，我该是多少孩子的父亲了。'"

在这一时期，文森特同马修·马里斯（他是一位住在伦敦的著名荷兰画家）见面的机会很多，可由于生性害羞，他没敢同他畅所欲言，也从未向他表露出自己的仰慕之情。要实现梦想，他还有很长的路要走，这条路注定是坎坷的。

一月，文森特涨工资了，直到春天结束，他的信中依然透着亢奋和欢愉。他打算在七月回荷兰一趟，在这之前，他似乎向乌苏拉告白了，却从她口中得知，在文森特出现前，她已经同之前在她家寄宿过的一个人订婚了。文森特试图打动她，让她解除和那人的订婚,可是没有成功。情感上遭受的初次重创,使他的性格发生了巨变。当他回荷兰休假的时候,他瘦了很多,沉默寡言,悲痛让他像变了一个人似的。他的母亲这样写道:"文森特画了许多漂亮的画,他画卧室的窗户玻璃,画前门,房子的每个角落都出现在了他的笔下,他还画从伦敦的窗子里向外眺望时看到的街道,他的这个令人赏心悦目的天赋对他来说意义重大。"

最大的妹妹希望他能换个环境,在她的陪伴下,文森特重新回到了伦敦。这一次,他住在肯辛顿新路 395 号的常青藤小屋,这里的房子带家具。同家庭生活彻底隔绝开后,文森特变得越来越沉默和沮丧,也越来越虔诚。

他的父母对于他离开罗伊尔一家这件事感到很高兴。"这家子有太多的秘密,不像是一个普通的家庭,哪怕幻想的破灭给了文森特沉重的打击。"他的父亲写道。他的母亲也不无担忧地说道:"夜晚已经够长了,他的工作很早就结束了,他一定常常很孤独,这孤独要是没给他的心造成伤害该多好。"

文森特这种离群索居、与世隔绝的生活让他的双亲既焦急又担心,他的叔叔文森特也要求他多跟人打交道,"和人交际跟学做生意一样重要"。然而,他的阴郁情绪一直没有得到疏导,文森特寄回家的信越来越少。他的母亲甚至以为是伦敦的大雾让他的儿子变得压抑了,觉得换个环境可能对他有帮助。"可怜的孩子,他天性善良,可我知道,他正在经历一段非常痛苦的时期。"

1874 年的 10 月,文森特叔叔将文森特调到了巴黎的其他分公司,可他对此却并不高兴,事实上,因为文森特感到大为恼火,所以没有给家中忧心忡忡的双亲写信。"他只是心情不太好。"文森特的姐姐说,提奥也这样安慰父母,"他没事。"

12 月底将至的时候,文森特回到了伦敦,他依然住在之前租住的房间里,继续过着离群索居的生活。他这一时期的生活真可以用古怪来形容。他对作画的热情减退了,可是他依然广泛地阅读,从《勒南文集》上摘抄的一句话标志着伦敦时期的结束。通过这些摘抄,我们可以窥见文森特这一时期的想法,以及他对完美的追求。"牺牲所有的私欲来成全伟大的事情,使精神变得崇高,超越几乎存在于所有人身上的庸俗。"然而文森特自己也很迷茫该如何实现自己的这个目标。

1875 年 5 月,他因为画廊的特殊任命,需要长期在巴黎工作,然而,巴黎是一个让他没有归属感的地方,他更喜欢待在自己的"小屋子"里,那个位于蒙马特区的狭小房间反而能让他感觉自在些。每天清晨和夜晚,他都会和自己年轻的朋友哈里·格拉德维尔一起读《圣经》,他不愿流连于巴黎上流社会的各种场合。

他的父母从他寄来的信中感觉到情况有些糟糕,等他在圣诞节回家的时候,他们进行了一次谈话。父亲给提奥的信中这样写道:"我觉得文森特最好离开古比尔公司两三个月,这会对他有好处,不过眼下最紧要的是他要改变一下自己的心态,他并不开心。"文森特的家人是如此爱他,又怎么会让他留在一个让他不开心的地方呢?可文森特想要为家里人做些什么,想成为一个有用的人,想干一番大事,至于具体做什么他目前还没有规划,但肯定不是在这间艺术画廊里。他一从荷兰回到巴黎就被布索先生(他是古比尔先生的女婿,是古比尔公司的继承者)叫去面谈,在4月1日这天,文森特被解雇了,他接受了公司的这个决定,没有为自己做任何辩护。其实他大可以解释说自己回荷兰老家过圣诞去了,可这段时间正是巴黎的生意最忙的时候。

在他的信中,文森特试图表现得轻松愉快一些,可是他的周围仿佛有一团团乌云正聚集过来,这使他的心终日感到苦闷和焦虑。这一年,文森特23岁,刚丢了工作,找到更好的工作的机会又十分渺茫。文森特叔叔对于这个和他同名的侄子很是失望,后来干脆放任他不管了。他的双亲都很想为儿子尽一份心力,虽然他们为此不得不动用了给孩子们准备的请老师的钱,但依然帮不了文森特多少忙。(牧师的工资是一年820盾。)文森特已经受过教育了,现在也要为他的弟弟妹妹们请家庭教师了。好在没过多久提奥就成了这个家庭的可靠支撑,家中的大小事务大家也愿意寻求他的意见。在那时,提奥就建议文森特潜心作画,然而文森特并没有听取他的意见。他的父亲建议他去博物馆找份工作,或者自己开家小型画廊,就像文森特叔叔和科尼利厄斯叔叔创业时开的那种。这样一来,他就能遵从自己关于艺术的一些想法,而不用违背本心去向顾客兜售那些他认为画得很差劲的画作。然而这一次,他的心又一次地飞向了英国,他要去那里当一名老师。

1876年4月,通过一则广告,文森特在拉姆斯盖特的斯托克先生手下谋到了一个职位。7月时,斯托克先生又把他的学校搬到了伊斯莱沃思。学校提供食宿但没有薪水,于是,文森特很快接受了来自卫理公会牧师琼斯先生的工作邀约,因为他的学校能提供更好的待遇,这份新工作和副牧师的工作性质有些类似。

他写给家人的信中透露着悲观。"似乎有什么在威胁着我,"他写道,而他的父母也充分察觉到他并不满意以教书为生。他们建议他考一个法国或德国学院的文凭,但他根本听不进去。"我希望他能找到一个和艺术或者自然有关的工作,"他的母亲在信中说,她明白儿子正经历着什么。在绝望的重压下,他虔诚地信仰和依靠着宗教,希望能够从中获得安慰。他对美的追求那样执着,同时,他也想为了帮助身边的人好好活下去。有时,他似乎沉醉于英文文本和赞美诗甜蜜和谐的文辞中,沉醉于浪漫迷人的英国乡村教堂中,沉醉于笼罩着英国的充满爱的神圣的氛围中。那些日子他的信里带着近乎病态的敏感。他不厌其烦地谈论和教堂有关的职位,然而他在圣诞节回家后却决定不返回伊斯莱沃思了,因为他在那里毫无前途。他和琼斯先生保持着友谊,琼斯先生后来在纽恩南小住了几日,他们后来又在比利时再次碰面。文森特叔叔又一次利用自己的影响力为他在多德雷赫特的一间书店安排了一个工作。他接受了,但并不热衷于此。他的一个妹妹写给提奥的信中见解独到,"你认为他并不是一个寻常人物,我倒觉得如果他把自己当作一个普通人会更好一些。"另一个妹妹写道,"他的信仰把他变得既迟钝又不合群。"

传播福音依然是文森特唯一热衷的事,终于,他决心学习神学。阿姆斯特丹的叔叔们早就承诺过会竭尽所能地给予帮助,文森特住在海军最高首脑约翰内斯·梵高的家中,这能帮他省去一大笔花销;斯特里克姨夫给他找了教授古典课程最好的老师;在科尼利厄斯叔叔的艺术画廊,他对绘画的爱好能得到满足。每一个人都在帮他,让他的这条求学之路走得更顺利些,除了文森特叔叔。他对文森特做出的这个选择很是反对,因而袖手旁观——他的看法最终被证明是对的。文森特意气风发,他开始努力了。首先,在被大学录取之前,他得通过入学考试,这会花去他七年的时间。他焦虑的双亲询问远在阿姆斯特丹的亲人们,24 岁的文森特是否有毅力坚持学习下去,因为他从来没有接受过正规教育。

1877 年 5 月到 1878 年,在阿姆斯特丹的这段日子对他来说是一段既漫长又悲伤的时光。半年过后,文森特的激情和勇气就逐渐减退了,习作练习和语法学习都不是他想要的——他想要的是通过给人们传播福音,安慰他们,鼓励他们——如果是这样的话,他远用不着学这么多!他渴望实践性的工作,最终,他的老师也意识到文森特不可能学有所成,于是建议他放弃学习。在 1910 年 11 月 30 日的报纸上,门德斯·德科斯塔讲述了有关他这位后来变得非常有名的学生的一些事情,他回忆起文森特许多独特的地方:他总是很紧张,样子也有些奇怪,但也并不是完全没有魅力,他对学习很有热情,严格自律,并会对自己进行自我惩罚,可他最终还是不能适应正规的教育。这条路也不能帮助他实现自己的理想!后来,文森特坦白承认,虽然他在正规学习上花费了这么多时间和精力,但他依然很高兴。不过比起投身于看起来毫无希望的神学学习,他倒不如鼓起勇气寻找新的出路。这段求学之路被文森特视为"生命中最糟糕的时光"。

他会一直"恭谦"下去,现在的他想成为比利时的一位福音传道士,这份工作不需要任何证书,也不需要会拉丁文或希腊文。只需要在福音传道学校学习三个月——在那里，课程是免费的，只需要缴纳很少的食宿费——然后他就可以去一个地方开始传播福音了。在7月的时候，他和父亲一起上路了，同行的还有去比利时的琼斯先生。他们三人在埃顿待了几天时间，一起拜访了福音传道委员会的几位成员：来自鲁瑟拉勒的范登布林克牧师，来自马林斯的皮特森牧师以及来自布鲁塞尔的德容牧师。文森特详细地讲述了自己的经历，给这三位牧师留下了很好的印象。他的父亲这样写道："他在国外的那些经历以及去年在阿姆斯特丹度过的一年，总算派上些用场了，他在自我介绍中表示自己接受过教育，并且从学校生活中学到了很多。"随后，文森特顺利被福音传道学校录取了。可是这次新选择又给他的父母平添了新的焦虑，"我总是很担心文森特去了哪儿、做了些什么，他的古怪会把一切都搞砸的，他对生活的想法和态度都变得奇怪了。"他的母亲这样写道。他的父亲这样补充道，"当我们觉察到他已经觉得人生了无生趣的时候，我们很难过，他走路时总是低着头，我们已经竭尽所能地帮助他得到了一份体面的工作，可他偏偏选择了那条最难走的路。"

事实上，文森特的目标是——保持自我的谦卑，忘却自我，牺牲自我，牺牲每个人的私欲，这个理想是他在宗教上寻找到庇护后形成的，他做事从来不会半途而废。但是亦步亦趋地跟随前人的脚步，盲目地按照他人的意念行事，这不是他的性格，他要用自己的方式去帮助别人。8月末，文森特来到了这所位于布鲁塞尔的学校。这所学校才刚刚开始招生，只有三名学生。在博克玛先生的课上，文森特表现得最为积极，然而他在这所学校依然感到很不适应，就像他自己所说的那样"就像是一条离了水的鱼"，而且他总是因为奇特的穿着和举止被人取笑。即兴创作的天赋抛弃了他，他的生活完全被布道演讲占据了。老师们对他最大的反面评价是，"他一点也不顺从"。三个月的时光转瞬即逝，文森特并没有得到任命。他立刻给提奥写了一封信，他似乎因此深受打击。他的父亲收到了一封来自布鲁塞尔的信，大约是从福音传道学校寄来的，信中说文森特很虚弱也很瘦削，整晚不睡觉，处于一种紧张又兴奋的状态，建议家人最好能来把他接回去。

文森特的父亲马上赶到了比利时，顺利地解决了所有问题。文森特自发地前往博里纳日，在那里，他和范登哈根牧师住在教堂路39号，每个月需付30法郎的食宿费，这个地方在帕塔拉戈斯，靠近蒙斯。晚上，他教孩子们读书识字，拜访穷人，给他们布道。等到了1月，福音传道协会的成员们开会的时候，他会试着再争取一次任命的机会。同这里的人打交道让文森特感到很开心，在空闲时，他会绘制巨大的巴勒斯坦地图，那是他的父亲以每幅10法郎的价格向他定制的。终于，在1879

年的 1 月, 文森特得到了在瓦姆任期半年的工作机会, 报酬为每月 50 法郎, 工作内容包括布道、教孩子读书认字、拜访生病的人——文森特由衷地喜爱这份工作。他从那里寄出的第一封信中表现得心满意足, 他全身心地投入自己的工作中, 特别是那些需要他亲力亲为的工作, 他尤其热心于照顾那些生病和受伤的人。然而, 他又陷入了牺牲私欲的古老夸张的论调中——他试着将耶稣的教义付诸实践, 他把所有东西都奉献了出去——他的钱, 他的衣服和床, 他离开了位于瓦姆的温暖舒适的丹尼斯家, 租下了一间条件简陋的小棚屋。他在寄给双亲的信中提及了所发生的一切。在 2 月底的时候, 黎赛留牧师来巡查, 就在这时, 发生了一起矿难, 文森特的精神状态对于福音传道协会的人来说, 实在是太过狂热了, 而且他们认为这样一个连自己都忽视不管的人是无法给其他人树立榜样的。瓦姆的教堂协会马上召开了一次会议, 与会者一致认为, 如果文森特不解释清楚这一切, 他们将马上解除他的任命。然而, 文森特对此淡然处之。"我们现在该做些什么呢?"他这样写道, "耶稣在风暴中也十分平静, 在一切开始有所好转前, 事情可能会向另一个极端发展。"这一次, 他的父亲又来到了他身边, 成功地平息了风暴, 他把他带回了先前寄宿的那座古老房子, 劝诫他不要给自己太大的工作压力, 在这段时间, 一切都相安无事, 至少在他的信中没有提及什么烦心事。就在那时, 一次严重的矿井爆炸事故发生了, 热病蔓延开来, 文森特全身心地投入到了照顾矿工的工作中, 他那虔诚信教的母亲这样写道, "文森特的信里记录了许多有趣的事, 虽然在外人眼里他很古怪, 但是他对穷人有一颗温暖而关爱的心, 上帝总有一天会眷顾他的。"在同一时期, 文森特也在信中写道, 他画了一些矿工们的穿着和工具的素描, 等他回家时会带给他们看。在 7 月, 不好的消息接踵而至, "他没有按照协会的意愿办事, 冥顽不灵。所有关于他的评价他都充耳不闻。"他的母亲这样写道, 在六个月的任命结束后, 协会决定不再继续聘用他, 不过他们给了他三个月的时间, 让他另找一份工作。文森特离开了瓦姆, 步行来到布鲁塞尔, 他向已经从马林斯搬到了布鲁塞尔的皮特森牧师寻求建议。在闲暇时, 皮特森牧师也会用绘画来消磨时光, 他还拥有一间自己的画室。这大概也是文森特来找他寻求帮助的原因。疲劳至极又酷热难耐, 当精疲力竭且精神焦虑的文森特来到皮特森牧师家门外时, 他完全没料到自己的这副样子会吓坏了牧师前来开门的女儿。她连忙叫来了父亲, 然后就躲开了。皮特森牧师亲切地接待了文森特, 把最好的房间腾出来让他留宿一晚, 第二天还邀请他参观了自己的画室。文森特带来了自己画的一些矿工生活的素描, 两人谈话的内容无外乎绘画和福音传道学校。

"文森特给我的感觉是太过自我,"皮特森在给文森特父母的信中这样写道, 文森特母亲的原话是，"他很幸运，总是能找到愿意帮他的人，现在皮特森牧师就是那个帮助他的贵人。"

根据建议，文森特选择继续留在博里纳日，由于福音传道协会已经不再雇用他了，所以他的一切花费得由自己承担，他和弗兰克牧师一起住在奎姆。在8月中旬的时候，在父母的要求下，他回了埃顿一趟，看望双亲。"他看起来不错，就是穿得差了些，他整日埋头读狄更斯，穿戴整齐后才会跟人说话，对于自己的未来只字不提，"他的母亲这样写道。关于自己的未来，他又能说些什么呢？难道就现在的情况看，未来还不够惨淡吗？他曾经幻想着能够通过传福音，安抚和鼓励那些生活在苦难之中的矿工们，然而那段时间，他一直在疑惑与信仰间苦苦挣扎，曾经的幻想渐渐破灭了，他对上帝的信仰也开始崩塌。(《圣经》中的篇章以及对宗教的沉思越来越少地出现在他后期的书信中，最后彻底终止了。)没有出现任何转机，文森特在这段时间里潜心绘画与阅读，他读了包括狄更斯、比切·斯托、维克多·雨果以及米什莱在内的许多作家的作品，然而他所做的这些都是漫无目的、没有系统的。回到博里纳日后，他开始四处漫游，没有工作，没有朋友，很多时候连口面包也没有。他的父母和提奥会不定时地给他寄些钱，这些钱能勉强满足他的日常所需，所以文森特的生活一直很拮据，有时一连好几天甚至好几个星期口袋里都空无一文。

在10月，提奥在巴黎的古比尔公司得到了一个长期职位，他特意来看望哥哥文森特，想要帮他对未来做些规划，然而结果还是徒劳。文森特还没有做好做任何决定的准备，在挣扎着度过了跨越1879年和1880年的寒冬后，他对自身的能力越发怀疑，他的一生充满坎坷，那个寒冬无疑是他生命中最为悲伤且绝望的时期。怀着绝望的心情，文森特揣着仅有的10法郎，出了一次远门，他此行的目的地是朱尔斯·布勒东所在的库里耶尔。文森特相当欣赏他的画作和诗歌，他真诚地希望结识这位他仰慕已久的艺术家。然而当他来到库里耶尔，站在布勒东新建的画室前时，他感到自己一定会被拒之门外，于是一下子失去了自我介绍的勇气。备受打击、沮丧万分的他又长途跋涉回到了博里纳日。他的钱已经全花光了，于是他只能睡在干草垛上。有时，他会拿自己的画换一片面包，他开始感到体力不支，身体状况也随之变得糟糕起来。春天里，他又去了一趟位于埃顿的牧师住宅，再次说起要回伦敦的事。"如果他已经下定决心要去，那么我会支持他的。"他的父亲这样写道。然而他最终还是回到了博里纳日，1880年的夏天，他住在奎姆的矿工查尔斯·德克鲁克家。在7月，他写了一封非常感人的信，向家人坦白了自己内心正在经历什么——"我很焦虑，不知道自己能做些什么……我是不是真的那么一无是处，有什么事是我能做好的？"服务大众、安抚大众的古老愿望支撑着他继续写下去，他的内心里有一个声音在说，"我希望我的画能够像音乐一样安抚人心。"经历了这段被深深的沮丧和黑暗笼罩的日子后，终于，曙光到来了。阅读书籍没有给文森特带来满足，他也没有开始文学创作，正如他的书信中写到的那样，他又回归到了自己的旧爱上，"我对自己说，我会再次拾起画笔，我要重新开始画画，之后一切都会发生变化。"这听起来像是解脱后的哭喊，"别担心我，如果我能坚持画下去，就一定会成功的。"终于，文森特找到了自己的职业，精神也恢复了正常。他不再质疑自己，不管未来的生活会多艰难，他的内心依然能保持宁静，他坚信自己能够在绘画这条路上取得成功。

文森特和矿工德克鲁克的孩子们共用一个房间，这里也是他的第一间画室。在那里，他创作了自己的第一幅原创作品——一群早起去工作的矿工，从而开启了自己的职业生涯。在那里，他没日没夜地临摹米勒的画作，等到房间里已经装不下他的作品的时候，他开始在花园里作画。

秋天来了，寒冷的天气使室外作画不能再继续下去，而且他的房间已经被先前的画塞满了。于是，他在 10 月的时候搬到了布鲁塞尔，租住在一个小旅店里。他渴望能再次欣赏到名家的画作，更重要的是，他希望能结交别的艺术家。在他的内心深处，他极度渴望同情、善意以及友谊。他生性古怪，很难与人相处，这使得他在生活中总是形单影只，其实他一直非常希望能够找到自己生活和工作上的伴侣。

这一时期，提奥在巴黎得到了一个不错的职位，他能够在语言和实际上对文森特给予帮助。在他的促成下，文森特结识了年轻的荷兰画家范·拉帕德。这一时期，范·拉帕德恰好需要在巴黎工作一段时间。一开始，这段关系发展得很慢，因为两人简直天差地别，一个是年轻而富有的贵族，一个是被人忽视的来自博里纳日的流浪者，像这样的两个人是不可能一见面就能成为朋友的。然而，他们很快就发现彼此关于艺术的品位和看法是如此相似，两人间的友谊开始升温了。这也许是文森特在荷兰的唯一一段友谊，这段友情持续了五年时间，最终因为一次误解而破裂。每每回忆至此，范·拉帕德总是很后悔，虽然他承认和文森特相处并不是一件容易的事。

"每当我回忆起我们在布鲁塞尔初次见面的场景，就好像是昨天发生的事一样。早上九点，他走进了我的房间，一开始我们并没有一见如故，然而等我们一起工作了一段时间之后，我们之间的关系慢慢变得融洽起来，"在文森特去世后，范·拉帕德在给文森特母亲的信中这样写道，"他是集合了纠结、挣扎与痛苦的存在，只要是看见过他的人，都会对他产生深深的同情，他对自己的要求太过苛刻，这损害了他的身心健康。他来自一个诞生了许多伟大艺术家的家族。

"虽然文森特和我因为一次误解很多年都没有联系了，只要一想起这件事，我就很后悔。我依然会时常想起他，想起那些我们在一起度过的时光，那时，我俩在绘画上有很多的共鸣。

"不管将来会发生什么，我会将那段时光一直深藏于心。我喜欢回忆过去的事，文森特那阴郁的模样时常出现在我眼前，他的音容笑貌是那样清晰。纠结、狂热而又阴沉的文森特啊，他经常发火，也很容易被人激怒，可他的心灵是那样高尚，他在艺术方面的天赋又是那样卓越，让人由衷地倾慕并且想要和他结交。"

对于范·拉帕德的个人看法，文森特在他的信中展现得很清楚。通过提奥，他又结识了在当时名气较小的画家勒洛夫斯。勒洛夫斯建议文森特进入正规的美术学院学习，然而这一建议却被文森特拒绝了。也许其他人不认可他是因为他的绘画技能还不够高超，其实他可能对学院派的规则和理论非常了解，只是在绘画实践和理论上，他更喜欢用自己的方式进行探索。这就是他不与同一时期在布鲁塞尔的美术学院学习的荷兰画家，比如哈弗尔曼，结交的原因。

文森特自学解剖学，勤奋地写生，在他给父亲的一封信中，他提到自己正向一位贫穷的画家学习透视，每堂课两个小时，需要支付 1.50 法郎的学费。这位画家的名字无从考证，可能是一位叫作马迪奥的画家。

冬天快要结束的时候，范·拉帕德离开了他，他继续在范·拉帕德的画室里工作，因为他自己的房间实在是太狭小了，他渴望到新的环境里作画，尤其是到乡村里去。布鲁塞尔的日常花销高得让他难以负担，文森特想到，最省钱的方法就是回他父母所在的埃顿，在那里，他住宿和吃饭都不用花钱，他收到的那些钱都可以用在自己的绘画事业上。

他在埃顿待了八个月，1881 年的夏天对文森特来说，是一段快乐的时光。起初，范·拉帕德来到埃顿和他一起工作了一段时间。范·拉帕德欢乐地回忆起他在牧师住宅的那段生活，"我来到了埃顿！我进屋的时候，你还坐在窗下，"他在给文森特母亲的信中写道，"初到埃顿的那天晚上，我们一起在田间小径上散步，那是多么美好的回忆啊！我们后来又去了塞彭、帕西瓦尔塔、里斯博思，我总是忍不住掏出速写本，画下眼前的美景。"

8 月初，提奥从巴黎回到了埃顿，就在他回来之前，文森特特意带着自己的作品去海牙拜访了毛弗。毛弗对文森特的画作大加赞赏，这给了文森特极大的动力，恰巧也在这段时期，他又一次遇到了一个会对他的一生产生巨大影响的女人。在来到埃顿的牧师住宅消夏的客人中，有一位来自阿姆斯特丹的表亲——一位年轻的寡妇（在文森特后来的信中，他称其为"凯"）带着自己 4 岁的儿子。彼时的凯正沉浸在丧夫之痛中，她是如此深爱着自己的丈夫，她还没察觉到自己的美貌和动人的愁容在比自己小几岁的表弟心上留下了不能抹去的深刻印象。"他对我的儿子很好。"凯这样回忆道。文森特很喜欢小孩，他试图通过获得孩子的喜爱来间接赢得母亲的心。他经常和凯一起散步、聊天，还给她画了一幅肖像（后来这幅画不慎遗失了），但是凯并无意更进一步的发展关系。后来，文森特向她告白了，然而凯的回复却很决绝。她返回了阿姆斯特丹，再也没同文森特见面。文森特不能接受这个结果，生性固执的他不断地给凯写信，希望能赢得她的芳心。当凯最终不再回复这些信件的时候，文森特开始责难自己的双亲，因为他们并不赞成二人的结合。文森特后来特意去了一次阿姆斯特丹，却被凯拒之门外，他这场无望的爱恋最终宣告失败。

"他说他爱我，可我觉得这都是他的幻想，"凯后来说，然而对于文森特而言，凯的拒绝成了他生命中最为悲伤的转折点。假如凯对他的爱有回应，那么文森特也许会因此受到激励，为给凯和她的孩子更好的生活，努力争取社会地位。求爱失败后，文森特更加沉默寡言了，他一心扑在了绘画上，不愿进行任何改变让自己能够在经济上独立。他不愿意再待在埃顿，整个人变得非常易怒和焦虑。他和父母的关系也变得紧张起来，终于，在和父亲一次激烈的争吵过后，在 12 月，他突然离开了埃顿，去往海牙。

为了自己的绘画事业，他在海牙待了两年，这是他艺术生涯中非常重要的两年，他在信中事无巨细地记录下了当时发生的一些事。起初，由于环境的改变和与毛弗的接触，他的精神稍稍振作了些，然而被人轻贱和误解的感觉从未远去，他觉得整个世界都抛弃了他。1 月，文森特遇到了一个贫穷的、即将分娩的社会下层女人（他在信中称她为"克里斯汀"和"茜恩"），他将她置于自己的保护之下，一部分原因是出于怜悯，但更是为了填补自己生活的空虚。"我希望他这个所谓的模特不会带来什么坏处。人一旦孤独和愤懑了，坏事就跟着来了，"他的父亲在给提奥的信中这样写道。文森特和双亲都将提奥视为倾诉的对象，而他也是一个很好的倾听者。文森特父亲的担忧其实不无道理。然而文森特不想孤独地活着，他想为他人而活，他想要有一个妻子，有自己的孩子，在那个他深爱的女人拒绝他之后，他将第一个出现在自己人生道路上的不幸女人揽入怀中，虽然她生下的孩子和自己毫无关系。一开始，他强装出高兴的样子，并且在每一封寄给提奥的信中都试图向他证明自己的这一举动是多么的明智和充满善意。这个女人在医院生产完后，文森特极尽温柔地细心照顾她，但后来发生的事却让我们都很心痛，这个女人不值得文森特对她如此疼爱。文森特很为自己感到自豪，他现在有了属于自己的家庭了，然而，当他和那个女人真正生活在一起之后，他才意识到自己选择的另一半其实是一个粗俗、未曾受过教育的女人。她的脸因为曾经得过天花坑坑洼洼的，她说话的口音低贱，生性恶俗，既酗酒又抽烟，她还把文森特拉进了自己娘家的那一堆烂摊子里。很快，文森特不愿再在信中提及自己的家庭生活了。克里斯汀也不愿再当他的模特，虽然她起初就是因为这才赢得文森特的心的，（曾经，她坐着时，文森特以她为模特创作了那幅美丽的画作——《悲伤》），这原本是文森特非常期望的一件事。这次不幸的冒险尝试使得海牙当地原本对他抱有一丝兴趣的人立刻同他划清了界限。毛弗和特斯提格都不赞成他组建一个家庭，并且还是这样一个家庭，因为他自己都还在弟弟提奥的资助下生活。认识他的人和亲戚们都很惊讶，当他们看到文森特身旁竟是这样一个邋遢的女人的时候，没人愿意同他结交，也没人愿意来他家中做客。人们越发孤立他，和以前一样，只有提奥理解他，并且继续支持着他。

1883 年的夏天，提奥第二次来海牙探望文森特，他目睹了他的艰难处境——房间无人打扫，屋中陈设破烂，文森特负债累累。他建议文森特让克里斯汀走自己的路，因为她不适合像一般的妇女那样生活。克里斯汀自己也感觉到这样的生活无望再继续下去，因为文森特希望把更多的钱花在绘画上，留给她和孩子的生活费所剩无几，她已经和自己的母亲商量好了，要换一种方式挣钱。文森特也感觉到提奥的忠告是对的，他的心也渴望能换个环境，他渴望那种绘画需要他去哪儿他就去哪儿的自由生活，然而一想到要放弃现在所拥有的一切，他的内心还是挣扎了很久，他不愿让这个可怜的女人自生自灭。直到最后，他依然还在为她辩护，并留下了令人肃然起敬的话语——"她从未见过真正的善，又怎么能要求她从善呢？"

在他内心挣扎的这段时期里，他终于彻底地向提奥敞开了心扉。在海牙写的最后一批信中，他向提奥娓娓道来那些至今都令我们感到费解的事。这是他第一次在信中回忆起自己从古比尔公司辞职时发生的事，第一次解释自己不愿向人展示自己作品和不想成为一位高产画家的原因，他这样写道，"和他人说话让我感到很痛苦，我并不是怕和人说话，可我就知道我会给人留下不好的印象，我担心就算我努力向别人介绍自己，也只会让人觉得我是个古怪的人。"他还天真地继续写道，"人的脑子并不是什么都能接受的，就像范·拉帕德那样，他得了脑膜炎，去德国治疗去了。"他还写道，"别试图让我结交陌生的人，我怕我也会得脑膜炎的。"然后他再一次提起自己在埃顿所受的那次情伤。"哪怕是只言片语也会让我感觉那件往事对我的影响一点也没减少，它依然是我身上的一道伤痕，不管多少年之后，它依然会像一道新伤。"他还在信中袒露，如果没有在感情上受到那样沉重的打击，也许他现在会过着完全不一样的生活。

终于，在 9 月，他独自一人启程前往德伦特，他已经竭尽所能地给克里斯汀和孩子留下了一些生活保障。对文森特而言，这是一次痛苦的别离，尤其是想到要离开那个他如今已经视如己出的小男孩。

去德伦特的这次旅行并没有让他的心情得到改善，相反，他的情绪变得更加低沉。但是他在德伦特的这段时间里，写了许多优美的信。他在信中写道，这里仿佛已经进入了冬季，这座城市的人一点也不热情好客，他非常希望认识一些像利伯曼那样的艺术家，然而却没能成功。

孤独带来的痛苦和经济上的拮据让他的神经总是处于紧绷状态。他很害怕生病，1883 年的 12 月，他匆匆忙忙回到了父母的牧师住宅，这是他唯一能够想到的能让自己感到安稳的地方。

他的父亲这时恰好要离开埃顿，接到任命去纽恩南靠近艾恩德霍芬的一个村庄开始新的工作。新的地方，新的环境，这让文森特很高兴。这一次，他没有仅作短暂的停留，相反，他第一次自愿长期待在家里，这一待就是两年。

描绘布拉班特的景色和布拉班特式的画风成了他的人生目标，为了实现这一目标，他可以对所有的问题不管不顾。

对文森特而言，和父母住在一起是一件非常困难的事。在这栋小小的牧师住宅里发生的事转眼间就会传遍整个村子。在人们眼中，像文森特这样的画家显然是一个异类。他不遵守任何礼节和传统，没有任何宗教信仰，和其他人格格不入。文森特的父母能够如此长时间的容忍他，一定需要极大的耐性和伟大的爱。当后来从德伦特寄来的信的内容变得越来越阴郁之后，他的父亲不无焦虑地在给提奥的信中写道，"文森特的心情好像又很糟糕了。他成天都阴沉沉的，怎么能高兴得起来呢？只要一回想起过去发生的事，回想起那些同他关系破裂的人，他就非常痛苦。要是他有勇气反思，就该认识到，这一切都是因为他自身的古怪造成的。我认为他从来都不自责，只是对别人感到愤慨，尤其是对海牙的那些绅士们。我们和他相处时得务必小心，因为他似乎有些爱跟人对着干。"

所以，文森特的家人们和他相处时都表现得很谨慎。在他主动回到家之后，他们用无尽的爱接纳了他，并且竭尽所能地让他拥有一个舒适的生活环境。起初，他们对他的绘画事业没有抱多大期望，可是，随着文森特工作的进展，他们渐渐把这当成了一件让他们引以为傲的事。在12月初写给提奥的信中，他父亲写道，"你喜欢文森特给你画的那幅画着塔的素描吗？他画起来可真是得心应手啊！"在12月20日的信中，他父亲又写道，"你一定很想知道文森特的近况，一开始好像没什么希望，但是，慢慢的，他的生活开始步入正轨，尤其是当我们同意他在家待一段时间进行绘画创作之后。他让我们把最里面的那间房收拾一下，作为他的房间，我们其实并不觉得那间房适合人居住，不过那里有一个很不错的炉子。我们在石头地面上铺了一层木板，想尽办法把那里收拾得舒服一点：我们在木头床架上放了一张床垫，这样就不会太潮湿。我们把那个房间收拾得温暖又干燥，成果比我们预期的还要好很多。我原本还想给那间房弄个大窗户，但是这个想法被文森特否决了。简而言之，我们开始了新的尝试，给了他绝对的自由，比如说接受他奇特的穿着打扮，这是需要很大的勇气的。这儿的人差不多都见过他了，但是他和人见面时从不打招呼，这多少有些伤我的心，他不肯改掉自己那古怪的脾气……""他似乎在按你对他未来的规划努力着，但你最好别受他的影响，做些不切实际的事，他就有这个毛病。有一件事我可以确定，他工作起来很努力并且在这里找到了许多想要画下来的对象，他已经画了很多幅画了，我们都很喜欢这些画。"这就是文森特家人的感受，然而文森特对家人所做的一切依然不是十分满意，他希望他们能够更深层次地理解自己的内心，这是他的父母不管如何尝试，都不可能做到的。在1884年1月中旬的时候，他的母亲出了一场意外，摔断了一条腿，被人从赫尔蒙德送回了家，然而正是因为这次意外，文森特和家人的关系才有所缓和。文森特在巴里纳加时学到了专业的护理知识，他很用心地照顾受伤的母亲，家人们在那段日子的信中，无不对他无微不至的照顾表达了感谢。"文森特真是不知道疲倦，照顾母亲之余的时间全都花在了画画上，他对自己的绘画事业充满了热情。""文森特照顾起病人来既专业又细心，连医生都表示很赞赏！""文森特很会照顾人，同时，他工作起来也很有斗志。""我由衷地希望他能在绘画上取得成功，这样我们就能知道他的作品价值多少了。"他的家人们在2月寄出的那些信里这样写道。

文森特在那段时间写的信的内容却很阴沉，满是对提奥的抱怨和不公正的指责，他责备提奥从未卖出过他的一幅画，甚至都不愿意试一下，他在信的结尾痛苦地哭诉道："你不能给我一个妻子，不能给我一个孩子，不能给我一份工作——钱，是的，你给我钱了，但是我没有上面说的这些，要钱有什么用呢？"提奥一直都很理解他的这个哥哥，因此，他从不会用尖锐或愤怒的话来回复这些责难，他只会偶尔用半开玩笑讽刺似的口吻回应一下。5月的时候，文森特搬到了一间全新的、更大一些的画室，这两间房是天主教教堂的牧师的，新的改变让文森特的心情稍稍明朗了一些。没过多久，范·拉帕德又来找他了，他们一起工作了一段时间。在母亲休养的这段时间里，文森特和村子里的邻居和朋友们的接触变多了，因为他们几乎每天都来看望他的母亲，文森特在那些日子的信里写道，"和一开始相比，我和这里的人们相处起来自在多了，这对我来说真的是意义重大，因为任何人都需要些可以让他时不时分神的事，如果一个人太孤单了，那么，他的工作也会受到影响。"他接下来写下的话非常有预见性，"然而有一件事这个人必须得记在心上，那就是，这些让人分心的事不会持续太久。"事实上，苦难正向他逼近。在他母亲的这些访客中有一位姑娘很快引起了文森特的注意，她家就在牧师住宅的隔壁，她是家中最小的女儿。这位姑娘的年纪比文森特要大很多，她既不漂亮也不聪明，可她的思维很活跃，心地也很善良。她总是跟着文森特一起去探望那些穷人，他们总是在一起散步，最后，姑娘主动要求将他俩之间的友情升华为爱情。虽然文森特在信中没有流露出任何对这位姑娘的感情（事实上，他在信中很少提及这件事），但他的确有娶她的打算，然而这一决定却遭到了姑娘家人的强烈反对，她的几个姐姐因为这件事痛斥了文森特一番，在这种情况下，文森特的心情怎么能好得起来呢？

"文森特只会工作，不愿和人打交道，"他的母亲在 7 月的信里这样写道，事情的发展越来越糟糕，那个年轻的姑娘因为受到了刺激，动了自杀的念头，虽然最后失败了，但这次未遂的自杀举动严重地伤害了她的身体，她的家人不得不将她送往乌德勒支的一个医生那里接受治疗。半年之后，她的身体差不多恢复了，她回到了纽恩南，然而她和文森特之间的关系却永远破裂了。经历了这整件事之后，文森特又陷入到了阴沉、痛苦的心境之中。

这件事也给他的父母造成了一些伤害，因为邻居们都有意躲着他们似的，不再来家里做客了，因为他们不想碰到文森特。"因为这事，家里总是空荡荡的，但是一个做母亲的怎么能这样抱怨自己的儿子呢？"在那一年的 10 月，他的母亲在信中这样写道。就是在这个时候，范·拉帕德又一次来到了文森特的家里。"他不是一个健谈的人，但他工作起来很努力，"文森特的母亲这样写道。范·拉帕德在 1890 年写给文森特母亲的信中这样说道，"我时常回忆起他对纽恩南的那些织工们所作的观察，他细致地描绘着织工们被愁苦笼罩着的生活，但最后呈现出来的作品是那样令人难以理解。他还以教堂庭院里的那座高塔为对象，画了许多漂亮的画作。我总是记得，当月光照在画上的时候，它的美深深地打动了我。每当我回想起教堂附近的那两间屋子里的画作时，总是能唤起我脑海中很多的回忆。我还记得那个地方周围的一切，那座生气勃勃又热情好客的牧师住宅，它的花园是那样美丽，我还记得伯格曼一家，记得我们去拜访织工和农民们，我是多么喜欢发生在那儿的一切啊！"

范·拉帕德离开后，唯一能让文森特稍稍从工作中分心的事就是同艾恩德霍芬的几个熟人打交道。在他们的介绍下，文森特认识了几个油漆工，他们给他提供颜料。这些人里有一个之前是做金制品拉丝手艺的，一个叫赫尔曼的，一个制革工人，一个叫克尔斯梅克尔斯的，还有一个名字没有被提及的报务员，他们都在文森特的引导下爱上了绘画这门艺术。在 1921 年 4 月 14 日和 21 日的《阿姆斯特丹周报》上，克尔斯梅克尔斯先生回忆起那段往事，用如下文字向人们描述了文森特的画室，在他看来，那间画室非常具有"波希米亚风格"。

"那个地方被他的画塞得满满当当的，真是让人惊讶。这些画里有用水彩画的，有用粉笔画的，全是男男女女的头，他们都有着黑人一样翘起的鼻子，突出的下巴，以及大大的耳朵，这些人物画像给人一种古怪的感觉，他们的拳头上都结着老茧，手上满是褶皱；他还画了织工和他们的织布机，女人们在使用梭子，农民们在种土豆，女人们忙着织布，不计其数的静物。至少有十幅为那座位于纽恩南的古老教堂的高塔画的油画，那是他尤为偏好的绘画对象。不管是什么季节，不管是什么天气，他都乐此不疲地画着它（后来，这座古老的高塔被纽恩南的汪达尔人毁掉了，文森特是这样称呼那些人的）。

"火炉从来没有打扫或擦洗过，四周堆满了灰烬，有几把已经磨破了的椅子，橱柜上至少有三十种不同种类小鸟的窝，各种各样的苔藓和从荒野带回来的植物，一些小鸟形状的玩偶，织机梭子，手纺车，暖床器，各种农具，各式帽子，脏的女式无边帽，棉鞋，杂物多得不胜枚举。"克尔斯梅克尔斯还讲述了他们去阿姆斯特丹参观国立博物馆的那次旅行（1885 年秋）。文森特穿着他那件粗糙的阿尔斯特宽大衣，戴着那顶好像永远都不肯摘下来的羊毛帽子，平静地坐在车站候车室里画了几幅小镇风景画。他们一起欣赏伦勃朗的画作，文森特在《犹太新娘》前怎么也不肯离去，他最后对他们说，"你知道吗？我愿意用我十年的生命换取两周时间，让我可以坐在这幅画前面，除了可以充饥的干面包皮，我不需要别的东西。"

干面包对他来说算不了什么，据克尔斯梅克尔斯说，为了防止对自己太过纵容，文森特从来没吃过别的东西。他对文森特的作品做出了这样的描述："我第一次去纽恩南时完全不能理解它，它根本不是我期待中的那个样子，他的画给人强烈的视觉冲击，那么粗野，又那么天然，我根本不能欣赏它或者从中看出什么来。"

"虽然我愚昧地以为他不会画画，甚至完全没把那些人物画放在心上，但我第二次去的时候，印象已经改善了许多，我坦率地说出了自己的看法。他并没有因此生气，只是笑了笑，说：'你以后就不会这么想了。'"

与之相应的同一时期，冬天也阴郁地扫过了牧师住宅。"为了文森特着想，我希望冬天快点结束，他不能在室外工作，漫长的夜晚也不利于他的创作。我们经常认为他和同行待在一起会感觉自在些，但他不受我们左右。"他的父亲在 12 月时写道。他的母亲也抱怨，"为什么这么残忍。如果他对未来还有希望，那他就该表现自己，他还很年轻，可他的行为简直让人无法忍受。我觉得他想要改变，也许他会找到某些鼓舞人心的东西，在这里，他只顾着画画，从不和任何人说话。"但她还是提到了一件令人高兴的事情，"我们看到文森特从你那里拿了一本书，他好像很喜欢读那本书。我听到他说'这是本好书'，可以说你给他带来了很多欢乐。我很高兴我们能定期从读书俱乐部得到书籍；他对杂志里的插图最感兴趣，然后就是新颖的评论这之类的东西，他很高兴每周都有新东西。"文森特继续不停地在农夫和织工的村舍里创作。"我从来没有以比此刻更阴郁的面貌、更低落的情绪开始新的一年。"他在 1885 年新年那天写道。"他好像变得和我们越来越疏远了。"他的父亲抱怨道。与此同时，他父亲的信也变得越来越忧郁，好像他已经无法和这位颇有天赋但很难相处的儿子在一起生活了，并且他在儿子放纵的蛮横面前感到无助。"今早我和文森特谈事情，他又闹情绪了，但我实在不能理解他为什么这么沮丧，"他父亲最后说，"总之希望他成功吧。"3 月 25 日的这封信是他最后一次提到文森特。两天后，他走完穿过原野的长路后，不慎在自家门口摔倒，等到被人抬进屋时已经彻底断气了。这之后，牧师家庭开始了艰难的时光；母亲还会在那里继续住一年，但文森特的生活受到了直接的影响。在和其他家庭成员进行了几次毫无结果的讨论后，他决心不再住在牧师住宅里，干脆搬到了自己的画室，从 5 月一直住到了 11 月。这之后再没有能让他分心的事情，他可以专注于自己的目标——描绘农民的生活。他这几个月或是在织工的村舍里，或是和农夫在田野中度过。"这实在是一件乐事，能够在冬日的白雪中，在秋天的落叶中，在夏天成熟的玉米地里，在春天的草地上，总是和农家姑娘和收割者们在一起。夏天在广阔的天空下，冬天在热情的火炉边，知道事情总是这样而且以后也会这样。"文森特在信中写道。他现在终于和周围的环境融为一体了，当他寄给提奥第一幅伟大的作品《吃土豆的人》时，他可以理直气壮地说，它来自"农民生活的心声"。

在文森特的画笔下，一幅幅作品不间断地涌现：老农夫和他们女巫一样的妻子的农舍；墓地里古老的教堂塔；秋天的风景和鸟巢；许多静物写生和色彩强烈的布拉班特农夫。同样是在纽恩南，他写下了关于色彩的美妙文章，探讨了德拉克洛瓦的色彩法则。这似乎很奇怪，他这个后来被称为最早的印象派画家之一，或者是新印象派画家的人竟然宣称，"我听说过印象派这个流派，但对它知之甚少"。本着他一贯的反驳精神，他又说，"根据你的介绍，我知道它和我所设想的并不一样，但是对我而言，伊思雷尔斯的作品就够我研究的了，我对和它稍有不同或者完全不一样的东西既不是很好奇，也不是很感兴趣。我想我应该在笔触和用色方面做出很大的改变，我将朝着更暗的深色调而不是明亮的浅色调发展。"然而他一到了法国，他的想法就彻底改变了。

在纽恩南的最后那段日子里，他和那位天主教神父之间的矛盾不断升级。神父早就视教堂边的画室为眼中钉，并且禁止他的教民做文森特的模特。文森特也已经考虑清楚，是时候做些改变了。在 5 月 1 日，他就说要离开他的画室，但直到 11 月末，他才离开布拉班特，动身前往安特卫普。他的母亲次年 5 月也离开了纽恩南，她把文森特的物品都打包好，转交给布雷达的一个木匠保管，然而这些东西却被人遗忘了！几年以后，木匠把这些全都卖给了一个废品商。

提奥在 1885 年 10 月 13 日写给他妹妹的信中表明了自己对哥哥的看法，他写道："文森特是那些经历了时事变迁而遗世独立的人，现在我们必须耐心地等待，看他是否有天赋。我觉得他有……如果他能通过自己的作品获得成功，他会成为一个伟大的人。这样惊世骇俗的成就可能会和海尔达尔的一样：会被一部分人欣赏却不被大众接受。那些关心艺术家到底是独具匠心还是徒有其表的人会尊敬他，在我看来这足以报复其他人对他的敌意。"

在安特卫普，文森特用每月 25 法郎的价格在艺术品大街 194 号的一家颜料商店内租下了一个小房间。房间非常小，但他用日本版画把它布置得很有格调。当他租来一个火炉和一盏油灯之后，他感到自己安定下来了，并把深厚的满足感诉诸笔端，"我保证你不用再害怕我会厌倦了"。另一方面，这三个月来他以一种高度亢奋的状态沉浸于创作中。久违的城镇生活让他着迷，他贪婪地观察，持续地创作。他的乐趣是画出自己遇到的所有有趣的肖像，为了支付模特的费用，他牺牲了自己的全部。他并不关心食物，"我一拿到钱，首先想到的不是吃的，虽然我很久都没吃上一顿饱饭了，但画画的欲望压过了一切，我第一时间寻找模特，直到把钱花光。"他写道。

1 月时，文森特终于意识到不能再这样下去了，因为花销实在是太大了。于是他进入学院学习，在那里，教学是免费的，并且他每天都可以找到模特。他的同窗中有哈格曼和贝斯里尔，还有来自荷兰的布雷特。即便在夜晚，文森特也依然会在教室里作画。在这里，到了午夜，他又会和别人一起去一家俱乐部，在生活中寻找灵感。他的健康经不起他这样的肆意挥霍。在 2 月初，他写到他已经彻底疲惫不堪，精疲力竭了，医生说他完全虚脱了。他并不打算放弃他的工作，但也开始寻求改变，因为学院的课程已经快要结束了，而且他和自己的老师之间也有了太多的分歧，因为他太过独断专行、以自我为中心而不遵循老师们的教导。必须要有所改变！提奥认为他最好回布拉班特，但他本人想去巴黎。于是提奥建议他等到 6 月，到那时他可以租一个大一些的公寓，但性急的文森特等不了那么久。2 月末的一个早晨，提奥在自己位于林荫大道旁的办公室收到了一张用粉笔写的便条，上面说文森特已经到了，并且在卢浮宫的方形沙龙等着自己。可能文森特把自己的作品都留在了安特卫普，也可能房东把这些画当作未付清的租金扣下了。可以确定的是，他之前在信中提到的作品都没有被人找到，比如公园的风景、教堂、斯蒂恩城堡等。

两兄弟在卢浮宫商谈了一下，此后，文森特就和提奥一起住进了他位于拉瓦尔大街的公寓。由于那里的空间不大，没地方画画，文森特来到巴黎后的第一个月里，就一直在科尔蒙的画室里画画。他对此并不满足，当他们 6 月份搬到蒙马特尔的勒皮克街 54 号以后，他在那里有了自己的画室，便再也没去过科尔蒙那里。

位于三楼的新公寓有三个很大的房间，一个艺术品陈列室和一个厨房。起居室很舒适，里面摆放着提奥精美的古老橱柜，一张沙发，还有一个大大的火炉——因为这两兄弟都很怕冷。起居室旁是提奥的房间。文森特睡在陈列室里，陈列室旁便是他的画室，这是一间普通大小的房间，有一扇不是很大的窗户。在这里，文森特开始着手描绘周围的景物——透过画室的窗户看到的风景，随处可见的磨坊，巴塔伊太太那间小餐馆的窗户，他总是在那儿吃饭。他还会描绘蒙马特高地上的风景，在那时，那里还是一片田园风光。在文森特笔下，这些景色呈现出柔和的色调，很像毛弗的作品。这之后，文森特又潜心描绘鲜花和景物，并且在法国印象派画家，诸如莫奈、希思黎、毕沙罗等的影响下，试图改进自己的画作。早在这之前，提奥就已经把这些画家带到了公众的视线范围内。环境的改变以及衣食无忧的生活大大改善了文森特的健康状况，然而这种情况没有持续多久。在 1886 年的夏天，提奥在给母亲的信中写道，"我们俩都非常喜欢这间新公寓，你恐怕都认不出文森特了，他变了很多，不光是我，其他人对他的变化也都感到很惊讶。他的口腔动了一次非常重要的手术，由于他有严重的胃病，他的牙差不多都掉光了。医生说他的身体已经恢复了很多，他的工作也取得了很大的进展，成功离他不远了。他的精神也比之前好了很多，这儿的很多人都喜欢他……他交到了朋友，他们每周都会送给他很多用来写生的漂亮鲜花，他的画大部分都是画的鲜花，他正努力让自己接下来的作品在用色上更明亮更清晰。我们继续像这样一起生活，我相信最困难的日子已经过去，他会取得成功的。"事实上，继续共同生活着实是一项很困难的挑战，提奥又和文森特一起生活了两年，这恐怕是他为文森特所做的最大的牺牲。当初到巴黎的新鲜感消失后，文森特很快又故态复萌，变得敏感易怒，也许城市生活不适合他，让他的神经总是绷得紧紧的。不知为何，在那个冬天，文森特的脾气变得愈发乖戾，提奥的日子也很不好过，在那时，他的身体状况也不是很好。他自己的工作已经够让他精疲力竭的了，他在蒙马特大道上开了一家画廊，展出印象派画家诸如莫奈、希思黎、毕沙罗、拉弗利以及德加的画作。提奥想将这些画家的画作带入公众的视野，每天下午五点到七点，那幢小楼都会展出这些印象派画家的作品。提奥的这次举动受到了无尽的争议，为了保护这些年轻画家的权益，他不得不公然违抗"先生们"的指示，这是文森特给古比尔公司的高层们起的绰号。当他忙完一天的工作，晚上回到家时，他依然得不到休息，暴躁易怒的文森特开始向他详细说明自己关于艺术和艺术品交易的一套理论，谈话的内容总会落到一点上，那就是——提奥应该从古比尔公司辞职，自己开一家画廊。文森特总是缠着他说到很晚，有时，他甚至会坐在提奥床边的椅子上，喋喋不休地陈述自己的看法。"跟一位绅士在一起时，我除了谈生意上的事，就不知该聊些什么了。那些艺术家本就生活得艰难，跟他们在一起时，我从未聊起自己家里的事，你能体会那种无话可说的痛苦吗？你想象不到在一个大城市里孤独有多可怕。"提奥某次在给自己最小的妹妹的信中这样写道，有时，他会向她袒露心扉，跟她抱怨一下文森特，"我的屋子简直没法待了，没人愿意来看望我，因为最后总是以争吵收场。文森特老是穿得邋里邋遢，屋子里乱七八糟的。我真希望他能搬出去自己一个人住，他有时也跟我说要搬出去住，但如果我让他走的话，那反而会成为他留下来的理由，好像我对他很不好似的。我只要求他一件事，别总是打扰我，然而他还是总伤我的心，我再也忍受不了了！""我感觉他身体里住着两个人，一个天赋异禀、温柔优雅，另一个以自我为中心、铁石心肠。这两种人格会交替着出现，人们会听到他一会儿用一种语气说话，过了一会儿又像变了一个人似的，并且他前后说的话总是自相矛盾。他最大的敌人就是他自己，这真让人痛心，他不但让自己的日子不好过，也让别人的日子难过。"然而当他的妹妹建议他"让文森特自生自灭"的时候，提奥的回答是，"这件事很难办。如果他有除了画画以外的工作，那么我很久之前就会按你建议的那么做了。我常常责问自己，不断地这样帮他，是不是反倒害了他。我也不是没想过离开他，让他自己一个人生活。收到你的信之后，我又动了这个念头，然而我最终想通了，我还是该一如既往地帮助他。文森特是一个不折不扣的艺术家，虽然他现在做的一些事可能不那么招人喜欢，可这些事对他的未来一定是有帮助的，他总有一天会画出令人惊叹的作品。如果真有那一天，如果是因为我的袖手旁观，让他不能每天都画画，那可真是我的过失了。不管他是多么的不切实际，假如他在不久的将来真的成功了，那么他的画就能卖出去了……

"我还是下定决心继续这样和他生活下去，但是我真的很希望他能把自己的房间稍微收拾一下。"

然而，这俩兄弟还是没有分开。他们既是亲人又是朋友，维系他们感情的纽带早在他们的童年时期就已根深蒂固了，即便是长大成人后也依然没有改变。提奥努力控制自己的情绪，春天来了，他在信中这样写道，"和上个冬天相比，我感觉自己的身体好多了，我希望我和文森特之间的关系能够好好改善一下；现在的生活暂时很平静，对此我感到很高兴。我们两个在很小的时候就离开家了，我不希望再造成更多的分离，那没有意义。"提奥重又信心满满，继续帮助文森特承受生活的重担。

随着春天的到来，生活的方方面面都迎来了好的改变。文森特又能在露天作画了，他在阿斯涅尔创作了许多作品，比如美丽的大杰特岛三联绘画，塞纳河岸边灰蒙蒙又亮闪闪的餐馆，河上的小船，公园以及花园，这些画作全都闪烁着动人的光亮和色彩。那时候，文森特和一个叫埃米尔·伯纳德的年轻画家来往得很频繁，埃米尔比文森特小15岁，他们是在科尔蒙的画室相遇的。埃米尔有一间自己的小画室，这间画室就位于阿斯涅尔他父母的花园里。他和文森特有时会在一起画画，文森特还在埃米尔的画室里为他画过一幅肖像画。然而，有一天，文森特和老伯纳德先生发生了激烈的争执，后者对自己儿子的未来有着另一番规划。文森特一气之下夹着那幅尚未干透的肖像画就离开了，从此，他再也没踏足伯纳德家半步。不过他同小伯纳德的友情并未因此破裂，在《文森特·梵高书信》（巴黎的沃拉尔德出版）收录的他的书信中，文森特将自己和小伯纳德的这段友谊书写得格外动人。

1887年到1888年的春天，文森特又开始了肖像画的创作，这一时期的作品有他在画架前为自己画的那幅著名的自画像，还有许多别的肖像画作品，比如《唐吉老爹》。唐吉老爹是街上的老颜料商，顾客可以在他商店的橱窗里轮流展示自己的画作，不怀好意的人称他是"艺术的资助商"。这位可怜的老人十分渴望能够拥有绘画才能，然而即便他拥有这样的天赋，他那精明的妻子也不会允许他投身到绘画事业中的。他的颜料售价公正，但那些在他的橱窗里展示的画作不怎么样。

名画《摇篮旁的女人》也是在冬天诞生的，在那个冬天，提奥为了帮助那些年轻的画家，从他们手里买了一些画，他同样也想以买画的名义资助文森特。那幅精美的《黄色静物》就是文森特为提奥画的，它由内而外都散发着令人心动的光芒，画上用鲜亮的红色颜料写着"献给我弟弟提奥"几个字。

冬天快要结束的时候，文森特已厌倦了巴黎的生活，巴黎这座城市对他而言太过阴沉寒冷。1888年2月，文森特开始了一路向南的旅程。"思想上的重压和常年三餐不继的生活使他的健康状况令人担忧，他想去气候温和一点的地方。"提奥在信中这样写道，"他一开始去了阿尔勒，然后又去了马赛。"

"在他离开之前，我同他一起去听了一场瓦格纳的音乐会，那天我们俩都很高兴。他走了之后我感觉心里空落落的。在那段日子里，他算得上是一个对我来说很重要的人。"伯纳德讲起文森特在巴黎的最后一段时间，他依然在画室忙碌，"这样的话，我弟弟就会以为我还在巴黎了。"

在阿尔勒，文森特达到了艺术的顶峰。从巴黎压抑的城市生活里冲出来后，他热爱自然的天性在阳光明媚的普罗旺斯得到了彻底的释放。在没有外界打扰的情况下，文森特创作出了一批数量惊人的作品，这是他生命中的一段快乐时光。阿尔勒以罗马建筑闻名于世，然而文森特并没有选择它作为绘画的对象，相反，他尤爱描绘大自然的景色，比如春天里夺目绽放的兰花，丰收时节灼热太阳下的金色玉米地，秋天那醉人的斑斓色彩，景色迷人的花园和公园，还有那诗人的花园，在那里，他仿佛看到但丁和彼得鲁奇的鬼魂徜徉其中。在他的画笔下，《播种者》《向日葵》《星空》以及《圣玛丽的海》陆续诞生，文森特以仿佛永不枯竭的精力创作着。"我的心感到出奇的明朗，在这些日子里，自然的美是那样夺目，我几乎忘了自己的存在，那些画像在梦里一样出现在我的笔下，"文森特狂喜地高呼着，"生活到底还是迷人的。"

这之后，他的那些用法文写成的信让我们可以清楚地了解到他那段时期所经历的一切。有时他刚在早上写完信，到了晚上又迫不及待地提起笔，告诉提奥这一天是多么的精彩。"我以前从来没有过这样的机会，这里的风景真是太美了，"一天之后，他又会写，"我知道昨天已经给你写过信了，但是今天依然是那样精彩。我真遗憾你不能亲眼看看。"

文森特完全投入到了绘画中，在阿尔勒时，他一点也感受不到孤独给心灵带来的重压。他和马克奈特、博克以及陆军中尉米利特有过短暂的接触，但他还是没有交到什么朋友。他后来在拉玛蒂娜租了一间小房子，并按照自己的品位装饰一番，房里挂满了他自己的画，让整座屋子看起来就像是一个"艺术之家"。之后不久，他开始十分渴望交到一位艺术家朋友，他们要一起生活，一起画画。早在1880年决心投身绘画事业时，他的脑海里就萌发了这个念头。正好在那时，他收到了一封来自布列塔尼的信，写信的不是别人，正是保罗·高更。此时的高更经济十分拮据，他试图间接地通过文森特，让提奥为他卖几幅画，"我本来想写信给你弟弟的，但我担心会打扰到他，我知道他需要从早忙到晚。我卖掉的那一小部分画只够用来支付一些紧急的欠款，不出一个月时间，我就会一无所有了。一无所有会给人沉重的打击……我不想打扰到你的弟弟，但我请求你为我说几句话，那样我紧张的情绪会稍微缓解些，也会让我多些耐心。上帝啊，对于一个艺术家来说，钱的问题是多么让人难以启齿啊！"

文森特一收到信就决心要帮助高更。他认为高更一定要来阿尔勒，他们要在一起生活，一起工作。高更拿画向提奥换他俩的生活费。固执的文森特一而再再而三地要求高更来阿尔勒，虽然一开始高更是不太情愿的。他们在巴黎时就已经认识了，但交情并不深。在天赋和性格方面，两人都大不相同，这使得他们很难在一起生活。

高更于 1848 年出生在巴黎，他的父亲是布列塔尼人，是巴黎的一位记者，他的母亲是克里奥尔人。高更的青年时代充满了传奇色彩，他先是作为船上的侍者出过海，后来又在银行家的办公室上过班，那时的他只在闲暇时作画。等到他结婚、有了自己的小家庭之后，他才全身心地投入到艺术中来。由于经济上的拮据，他的妻子后来带着孩子回到了自己哥本哈根的老家，高更则去了马提尼岛，以黑女人为题材创作的名画就是在那里诞生的。给文森特写信时他在布列塔尼的阿凡桥，毫无经济来源，急需用钱的他最终接受了文森特的邀约，来到了阿尔勒。然而这次尝试最终以失败告终，这对文森特来说是一次致命打击。

高更到来后的几个月里，文森特一直以惊人的速度作画，早在他来之前，文森特就已紧绷着每一根神经，竭尽全力地想要创作出最好的作品。"我自负地想要让自己的画作给高更留下深刻的印象。我已经画了太多为人们所熟知的事物，一股巨大的渴望驱使着我向他展示一些新的东西，在受到他的影响之前，我要向他展现我的作品无可争议的原创性。"文森特这样写道。这些苦心创作的作品中就有文森特最有名的画作之一《梵高的卧室》，还有《诗人的花园》系列。高更后来声称，在他给文森特上过几堂课后，文森特的绘画事业才有了起色，然而从上述作品的创作时间来看，他的这番言论是相当值得怀疑的。我们有理由认为，高更关于自己在阿尔勒生活的这段时间的描述其实是真假参半的。

其实，文森特已经精疲力竭，疲惫不堪了，高更精神顽强，争辩时总是一副不屑一顾的态度，文森特根本不足以与他匹敌。他们之间开始了冷战，而当他们在小黄屋里抽烟时进行的无休止的讨论更不能让文森特平静下来。"你的哥哥实在是有点激动，我希望能让他冷静下来，"高更到达阿尔勒不久就给提奥写道。他私下里又写信给伯纳德，说了更多的关于他和文森特之间是多么缺乏理解。"特别是在绘画方面，文森特和我基本上没什么共识。一方面，他推崇都德、杜比尼、泽姆和了不起的罗素，这些人都是我所不屑的。另一方面，他厌恶的安格尔、拉斐尔、德加，全都是我赞赏的。我说'老大，你是对的'，来换取安宁。他很喜欢我的画，但我每次画好以后，他又总会指责我这里或那里不对。他是浪漫主义者，而我更喜欢古朴的状态。"高更在晚年又一次回忆起这一时期时写道，"在两者之间，他和我，水火不容，争吵不期而遇……"结果局势越来越紧张。12月中下旬提奥收到了高更的来信："尊敬的梵高先生，我很感激你把出售画作所得的一部分钱寄给了我。然而我必须返回巴黎，文森特和我就是没有办法和平相处，因为我们性情不合，而且他和我一样，我们都需要安静的工作环境。他有着可贵的天赋，我很尊敬他并且为离开他感到遗憾，但我还是要说这是必要的。我很感激你为我所做的一切，也请你谅解我的决定。"文森特也在信中写道，高更已经厌倦了阿尔勒，厌倦了小黄屋，以及他自己。但争吵平息了，高更要提奥把他要回巴黎的事情当作一句空话，把他写的那封信当作一个噩梦。但这只是暴风雨前的宁静。

在圣诞节前一天，提奥和我刚刚订婚并且打算一起去荷兰（我当时和我的哥哥正在巴黎，他是提奥和文森特的朋友），高更发来一封电报要求提奥去阿尔勒。文森特在12月24日的夜晚，在狂热的激动下，被烧糊涂了，切下了自己的一只耳朵，并把他作为礼物送给了一个妓女。这引发了一场骚乱，警察介入其中，发现文森特躺在床上血流不止，已经失去意识，随后把他送入医院。提奥发现他情况危急，在圣诞节期间一直陪着他。医生认为他的情况很严重。"当我陪着他的时候，有时候他看起来很好，但没过多久他就又陷入了哲学和神学的忧思。看他这样子真让人痛彻心扉，有时候他所承受的一切吞没了他，他想要摆脱却做不到；可怜的斗士，可怜的，可怜的苦行者；在那一刻，没有人能够驱散他深深的、强烈的悲伤。如果他能够找到一个可以打开心扉的人，可能就不会变成这个样子，"提奥在和高更一同返回巴黎后给我的信中这样说道，而一天后又说，"希望渺茫，但是他的一生比大多数人做了更多的事，也比大多数人承受和抗争了更多。如果他注定要死，就顺其自然吧，但我一想到这些就会心痛。"焦虑又持续了一段时日。提奥恳切地委托医院照顾文森特的医生雷伊，请求他随时告知自己文森特的情况。"我很愿意为你传达消息，因为我也有一个哥哥，我也离开了我的家人。"雷伊医生在12月29日写道，那时文森特的情况依旧很糟。新教牧师萨勒斯也看望了文森特,并写信给提奥,告知他文森特的状况,看望文森特的人中还有邮递员罗林,他对朋友文森特遭遇的这一变故十分震惊。他们曾在约瑟夫·吉诺的咖啡馆里,一起度过了很多愉快时光,文森特还为他和他的家人画了美丽的肖像!他每天去医院探望并把病情传达到巴黎,因为他不擅书信,便由他的两个儿子阿蒙尔德和卡米尔轮流执笔。《摇篮曲》就是以他的妻子为原型画的,她也去探望了这位生病的朋友。文森特开始恢复的最初迹象,是他开始向她询问小马塞勒的近况,不久前,他给这个俊俏的小婴儿画过画。就是在这时,文森特的状况突然好转了。萨勒斯牧师在 12 月 31 日的信中写道,他发现文森特出奇的平静,渴望重新拾起画笔。一天之后,文森特亲自用铅笔给提奥写了一封短信,1月 2 日又写了一封短信,信后附有雷伊医生的证明。1 月 3 日,罗林又给提奥寄来了一封信,在信中,他激动地说,"文森特已经差不多痊愈了,他现在的状态比这场不幸的意外发生在他身上之前还要好一些。"至于他,罗林,稍后准备去拜访医生,请求他准许文森特重拾画笔。4 日这天,罗林和文森特一起外出,他们在一起待了四个小时。"我一开始写的那些信措辞太过激烈,对此我感到很抱歉,恳请你的谅解,关于这件事,我在理解上出了点小差错。文森特唯一遗憾的是他给你添麻烦了,也让你为他担心了,我向你保证,我会竭尽所能地帮他找些能够分散注意力的事做的。"罗林在信中写道。

1 月 7 日,文森特出院了,表面上似乎已经彻底康复了,然而如果遇到极度兴奋或疲劳的状况,他又会出现焦虑的症状……焦虑的时间或长或短,不过在这段时间里,他的身体状况倒是没出什么问题。文森特又开始干劲十足地画画了。2 月时,他又在医院待了一段时间,这次住院的时间不长,然而当他回到自己的小房子后,邻居们都开始有些怕他,还给市长写了一封请愿信,信上说,应该把文森特关在医院里,否则他可能会伤害到周围的人。结果,在 2 月 27 日,文森特再次被送往医院,然而这一次,他的精神并未表现出任何异样。整整一个月,文森特都因为这件事郁郁寡欢、沉默寡言,萨勒斯牧师在信中如实向提奥汇报了他的情况。在 3 月 2 日的信中,萨勒斯牧师写道,"邻居们无缘无故地骚动起来。他们在言语和行动上责难你哥哥,并妄图孤立他、剥夺他的自由,这是多么不公正啊!不幸的是,打从他初次入院后,人们都开始用异样的眼光看他,他的每一个细微的举动,在人们眼里都很古怪;换作是别的什么人,这些举动是不足为奇的,然而一旦文森特做了,就是别有意图……正如我昨天告诉你的,在医院里,每个人都很喜欢文森特,他的精神状况该由医生来判断,而不是警察的头儿。"接连发生的这些事给文森特造成了严重的打击，而他的精神状况刚刚才以惊人的速度恢复。萨勒斯牧师又在信中向提奥汇报了文森特的康复进程。在 3 月 18 日的信中，他写道，"你哥哥和我说话时出奇的平静，他对自己的现状也很清楚，他还知道邻居们联名请愿的事。请愿信这件事让他很难过。'如果警察，'他说，'能够保护我作为一个人的自由，帮我赶走那些挤在房子周围看热闹的大人小孩们，他们有的甚至爬到了窗户上（好像我是什么稀奇的动物），那么我就能更好地控制自己的情绪，不管别人怎么看，我都没做过伤害他人的事。'简而言之，我发现你哥哥变了，也许是上帝促成了这次令人愉快的改变。他的情况不是三言两语就能解释清的，我无法了解发生在他身上的突如其来而又彻底的转变的原因。如果他能一直处于我发现他时的那种精神状态，那他毫无疑问是要被关进精神病院的，据我所知，还没有人像他这样残忍地自残过。"和萨勒斯牧师谈话后的次日，文森特重又提笔给提奥写了一封信，他在信中向他抱怨，如此反复的情绪上的波动会让他从暂时性的精神失常变成长期的精神病。他还颇为淡然地写道，"我们唯一从生活中学到的一课就是要默默忍耐。"

文森特很快恢复了自由，不过在萨勒斯牧师给他在镇上的其他地方找到新住处之前，他继续在医院住了一段时间。文森特的健康状况良好，萨勒斯牧师在 4 月 19 日的信中写道，"他病得那么严重，可有时却像一点后遗症也没有似的。"然而当文森特跟新房东打交道的时候，他突然跟萨勒斯牧师说，他没有勇气重开一间画室，他觉得自己最好再回精神病院治疗一段时间。"他对自己的状态很是怀疑，跟我说起他的病，他很担心病情会复发，他跟我谈话时是那样坦诚和直白，"萨勒斯牧师写道，"他前天告诉我，'我没有能力管住自己，处理好自己的事情。我已经和以前的那个自己大不相同了。'"萨勒斯牧师于是四处打听，并咨询了阿尔勒附近的圣雷米精神病院。他在给提奥的信中表明阿尔勒的医生也建议文森特应该继续入院治疗，"但是你哥哥出院后会发现，他自己已经彻底处于被孤立的状态。"

一想到自己那孤单无助的哥哥，提奥就心烦意乱。在我们即将举行婚礼的前夕，提奥给我写了一封信，回答我是否应该让文森特回巴黎，或者回荷兰跟他的母亲和妹妹们待一段时间的问题，他一个人在阿尔勒实在是太孤单了。"最大的问题是，不管他的健康状况如何，他的思想包袱都太重了。即便你真的了解他，让你困扰的事又会出现，你不知道自己必须为他做些什么，又能为他做些什么。"

"如你所知，他跟传统早已格格不入。他的穿着举止让人一眼就觉得他是一个异类，看到他的人都会这么说，'这是个疯子'。在我看来，这没什么，可我们的妈妈不能接受。他说话的方式也让人要么非常喜欢，要么极度讨厌。他身边总是有一些人围着他,同情他的人很多,仇视他的人也很多。他和人打起交道来总表现得很与众不同。即便是他最好的朋友,也很难长期和他保持良好的关系,因为他根本不顾及别人的感受。如果我有时间,我一定要去看看他,和他散散步。我猜,这是唯一一件对他有益的事。如果我能在那些画家里找到一个愿意替我这么做的人,我会马上让他去。但是这些画家好像都有点怕他,再说高更去了情况也没怎么改变,相反还更糟糕了。

"还有另外一件事让我并不赞同他回巴黎。在巴黎,他看到了很多想要画的东西,然而一次次的受挫使他无法画下心仪的对象。模特们不愿意为他摆姿势,他被禁止在街道上作画。因为他暴躁的脾气,多次和人发生争执,这些事常常惹怒他,也让他变得越来越难以接近,最终,他成了巴黎人都讨厌的对象。但如果他自己想要回来,我绝对不会犹豫……但我还是认为比起让他由着性子来,我能想到更好的解决办法。平静的生活对他来说似乎是遥不可及的梦了,除非让他就待在大自然里,或者和像罗林一家这样淳朴的人相处,他每到一个地方都会惹出些麻烦。只要是他看不顺眼的事,他都要当面抨击一番,因此他常常与人发生口角。

"我由衷地希望他能找到一个深爱他、并且能和他一起过日子的妻子,但我知道要找到合适他的女人比登天还要难。你还记得屠格涅夫的《处女地》里的那个姑娘吗?那姑娘和那些虚无主义者一起,带着和解文件一起跨过了边境。我猜她一定适合文森特,这姑娘经历过人生最沉重的苦难……我什么事都不能为他做,这让我很痛心疾首,对于特殊的人需要些特殊的方法使其恢复,我希望他们能找到这些特殊的方法。"

当文森特下定决心要去圣雷米时,提奥的第一反应是他可能要亲手葬送自己,因为他不想成为任何人的负担,于是他给文森特写了一封感人至深的信,再一次地请求他考虑一下蓬塔旺和巴黎这些地方。

然而文森特依然坚持己见,知道这一消息后,提奥在信中写道,"我不认为你去圣雷米是为了接受所谓的治疗,你去那儿是为了获得暂时的安宁,那也许能够帮你重获新生。在我看来,你的病是因为长期的不规律生活造成的。在像圣雷米这样的地方,三餐以及其他方面都会安排得很规律,我认为这对你的健康是有益的。"提奥和圣雷米的院长替文森特安排好了一切,文森特的主治医生叫佩龙,他有两间属于自己的房间,其中一间可以用来画画,而且他还可以四处走动。5月8日,文森特在萨勒斯牧师的陪同下前往圣雷米,次日,萨勒斯牧师在给提奥的信中写道,"我们此次的圣雷米之行非常顺利。文森特先生的状态很平静,他向院长讲述了自己的病情,谈话时思路就和正常人一样清晰。直到我离开前，他都一直和我待在一起，在我离开时，他热情而真挚地向我表达了谢意，他似乎为我所做的一切大为感动，畅想即将在这里展开的新生活。佩龙先生向我保证，他会竭尽所能地照顾他。"萨勒斯牧师的离开切断了文森特和外部世界的最后一根纽带，文森特留在了这个比最极致的孤独还要可怕的地方，他的周围都是精神病人，没有人可以同他说话，没有人理解他。佩龙医生是个好人，但他性格内敛沉静，他每个月都会给提奥写信，告知文森特的近况，但他的信不像阿尔勒的医生那样写得有人情味。

文森特在这座毫无生气的医院待了整整一年，他以顽强的毅力同时不时复发的精神疾病抗争，并且以不曾磨灭的热情继续创作着，这成了支撑他活下去的唯一动力，哪怕他已经生无可恋了。他描绘窗外日出和日落时分的荒凉景色，他在野外长时间地漫步，就为了画下阿尔卑斯山麓下的广阔田野。他描绘枝叶绝望地扭曲着的兰花、毫无生气的丝柏木、精神病院阴郁的花园，他还描绘收割者，"自然这本大书给我展现了一幅幅关于死亡的图景。"

他这一时期的画不再像在阿尔勒时那样的明丽生动，去年，他的画作宛如一首以尖利的小号为主音的交响乐；到了今年，他的画变得沉郁悲怆，连画中的协奏曲也变成了微弱的音调。

"默默地忍受，"文森特对此深有感悟。8月时，他的精神状况又出了问题，此时的他恰好重又燃起了被治愈的期望，于是他只能沮丧地叹息道，"我看不到希望也失去了所有的勇气。"

凭借着顽强的求生意志，文森特终于度过了这个痛苦的冬天，然而在这段时间里，他依然画出了一些后来很有名的画作——临摹的德拉克瓦洛的《圣殇》《复活的拉撒路》，伦勃朗的《好心肠的撒马利亚人》以及米勒的《一天的四个小时》。进入精神病院之后，有好几个月的时间他都无法作画，然而现在，他意识到，如果再在这死气沉沉的地方待下去，那么他会丧失最后一点能量，他要马上从这儿离开。其实在这期间，提奥也在帮文森特寻觅一个适合他的地方——这个地方要在巴黎附近，文森特可以在一位精神病学家的照顾下生活，这位精神病学家同时也可以成为他的朋友。最终，提奥选定了奥维尔小城这个地方。那里离巴黎大概一个小时的车程，那儿有一位叫加谢的医生，年轻时是塞尚、毕沙罗以及其他印象派画家的朋友，于是文森特于 1890 年 5 月 17 日从法国南部出发。他首先要在巴黎和我们待一段时间，塔拉斯孔给我们发了一封电报，通知我们文森特将乘坐晚上的火车，于次日早上 8 点到达巴黎。提奥担心得一整晚都睡不着，生怕文森特在路上出什么意外。文森特长期受精神疾病困扰,然而他又拒绝任何人陪同。终于,接站的时间到了,我和提奥都暗自祈祷。

从皮加勒区到里昂火车站要走很长的路,我焦急地等着他俩一起回来,我担心路上可能会出什么意外,等待的时间对我来说是如此漫长。终于,我看到一辆敞篷小型出租马车驶进了皮加勒区,我看到他俩笑着向我点头示意,并且挥了挥手,没过多久,文森特就出现在我面前。

我原以为会看到一个满脸病容的病人,然而站在我面前的文森特身形健壮、肩膀宽阔,面色也很健康,他的脸上挂着笑意,表情坚毅。在他所有的自画像中,在画架前的那张最像他那时的状态。在阿尔勒时,发生在文森特身上的这种惊人的变化就让萨勒斯牧师大吃一惊。

"他的状态看起来很好,似乎比提奥还要健壮一些。"这是我对他的第一印象。

然后提奥把他带到了有我们孩子的摇篮的那间房,我们用文森特的名字为他命名。两兄弟静静地看着熟睡的小宝贝,双眼都噙满了泪水。然后文森特转过身来,指着摇篮上钩针编结的东西,笑着对我说:"别给他盖那么多钩纱,我的小妹妹。"

他和我们一起待了三天,这三天里,他的情绪一直很激动,整个人也很有生气。他没有提起在圣雷米的事。每天他都自己出去买橄榄,以前他每天都吃,他也坚持让我们吃。第一天早上,他醒得很早,只穿着衬衫走来走去。墙上挂满了他的画。卧室里挂着《开花的果园》,餐厅的壁炉上方挂着《吃土豆的人》,起居室里挂着《阿尔风光》和《罗纳河夜景》,让保姆绝望的是,在床、沙发、壁橱下,在那间闲置的小房间里都塞满了大批未装框的油画,现在这些画都在地板上铺展开来,供人仔细地研究。

我们有许多访客,可是文森特很快就意识到巴黎的喧嚣无益于他的健康,他很渴望能早日重拾画笔。于是他在 5 月 21 日启程前往奥维尔小城,他向加谢医生介绍了自己的情况,他们很快成了彼此忠诚的朋友,这份友谊成了他在奥维尔那段短暂日子里最坚强的支撑。我们向他保证很快就会去看望他,他也很想几周后回来看望我们,为我们画肖像画。在奥维尔,他住在一间小旅馆里,很快就投入到工作中。

奥维尔小城多山的地貌、斜坡上的田地、茅草房顶让文森特心情大好,不过最让他高兴的是,他又有了模特,又可以画人物画了。这些肖像画里就有一张他以加谢医生为模特画的。加谢医生对文森特怀有深深的同情,他们在一起度过了许多时光,成了很要好的朋友。这段友谊并没有因文森特的死讯而终止,文森特死后,加谢医生和他的孩子们依然虔诚地追忆他,这种感情逐渐变成了一种真挚感人的崇敬之情。"我越回忆往事，越觉得文森特是个天才。过去的每一天里，我都会欣赏他的画作，并且总是有新的体悟，他的画每天都给人不一样的感觉……每当我回忆起他时，便觉得他实在是一个传奇人物，是一位哲学家……"

得知文森特的死讯后，加谢立刻给提奥写了一封信，在信中，他提到了文森特对于艺术的热爱。"热爱艺术这个词其实并不准确，艺术于他而言是信仰，文森特成了信仰艺术的殉道者！"在文森特在世的那个时代，没有人比加谢医生更懂他。

神奇的是，加谢医生和文森特有些相像（他的年纪比文森特大很多），他的儿子保罗，一个 15 岁的男孩，有点像提奥。

加谢一家住在一座山上，他的房子里装饰着满满的画作和古董，熹微的日光从小小的窗子照进来。房前是一个漂亮的露台花园，房后是一个很大的院子，院子里放养着鸭子、母鸡、火鸡、孔雀以及五只猫。这是一座原生态的房子，一座品位非凡的原生态房子。

加谢医生不再在奥维尔小城办公，他在巴黎有一间办公室，一个星期给人做几次咨询，其余的时间他都在自己的房间里画画、雕刻，他的房间很像中世纪炼金士的工作室。文森特去到奥维尔小城后不久，6 月 10 日，我们收到了加谢医生的邀请，他邀请我和提奥以及我们的小宝贝去奥维尔小城散心一日。文森特来火车站接我们，他还给自己的小侄儿文森特带了一个鸟窝，给他当玩具。他一直抱着小文森特，带他看院子里的那些动物，后来小家伙被一只打鸣的公鸡吓得小脸通红，号啕大哭起来，文森特笑着学他哭泣的小模样，"公鸡打鸣喔喔喔"，他很骄傲能亲自为小文森特打开动物世界的大门。我们在室外享用了午餐，饭后，我们散了很长时间的步。那一天是多么平静快乐，没有人能预想到，就在几周之后，悲剧发生了，曾经的欢乐时光荡然无存。7 月初，文森特来巴黎拜访了我们一次，恰好此时，我们的孩子生了一场很严重的病，我和提奥都因此有些心力交瘁。提奥再一次动了离开古比尔公司、自己开一家画廊的念头，文森特不满意存放他的画作的这个地方，我们商量着要搬到一个大一些的公寓去。那是一段充满了担忧和焦虑的日子。许多朋友都来拜访文森特，这其中就有艾瑞尔，他当时发表了一篇关于文森特的文章，引起了人们的广泛关注。他再次造访的目的是同文森特一起欣赏那些画作，图卢兹·罗特列克和我们共进了午餐，他们给文森特讲了很多他们在楼梯上遇到的一个殡葬承办人的笑话。基约曼也想来看望文森特，但是，文森特在短短的几日里接待的人实在是太多了，没等基约曼到来，他便匆匆回到了奥维尔小城。此时的文森特疲劳至极，精神却高度亢奋，从他临终前的书信和画作可以推断出他当时的精神状态。毁灭性的大灾难即将到来，就像麦田上空在暴风雨中盘旋的不祥鸦群。

"我希望他没有变得更抑郁,更不希望他的病再次发作,近来一切都那么顺利。"提奥在 7 月 20 日给我的信中这样写道。这之前,他已经把我和孩子送到了荷兰,自己一个人返回巴黎,在请到假之前,他还要在那儿待上一段时间。25 日,他在给我的信中写道,"文森特给我写了一封实在令人费解的信。他何时才能真正快乐起来?他已经彻底康复了呀!"文森特永远都无法快乐起来了,他的病再次发作,痛苦的他最终选择了死亡。

在 7 月 27 日的夜晚,文森特用一把左轮手枪结束了自己的生命。加谢医生在事发当夜给提奥写了一封信,"我不得不告诉你一个让人痛心的消息,这是我的责任。在今晚 9 点,星期天,有人急匆匆地来找我,说你哥哥文森特急切地想要见我一面。我到了那儿,却发现他已经奄奄一息了。他开枪打伤了自己……可我不知道你的地址,文森特也拒绝告诉我,所以我只得通过古比尔公司把这封信交给你。"结果直到第二天早上,提奥才收到这封信,他马上赶到了奥维尔小城。在 7 月 28 日他赶到那儿的当天,他在给我的信中写道,"今天早上,一个住在奥维尔小城的荷兰医生替我从加谢医生那儿捎来一封信,文森特的情况很不乐观,他想要见我。我连忙不顾一切地赶去见他,发现他的情况比我预想中的要好一些。我不愿意向你详细地描述他的病情,因为他的状态实在不容乐观,你需要知道的是,他的生命已经危在旦夕……"

"他很高兴我能来陪他走完生命的最后一程,可怜的人儿,他几乎未曾体验过欢乐的滋味。在他弥留之际,也没有欢乐的幻象出现。他背负的东西太多了,孤独感时常袭来。他总是问起你还有我们的孩子,并且对我说,生命中的苦难多得让人无法想象。噢!要是我们给他一些活下去的勇气该多好。别太担心了,他之前的状况的确很糟,但他的身体很强壮,连医生都说他会没事的。"然而,死神最终还是带走了他。在 7 月 29 日的清晨,文森特离开了人世。

提奥给我的信中写道,"他在弥留之际对我说:'我希望能马上死去,'他的愿望实现了。没过多久,一切都结束了。他找到了在这个世界无法找到的解脱……第二天早上,八个来自巴黎和其他地方的朋友参加了文森特的葬礼,他们将文森特的房间用鲜花和花环好好地装饰了一番,并在他的棺材四周摆上他的画作。加谢医生带来了一大束向日葵,因为这种花是文森特生前的最爱……他长眠于一块阳光明媚的麦田中央……"

提奥在给他母亲的信中说:"一个生无可恋的人是无法向人诉说他的痛苦的。文森特的离去让我痛苦万分,这苦痛将常伴我活着的每一天。有人可能会说,他最终找到了自己渴望已久的解脱……活着对他来说是一种负担，然而现在，对他的画作表示欣赏的人越来越多……噢！他是我最亲、最亲的哥哥啊！"

提奥本就虚弱的身体受到了毁灭性的打击。六个月之后，在 1891 年 1 月 25 日，他追随他哥哥的脚步离开了人世。

两兄弟一起长眠在了奥维尔小城麦田中央的小小墓地中。

提奥·梵高遗孀约翰娜·梵高

1913 年 12 月

❋ 第一部分 ❋
无路可走

　　海牙1872年至1873年—伦敦1873年6月至1875年5月—巴黎1875
年5月至1876年3月—埃顿1876年4月—拉姆斯盖特和伊思莱沃斯
1876年4月至12月—多德雷赫特1877年1月至4月

　　早期的这些信件的日期可追溯至1872年，那时文森特才20岁，他的弟弟提奥
还在上学。通过曾任公司高管的文森特叔叔的关系，文森特得以进入古比尔公司，
成了一名艺术品交易商，他先后在海牙、伦敦和巴黎的子公司工作。古比尔公司的
艺术复制品事业正如日中天，同巴比桑画派和海牙画派均有画作交易上的往来，文
森特对这两个画派的赞美之情溢于言表。但是，在文森特进入公司之初，对于古比
尔公司来说，印象派还太新潮也颇具争议性，所以公司并无与其合作的意向。
　　一段时间过去了，文森特越发觉得自己不适合做交易商。他对宗教产生了强烈
的兴趣，然而他的工作限制了他。于是他又在拉姆斯盖特一所专门招收男孩的学校
找了一份工作，负责教授法语、德语以及算数。后来他又到伊思莱沃斯的一所学校
工作，那所学校的校长——一位卫理公会教徒，点燃了文森特对传播福音的热情。
眼看着文森特的前途一片渺茫，他的家人给他在多德雷赫特的一家书店找了一份工
作，然而文森特也不愿意成为一个书商。他想追随父亲的脚步，成为一位新教牧师。

海牙，1872 年 8 月 18 日

亲爱的提奥：
　　非常感谢你的来信，听闻你已经安全到家，我很高兴。一开始的几天，我很想念
你，下午回到家时，看不到你的人影，感觉还怪不习惯的。

我们曾经在一起度过了许多愉快的时光，一起散步，一起冒雨欣赏雨中的风景。

天气可真糟糕！步行前往奥斯特韦克市的你一定热得汗流浃背。昨天的展览会上有场轻驾车赛马，但因为恶劣的天气，灯饰展和烟花表演被推迟了，幸好你没因此而继续等下去。

汉尼贝克和鲁斯家让我向你问好。

永远爱你的
文森特

海牙，1872 年 12 月 13 日

亲爱的提奥：

父亲来信告诉我这么好的消息。我由衷地祝你好运。我相信你一定会喜欢上这份工作，这是一家很不错的公司，对你来说将会是个了不起的改变。

我真高兴现在我们两个在同一家公司从事同一份工作。我们一定要经常保持书信往来。

我希望在你走之前再和你见上一面，我们仍有很多话可聊。我相信布鲁塞尔是一座非常怡人的城市，但一开始你必定会感到人生地不熟。不管怎样，记得快点给我写信。好了，是说再见的时候了。由于时间仓促，这封信也写得十分简短，但我必须告诉你，听到这个消息我是多么的高兴。最美好的祝福，相信我，永远。

你亲爱的哥哥
文森特

海牙，1873 年 1 月

亲爱的提奥：

家里来信说你已经平安抵达布鲁塞尔了，信中说你对那里的印象还算不错。

一开始你肯定得花些时间去适应新环境，我很了解你的这种不自在的感觉，但千万别灰心，一切都会好起来的。尽快写信告诉我你现在的生活，喜欢不喜欢你住的公寓。但愿你会满意。父亲的来信中说你和施密特先生关系不错，这样很好，你可以从他那里学到不少东西，他是一个亦师亦友的好人。

我们在一起度过了一个多么愉快的圣诞节啊！我经常会想起那段时光，相信你

也同样印象深刻，因为那是你在家待的最后几天。别忘记告诉我你看了哪些画，以及最欣赏哪幅。

现在正是年初，我非常忙。

新的一年有个不错的开头：他们已经同意给我加10个盾的薪水，这样我每个月就能挣到50个盾了，他们还会送给我50盾的奖金礼物。你说我怎么能不高兴呢？现在我希望能够自食其力。

我真高兴你也能来这里工作，这是一家大公司，让人越工作越有干劲。

万事开头难，千万别气馁，一切都会好起来的。

帮我向施密特先生咨询一下埃米尔·沃尼尔的石版画《卡洛特画集》的价格，有人来店里问过，我知道布鲁塞尔的店里有。下次写信给你的时候，我会把上周日完成的画一并附上。你去公爵宫参观了吗？有机会千万别错过。

好了，老兄，振作点。朋友们都送给你问候和祝福。代我向施密特和爱德华问好，尽快回信，再会。

你亲爱的哥哥
文森特

我的地址是：

贝斯滕广场32号古比尔公司

海牙，1873年1月28日

亲爱的提奥：

这么快就收到你的回信我很高兴，也为你喜欢布鲁塞尔并且已经找到一处提供膳食的住所而高兴。任何时候遇到困难都不要丧失信心，一切都会好的，况且没有人能在一开始就万事如愿。

我真为海因叔叔感到遗憾，我真心希望他能够快点好起来，可提奥，我担心他再也康复不了了。去年夏天他还满怀热情，有那么多的构想，告诉我生意会兴隆的。我真的很伤心。上周日我去了科尔叔叔家，你可以想象得到我度过了多么美好的一天，并且看到了很多美好的东西。你知道的，科尔叔叔刚从巴黎回来，他带回来了一些精美的画作。我在阿姆斯特丹一直待到周一早上，又去参观了那里的博物馆。你知道吗？他们将要新建一座更大的博物馆来取代特里普房。我想这么做是对的，因为特里普房太小了，许多画要被挂起来，以致难以看清了。

过去我应该好好欣赏科鲁伊西内的画作，但我只见过一小部分，那些我都很喜欢。告诉我另一幅作品是否出自阿尔弗雷德·斯蒂文斯之手，或者别的姓氏的画家。我知道模仿罗塔的那幅画，我还在布鲁塞尔的展览上见到过。你看过哪些画作一定要告诉我，我很愿意知道这些。你告诉我的那本画册不是我说的那本，那只是仿柯罗的石版画，但还是要感谢你费心了。我希望能尽快收到妹妹安娜的信，可是近来她的回信总是很慢。她看到信一定会很惊喜，这对她来说那是一种幸福。我猜想你现在一定很忙，但这也不赖。这里很冷，已经有人开始溜冰了。我也会尽可能地出去散步，不知你是否也有机会去滑冰。随信你可以看到我寄去的画，但如果你给家里写信，千万不要提到这件事，你知道那是为父亲的生日准备的。那天我已经给你送去了祝贺，代我问候伯伯、伯母还有施密特和爱德华先生。

你亲爱的哥哥

文森特

汉尼贝克一家，费大婶一家和鲁斯一家让我问候你。

海牙，1873 年 3 月 17 日

亲爱的提奥：

又是你收到我来信的时候了，我一直想知道你和海因叔叔的近况，所以希望你能抽空给我回信。

我猜你已听说我将要去伦敦了吧？可能会很快。我真心希望在临行前我们能见上一面。如果有机会的话，我会在复活节到海尔沃特去，但这取决于埃特森，他总是很忙，在他回来之前我没法离开。

伦敦的生活对我来说将是一个崭新的开始，因为我可能会一个人住，我也不得不留心许多以前不用我操心的事。

你能想象得到我是多么渴望前往伦敦吗？但我也舍不得离开这里。直到我下定决心离开这里，我才感受到我对海牙深深的依恋。然而这并没有什么用，我也不想再为这件事伤脑筋了。去伦敦会对我的英语有很大帮助，我能够完全理解英文，但总是不能像自己期待的那样流利地讲出英文。

安娜来信说你的画已经完成了，如果想要分享的话，千万别忘了我。

海因叔叔过得怎么样？恐怕不太好。婶婶好吗？叔叔还是让自己那么忙吗？他能够承受太多痛苦吗？向他致以我最诚挚的问候。我时常会想起他。生意还好

吗？我想你工作一定很卖力，当然我们这里也是。现在你做起生意来应该很轻松自如了。

你的住所怎么样？还满意吗？这是一件很重要的事。一定要和我多说说你见过的画。两个星期前，我在阿姆斯特丹参观了一个画展，下一站是维也纳。画展非常有意思，我很好奇，荷兰艺术家会给维也纳留下什么印象。我也很好奇，想见到英国的画家。我们对他们的了解太少了，因为他们的大部分画作都保存在英格兰。

伦敦的古比尔画廊没有陈列室，画都是直接卖给画商的。文森特叔叔这个月底会到这儿来，我也期待着能从他那里听到更详细的情况。

汉尼贝克一家和费大婶总是问你过得好不好，我代他们送上美好的祝福。我们这里的天气真好啊！我尽情地享受着这样的天气。上周日我还和威廉姆出去划船了。我多么希望今年夏天就留在这里呀，可我们还有许多事情要做。再见吧，给你我最美好的祝福，快点回信。替我向叔叔、婶婶还有施密特和爱德华先生告别。盼望着复活节的到来。

永远亲爱的哥哥

文森特

提奥，我强烈推荐你抽斗烟，它是应对情绪低落的一剂良药，我最近经常抽。刚刚收到你的来信，非常感谢。我很喜欢那幅画，不错的肖像画。一旦知道了我将要去海尔沃特的更多消息，我就会尽快告诉你。如果那天你能来就好了。再见。

海牙，1873 年 3 月 24 日

亲爱的提奥：

烦请帮我找找在布鲁塞尔是否还有一幅肖特尔的画作？

那是在 1870 年 5 月 6 日由我们代理受委托从这里寄出的。可能叔叔已经将它寄回了巴黎。

但是如果还没有的话，请立即寄还到这里。我们有个卖掉它的机会，而且很紧急。去年夏天我在你们的画廊里见到过，所以我认为应该可能还在那里。

代我向叔叔、婶婶、施密特和爱德华先生送上我的问候。

我想你已经收到我的信件了。再会，深深的祝福。

文森特

海牙，1873 年 5 月 5 日

亲爱的提奥：

你得原谅我把你生日给忘了。祝福你。我希望这一年你会过得开心，而且会越来越喜欢你的工作。

我在这里的时光很快就要结束了，下周六我回家去道别，然后周日去巴黎。但是恐怕周一才能动身，周日我可能得在海尔沃特过夜。希望在途经布鲁塞尔时能给你写信。我可能写不了了，因为我不确定什么时候才能到巴黎。

叔叔和婶婶好吗？他们搬完家了吗？你得赶快写信告诉我，我的地址如下。这封信写得很匆忙，你能想象得到，我现在非常的忙。再见，祝好。代我问候叔叔和婶婶，施密特先生和爱德华先生。

永远爱你的

文森特

文森特·威廉·梵高

古比尔公司

伦敦斯特兰大街索瑟普顿 17 号

别忘了收件人署名是文森特·威廉·梵高。否则容易和文森特叔叔的信弄混了。

海牙，1873 年 5 月 9 日

亲爱的提奥：

周一早上我离开海尔沃特前往巴黎，会在下午 2:07 经过布鲁塞尔，如果可以的话来车站吧，见到你我会很高兴的。

我一定不能忘记告诉你，我把你的画给特斯提格太太看了，她非常想要一幅。你那里还有吗？能寄给我吗？如果现在没有，那就等下次吧。

提奥，你不知道这里的每个人对我多么亲切，你可以想象得出，我不得不离开这么多朋友是多么的遗憾。

再见，兄弟。代我向叔叔和婶婶问好，希望能很快见到你。

文森特

伦敦，1873 年 6 月 13 日

亲爱的提奥：

我的地址是古比尔公司，伦敦斯特兰大街索瑟普顿 17 号。你一定盼望着收到我的来信，所以我不再让你继续等了。

家里来信说你和施密特先生住在一起，父亲也去看过你。我当然希望现在的住所能更合你的心意，我相信会是这样的。

我急切地盼望你的来信，赶紧写信给我吧，告诉我你的每一天是怎样度过的，以及诸如此类的事。你一定要特别告诉我最近都看了哪些画作，是否有新的蚀刻版画或石版画出版。记得和我分享你所知道的关于这些画的一切，因为我所在的地方不过是一个批发行，看不到许多的画。就目前情况来说，我过得很好。到目前为止，我对住所还算满意，还有三个喜欢音乐的德国室友，他们经常会弹钢琴唱歌，所以我们在一起的每晚都非常愉快。这里也不像在海牙时那么忙，我们只在早上九点到晚上六点工作，而且周六我们四点就停止营业。我住在伦敦的一个郊区，那儿相当安静，这让我想起了蒂尔伯格以及一些类似的地方。

我在巴黎度过了一段非常美好的日子，而且如你所想，我在画展上还有卢浮宫和卢森堡博物馆欣赏到了许多美好的事物。巴黎的建筑非常辉煌，而且比我想象中的要大得多，尤其是歌剧院广场。

这里的生活消费水平很高，光住宿费每周就要花去我十八先令，洗衣服不算在内，我还得吃饭。上周日，我和上司奥巴赫先生去了乡下的黄杨山，那是一座高山，离伦敦大约有六个小时的路程，山的一部分是白垩质土地，长满了黄杨树，山的另一边是一片高大的橡树林。这个地方很美，与荷兰和比利时都大不相同，随处可见迷人的花园，高大的乔木和灌木。任何人都可以到那里散步。复活节那天，我和那几个德国人经历了一次有趣的短途旅行，但那些先生们花了太多的钱，我以后再不会和他们出去了。

家里来信说海因叔叔身体健康，对此我感到很高兴。代我向他和婶婶问好，并且告诉他们一些我的近况。还有替我问候施密特和爱德华先生，尽快给我回信。再见。深深地祝福你。

文森特

伦敦，1873 年 7 月 20 日

亲爱的提奥：

很开心收到你的来信，这是我一直期盼的。知道你过得不错，我很高兴。而且你喜欢和施密特先生住在一起，奥巴赫先生见到你也很高兴。我希望以后我们有更多业务上的往来。林德的画很漂亮。

至于雕刻画，我从未见过它的制作过程。我所掌握的制作知识还不足以对它做出详尽的讲解。

最初，英国的艺术对我来说并没有吸引力，可人必须要学会适应。在这里，有几位出色的画家，米莱斯就是其中一位，他画过《胡格诺派教徒》《奥菲莉娅》等，我想你应该知道这些雕刻画，他的作品很美。再有就是鲍顿了，他的那幅《去教堂的清教徒》就在我们的画廊里；我曾经看过他许多精妙的作品。在老画家当中，康士坦堡是一位风景画家，他生活在大约三十年前。他很出色，他的作品让我想起迪亚兹、杜比尼，此外还有瑞诺兹和庚斯博罗，他们尤其擅长画非常漂亮女人的肖像。还有特纳，他的雕版画作品你肯定已经看过了。

这里还生活着一些优秀的法国画家，蒂索就是其中的一位，我们的画廊里有他的一些作品，还有奥多·韦伯和赫尔布斯的作品。

无论何时，只要有沃尔特斯的作品，除了《雨果·凡·德·胡斯》和《勃艮第的玛丽》，一定要写信告诉我。如果你知道有关拉热和德·布拉克莱尔的画，也请告诉我。我说的不是老布拉克莱尔，而是他的儿子，在上次布鲁塞尔的展览上，他有三幅非常精美的作品，分别是《安特卫普》《院校》《地图集》。

我对这里非常满意。我经常出去散步，住所附近很安静，景色宜人，空气清新。真的很幸运能找到这样一个地方。但是，我还是会因想起在斯海弗宁恩的那些愉快的周日时光以及其他一些事情而感到遗憾，可是烦恼又有什么用呢？

感谢你写信告诉我关于那些画的事。如果你偶然看到任何拉热、德·布拉克莱尔、沃尔特斯、马里奥、蒂索、乔治·萨尔、朱得特、择姆或毛弗的作品，千万别忘了写信告诉我，他们都是我非常钟爱的画家，你或许会看到一些他们的作品。

随信附上一首我抄写的诗，这是关于一个画家描述他所投宿过的天鹅小旅馆，我想你应该记得。典型的布拉班特风格，我很喜欢。我在家的最后一晚，伊丽莎白为我抄写的。

你要是能在这里该有多好啊!我们在海牙一起度过了多么愉快的日子啊!我常常想起那一次我们在莱斯韦克路散步,雨后我们一起在磨坊里喝牛奶。当我把从你们那里借来的画作寄回去时,我会寄给你一幅勃鲁赫描绘那座磨坊的画作。或许你还记得他,他的绰号叫欢乐的维斯。莱斯韦克路承载着我最美好的回忆。如果我们能再见面,或许我们会再一次谈起。

好了,好兄弟,我祝你一切都安好。时常想着我,并且尽快回信。收到你的信是一种幸福。

文森特

伦敦,1873 年 9 月 13 日

亲爱的提奥:

我在给海因叔叔的信中附了一张给你的短信。我想知道母亲生日那天你是否在海尔沃特,你们是怎么过的。

你收到我的信以及那幅仿勃鲁赫的版画了吗?哦,我的好兄弟,我真希望你能到这里看看我的新住处,之前我跟你提到过的。现在我拥有了一间渴望已久的卧室,它的天花板不倾斜,也没有墙纸。现在我和一群有趣的人住在一起,他们承办了一所给小男孩念书的私立学校。

不久前的一个周六,我随同两个英国人在泰晤士河上划船,快乐极了。

昨天我去参观了一个比利时的美术展,在那里,我注意到了许多曾在布鲁塞尔画展上展出的相同的画。那里有许多出自阿尔伯、朱利安·维仁得特、克卢森莱尔(科鲁伊西内)、沃尔特斯、库瑟曼斯、加布里埃尔、德斯柴姆莱尔等之手的优美作品。你以前看过特林登的画吗?如果看过,告诉我一些有关的事情。参观那些比利时的作品是真正的享受;英国的画,除了极少的一些,剩下的都很低劣和无聊。前些天我看过一幅画,描绘的是一种鱼,再不就是一条龙,有十八英尺长,真吓人!还有一个小人正要杀那条龙。我想整幅画想要表示的是大天使迈克尔正要杀死撒旦。

再见,好兄弟,给你最好的祝福,尽快回信。

文森特

还有一幅英国的画作是《撒旦在安大列那湖畔缠住猪群》,它描绘的是大约五十头黑猪慌乱地从山上跑下来,相继滑进了海里。

我刚收到你的来信,去海牙对你来说是个好机会。我想,离开美丽的、令人愉快

的布鲁塞尔是困难的,但是你也会喜欢上海牙的。感谢你来信告诉我那些画的情况。米勒的画真是棒极了。再见,不久我会再给你写信的。

伦敦,1873 年 11 月 19 日

亲爱的提奥:

我想确保你到海牙后不久就能收到我的信。我急于想知道你对新职位和新住所的第一印象。我听说施密特先生送给你一份精美的纪念品,这证明你在各方面的表现都是很令人满意的。我真高兴我们现在都在古比尔公司工作。最近我们这里有很多画作和素描;虽然已经卖掉了很多,但还是远远不够的。必须要稳扎稳打。我认为在英国要做的工作还有很多,但不会立刻就有所成就。当然,首要的是必须搞到上等的画作,但这十分有难度,所以我们在接受现状的同时要尽力做到最好。

荷兰的生意如何?在这里,仿布罗查得的雕刻画根本卖不出去,不过雕版画倒是卖得不错。模仿安格尔大师的《维纳斯女神》我们已卖出二十幅。看到这些逼真的画作卖得这么好真是一件令人高兴的事,特别是彩色的画,其中的利润也是很高的。古比尔画廊的仿真画平均每天能卖掉一百幅。

我想你一旦习惯了,就会喜欢上在海牙分店的这份工作的。我敢肯定你会喜欢和鲁斯一家一起生活,在时间许可的前提下,尽量多出去走走;请代我向鲁斯一家的每个人问好。

有时间你一定要写信告诉我你最喜欢的新画家。千万别忘了,因为我很好奇,想要知道。尽可能地多去博物馆,了解老画家也是件好事。如果有机会的话,读读艺术方面的书,特别是艺术杂志。等有机会,我会寄给你一本伯格写的关于海牙和阿姆斯特丹博物馆的书。看完了请寄还给我。

让埃特森有时间给我写信,特别是寄给我一份在巴黎画展上获奖的画家名单。萨默维尔还在办公室吗?还是你一到他就离开了?

我一切都好。我拥有一个舒适的住处。尽管这儿这座房子不如海牙的那么有意思。我在这里或许还是不错的。过些时候,当画的销量变得越来越重要时,我也许会有用武之地。还有,我无法向你言说我看到的伦敦和英国人的生活方式是多么的有趣,和我们大相径庭!

你一定在家度过了一段快乐的日子,我多么希望再见到他们。如有人问起我,

代我向他们问好，特别是特斯提格家、汉尼贝克家、费大婶家、施特科姆家和鲁斯家；见到贝辛迪·特斯提格，告诉她我的一些近况。好了，好兄弟，祝你好运。尽快回信。

文森特

你现在在鲁斯家住的是我原来的房间还是你去年夏天住过的那个房间？

伦敦，1874 年 1 月

亲爱的提奥：

非常感谢你的来信，也衷心地祝愿你在新的一年能够开心快乐。我从特斯提格先生那里得知你在公司里表现很好。从你的来信中，我能看出你现在对艺术有着浓厚的兴趣。老兄，这是件好事。看到你喜欢米勒、雅克、施赖尔、朗比内、弗兰斯·哈尔斯等等，我感到很高兴。正如毛弗所说，"他们都是优秀的画家"。米勒的《晚祷》的确是一幅非常优秀、非常出色的作品。整幅画的意境如诗一般。我多么希望能面对面地和你一起探讨艺术，但我们只能通过写信来分享艺术。尽情地去欣赏艺术吧，大多数人在这一点上做得都不够。

这里有一些我特别喜欢的画家：谢弗，德拉罗什，埃贝尔，哈蒙，里斯，蒂索，拉热，波顿，米莱斯，赛斯·马里斯，德·格鲁，德·勃莱克勒，米勒，朱尔斯·布勒东，费延·佩兰，尤金·费延，布罗，朱得特，乔治·萨尔，伊斯雷尔斯，安卡，诺斯，沃捷，朱丹，弗朗索瓦，安提格纳，孔特·卡里特斯，罗楚，梅索尼埃，萨马科因斯，马德拉索，兹姆，布丁，杰罗姆，弗罗芒坦，德·托尔弥那，帕斯尼，德康，波宁顿，迪亚兹约，提奥多·卢梭，特罗扬，杜普莱，保罗·于埃，柯罗，雅克，奥托·韦伯，多比尼，沃尔伯格，贝尔尼耶，埃米尔·布雷顿，舍尼，恺撒·德·卡克，科利亚特，博德默，库库克，斯海尔夫豪特，维森巴赫，当然还有马里斯和毛弗了。

我会继续喜欢他们，虽然我不知道这份喜欢会持续多久。除此之外，还有许多我喜欢的老画家。我知道我已经忘记了一些优秀的现代画家。

多出去走走，保持对大自然的热爱，只有这样，你才能更加深刻地理解艺术。画家理解大自然，热爱大自然，并教会我们去欣赏大自然。

一些画家从不做任何没有意义的事情，也不做任何坏事，正如一些普通人只做有意义的事情一样。

我在这边一切安好。我已经找到了一个温暖的住处。欣赏伦敦美景，体验英国人的生活方式，和英国人打打交道，这些对我来说都是非常享受的事情。并且，我拥抱着大自然,徜徉在诗歌和艺术的海洋中。如果这些都不够填满我,那么什么才够填满我呢?当然了,我并没有忘记荷兰,尤其是海牙和布拉班特。

我们的工作很忙,不过所有的存货在五天以内清点完毕即可,所以,我们会比你在海牙生活得轻松一些。

但愿你同我一样,度过了一个快乐的圣诞节。

好了,小子,我把最好的祝福送给你,尽快给我回信。所有我想说的话都已经写在这封信中了。希望你能从中领悟出一些道理。

再见了,请帮我问候公司里的每一个人和所有关心我的人,尤其是费大婶家里的人和汉尼贝克家里的人。

文森特

我在信中为鲁斯先生附了几句话。

伦敦,1874 年 4 月 13 日

亲爱的提奥:

尽管我很忙碌,我总是尽可能地多出去走走。这里非常漂亮(尽管是在城市)。每个公园里都开满了丁香花、山楂花和金链花。栗子树也非常漂亮。

如果一个人真的热爱大自然,他可以在任何一个地方发现美好的事物。但我有时还会思念荷兰,尤其是我在荷兰的家。我现在忙于园艺,并培育了一个小花园,里面种满了甜豌豆和木樨草……

我非常喜欢从家里走到咖啡店,晚上从咖啡店返回到家里。这会花费我45分钟的时间。

苹果树上开满了漂亮的花朵;我觉得这里的一切事物都比荷兰来得早……

文森特

伦敦,1874 年 6 月 16 日

亲爱的提奥:

谢谢你的来信。如果不出意外的话,我会于6月25日周四或6月27日周六离开这里。我很想念荷兰和荷兰的每一个人。我也渴望和你好好地谈论一下艺术……

在皇家艺术学院的这一年,我见证了许多美好的事情。蒂索有三幅作品都收藏

在这里。我也开始重新画画,只是还没有画很多……

文森特

伦敦,1874 年 7 月 31 日

亲爱的提奥:

很高兴你读了米什莱的书,并能把他的思想理解得如此透彻。这样一本书告诉我们,爱所蕴含的东西远远超过人们的想象。

这本书对我来说既是一个启示,同时也是一个福音。"所有的女人都不会变老。"(这并不意味着世界上没有老女人,但只要这个女人懂得如何爱与被爱,她就会青春常驻)……

女人和男人是完全不同的,到现在我们都不知道女人的本质。就像你说的,我们了解的只是表面,我非常赞同这一点。男人可以和他的妻子合二为一,也就是说他们是一个整体,而不是分开的两部分,我对这一点也十分确信。

安娜茁壮成长着,我们经常在一起散步。如果一个人目光纯净,那么他会觉得这里非常漂亮,用单纯美好的目光看待事物,每个地方都会很美。

父亲现在的状态很不乐观,尽管母亲说他好转了很多。昨天,我们收到了一封信,里面写满了各种各样的计划(我们尝试了几个),而这些计划被证明是行不通或根本没用的。最后,父亲又说他把一切都留给了我们,等等。这听起来是多么狭隘和令人厌恶啊!

提奥,这让我想起了祖父的信件,但我又做不了什么。我们敬爱的姑妈们现在都待在那里,她们做了许多好事。正如容·若尚所说,一切事情的发展都是顺其自然的,我们又能做些什么呢?

我和安娜每天都会认真地浏览报纸,回复了报纸上的每一条广告信息。除此之外,我们还在一家家庭教师机构进行了注册。凡我们能做的,我们都已经尽力做了。欲速则不达,所以不能过于着急。

听到你经常去汉尼贝克家,我感到很高兴。把我最诚挚的问候送给他们,并向他们分享一些我的信息。

特斯提格先生买的马里斯的那幅画一定特别漂亮。我之前听说过这幅画。我也买了一幅同类型的画,并出售了。

来到英国后,我画画的热情就逐渐消退了,但可能有一天我就会重拾对画画的

激情。目前,我正在阅读大量的图书。

1875 年 1 月 1 日,我们有可能会搬到另外一个比较大的店铺里。阿巴赫先生此刻正在巴黎决定是否要接管其他公司。时机还不成熟,所以不要向其他人提起这件事。

祝一切安好,也请尽快给我们回信。安娜正在学习如何欣赏画作,她的眼光非常好,喜欢波顿、马里斯、雅凯等画家,这是一个很好的开端。我觉得我和你都很难在绘画方面帮助到她。他们说安娜太小了,他们想要一个德国人,诸如此类的话。但无论如何,她在这里的机遇要比荷兰好很多。再见了。

文森特

你能够想象我和安娜在一起是多么快乐。请告诉 H.T.,画会及时送达,我也会马上和他通信的。

伦敦,1875 年 3 月 6 日

亲爱的提奥:

我为你喜欢亚当·比德感到非常高兴。沙路从山丘一直延伸到村庄里,放眼望去,都是黏土和白色涂料做成的村舍。屋顶上面长满了苔藓。这里随处可见黑色荆棘丛。房子两旁是褐色的荒地,上面笼罩着灰暗的天空。

狭窄的白色条纹镶嵌在地平线上,这是米歇尔所描绘的美景。但书里有比这美景更纯净和高尚的情怀。今天我把一本小书装进盒子寄给了你,里面包含了我之前提及的诗歌。另外,从伦敦新闻中心购得的瑞南的耶稣像、米什莱的《圣女贞德》、柯罗肖像等都挂在我的房间里……

文森特

伦敦,1875 年 4 月 18 日

亲爱的提奥:

为你附上一小幅画,这是我上周末画的。那天早晨,我房东的小女儿死了,她只有 13 岁。这幅画描绘的是斯特里汉姆的景色,一望无际的绿色平原,上面栽满了橡树和金雀花。这里整夜都在下雨,地面被雨水浸泡着,春天刚发芽的嫩草非常清新……

文森特

伦敦，1875 年 5 月 8 日

亲爱的提奥:

……哎,老兄,"我们能说什么呢?"C.M.和特斯提格先生在伦敦待了很长时间,并于上周六离开了这里。我觉得他们去水晶宫和其他地方的次数过于频繁了,那些地方又不是非去不可。我希望他来我住的地方看看。我现在已经不是之前的那个文森特了,我们每个人都知道时间会改变一切的。或许他们会说这几年你一点都没改变,但至少你一直坚持做自己,在每一方面……

要想在这个世界上得到别人的认可,我们必须放下所有自私的想法。那些成为宗教传教士的人则是每一个国家的子民。

人在这个世界上生活不只是为了快乐,他不仅要变得简单诚实,还要意识到人类的伟大之处,以此来获得高尚的情操并超越拖累每个人的庸俗之气。

文森特

巴黎，1875 年 5 月 31 日

亲爱的提奥:

昨天我参观了柯罗的画展,在这些展出的作品中,我尤为喜欢《橄榄园》。

画面的右半部分有许多的橄榄树,黑压压的一片,与闪闪发光的蔚蓝色天空形成对比。背景部分是覆盖着灌木和常春藤的山丘,上面是闪耀的星空。

当然了,我也游览了卢浮宫和卢森堡。卢浮宫中展示的鲁伊斯达尔的作品都非常棒,尤为出色的是《灌木丛》《栅栏》和《晒伤》。

我希望你欣赏下伦勃朗的画作——《以马忤斯的朝圣者》,及其对应的作品《哲学家》……

文森特

巴黎，1875 年 6 月 19 日

亲爱的提奥:

我多么希望我能在她(指的是他的表姐妹安妮特)去世之前见她一面,但这是不

可能的。上帝带领我们,我们必须跟随……

我不知道我会在这里待多久,但在我返回伦敦之前,我希望去一趟海尔福伊特。我希望你也能够在那里。我会自己支付这趟旅行的费用的。

我确信你不会忘记她或忘记她的去世,但你只需默默记到心里就好了。

随着时间的流逝,总有些事情会塑造我们。"即使再难过也要高兴起来",这是我们必须要学习的……

文森特

巴黎,1875 年 6 月 29 日

亲爱的提奥:

这里出售了很多米勒的画作,我不记得是否已经写信告诉你了。

当我走进德鲁奥酒店的大厅时,看见米勒的画作正在展出,我好想大声说:"脱掉你的鞋子,因为你所站的地方是圣地。"……

文森特

巴黎,1875 年 7 月 6 日

亲爱的提奥:

我居住在蒙马特的一个小房间里,我确信你会非常喜欢这个房间的。它虽然很小,却像一个小花园,布满了常春藤和野生藤。

让我来告诉你我的墙上都贴了哪些版画:

鲁伊斯达尔:《灌木》

伦勃朗:《圣经讲座》(在一个很大的老式荷兰风格房间里,夜幕降临,桌子上有点燃的蜡烛,一位年轻的妈妈一边读着《圣经》,一边轻摇着孩子的摇篮。一位老妇人坐在旁边认真地听着。这样的场景会让你想起什么呢?"让我再次告诉你们,如果两三个人奉我的名聚会,我就与他们同在。"这是一幅陈旧漂亮的铜版画,与《灌木》的尺寸一样大。)

菲力普·德·尚帕涅:《贵妇人的画像》

柯罗:《夜晚》

博德默:《枫丹白露》

波宁顿:《道路》

特罗容:《晨祷》

朱尔斯·迪普雷:《夜晚》

马里斯:《洗衣女子》《洗礼》

米勒:《一天中的四小时》

范·德·马丁:《穿过麦田的送葬队》

杜比尼:《黎明》(打鸣的公鸡。)

查莱特:《好客》(被松树环绕的农场,飘雪的冬天,农民和士兵站在门前。)

文森特

巴黎,1875 年 7 月 15 日

亲爱的提奥:

文森特叔叔又来看望我了,我经常和他在一起讨论事情。我曾向他询问你是否有机会来巴黎。起初,他不愿意,并说让你待在海牙是为了你好。我再三坚持,他说他会考虑的。他回海牙后会和你讨论这件事情。尽可能地保持冷静,顺着他的意思去说,这样会对你有好处,你以后很可能会需要他的帮助。如果你能避免,就不要谈论到我……

文森特

巴黎,1875 年 7 月 24 日

亲爱的提奥:

前几天,我们收到了一幅德·尼蒂斯的画作。这幅作品描绘了阴雨天的伦敦景象,画面中有威斯敏斯特桥和国会大厦。我以前每天早上和晚上都要经过威斯敏斯特桥,所以我知道当阳光洒落在威斯敏斯特大教堂和国会大厦背后时,威斯敏斯特桥的模样,以及大清早和冬季雪雾天气时它的模样。

当我看到这幅画时,我意识到我是那么热爱伦敦。但我依旧认为离开那里还是对我有好处的……

文森特

巴黎，1875 年 9 月 4 日

亲爱的提奥：

我已经买了关于米歇尔的书，书中附有他的铜版画图片。我一看完，就会把它寄给你。然而，米歇尔的画并不是很出彩。到目前为止，亚当·比德的风景画给我们俩留下了深刻的印象。这还有一幅波宁顿的仿作，有八九成相似，但还稍欠些火候……

文森特

巴黎，1875 年 9 月 17 日

亲爱的提奥：

宗教情感不同于对自然之美的热烈爱慕之情，但我觉得这两者非常相近。

几乎每个人都会喜欢大自然，但很少有人知道上帝是灵魂，必须用诚实和心灵来敬拜他。我们的父母和文森特叔叔都属于这少部分人。

正如《圣经》上所写："世上所有一切都会过去，只有上帝的话语永远长存。"又如："善的东西不会从我们身上被夺走；引向永生的生命之泉"。让我们来祈求我们在上帝那儿变得富足。对于这些问题，不要花太多精力去思考，在适当的时候，它们自然而然会变得明晰，请接纳我给你的意见。

我们知道我们俗世的生活在天国是不值一提的，我们是上帝的仆人。天国对我们来说还是遥不可及的。我们祈求我们的双眼能够定睛在上帝身上，这样我们就会全身充满光亮。

代我向鲁斯先生以及任何问起我的人问好，永远相信我。

爱你的哥哥文森特

你最近吃饭还好吧？多吃点面包，好好睡觉。我明天得去给靴子上点油了。

巴黎，1875 年 10 月 11 日

亲爱的提奥：

……正如我在先前的信里告诉你的，我住在蒙马特。和我同住的还有一个年轻

的英国人。他也是房子的租客,18 岁,是一个伦敦艺术品经销商的儿子。他以后有可能"子承父业"。他之前从没远离过家。刚到这里时,他特别粗鲁,尤其是第一周。他每天早上、中午和晚上都吃四片或六片面包(面包在这里很便宜),有时也会吃几个苹果和梨。他有两排细棒似的坚固的牙齿,红色的嘴唇,闪闪发光的眼睛,一对突出的发红的大耳朵,歪头,黑色的头发,等等。我可以向你保证,他比德·尚佩涅画里的那位夫人还要古怪。刚开始,大家都嘲笑他。后来我渐渐地喜欢上他,现在我向你保证,我很高兴晚上有他的陪伴。

他不谙世故,拥有一颗未被污染的心,工作也做得很棒。每天晚上,我们一起回家,在我的房间吃晚饭,其余的时间我就大声地朗读《圣经》。我们打算通读《圣经》。早晨,大概是 5 点至 6 点之间,他过来叫醒我;我们一起在我房间里吃早餐,然后在8 点左右去上班。最近,他开始减少他的饭量,并在我的帮助下开始收集版画。昨天我们一同去卢森堡,我向他展示了我最喜欢的画作。头脑简单的人会发现那些明智者经常忽略的东西,确实如此……

文森特

巴黎,1875 年 10 月 14 日

亲爱的提奥:

再说一些激励你我的话吧。我建议你看看你的那些书,并且要一直保持如此。要确保这样做,它能使你心绪安宁。但同时要警惕不能思想狭隘,或害怕阅读与你观念截然不同的著作,那些著作是舒适生活的来源。

"无论什么事,如果有美德的存在,如果有赞扬的存在,那些事便是真实、诚实、公正、纯粹、可爱的。"

追求光明与自由,不要让自己过深地陷入世俗的泥淖。

我多想你能够在这儿,我带你去看看卢森堡、卢浮宫。但我有预感,在将来的某一天,你会来的。

我收到安娜寄来的一封信,我把这封信也寄给你看看,但是看完后请你把这封信寄回来。

父亲曾经写信给我说,"不要忘记伊卡洛斯的故事,他想要飞向太阳,飞到一定的高度被太阳光融化了他的羽翼,坠海而亡。"你可能经常会认为我和安娜都没有成为我们希望变成的样子,跟父亲和其他人差好大一截,认为我们不够安定、简单、

真诚。一个人不可能一夜之间就变得简单真实。但是想让我们坚持不懈，首先还是要有耐心，而不能着急。我们想要成为基督徒的愿望和伊卡洛斯的故事还是有区别的。

在我看来，拥有一个健壮的体格是没错的，所以你要保证每日饮食得当，如果你有时感到非常饥饿，或者更确切地说，有一个好胃口，那么就好好吃吧。我向你保证我就是那样做的，过去也这样。尤其是面包，在我看来，兄弟，不要对此过于害羞，正如英语俗语所说"民以食为天"。

从现在起，我们保持互相通信的频率，诉说各自每天生活的杂事。照顾好你自己，帮我向关心我的人问好，希望我们能够在近一两个月内相见。我会热情地发自内心地跟你握手。

永远爱你的哥哥
文森特

巴黎，1875 年 11 月 15 日

亲爱的提奥：

……我亲爱的英国同伴每天早上都会准备燕麦片，这些燕麦片是用他父亲送他的 25 英镑买的。我多么希望你能同我们一起品尝。遇到这个男孩我感到很高兴。我从他身上学到了很多。作为回报，我教他在面对危险的威胁时，该如何应对。

他从未远离过家乡，尽管他非常想念爸爸和家乡，但他从不表现出来。

他无比思念家人，这种思念来自上帝和天堂。盲目崇拜不等于爱。如果他爱自己的父母就应该遵循父母的旨意。他现在非常明白这一点。

文森特

巴黎，1875 年 12 月 4 日

亲爱的提奥：

……荷兰是否同这里一样寒冷呢？格拉德韦尔和我每天早上和晚上都不会感觉到冷，因为我们有一个小火炉。

我又开始抽斗烟了，并像过去一样十分享受……

文森特

巴黎，1876 年 1 月 10 日

亲爱的提奥：

　　自我们上次见过对方后，我就没有再写信给你。那段时间，发生了一些预料中的事情。当我再见到布索先生时，我问他是否可以把我的住房期限再延长一年，并告诉他，希望他对我没有任何严重的不满。但他确实对我感到不满，并在最后逼迫我于 4 月 1 日离开这里。感谢这里所有的人，是他们让我在这里学到了很多东西。

　　当苹果成熟时，一阵微风就可以使它从树上掉落，落到它本该在的地方。我曾在同一点上犯过多次错误，因此，我没有什么可说的了……

文森特

巴黎，1876 年 1 月

亲爱的提奥：

　　在寄往海牙的第一个箱子里，你将会发现一些包裹，希望你能好好地对待它们。

　　首先，送你一本书《费利克斯·霍尔特》……这是一本给我留下深刻印象的书，我相信你也会有这样的感觉的。

　　你学习英语课程是非常好的，不需要为这件事感到抱歉。我想送你朗费罗的书和《安徒生童话故事》。我会尽量拿到这些书的。如果我把这些书送给你了，请多读读朗费罗的《伊万杰琳》《万里斯坦迪什》和《西西里岛的国王罗伯特》等……

文森特

巴黎，1876 年，日期不详

亲爱的提奥：

　　……格拉德韦尔没有想太多就决定搬出去。他本月末就有可能走了，我感到很伤心。在最后几天时间里，我们的"小屋"里出现了一只老鼠。"小屋"是我们房间的名字。每天晚上，我们都会在地上放一些面包，老鼠对这个地方已经了然于心，并能很快找到面包。

我正在看一些英语广告，也回复了其中一些。希望可以成功……

文森特

巴黎，1876 年，2 月 7 日

亲爱的提奥：

……昨天，我去了一座英式教堂，再一次用英语在教堂服务是件令人愉悦的事。教堂简单又漂亮。讲到的内容是："耶和华是我的牧者，我必不至于缺乏。"

文森特

巴黎，1876 年 2 月 19 日

亲爱的提奥：

……在另一个箱子里，你将会看到朗费罗的书。昨天晚上格拉德韦尔来找我了，他每周五都会过来和我一起念诗。

我还没有读到《海伯利安》，但我听说这本书很好看。我现在在读一本艾略特的书，写得很优美，有三个故事。我尤其喜欢最后一个故事——《珍妮特的忏悔》。这个故事深深地打动了我。它描写了一个牧师生活在一个小镇中的肮脏街道上。这位牧师很关注那些满是垃圾的小花园以及破旧不堪房子的红瓦片和烟囱。他的晚餐都是未熟透的羊肉和多水的土豆。他在 34 岁时去世。在他久病的时间里，有一个女人一直在照顾他，而这个女人是个酒鬼。但通过牧师的调教，她克服了自己的弱点并为自己的灵魂找到了休息所。在牧师的葬礼上，众人读到："复活在我，生命也在我，信我的人即使死了也可以永远活着。"现在又到了周六晚上，时间过得真快，我马上就要离开这里了……

文森特

巴黎，1876 年 3 月 23 日

亲爱的提奥：

……格拉德韦尔接替了我在画廊里的工作，在我离开之前他已经对这份工作很熟练了……

文森特

埃顿，1876 年 4 月 4 日

亲爱的提奥：

在我准备离开巴黎的那天早上，我收到了一封拉姆斯盖特的校友的信，他建议我去那儿工作一段时间（无偿的），月底的时候他们会评估我能不能胜任这份工作。

终于找到一份工作了，你能想象得到我有多高兴。而且我在那儿的吃住都是免费的呢。

昨天，我和父亲一起去了布鲁塞尔。我们发现海因叔叔的情绪很低落。在火车上，爸爸和我聊了很多有关绘画的事，我们聊到卢浮宫展出的伦勃朗给市长画的肖像画，我们聊得最多的是米歇尔。

格拉德韦尔上周五晚上去火车站给我送行。在我生日那天，他早上 6 点半就来了，送给我一幅肖维尔创作的精美版画，画上描绘了一派秋日风光，满是砂石的路上有一群羊……

文森特

拉姆斯盖特，1876 年 4 月 17 日

亲爱的爸爸妈妈：

……一想到我们今天就要团聚了。还有比这更好的事吗……相聚的喜悦还是分离的痛苦？我们分离的时候已经够多的了，这一次的分离比以往更痛苦，但也比以往更有勇气，因为信念越是坚定，上帝的恩泽越是深厚。可惜天不遂人愿，几个小时以前，每样东西都看起来灰蒙蒙、阴沉沉的。

草地向很远的地方一直伸展，我向远处眺望，一切都那样静谧，太阳又被乌云遮住了，但是一道金光还是透过云层射下来，照在田野上……

在汽船上时，我总是想起安娜（文森特的妹妹，之前和他一起在伦敦待过一段时间），眼前的每样东西都让我想起我们俩在一起的旅行。

天气晴朗，河上的风光尤为美丽，沙丘在阳光下闪着耀眼的白色光芒。船离荷兰越来越远，我只能看到一座灰色的教堂尖塔。我在甲板上一直待到日落时分，随后气温骤降、狂风四起。

第二天早上，我们从哈里奇乘火车前往伦敦，原野上的日出异常美丽，绿色的草

地上到处都是羊群,依稀可以看到一些荆棘丛和几棵高大的橡树,树枝上长着暗黑的枝条,树干被灰色的苔藓植物覆盖着。闪着微光的蓝色天空上还挂着一些星星,视野尽头的天空上飘着一些灰色的云朵。太阳还没出来,我就听到了百灵鸟的叫声。再下一站就是伦敦了,太阳终于升起来了。那些灰色的云朵马上消散开来,太阳出来了,和我往常看到的一样宏伟纯粹,一个真真正正从东方升起的太阳。沾满露珠的草地在阳光的照耀下闪闪发亮。可我依然想念我们夜里分离时的那几个小时。星期六下午,我在甲板上一直待到日落。人目光所及的地方,水都是深蓝色的,白色的浪花高高涌起。

蓝色的天空广阔无垠,没有一丝云彩。

太阳的余晖照在水面上。

眼前的景象是多么宏伟而壮观,愈是简单,愈是静谧的事物,愈能给人深刻的触动。

到达伦敦两个小时之后,我们坐上了从伦敦开往拉姆斯盖特的火车。这段旅程还需要花费我们四个半小时的时间。这条路线风光秀丽,我们经过了一段多山的地方。山脚下的草很稀疏,山顶上满是橡树。眼前的景色让我想起了我们一起看过的沙丘。两山之间有一个小村庄,村子里有一个灰色的教堂,跟村子里的很多房子一样,上面爬满了常青藤。果园里繁花盛开,天空是那种淡淡的蓝色,飘着灰色和白色的云朵。

我们还经过了坎特伯雷,这是一个拥有很多中世纪古建筑的城市,其中,一座被古老的榆树环绕的美丽教堂最负盛名。我经常能看到以它为对象的画作。

距离拉姆斯盖特还有很长一段路程的时候,我就把视线投到窗外,开始四处张望。

1点钟,我来到斯托克先生家,他恰好不在家,不过晚上会回来。他不在的这段时间里,他的儿子(一个大约23岁的小伙子)接待了我,他在伦敦当老师。晚饭时,我终于见到了斯托克先生,还有24个从10岁到14岁年纪不等的男孩(能在他们吃晚饭时见到他们,我很高兴。)学校不大,透过窗子能看到外面的大海。晚餐过后,我们在海岸边散了一会儿步,景色很美。海岸上的房子都是用黄色的石头盖成的简洁的哥特式风格的房屋,花园里种满了雪松和其他常青树木。那儿有一个泊满船的港口,港口里有一条石头堤坝,人可以在上面行走。海面很平静,异常美丽。昨天,一切都是灰蒙蒙的。晚上的时候,我们和孩子们一起去教堂。教堂的墙上写着:"主,我与你同在,即便世界末日到来。"

晚上8点,是孩子们就寝的时间,他们得在第二天早上6点起床。

除了我之外还有一个已经在这儿干了十七年的助教。他和4个男孩还有我睡在附近的另一座房子里,我在那儿有一间单独的房间,我准备在墙上挂些画……

文森特

拉姆斯盖特,1876 年 4 月 21 日

亲爱的提奥:

　　……今天斯托克先生回家了。他是一个中等身高的男人,头发稀疏,长着连鬓胡子,孩子们都很尊敬他,也很喜欢他。回到家没过多久,他就和孩子们玩起了弹子游戏,我和他常常一起去海边。今天早上,我帮孩子们用沙子做了一个堡垒,就跟我们曾经在津德尔特的花园里堆的一样……

文森特

拉姆斯盖特,1876 年 4 月 28 日

亲爱的提奥:

　　……现在我要给你讲讲我们昨天散步的经过。我们准备去一个海湾,通往那儿的道路从一片刚长出小苗的麦地里穿过,路两旁是山楂树的树篱。

　　等我们到了海湾那里,在我们的左侧是一片混合着沙子和石头的陡峻高地,大约有两层楼高。高地上长满了密密麻麻、弯弯曲曲的山楂树,树干上长满了苔藓,受到风势的影响,黑灰色的枝干全都弯向了一侧,除此之外,还有些更有年头的灌木。

　　我们脚下随处可见石子儿、白垩以及贝壳。

　　在我们右侧就是如池塘般平静的大海,映照着明灰色的天空,太阳眼看着就要出来了。

　　退潮了,海水很浅……

文森特

拉姆斯盖特,1876 年 5 月 1 日

亲爱的提奥:

　　……昨天起了很大的风,斯托克先生不允许孩子们外出。但是我获得了他的特许,可以带上六个年纪稍微大一些的男孩出去走走。我们去了沙滩,浪很大,逆风行

走也很困难，我们看到一艘回航的救生船，离这儿很远的沙洲上，有一艘船被困住了，但是看样子这次搜救行动失败了……

文森特

拉姆斯盖特，1876 年 5 月 12 日

亲爱的提奥：

谢谢你的来信。我简直被"给我讲很久很久以前的故事"给迷住了。初次听到这句话的时候，我还在巴黎，那是一个晚上，那时的我在一个常去的小教堂里。我很遗憾，穆迪和萨奇来伦敦的时候，我错失了听他们传播福音的机会。大城市里的人们对宗教有着虔诚的信仰。不论是工厂的工人还是商店的佣工，很多人自幼便虔诚地信奉着上帝。然而城市生活有时会让"清晨的露珠"消失无踪。我对"很久很久以前的故事"的向往依然执着，那些内心深处的东西不曾动摇。乔治·艾略特在他的一部小说中描写过工人们的生活，他们组成了一个小型的集会，在灯笼广场的一座小教堂里做礼拜，艾略特管这个地方叫"上帝的王国"。这个名字起得恰如其分。亲眼见到成百上千的人聚在一起听着牧师传播福音，让人的内心不由得涌现出莫名的感动……

文森特

拉姆斯盖特，1876 年 5 月 31 日

亲爱的提奥：

5 月 21 日去埃顿那天过得可真愉快，真高兴家中六个人有四个待在家。父亲在信中详细跟我说了那天发生的一切。也感谢你上次的来信。

我跟你说过我最近经历的那场暴风雨了吗？海水是黄色的，靠近岸边的地方尤其发黄。海平面处闪现一道闪电，海面上空堆积着深灰色的乌云，倾盆大雨从乌云里斜落下来。风把石头高地上的白色小径上的尘土刮向海面，郁郁葱葱的山楂树丛、长在石头上的花也被风吹得摇摇晃晃。大海右侧是一片刚长出绿色小苗的麦地，从远处看，这座小城就像是阿尔布雷德·丢勒笔下描绘的风景一样。

上周日晚上，我又一个人看海。一切灰蒙蒙的，海天交接的地方渐渐亮起来。天还早，百灵鸟已经在歌唱了。海边的花园里有夜莺。远处的海面上停着一艘艘守卫

船,灯塔发出一束束光。

我的房间在房子的顶楼,那天夜里,我透过窗户向外望去,看到许多房子的屋顶以及夜空下黑魆魆的榆树树梢。屋顶上空有一颗孤单的星星,那是一颗闪烁着友善光辉的美丽星星。我不禁开始思念你们,怀念我过去经历的那些事儿,我有些想家了,从我心底涌现出这样的感受:"别让我成为一个给家族丢脸的儿子,看在我母亲的分上,保佑我吧,虽然我是那样卑微。我对艺术的爱远胜一切。需要不断祈祷,否则我们就会一事无成。"

《隔绝》是透过学校的窗户向外看时画的一幅小画,家长们结束来访,准备动身前往火车站时,孩子们通过这扇窗户跟他们告别。

我们都不会忘记从这扇窗里向外看到的景色。如果这周还下雨的话,你真该来看看,尤其是在黄昏时分,路灯都亮起来的时候,灯光映照在湿漉漉的街道上。

斯托克先生总是发火,假如孩子们实在太吵闹,他有时会不让他们吃晚饭。

我希望你有机会能来看看这些孩子们,能像我们一样看看窗外阴沉的景色。孩子们能够享受的东西实在是太少了,除了期待吃饭,他们的生活还有什么指望呢?我希望你也能看看他们穿过黑暗的楼梯和走道去餐厅的样子。不过,在这里,明亮的太阳依然闪耀。

另一个让人好奇的地方是有着破旧地板的卧室,里面有六个供孩子们梳洗的洗脸盆,昏暗的光透过摇摇欲坠的窗户栏杆照进来,照到洗漱的支架上。那场景让人看了心里不由得泛起阵阵酸楚。我可能要跟他们在一起待一个冬天,一切视情况而定。

你的画被几个年幼的学生弄上了一小块油渍,请原谅他们。

最后,请为我给约翰叔叔捎几句话。现在,我该给你道声晚安了。如果有人向你问起我,请代我问声好。你是不是经常去拜访博谢尔?如果你看到他了,也记得替我向他还有威廉姆·瓦克斯以及鲁斯家的每个人问声好。

爱你的哥哥
文森特

韦林,1876 年 6 月 17 日

亲爱的提奥:

上周一,我从拉姆斯盖特启程去往伦敦,这是一段漫长的旅程,我离开拉姆斯盖特时天气一直很炎热,夜幕降临时,我到达了坎特伯雷。这天夜里,我又赶了一段

路，在一个周围长着一些高大的山毛榉和榆树的小池塘边稍作休息。凌晨3点半，鸟儿在破晓之际开始鸣叫，我又上路了。接下来的旅程很愉快。

我到达查塔姆时已是下午，从远处看，这儿的很多地方都被浅草覆盖着，随处可见一棵棵榆树，泰晤士河上船来船往，我猜伦敦的天气总是阴沉沉的。在查塔姆，我遇到了一辆马车，赶车的车夫捎了我几英里远，可是后来他去了一家小旅馆，我猜他可能要在里面待很久，所以就自己重新上路了。傍晚时分，我来到了伦敦的郊区，沿着"路"走了很久很久，这才进到了市区。我在伦敦待了两天，为了去见不同的人，伦敦的许多地方都留下了我的身影，这其中就有一位和我有书信往来的牧师。

……我在里德先生家住了一晚，第二天，格拉德韦尔先生收留了我，他们都非常和善。那天晚上，格拉德韦尔先生给了我一个晚安之吻，这给了我莫大的安慰，也许这个吻是为了确保我和他儿子的友谊将来会一直延续下去。

那天晚上，我本来是想回韦林的，但是他们执意挽留我，因为外面正下着倾盆大雨。凌晨4点，雨一停，我便马上动身回韦林。

我从城市的一头走到另一头。下午5点的时候，我来到了我们的妹妹安娜家，我很高兴能见到她……

文森特

伊思莱沃斯，1876 年 7 月 5 日

亲爱的提奥：

……对我而言，在这个世界上，除了教师和牧师，我找不到其他适合我的工作了，这两份工作之间还是有一些相似之处的。我想当一名传教士，尤其想去伦敦当一名传教士。我认为如果能去伦敦当传教士的话，这一定是一份特殊的工作。我需要和广大的劳动人民打交道，给穷人传播福音，还需要同他们分享自己的个人经历，我还要帮助那些正在找工作的外国人以及那些处境艰难的人。上周，我去了伦敦两三次，想试试看有没有机会成为这些传教士中的一员。我会几国语言，在巴黎和伦敦都待过一段时间，和社会下层人民以及外国人都有过接触，再加上我自身就是一个外国人，我认为这也许是一份适合我的工作，并且我在不久的将来一定会干得越来越出色。

可是从事这份工作需要至少年满 24 岁，所以我不得不再等上一年。

　　斯托克先生声称他不会给我任何薪水，仅是提供食宿这一条，他就不愁招不到老师，他的话不无道理。然而我真的要这样继续下去吗？我想不会，很快就能见分晓了。

　　……上周，我去了一趟汉普顿宫殿，那儿有美丽的花园，道路两旁长满了核桃树和酸橙树，形成了一条长长的林荫道，树上有很多乌鸦窝。我参观了宫殿，欣赏了里面的画作。展出的作品以荷尔拜茵的画作居多，他的作品都堪称精品。除此之外，还有两幅伦勃朗的精妙画作（一幅画的是他妻子，一幅画的是一位犹太法学博士），还有许多美丽的意大利作品，它们均出自贝利尼、提香、达·芬奇之手。那儿有曼特尼亚画的漫画，路易斯达尔的一幅精妙画作，克伊普创作的水果静物写生。我真希望你跟我一块儿去了，能够再次欣赏到绘画作品真是一件让人身心都感到愉悦的事。

　　我不禁联想到曾经住在汉普顿宫殿里的查理一世和他的妻子（"我感谢上帝！感谢他让我成了皇后，但却是一个不幸的皇后。"这句话就出自她之口），在她的墓前，波斯维特禁不住一诉衷肠……

　　临走时身上不知什么时候粘上了一根羽毛，肯定是那儿的乌鸦的……

文森特

伊思莱沃斯，1876 年 8 月 7 日

亲爱的提奥：

　　……昨天琼斯先生和他的家人回来了。为了欢迎男孩们回家，我把他们的房间装饰了一番，墙上插着冬青和一些常青树枝，桌上摆着一大束花……

　　我猜那些男孩们马上就要回来了……

　　……大海真的很美。斯托克先生家有很多虫子，不过从窗户向外望时，那美丽的景色会让人忘记这些不快……

文森特

伊思莱沃斯，1876 年 8 月 18 日

亲爱的提奥：

　　昨天我去拜访格拉德韦尔了，他要在家待一段时间，因为他家里出了点变故：他的姐姐，一个充满活力的女孩，有着一双黑色的眼睛和乌黑的头发，才 17 岁，不幸在荒野上从马背上摔了下来，大家救她回家的时候她已经昏迷了，5 个小时之后，她依

然没有清醒过来，彻底失去了生命征兆。

我一听到这个不幸的消息，知道格拉德韦尔也在家，便马不停蹄地赶去了他家。昨天上午 11 点，我从伊思莱沃斯出发，走了很远的路才到刘易舍姆，沿着这条路走，可以横穿整个伦敦。下午 5 点，我终于来到了格拉德韦尔家。

他的家人们刚从葬礼上回来，整个屋子的人依然痛哭不止，这种时候我的陪伴也许是一种安慰。看他们哭得这样撕心裂肺，我觉得自己也许需要回避一下……

文森特

伊思莱沃斯，1876 年 8 月 26 日

亲爱的提奥：

……临近傍晚，一条途经山坡的沙子路通向一座高山，在这里能够看到圣城。夕阳的余晖透过乌云，把圣城照映得通红。在这条小路上，一个朝圣者正走在通往圣城的途中。他已经疲惫不堪，他询问一位黑色皮肤的女人，是谁站在这条路上，谁的名字是"忧愁却常常喜乐"：

难道这条路一直是上坡路？

是的，一直到尽头。

难道旅程需要一整天的时间？

从日出到日落，我的朋友。

这条路沿途的风景非常美丽，棕色的荒野里遍布着桦树和松树，一片片金黄的沙子，太阳照耀着高山。真的，这不仅仅是一幅画，还是一种启示。

我是在课间给你写信。今天我花了一点时间在灌木树篱间散步，学习神学。我多希望你能看看黄昏时候的操场和花园。在学校里，空气在摇曳，人们可以听到课堂上传来男孩们亲昵的声音。时不时地会有某个男孩哼唱一小段赞美诗，此时我就会感受到"宗教信仰"的某种东西。我依然与我的梦想有很远的距离，但是，在上帝的帮助下我会成功的。我必然与基督有坚不可摧的关系，我必然去感受这种关系。感到忧愁，却是常常喜乐。因基督而生，为基督而生，成为他的天国里的一个穷苦人。在他的影响下，用他的精神填充自己的内心；在他的爱鼓励下，躺在父的怀里，正如我上次给你回信的答复。与他独处的时候，听到他的回应，无所欲求，但求他存在世上。居住在上帝和基督的爱里，在上帝的爱里，我们紧紧团结在一起……

文森特

伊思莱沃斯，1876 年 10 月 3 日

亲爱的提奥：

从家里的来信中我得知你生病了，可怜的小子，真希望我能陪着你啊！昨天晚上，我步行去往里奇满，一路上我都在思念着你。那是一个美丽的夜晚，天空灰蒙蒙的，你知道我每周一的晚上都会去那儿，去卫理会教派的那座小教堂。昨晚，我自言自语了几句："除了信仰耶稣，没有什么能给我带来愉悦，忠于耶稣，诸事皆乐事。"

……上周末，我长途跋涉去了伦敦，打听到一个职位，也许将来的某一天我会去应征这个职位。利物浦和赫尔这样的港口城市的牧师正在招募助手，应征条件是会讲多国语言，需要在水手和外国人中间工作，还要慰问那些生病的人，这是一份有偿的工作。

凌晨 4 点，我就从伊思莱沃斯起身出发了。清晨的公园很美，一条湿漉漉的小路贯穿整个公园，小路两旁长满了榆树，天空灰蒙蒙的，依然下着雨，远处雷电交加。

破晓时分，我来到了海德公园，树上的叶子全落了，薄雾中，满墙的藤蔓植物呈现出一种漂亮的红色。7 点时，我来到了肯辛顿，在一座教堂里稍做休息，以前周日的早晨，我常常来这儿。

在伦敦，我拜访了许多朋友，还去了古比尔公司经营的画廊，看到了范艾特森带去的画作，又一次欣赏到了荷兰式的小镇和草地，真让我感到由衷的高兴。我尤为欣赏阿茨笔下的画作——《运河上的磨坊》。

文森特

伊思莱沃斯，1876 年 10 月 7 日

亲爱的提奥：

……上个星期三，我走了很长一段路，去到了距离这儿大约一个小时路程的一个小村庄。道路从草地和田野间贯穿而过，一路上都可见山楂树的树篱、黑莓果实、铁钱莲以及高大的榆树。日落时分的景色尤为美丽，太阳被灰色的云朵遮住了，夕阳下的一切都拖着长长的影子。我们碰巧遇到了斯托克先生学校的一群学生，里面有几个我认识的孩子。

太阳彻底落下去了，天边依然有一大片红色的晚霞，夜幕缓慢降临在田野上，我

们看到远处村庄里的灯亮了。我给你写信的当下，琼斯先生把我叫了过去，他问我愿不愿意步行去伦敦，帮他收些钱。当我晚上回家的时候，我收到了父亲的一封信以及你的好几封信。我多么想跟你们俩待在一起啊，小子。感谢上帝，情况终于有了些许好转，虽然你现在依然还是很虚弱……

现在我要给你讲讲我这趟伦敦之行。我中午 12 点从伊思莱沃斯出发，下午五六点钟到达目的地。我一到画廊林立的河岸街附近，就碰到了许多熟人。当时正是吃饭时间，大街上有很多人，有的刚从办公室出来，有的正准备回办公的地方。一开始我遇到了一位年轻的牧师，他曾经在伊思莱沃斯传播过福音，然后他把我介绍给了一路上遇到的其他人。我们先后遇到了沃利斯先生的一位雇员，一位我之前经常拜访的沃利斯家族的先生，他有两个孩子。后来我又遇到了瑞德咸亨和理查森先生，他们是故交了。去年的这个时候，理查森先生还在巴黎，我们一起步行到过拉雪兹神父公墓……

我去拜访了格拉德韦尔先生，还去了圣保罗教堂。从伊思莱沃斯的市中心到伦敦的一角这一段路途中，我去探望了一个因病从斯托克先生的学校退学的男孩，发现他正在大街上愉快地玩耍。然后我去了要替琼斯先生收钱的地方。伦敦的郊区有一种独特的美，在一座座小房子和花园之间是一片片草地，树丛和灌木掩映的中心地带一般是一座教堂、一所学校或者是一个作坊。太阳的余晖把黄昏时分升起的薄暮染红了，眼前的景色真是太美了。

昨晚过得一般，不过我很希望你能亲眼看看黄昏时的伦敦街道。星星点点的灯光亮起，人们陆续回到家中。眼前的一切都在提醒人们，周六的夜晚到了，一切喧嚣都归于平静，随着周日的临近，人们都有些兴奋。

市区里很黑，不过沿着教堂里的小路散步，倒是一件让人愉快的事。在河岸街，我坐上一辆公交车，车走了很长一段路，时候已经不早了。我经过琼斯先生的小教堂，看到远处的一座小教堂里的灯在这个时候还是亮着的，我走了进去，发现这是一座非常漂亮的哥特式小教堂，教堂里有一些妇人在做祷告。然后我去了那个幽暗的公园，在之前的信中我跟你提到过的那个地方。在那里，我看到伊思莱沃斯的灯火在远处闪耀，我看到爬满常青藤的教堂和教堂庭院，庭院里的垂柳都朝着泰晤士河的方向生长着。

明天我还要出去一趟，我的这份新工作能给找带来微薄的报酬，我要用这些钱给自己添置一双新靴、一个新帽。然后，遵循上帝的旨意，我要再次启程……

文森特

伊思莱沃斯，1876 年 10 月 31 日

亲爱的提奥:

又到了给你写信的时候了。谢天谢地,我恢复得不错。我盼望着圣诞节的到来——虽然距离圣诞节还有很长一段时间,但不经意间,也许就到了那一天。

提奥,你的哥哥我终于有了初次布道的机会,上周日,在上帝的居所,那里写着"在这个地方,我会赐予宁静"。这次布道也许给很多事情都开了个头。

那一天秋高气爽,我从这里步行至里奇满,一路上的景色让人心旷神怡。我沿着泰晤士河走着,河岸边高大的核桃树上的叶子已经全黄了。蓝色的天空像镜面一样纯净,视线越过树梢,在那些山的后面,隐约可见里奇满的部分景色。那里的房子的屋顶是红色的,窗户上没有帘子,花园里依然是一片绿色,那座灰色的尖塔高高耸立在这些房屋之间,在那座灰色的长桥下,河岸两边长满了挺拔的杨树,走在桥上的人的身影都小小的、黑黑的。

当我站在讲坛上时,我感到自己像是刚从黑暗的地下洞穴里钻出来,重新见到这友善的阳光。不管未来的境遇如何,我的人生使命就是传播福音,这个念头让我心潮澎湃。

要想传好福音,必须将福音书熟记于心。上帝说要有光,于是就有了光。他的话音刚落,那个东西就出现了。他一声令下,他所命令的东西就巍然耸立。对于这个世界,提奥,你已经了解得够多了,你可知一个可怜的布道者可能是这个世界上一个孤独的角色,但是他能够唤醒人们内心的信仰。"我不孤独,因为上帝与我同在。"

提奥,我是如此期待着圣诞节的到来,期待着和你们见面。过去的几个月里,我一度感觉自己像突然长大了好几岁。

上帝啊,我渴慕你,像鹿渴慕清凉的溪水。

永生的上帝啊,我渴望你;我几时可以到你面前朝拜呢?

我的心哪,你为什么沮丧? 为什么以悲叹压着我呢?

当我们遭遇沮丧、病痛和困难,提奥,我们仍应感谢上帝这一刻的赐予,让我们忘记谦卑。昨晚,我又去了一趟里奇满,穿过一大片长满草的原野,四周是树木和房屋,教堂的尖塔高耸其间。草叶沾着露水,天色渐渐暗了下来。天的一边被落日染成了红色,月亮在另一半天空悄然升起。一个满头银发、身着黑衣的老妇人正在树

下散步。原野中央，一群男孩燃起了一堆篝火，从很远的地方就能看见那跳动的火光。再见，在脑海中与你握手。

永远爱你的哥哥
文森特

从这周三开始，我希望能在琼斯先生的教堂里布道一周。当我站在讲道坛下，低头祈祷的时候，内心很受触动。

替我向特斯提格夫妇、汉尼贝克、范·斯特科姆、鲁斯家的人还有范·埃特森以及你见到的所有人问好。

伊思莱沃斯，1876 年 11 月 17 日

亲爱的爸爸妈妈：

……一周周过去了，转眼间冬日将至，圣诞节也快要到来了。明天我要去伦敦最远的两个地区，那两个地方在怀特查佩尔，狄更斯在他的小说中对那里的贫困状况有所描述。我要在泰晤士河上搭乘一艘小型汽船前往刘易舍姆。琼斯先生的孩子们已经全都康复了，不过有三个男孩最近在出疹子。

这周，琼斯先生吩咐我和其中一个男孩去一趟阿克顿格林，透过窗户远眺，那里遍布草地。

阿克顿格林泥泞极了，不过风景倒是不错。天黑时，薄雾开始升腾，平原中央是一座小教堂，教堂里的灯亮了起来，在我们左手边，是一条高架在半空中的铁路，一辆火车恰好驶过。黄昏里，发出红色光芒的火车头和车厢的一长串灯光形成了一幅美丽的画。在我们右手边，几匹马在山楂树环绕的一片草地上吃草，草地里有许多黑莓……

文森特

伊思莱沃斯，1876 年 11 月 25 日

亲爱的提奥：

……早上去特纳姆格林的路上沿途的风景都很美，核桃树、纯净的蓝色天空、倒映在泰晤士河面上的晨光，草地闪闪发亮，教堂的钟声传来。前些日子，我步行了很长时间，去了一趟伦敦。我凌晨 4 点从伊思莱沃斯出发，6 点半到达海德公园，那时

候草地上还沾满了露水,叶子纷纷从树上落下来,远处的路灯泛着苍白的光,还没有熄灭。威斯敏斯特大教堂和威斯敏斯特宫的塔楼就在远方,红彤彤的太阳在晨雾中慢慢升起。接下来我要前往的地方是怀特查佩尔,伦敦的贫民区,然后再去赞善里和威斯敏斯特,接着再去克拉彭拜访卢瓦耶太太,她前不久刚过完生日。我还要去拜访一下阿巴赫先生及其妻儿。

接下来,我还要去刘易舍姆,下午 3 点半,我到了格拉德韦尔先生家……晚上 10 点半,我乘地铁回到了伊思莱沃斯。我很幸运地帮琼斯先生筹到了一些钱。

文森特

埃顿,1876 年 12 月 31 日

亲爱的提奥:

……至于传播福音的工作,我是不会放弃的。父亲很开明,我希望总有一天我能坦诚地说出自己内心里的想法。我不打算再教小孩们功课了,可能要去一家书店工作……

文森特

多德雷赫特,1877 年 2 月 7/8 日

亲爱的提奥:

……上个星期天我去了法国教堂,那个教堂看起来非常的神圣和庄严,它有着某种非常吸引人的东西。上面铭文:"你要持你所有的,免得人夺去你的冠冕。"这句布道文大致是说:"如果我忘记你,耶路撒冷啊,让我的右手忘记她的狡猾。"之后我还有一次愉快的散步,沿着堤坝经过磨坊,草地的另一边是一条沟渠,天空倒映在水面上,波光粼粼。

在其他国家,有很多奇特的事情。比如说,在迪耶普附近的法国海岸:白垩峭壁上覆盖着绿茵茵的草地,蓝蓝的大海和天空,港湾停留着破旧的船只,就像是杜比尼的油画。棕色的渔网和船帆,小巧的房子,还有一些餐馆,这些餐馆的窗前用小小的白色窗帘作为遮挡,还有青翠的松树枝。白马拉着马车,这些白马套上了马具,还有巨大的蓝色笼头和红色的穗,车夫穿着蓝色的制服,留着胡须的渔夫穿着雨衣。法国女人脸色苍白,有着深陷的黑色双眸,穿黑裙,戴白帽。还有,比如说英国的街道,

烟雨中灰蒙蒙的灯火。有一个晚上,我站在一个破败的灰色小教堂的阶梯前。这是在夏天去拉姆斯盖特旅行时发生的事情。

还有一些奇特的事情。上个星期天,当我走在那个堤坝上时,我却想着如果我是走在荷兰的土地上该有多好啊。我的内心似乎感受到:"现在我的心与上帝立约。"以前的记忆又浮现脑海,我们曾经与我们的父亲一起在赖斯贝亨散步。在 2 月的最后几天,我听到云雀的歌唱。黑色的土地上生长着嫩绿的玉米幼苗,云雀一跃而过,湛蓝的天空中飘着几朵白云,道路的两旁是葱翠的山毛榉。

噢,耶路撒冷,耶路撒冷!噢,津德尔特,噢,津德尔特!谁能预想到我们在这个夏天不会在海边散步呢!我们是亲密的朋友,无论如何,提奥,只要相信上帝,永远信任他,他支配着人们的祈祷和思想。

对今天表示诚挚的祝贺——现在是凌晨一点半,已经是 2 月 8 日了。愿上帝保佑我们与父亲长久待在一起。愿"他让我们亲密地团结在一起,愿我们对他的爱能越来越增进我们的关系。"

父亲写信说他已经看到了八哥。你还记得它们常常飞落在津德尔特的教堂上吗?至今我还没有关注过这样的现象,但是我看到过一大群乌鸦在早上的时候飞落在大教堂上。现在春天又将到来,云雀也将飞回来。

我们不会忘记:"感到忧愁,却常常喜乐""无名者最有名",化悲伤为勇气,信仰上帝,有时候,即使我们在人群之中,也会感到孤独降临。他,约瑟夫曾说,"他使我忘了一切的困苦和我父亲那边的所有亲人。"约瑟夫没有忘记他的父亲,你知道的,但你也知道他所说的话的真正意思。

照顾好你自己,把我的问候带给鲁斯全家,还有特斯提格夫妇,接受我脑海中伸出的友谊之手,相信我。

爱你的哥哥
文森特

告诉特斯提格先生不要生气,那些画稿已经在我这里放了很长时间。我把它们放在学校了,有三十来幅。但我得为晚上的课程选几幅,所以这些画还要在这里再放一个星期。你很快就可以拿回它们了。

把米什莱的那一页再寄给我,老弟。你之前寄给我的放在我桌子的盒子里,我需要它。速回信。

多德雷赫特，1877 年 3 月 22 日

亲爱的提奥:

我要确保你在旅途中也能读到我给你写的信。我们在阿姆斯特丹度过了多么美好的一天啊。我一直目送着你乘坐的火车远去，直到它彻底消失在我的视线里。我们是多年的老朋友了，在津德尔特的时候，我们经常在黑色的长着绿色玉米幼苗的田野里散步。每年的这个时候，我们都能和父亲一起听到百灵鸟的歌声。

今天早上，我和科尔叔叔一起去斯特里克姨夫那里谈了很久，关于谈话的内容，我想你应该已经知道了。

晚上 6 点半，科尔叔叔送我去车站。夜色很美，我眼中的一切都意蕴无穷，四周很静，街道上弥漫着一点雾气，这种情景在伦敦很常见。科尔叔叔那天早上牙疼犯了，不过幸运的是疼痛并没有折磨他多久。我们在去车站的路上经过了花卉市场。可爱的花朵、翠绿的松柏、常青藤还有山楂树都能给人带来快乐，从创世纪之初，它们就与我们同在。

我已经写信告诉他们我们在阿姆斯特丹做了什么，聊了什么。一回到家我就看到了从埃顿寄来的信。父亲说他上周日身体有不适，所以是凯姆牧师替他去传的福音。我知道他又重燃了对我的信心，相信我有可能选择和他一样的职业，他早就希望我能当一名牧师。哦，他的愿望会实现的，上帝保佑。在给你写信、告诉你我的一些想法的同时，我的头脑也变得越发清晰和坚定。

你给我的那行话，"即便天堂人间消失，我的话也永不磨灭"。赫尔丁牧师的肖像已经快完工了，就挂在我的小房间里。噢，我真高兴能够拥有它们，它们让我充满希望。

给你写信能帮助我梳理自己的思绪。首先，我想到了这样一段话，"遵守你的诺言是我生来的使命。"我非常想要将《圣经》上那些宝藏一般的篇章通过自己的语言表达出来，我要深情地将那些古老的故事倒背如流，尤其是耶稣的故事。

我们的家族是一个非常正统的基督教家族，追溯家族的历史，每一代都会出一个传播福音的牧师。出生在这样的一个家庭里，为人们传播福音是上帝的旨意。我热切地期待着自己能够传承父亲和祖父的精神，成为一名基督徒并且为上帝服务。我会过上跟他们相似的生活，越相似越好，因为陈年的酒反而香醇，我也不奢望做出新的尝试。让他们的上帝成为我的上帝，让他们的教民成为我的教民，我要

更用心地领会上帝的旨意,他的仁慈使我进步。

"似乎忧愁,却常常是快乐的",《哥林多前书》的这个篇章写得很动人,告诉我们仁慈的内涵,在第13章中还有一句话,她"忍受一切,相信一切,祈愿一切,包容一切。仁慈永不灭。"

今天,走在去以马忤斯的路上时,我一直想着这个篇章,接近晚上的时候,太阳要落山了。

"似乎忧愁,却常常是快乐的"这个篇章我希望你也能铭记于心,因为真的写得很好,能够在生命的风暴前给你带来温暖。记住这些话,虽然你经历的已经够多了,但是小心些准没有什么坏处。你所经历的都并非小事,但我有预感,在不久的将来,还有更大的事等着你。

珍惜你所拥有的,提奥,我的弟弟,我深深地牵挂着你,我的目标你是知道的,我那么热切地期待着梦想实现的那一天。假如我有父亲的那些才能该多好,为上帝服务,成为一名牧师需要付出艰难的努力。父亲的职责包括读《圣经》,慰问病人和穷人,他写的布道词已经有上千篇了,但他从不回望自己走过的路,而是继续努力向前。

抬头望天,愿上帝保佑你实现心里的渴望,他比我们更了解我们自己,因为他比我们看得更高远,他的思想的高度也是我们无法企及的,就像天堂永远在人间之上一样。

祝你旅途愉快,期待你早日回信,我的思想同你握手。再见,永远要相信我。

永远爱你的哥哥

文森特

我希望父亲能早日康复。我会尽量在复活节回埃顿一趟。一想到能够再和你在一起,我就很高兴。

我讲了很多过去发生的事,也聊了一些你的经历,"你不知道将来会发生什么"。

埃顿,1877 年 4 月 3 日

亲爱的提奥:

……如你所见,写这封信时我人在埃顿。昨天早上,我收到了家里的一封信,父亲在信上说,阿尔森的时日不多了,父亲马上去看望他,因为这也是阿尔森的遗愿。

当我听到这个消息时,内心有一股强烈的愿望驱使我去津德尔特,于是我真的动身了。

星期六晚上，我搭乘最后一班从多德雷赫特开往奥登博斯的火车，然后步行前往津德尔特。荒野是那样美丽。虽然夜里一片漆黑，但我还是能看见荒野、松树、一望无际的沼泽，眼前的景象让我想起了博德的一幅作品，那幅画就挂在父亲的书房里。天空被云遮住了，然而星光依然透过云层闪耀着，慢慢的，越来越多的星星在夜空中闪现。我到达津德尔特的教堂时天还没有亮，四周静悄悄的。我把所有那些曾经留下美好回忆的老地方和小径都走了一遍，等待着太阳升起。你知道耶稣复活的故事吧，那天早上，在那个静谧的墓地里，眼前的每一样东西都让我不由得想起那个故事……

文森特

多德雷赫特，1877 年 4 月 16 日

亲爱的提奥：

……噢！在不久的将来，我要彻底投身到侍奉上帝和传播福音的工作中去。我怀着谦卑之心不断地祈祷，期待上帝能听到我的祷告。也许有人会认为我的愿望不可能成真，但是当我认真地思考，穿透对人类来说那些不可能的表象时，我感到自己的灵魂在与上帝交谈，对于上帝而言，这些事都在他的能力范围之内。

噢！提奥，提奥，假如我只能在这件事上成功，假如我一无所成，总是听凭别人指责，我该背负多么深重的绝望啊……父亲和我会由衷地感谢上帝……

文森特

❋ 第二部分 ❋

思念绘画天地

阿姆斯特丹1877年5月至1878年7月—埃顿、布鲁塞尔、博里纳日
1878年7月至1880年7月

　　文森特想要追随父亲的脚步成为一名牧师，这一次，他很笃定。但是在进入大学学习神学之前，他必须通过入学考试。为此，他需要勤勉地学习至少两年的时间。整个梵高家族的人都给予了文森特帮助。他的叔叔——阿姆斯特丹海军最高首脑约翰尼斯给他提供住宿。他的姨夫斯特里克给他找了一个教授拉丁语和希腊语的辅导老师，在叔叔科尼利厄斯的画廊里，他可以心满意足徜徉在绘画的世界里。24岁这一年，不堪学习重压的文森特最终找到了一个可以释放他传道热情的地方：位于比利时的博里纳日矿区，那是一个极度贫穷的地方。文森特满怀热忱地践行着耶稣的最初准则。他全身心地帮助着这个地方的穷人们，尤其是农民，他把自己仅有的一些财物都分给了他们。

　　然而，这一切真的是文森特梦寐以求的吗？

阿姆斯特丹，1877年5月19日

亲爱的提奥：

　　我们在一起度过了多么快乐的一天，这一天将永远铭刻在我们的记忆里。我要确保你在从埃顿回到这儿来的路上能够读到我写的信。你肯定在家过得很开心，我已经迫不及待地想要收到你的来信了，快快告诉我那些天你是怎么过的。

　　我从一个犹太书商那里找到了我想要的拉丁语书和希腊语书，我还花了很少的钱从他那里买了很多版画，十三幅才花了我70分。为了营造出一种新的氛围，我把

其中的一部分挂在了我的小房间里。我喜欢在那里看书,多吸收新的思想和观点是很有必要的。

我会告诉你这些版画的内容分别是什么,这样的话你大概就能想象出它们的样子了。一幅是嘉敏的作品(和你房间里挂的那幅一样),一幅 M.马里斯的作品《上学的小男孩》,五幅博斯博姆的作品,旺达马顿的《麦田里的葬礼》,伊斯拉尔的《雪地里的可怜人》和欧斯塔德的《画室》。还有阿尔伯的作品——一个瘦小的老妇人在一个冬日的早晨取热水和煤,雪覆盖了街道。我把这幅画作为生日礼物送给了科尔叔叔。那个犹太书商还有很多质量更上乘的画作,但我的钱不够了。

昨天,科尔叔叔给了我一摞看上去有些年头的纸,这封信就是用那种纸写的,用来画画应该也不错吧?

我有很多功课要做,这些功课做起来可一点也不容易,可我一定会耐心地做完的。我希望能好好观察一下常青藤,"他身无双翼却悄然而至",像常青藤悄无声息地爬满墙壁一样,不知不觉间,我笔下的文字也把信纸填满了。

每天我会花很长时间散步,最近我在镇上发现了一个非常漂亮的地方,我沿着布埃顿卡特一直走到荷兰火车站,在那里,我看到很多工人在河边用马车运沙子,我穿过许多狭窄的街巷,花园里爬满了常青藤。这场景让我不由得想起伦勃朗的画。

近来的这些日子里,我想着是不是该读读斯特雷克富斯的《通史》,或许我早该开始读了。这并不容易,但是我真的希望把这作为第一步,尽己所能且能有所收获,但是这要花费许多时间。柯罗在四十年的时间里全身心地投入到工作当中。父亲、凯勒以及其他的人为了更好地完成自己的工作,都需要大量的时间来进行学习,绘画也同样如此。一个人应该好好地问自己:"我该如何掌握学习的精髓呢?"

单凭个人的工作、思想和观察是不够的,我们需要强有力的安慰、祈祷和指导,这是任何人都要严肃对待的东西,也是那些渴望让自己的灵魂得到升华的人必须意识到和经历的东西。对上帝的渴望就像面团需要酵母。希望在我们生命的故事中,这也可以被证明是正确的。

让我们相信上帝并且坚持这种信仰,信任他。

做那些被需要做的事,如果我们被推入正确的方向,一扇大门就会为我们敞开,促使我们在那个方向前进。上帝将古老的信仰灌注我们心中,他对伟大的事物与平凡的事物一视同仁,对阿尔岑、父亲、约翰叔叔或科尔叔叔一视同仁,对伦勃朗、米勒、博斯博姆和我们所知的任何人都一视同仁。事实上，我们几乎可以在任何人那里多多少少感受到这古老信仰的存在，或者至少能追踪它的足迹。上帝离我们并不遥远。

特斯提格夫人还好吗？你有去看毛弗吗？保持精神的高昂，就好像你对此并无任何怀疑。如果上帝宽恕我们，赠予我们福分，好的时光就会到来。

将来你愿意同我一起去小教堂或者别的地方看看吗？希望你有一天能与我同行，上帝保佑。与此同时，让我们对平凡的生活满怀感激，假使我们的生活没有出现任何意外，我们所能做的唯一一件事就是好好祈祷，让我们祈祷，就像父亲在新年所做的祈祷一样。那时有点冷，冬天对于任何人来说都不容易，我们家的人也不例外。这种祈祷来自他的内心深处："上帝呀，让我们紧紧靠在一起吧，让爱的纽带更加紧密，保护我们免于一切邪恶。上帝呀，我们不奢求你来到我们的身边，但求你让我们远离邪恶，让我们远离太多的自我责备。愿我们能在同我们关系亲密的人以及我们的后继者心里能留个好名声。"

当我看到博斯博姆或者别人的绘画时，我的心中就反复出现这样的话语：痛苦和喜悦相伴而生。

你会在某个周末来看看我的小习作吗？我们还可以一起再去斯海弗宁恩的小教堂吗？我希望可以。

代我向家里的每一个人问好，接受我来自灵魂的敬意。

爱你的哥哥
文森特

阿姆斯特丹，1877 年 5 月 30 日

亲爱的提奥：

……你信中的一句话让我感触颇深，"我多么希望自己置身事外，一切都因我而起，我只会让人伤心，不仅害了自己，还连累到了其他人。"这句话之所以让我感触颇深是因为我也有同样的感受……

当我站在阿尔森的墓前，静穆庄严的死者和我们这些活着的人形成了鲜明的对比，阿尔森的女儿曾说过这样一句质朴的话，"他终于从需要一直背负的俗世的重压下解脱了。"此刻的我们感受到了这句话的真谛。我们追忆着故去的阿尔森，悲伤过后，我想起那些连同我们的内心和灵魂一起感到快乐的时刻，就像在清晨来

临时高歌的百灵鸟,即便我们的灵魂有时会因为恐惧而湮没。我们所珍爱的那些回忆,会在生命中的夜晚重新闪现。这些回忆并没有消失,只是静静地沉睡着,能够回忆起往事是一件多么幸福的事……

文森特

阿姆斯特丹,1877 年 7 月 15 日

亲爱的提奥:

……门德斯上周告诉了我这座城市里一个非常有趣的地方,那是一片位于莱顿山口延伸处的郊野,靠近冯德尔公园和荷兰火车站。那里满是磨坊和锯木厂以及工人们带小花园的小农舍,除此之外,还有老式的建筑以及各种生活设施。这里人口密集,整个地区被许多狭窄的水道分割开来,水运航线上满是船只以及各种各样造型优美的桥。能够在这个地区当牧师一定很棒!

我学得很艰难,小子,可我得继续努力……

要是你能让约翰·哈利法克斯读读这本书该多好啊,虽然我们读这本书的时候满心忧郁,可我们也不能说“这对我没用”,相信那些美好而崇高的东西是非常有必要的。我听说这本书的作者的灵感来自一个前不久去世的人,那个人叫哈勃,是伦敦一家大型出版公司的老板。

有一次,我在伦敦的街头遇到了画家米莱斯,在这之前,我有幸欣赏到了他的一些画作。他那高贵的气质让我想起了约翰·哈利法克斯……

文森特

阿姆斯特丹,1877 年 7 月 27 日

亲爱的提奥:

……门德斯告诉我,如果一切进展顺利的话,三个月后,我们将学完所有预期的课程。我要去阿姆斯特丹的中心,去犹太人居住的区域上希腊语课。在一个阳光强烈、闷热潮湿的午后,一想到还有许多困难的考试在等着我,并且主考官都是些学识渊博又刁钻的教授,我就感到无比的压抑。在布拉班特,这个时候的麦田简直美不胜收……

文森特

阿姆斯特丹，1877 年 8 月 3 日

亲爱的提奥：

感谢你之前的几封信给我带来的欢乐,真的由衷感谢你。你的来信上说你现在在毛弗那里度过了一段美妙的时光,你在那儿有没有画画? 就在我第一次离开伦敦前的几天,我去过韦森布鲁赫的画廊一次,那些画作以及画家本人依然犹在眼前。等你下次再给我写信的时候,一定要好好给我讲讲昨天的展览。艺术家们能够在这儿的码头找到许多灵感……

文森特

阿姆斯特丹，1877 年 8 月 18 日

亲爱的提奥：

……米娜婶婶上个星期天过生日,那天晚上,斯特里克姨夫过问了我功课上的一些事,对我的状况并没有表现得太不满意……我自我感觉稍稍进步了些。星期三一早,我的心情就很好,约翰叔叔去乌德勒支了,我得在斯特里克姨夫家待到7 点,因为约翰叔叔接着要去巴黎,我要去给他送行。所以,这天我早早地起床,看到工人们来场院工作,太阳很明媚。我猜你会喜欢那种奇妙的景象的。黑色的身影排成一长列,有的高大有的矮小,一开始出现在那条狭窄的街道上时,太阳才刚刚照到那里,然后工人们向场院走来。我的早餐是一片干面包和一杯啤酒,狄更斯给想要自杀的人就是这么推荐的,目的是让他们至少在一段时间内打消这个念头。即便人的情绪低沉,也要让自己忙碌起来,比如说回想一下伦勃朗的那幅画作《伊姆瓦斯的朝圣者》。在去斯特里克姨夫那儿之前,我步行穿过犹太人居住的区域,沿着布腾坎特、老特图伊恩、泽德克、沃默思路一直走,经过了奥德兹教堂和南教堂,途经有各式各样店铺的古老街道,诸如铁匠铺和制桶铺。我还经过了一些像尼泽尔这样狭窄的小巷,穿过架着窄桥的运河,那些运河就跟我们那天夜里在多德特看到的一样。能够亲身经历这座城市如何开始新的一天,我感到很神奇。

我已经写好了一篇作文,里面的格言和神迹事例都应用得很恰当。我在学习用英语和法语两种语言写作,我希望有朝一日我也能用拉丁语和希腊语写东西。

一整天,我都要为门德斯吩咐的功课做准备,常常到深夜。或者像今天这样,要么夜里忙到很晚,要么起个大早。我学习英语和法语的时间已经不算短了,要是我还是掌握不了这两门语言就有些说不通了……

文森特

阿姆斯特丹,1877 年 9 月 4 日

亲爱的提奥:

……现在的我……正在抄写一本跟科尔叔叔借的法文版的《效仿基督》。这是一本圣书,创作它的人一定是一位合神心意的人。托马斯·厄·肯培的这本书与众不同之处就在于它语言的深刻与严肃,读后令人既激动又敬畏。

我是多么想告诉你一些关于犹太区或其他地方的事情,犹太区位于城区内,那里有伐木工、木匠、杂货店、铁匠铺、药贩子,三教九流的人都有,我时常想起德·格鲁,看到这些会让他高兴。今天早上我看到一个黑洞洞的大酒窖和仓库,那里所有门都敞开着,此时在我脑海中浮现一个可怕的情景,你知道我所说的意思,黑暗中仓库看守人提着灯,来来回回地跑着。虽然这样的情景每天都能见到,但有时候这些日常中再普通不过的事却会给人留下特别的印象,具有深刻的意义和独到的画面感……

文森特

阿姆斯特丹,1877 年 9 月 7 日

亲爱的提奥:

当时我在楼上的房间工作,听到大厅传来格拉德韦尔的声音时,心中有一种愉悦的感觉。没多久他就来了房间,我们握了握手。昨天,我们沿着大街走了很长的一段路,几乎走遍了所有教堂。今天早上五点钟,在工人还没进院子之前我们就已经起床了,然后我们去了齐伯格,两次经过特里普房……

他送给我一本班扬的《天路历程》,这本书与我前段时间便宜买到的博须埃的《葬礼演说》都是值得购买的书籍,包括沃斯送我的托马斯·厄·肯培的拉丁文版的《效仿基督》,但愿哪天我能阅读到原著。

我们谈论了许多事情,我们都认同的一点是:许多人降临到这个世界上时,就面

临一个抉择，一个为了他们自身的选择，"基督的爱与贫穷"或是"让我既不贫穷也不富足，给我面包和宽容我"。对于我而言，我从内心深处是充满感激的，上帝已经让我再次见到他，我依然继续寻找他，如我的初心……

文森特

阿姆斯特丹，1877 年 9 月 18 日

亲爱的提奥：

　　……这个星期门德斯出城了，与他以前的学生施罗德牧师一起到兹沃勒待上几天。为了找些乐趣，我按照我原来的计划去特里普房看伦勃朗的蚀刻版画……当三三两两的人以上帝的名义聚在一起时，上帝就在他们中间，知晓一切事情的上帝会祝福他们、与他们同在。

　　伦勃朗明白，能给他心中带来最大财富的是这些由颜料、炭笔、油墨等绘成的作品，它们陈列在大英博物馆里。在那个房间里，暮光逐渐消失。我们上帝的形象在窗外逐渐消失的暮光中，是如此神圣且显耀、庄严而神秘。玛丽坐在耶稣的脚旁边，一个选择了善的女人，这种善永远不会在她的身上消失。玛莎在房间里忙着其他的事情，我若没有记错，她应该是在修剪火苗或是类似的事情。无论那幅画将要告诉我什么，我希望永远都不会忘记："我是世界的光，跟随我的人都不会在黑暗中行走，但会有生命的光。"……

文森特

阿姆斯特丹，1877 年 10 月 30 日

亲爱的提奥：

　　……兄弟，学习拉丁文和希腊文实在很辛苦，但我乐在其中。因为我做着我热爱的事情。晚上，我可能不再熬夜了，叔叔不允许我这么做。但我始终记得勃朗特蚀刻版画上写的："深夜的灯光散发着光芒。"我有一盏煤气灯，整个夜晚它都在慢慢燃烧。深夜里，我躺在床上，注视着它，计划着明天我的工作和学习。

文森特

阿姆斯特丹，1877 年 11 月 19 日

亲爱的提奥：

……我一直想找一位代数和数学老师，现在已经找到了，他叫特谢拉·德·马托斯，是门德斯的一个远亲，在犹太区贫民学校当老师。他告诉我，我有望在明年十月份完成所有课程。

预备学习（指先于真正意义的神学研究和布道与朗诵的练习），包括历史、语法和希腊、小亚细亚和意大利地理。所以我不得不以同样的决心去学习这些课程，就像一只狗紧紧咬住它心爱的骨头那般。我想了解语法、历史和那些靠近北海与海峡附近的国家的地理知识……

文森特

阿姆斯特丹，1878 年 2 月 10 日

亲爱的提奥：

……你知道的，父亲原来一直住在我这里……你能想象到时间过得有多快。在火车站，当我目送父亲离开时，我一直望向火车，直到火车和它喷出的烟雾消失在我的视线里。我回到家，走进我的卧室。父亲坐过的椅子静静地立在那张小桌子旁，桌面上还像几天前一样放着书籍和抄书。尽管我明白，我们将很快见面，但我还是忍不住像个孩子般大哭起来……

文森特

阿姆斯特丹，1878 年 2 月 18 日

亲爱的提奥：

……昨晚，我在科尔叔叔那里看到了一整卷的杂志《工艺》，你能看到很多柯罗的木刻版画，除了米勒的绘画之外，我尤其着迷的就是木刻版画了。作品中有《落叶》《乌鸦的婚礼》《落入沼泽的驴》《樵夫》《打扫房间的主妇》《农院》等等，还有柯罗的蚀刻版画《沙丘》、伦勃朗的《圣约翰前夜》，还有沙文的作品，米勒的《豆子》……

文森特

阿姆斯特丹，1878 年 3 月 3 日

亲爱的提奥：

又到给你写信的时间了。我多么希望今天能与你一起，今天这里阳光明媚，你能感受到春天走来的脚步。在乡村，或许早已能听到云雀的歌唱，但城里却无法听到，除非是某个老牧师用他的声音去感知云雀的呼唤，他发自内心的语言与云雀的歌声多么和谐。

早晨在奥德兹德教堂听了罗利拉德牧师的讲道，斯特里克姨夫也在那个教堂，我们一起喝了咖啡。约翰叔叔早上去了尼厄威迪厄普，不过现在已经回来了。然后又去了巴恩德斯提格的主日学校，在散步时拜访了路过的三座罗马天主教堂。

昨晚上顺便去看望了沃斯，他现在不大好。他静静地坐在窗前，眼神空洞，他的脚放在火炉旁，双脚冰冷，满脸忧愁的样子。基也是脸色苍白，看起来很疲惫。我看望了他们之后就来科尔叔叔那里。他在重新裱贴画廊，地上有一条新的灰色地毯。在这些精致的书架上摆满了《美术报》，加上红色的装订，让它们看起来比以前更显眼了。科尔叔叔告诉我杜比尼已经去世了。当我听到这一噩耗时，我非常的沮丧，就像我当时听到布里昂的死讯一样（他的赞美歌挂在我的房间）。这些伟人的作品，如果我们能够读懂它们，定会深深地打动我们。在知识的领域里，临死的时候知道自己已经完成了一些真正的作品，并知道这些作品将至少留在一些人的记忆里，而且这些作品会给后来者树立好的榜样，这是幸事。作品也许不能永存，但它表达的思想可以永存。当然，作品本身也会存在很长一段时间，因为后人无法超越，所以只能跟着前人的脚步，模仿这些作品。

提及好作品，你是否有兴趣阅读佛兰德语的《效仿基督》？我想尽快寄给你，这是一本很小巧的书，可以轻易地放在口袋里随身携带。

当叔叔告诉我杜比尼的事后，我想到了勒伊斯达尔蚀刻版画，叔叔答应说一定搜集到它们，虽然他对这些作品并不了解。

上个星期一的晚上，我去了加涅班牧师的家里，见到了他的妻子和女儿，一起聊了关于他的课题研究，我们谈到了晚上 11 点钟。

我学习荷兰历史，写了将近 30 页的摘录。（我在书中冉次经历了滑铁卢战役、进行了 10 天的作战。）你知道罗库森曾经画的《围攻莱顿》吗？我想说的是这幅画现在归德·沃斯先生所有。我现在也在学习历史。

　　我非常期待你能再来这里，尽量在我这里待的时间长一些。如果可以的话，盼回信。你知道的，你的来信总能给我带来愉悦。

　　最近你有阅读好书吗？你若读了乔治·艾略特的书，你一定不会后悔的，他的书有《亚当·比德》《织工马南传》《费利克斯·霍尔特》《罗慕拉》《牧师的生活》。你应该还记得去年父亲生日时，我们送给他上面画线的那三本书。我若还有阅读的时间，我肯定把它们都通读一遍。麦克法兰牧师和阿德勒牧师跟我提到过这些书，鼓励我去阅读它们。

　　这个星期我给哈利·格拉德威尔写信，但他并未回信。我想知道他最近在忙什么，有什么打算。我依然希望他能当一位牧师，如果他愿意的话，我相信他一定能做得很好。但目前对他来说这并不是件易事。

　　你是否看过米勒的蚀刻版画，我记得那天的天气就像今天一样，春天早早的到来，他推着装满粪肥的手推车在花园里劳作。当他休息时，他制作了一幅蚀刻版画《两个挖掘者》。你若见到那一幅画，也会令你非常难忘。今天看到特斯提格姨夫在寻找他早上的文稿时，我的脑海中出现了"粪便"一词，好像是说："今年且留着，等我掘开土，填上粪。"我会将我所记得的布莱恩的所有作品列一个清单，等你来的时候，你得告诉我是否清单中记掉了许多。上帝，让我的记忆如新！这是人们需要不断重复的话。

　　上个星期天我去看望了住在林场的表姐薇丽达格，她的七个孩子在家，一群可爱的小家伙，他们大部分都还很小。在你来之前能不能提前告知我？这样的话我可以提前做完我的事情，我们就能有更多的时间在一起了。再见，我的脑海中能够浮现我们握手的样子，相信我。

爱你的哥哥

文森特

约翰叔叔带来他的问候。

代我向家里人问好。

阿姆斯特丹，1878 年 4 月 3 日

亲爱的提奥：

　　我一直在想着我们讨论的那些事儿，突然想起一句俗语：今天的我就是昨天的我。这句话并非意味着个人可以停滞不前，不需要提升自己；恰恰相反，这句扣人心

弦的话的作用正在于敦促人进步,并且乐于进步。为了很好地践行这句话,一个人不能故态复萌,一旦决定要自由而开明地看待事物,一个人就不能在中途改变主意,也不能误入歧途。

那些声称"今天的我就是昨天的我"的人是绅士。能够成为绅士或者想要成为绅士,不管从哪个角度来说,都不失为一件好事,有这种想法的人,会继而成为一个专注内心感受和精神层次的人。

那些坚信自己是绅士的人能安静而平和地完成自己的工作,直到最后也不会出任何差错。曾经有一个人去了教堂,他这样问道:"是我的激情欺骗了我吗?导致我做出了一个错误的决定,处理起事情来一团糟?假如我能摆脱这个困惑,能够把控全局,最终一定能取得成功。"然后有一个声音这样回答他,"假如你能把控全局,你接下来会怎么做呢?现在就行动吧,就像已经将一切了然于心一样,你不会失望的。"然后这个人又继续开始过自己的生活,他听信了在教堂里听到的那些话,在工作中再也不会疑惑不安、摇摆不定了。

作为一个专注于内心感受和精神层次的人,会变成一个纵观历史以及各个年龄段的独特个体,从《圣经》的历史到革命的历史,从《奥德赛》到狄更斯和米歇尔的书。难道我们不能从像伦勃朗这样的人的作品中或者从布雷顿的《杂草》或者从米勒的《白昼时间》或者从来自德·格鲁或布里翁的《餐前祝福经》或者从德·格鲁的《应征者》(抑或通过良知)或者从杜普雷的《大橡树》甚至是从米歇尔的《磨坊》中学到一些东西吗?

通过反复钻研这些作品的构思与实物本身,我们将受到潜移默化的影响。阳光总在风雨后,在取得成就、结出优秀作品之果时,这句话会得到印证。

阳光并不总照耀着我们,它们可能隐藏在云层之后,但是没有那种光,人就不能生存,不具有任何价值,也起不到任何作用。那些声称没有光照也能生存,并且不需要费心获得它的人,他们的希望必定会落空。

关于责任以及如何达到正确的目标,我们已经谈论了许多。我们或许可以得出这样的结论,我们的首要目标是要找到一份可以全身心投入的工作,相信在这一点上我们可以达成共识。也就是说一个人终其一生都需要投入到这份工作中来,经过一生的工作与努力之后获得的成功,比靠走捷径获得的成功要好。

那些过着正直的生活,体验过真正的困难与失望,然而并没有被它们打败的人比那些任何事情都一帆风顺,除了狭义上的成功以外,什么都不知道的人更有价值。因此谁是那些明显优越于我们的人呢?是那些应得到这些话的人——"劳动者,你的生活是惨淡的，劳动者，你的生活充满了痛苦，劳动者，你是幸福的"。他们终生都在斗争，他们的劳动传达出了他们不妥协的精神。尽力变成像这样的人是正确的，所以我们继续以自己的方式孜孜不倦地感受上帝恩典。

在我看来，我一定会成为一个很好的传道者，可以说出一些正确的以及对世界有用的话。也许我应该在准备工作上花费相当长的一段时间，并且能够保证在向别人做出解释之前有坚定且不可动摇的信仰（一个人在从事一份工作之前，应该从能享受这份工作的人那里取取经）。让我们静静地前行吧，检验一切，并且紧紧抓住那些好东西，努力学习对我们有用的知识，并将它们付诸实践。忧郁也许是一种很好的体验。悲伤，它存在于每一个人身上，我们每个人都有悲伤的理由，但悲伤过后一定要再次振作，做一个从不会绝望的人才不枉此生。

只要我们尽力过正直的生活，我们就会过得很好，即使我们不得不与悲伤和失望对抗。我们可能会犯错，即使会比那些心胸狭窄且畏首畏尾的人犯更多的错误，但精神上的忠诚必然是好的。

尽可能地去培养广泛的兴趣爱好，因为其中蕴含着真正的力量，那些爱好广泛、生活充实的人，无论做任何他所热爱的事情，都会做得很好。

爱是人类心中最好且最高尚的东西，尤其是当它被生活所检验的时候，正如金子要在火中被检验一样。人类总是在不断憧憬幸福，自信满怀地想要让这神圣的火花得以继续，并且想要将爱变回它初始的模样。只要一个人终始如一地爱那些值得爱的东西，不在琐碎、不重要以及无意义的事情上挥霍自己的爱，那么他就会逐渐获得更多的光，并且变得更加坚强。

一个人越快地努力达到生活中某一领域内的某一职位，并且采用相对独立的方式思考与行动，越多地遵守成规，那么他的性格就会变得越强势，然而这并不意味着他会变得心胸狭窄。这种人生态度非常明智，因为生命短暂，时光飞逝。如果一个人能完成一件事情，并能很好地理解它，那他就可以同时洞悉和了解别的许多事情。

同时，要时不时地进入社会与人交往（事实上，有时候一个人感觉到自身有责任并且像是被召唤着去这样做）。一个人自身毫无保留地全力投入到工作中也许要简单得多，那些喜欢平静地工作的人，似乎不需要朋友，当他们在进入社会时，在人群之中会让他们感觉很安全。假使一个人没有遭遇过困难、感受过他人关心或者遇到过障碍，他就永远不会明白安全感为何物。即便是在最礼貌的圈子以及最无可挑剔的环境里，每个人也应该像鲁滨孙或者原始人一样，保持一些最原始的品格，否则就不能立足。一个人必须让灵魂之火永不熄灭，因为需要它的时刻会不期而至。那些选择贫穷并且安于此的人，会更清晰地听到他的内心的声音。他所能听到的声音，是上帝最伟大的礼物，它存在于心灵最深处，追随它，最终把它当成一个朋友，那么就永远不会孤独。

幸福的人是那些对上帝有信仰的人，因为最终他将会克服所有生活中的困难，即使烦恼和悲伤依然存在。在任何情况下，任何地方，任何时间都要坚信上帝的箴言，并要更加努力地去感悟。一个人可以从《圣经》也可以从别的一些东西中了解这些。即使一个人通常要在必要的时候隐藏自己的情感，但保持敏感、谦逊与仁慈仍是好的。洞悉事物背后的智慧，加深对世界的了解。生活在穷人和内心纯粹的人、女人与孩子面前更愿意揭开自己的面纱。一个人从生活中感受到的比等着上帝的赐予要好。所以要继续生活与爱，希望并且相信它存在于每一个灵魂深处，如果不这样，就是在恶意毁坏它。

人的欲望是没有止境的，在得到所渴求的事物之前，是不会感到安心的。

这就是所有伟大的人在他们的工作中所感悟到的真理。所有那些较其他人来说，进行了更深入思考与探寻、工作得更多、爱得更多的人，会对人生有更深刻的探索。如果我们想要有所收获，深度探索是我们必须要做的事情。即便有时候我们工作了一整夜却一无所得，也要坚持，不要放弃，在黎明的时候抛出更广的网。

所以让我们平静地前进吧，每一个人都有他自己的路要走，永远向前，并且让希望之光照亮你的心。相信并期待所有的事情，坚持不懈，永远不要沉沦。不要为我们自己的弱点而烦恼，人无完人，再聪明的人，也有马失前蹄的时候。

那些声称"今天的我就是昨天的我"的绅士，要在生活之火中得到检验，丰富内心，坚定地接受上帝的恩典。

所以但愿我们都如此，老弟，祝愿你在自己的道路上获得成功，祝愿上帝在任何事情上都与你同在，帮助你成功。在离别之际，与你热情地握手，这就是我的愿望。

你亲爱的哥哥

文森特

埃顿，1878 年 7 月 22 日

亲爱的提奥：

……我们来到了弗兰德师范学校，这里的课程设置为三年。正如你所知，在荷兰这个课程至少要持续六年多。在申请去一个地方当牧师之前，他们不要求你必须完

成所有课程。他们真正需要的是讲演者能够给大家带来具有普适性且有吸引力的讲演,相较于冗长和旁征博引的掉书袋演讲,这样的演讲更加短小且有意思,因此他们不需要学习很多的古代语言和神学方面的知识(可是所有人都知道他们,这才是有力的介绍信)。他们在工作中采用了更恰当的方法,并且拥有来自内心的信仰。

我仍然有诸多的障碍需要克服,首先,和人交流的天赋并不是一蹴而就的,而是需要经过长期练习才能获得。这种天赋要求说话者态度庄严且充满感情,流利顺畅且娓娓道来,讲的内容必须要意味深长且目的明确,而且要对听者有一定的煽动性,以便将信仰的真理植根于听者的心中。

总而言之,在那里你一定会成为一个受欢迎的布道者。布鲁塞尔的各位先生想要我在那里继续深造三个月,但那将需要更多的花费。当然,这是尽可能需要避免的事情。

我们从津德尔特开车回来,那晚我们穿过了荒野。父亲和我出去散了一会儿步。太阳在松树后面渐渐变成了红色,傍晚的天空在池塘里映着光波。石楠和黄白灰相间的沙滩充满了和谐而多愁善感的情绪——看,生命中的这一刻充满了平静和感性,我们的整个生命像是那穿过荒野的一条小径,但是,生命却并不总是这样……

文森特

拉肯(NR 布鲁塞尔),1878 年 11 月 15 日

亲爱的提奥:

我们一起度过的夜晚,对我来说总是太快,因此我想再给你写一封信。能够再次见到你,和你交谈,我的喜悦难以言表,而这种短暂的喜悦将会停留在我们的记忆里,永不磨灭。我们分别之后,我独自走了回来,沿着长长的纤道而不是抄近路。在夜晚灯光下,各种各样的作坊看起来尤为别具一格。我们口中所谓的劳动者或工人都在自己的领域和工作中,用自己的方式交谈。如果我们耐心倾听,会经常听到他们说:"趁着白天快点干活,天黑了就啥活也干不了了。"

正是这时候,打扫街道的清洁工赶着他们白色老马拖着的马车回到家里。在纤道起始的地方,这些马车在那个叫作温泉宫的地方排成长长的一行。有些白色的老马好像某一种蚀版雕刻品(你或许知道这种雕刻品吧)。这种雕刻品或许没有伟大的艺术价值,这是真的;但它还是触动了我,给我留下了深刻印象。我的这种感觉来自一组叫作《马的一生》的版画。它呈现了一匹白色的老马,瘦骨嶙峋,弱不禁风,漫

长的一生被太多、太辛苦的体力劳动压迫，最后劳累致死。这只可怜的牲畜站在一块覆盖了些枯草的平地的角落里，孤独而凄凉；它旁边一棵长着瘤的老树被暴风雪压弯、折断。地面上散落着一个马的头骨，远处背景里一个被暴晒发白的马的骨架躺在一个棚子旁边，而棚子里面，有个人正在剥马皮。漫天暴风雪之下的是一个寒冷、萧瑟、昏暗的世界……今晚当我看到那些落满灰尘的马车上套着的马匹，不由自主地想起了那一幅版画。

至于那些穿着肮脏污秽衣服的赶车的清洁工们，他们似乎比其他穷人更加贫穷。这一点，大师德格鲁已经在他的画作《穷人的长凳》里描绘过。这幅画总是强烈震撼着我的心灵，它是如此奇特，以至于每当我们看到一些难以描述的、难以言说的悲凉的形象——孤独、贫穷、苦难时，我们心里不自觉地就想到了上帝。

我想开始画一些我在回来的路上看到的一些事物的草图，但是因为这件事可能会使我偏离自己真正的工作，我想我最好还是不要开始。

那幅小画《煤矿》的确没什么了不起的，我画它是因为我们可以看到如此多的工人在煤矿里工作，并且他们是相当有特征的一群人。在这幅画里，一座小房子坐落在离马路不远处，它其实是一个盖在大煤棚边上的小酒馆。午饭时间，工人们在那里吃面包，喝啤酒。

我在英国的时候，申请了一个传教士的职位，主要是在煤矿工人中间传教。但他们对此并不理会，并且告诉我说至少25岁以上才能传教。

经验告诉我们，那些常在黑暗中、在大地内部行走的人，都非常容易被福音书里的话打动，并很容易相信它，比如那些在乌黑的煤矿里工作的煤矿工人们。现在即便是比利时南部、埃诺、蒙斯附近，一直到法国边境，是的，甚至更远的地方，比如一个名叫博里纳日、有大量工人在数不尽的煤矿里工作的区……我也非常愿意去做一名传教士……

在牧师钟和牧师皮特森的严格要求下，三个月试用期总算勉勉强强过去了……

现在在博里纳日已经有了一些小的新教教区，当然还有学校。我希望我能在那里得到一个牧师职位，传递福音给贫穷的人们，也就是那些最需要的人、最适合的人……

三个月试用期过后，令我非常失望的是，我没有收到任何任命的消息。征得父亲的同意，我自费来到了博里纳日，一个比利时的采矿区，和一个叫作范·德·阿埃让的小贩住在一个小牧场里，晚上教他的孩子们。我还要阅读《圣经》，探访病患。终于，在1879年的1月，我得到了在博里纳日作为一名传教士的六个月的短暂任命。

在那里，我亲眼见证了矿工们所有的苦难，一场严重的煤矿事故的发生，以及一场罢工的爆发。一切都越来越清晰地向我表明，《圣经》经文和说教在这里几乎没有任何用处。宗教不得不越来越多地让步于现实工作——如护理伤病员。我捐赠了自己所有的财物——衣服、钱，甚至自己的床；我再也不能住在寄宿的房子里，我不得不搬到矿工们的一个小屋里，在那里，就连最基本的生活必需品都是急需品。就是通过这些方式，我试图逐渐实实在在地遵循耶稣的教导。

文森特

博里纳日，1878 年 12 月 26 日

亲爱的提奥：

又到给你写信的时间了。首先，在新的一年里，我要祝福你，新年新气象。祝你好运连连，上帝保佑我们从事的这项工作一切顺意。

我很久没有收到你的来信了，你好吗？一切顺利吗？最近的你是否看到一些漂亮且非凡的作品呢？目前为止，在博里纳日我并没有发现什么绘画，简而言之，这里的人甚至不知道什么是绘画，所以，自从我离开布鲁塞尔来到这里，我一直没有见到任何关于艺术的东西。不过，不可否认的是，这个地区很特别，景色如画，好像每一样事物都会说话，非常有特点。最近，圣诞节前夕的黑暗日子里，大地银装素裹。每一样事物都会让人想到中世纪的绘画，比如农夫布吕赫尔，或是其他画家。他们知道如何运用画笔使红色与绿色、黑色与白色描绘出惊人的奇特效果。这里的景色也会让我想到一些作品，比如塞斯·马里斯或阿尔布莱希特·杜勒的作品。这里的道路下陷，布满了荆棘和多节瘤的老树与其怪异的树根，这与杜勒蚀刻版画《骑士、死神和魔鬼》中的道路非常相似。

因此，在前几天，矿工们在漫天白雪中，从黑夜走向光明的回家之路是一个独特的景象。当这些人从黑暗的煤矿里出来时，他们黝黑的样子就像是扫烟囱的人。他们的住所一般很小，应该叫作小屋吧。这些小屋散落在这条下陷的道路旁、树林里、山坡上。这里处处还能看到苔藓覆盖的屋顶。夜晚，一束灯光透过小窗格照射出来，温馨而美好。

在布拉班特有许多低矮的橡树灌木丛，在荷兰则有被修剪过的柳树。人们在这里看到的是黑刺李树篱遍布在花园里、田野上、草地上。近来，漫天飞雪，这景象就像白纸上的黑字，就像一页页的福音书。

我已经说过很多次这里的情况了，这里的房间相当大，而且是特意为了宗教会

议而设计的。他们的会议时间一般定在晚上，或许称为读经班比较合适。我演讲了芥菜种子、贫瘠的无花果树和生来就瞎眼的人的《圣经》故事。当然，还有在圣诞节时，伯利恒的马厩以及世界和平日。如果，上帝保佑，我能够永久地拥有我的这个职位，我打心底里感恩。

你可以看到这里周围都是巨大的烟囱和高大的煤山，它们耸立在煤矿的入口，这就是所谓的煤矿地区。你还记得博斯·博姆的巨幅画作《绍德方丹》吧，画中给人印象深刻的就是这里乡村的景象，除了到处都是煤之外，不同之处在于埃诺的北部是采石场，绍德方丹是铁矿区。

我依然怀念你来布鲁塞尔的日子，我们一起去参观博物馆。我一直希望你能住得离我近一些，这样我们就有更多的时间待在一起。答应我快点回信，我还在一遍一遍地欣赏蚀刻版画《一个年轻的公民》。

我不是很能听懂煤矿工人说的话，但他们能够听懂标准法语。如果他们说得迅速且流利，自然就像是在说他们的方言。这个星期在会议上，我的演讲是《使徒行传》（16：9），"在夜间有异象向保罗显现；有一个马其顿人站着求他说，请你过来马其顿帮助我们。"当我尽力去讲述马其顿人多么需要和渴望福音书带来的慰藉时，他们非常认真地倾听。我们可以把这个马其顿人想象成工人的模样，他的脸上有着悲伤、痛苦和疲惫的面容，没有浮华和荣耀，只有一个不灭的灵魂。因为人们不是靠面包而活，而是靠从上帝口中说出的话语。耶稣就是我们的主人，他能够使生活贫苦的人强大、给人慰藉、给人指引，无论是马其顿人、工人还是劳工。因为他本身就是受难之人，他知道我们所有人的病痛，他被称为木匠的儿子，尽管他是上帝的儿子和生病灵魂的治愈者。他在一个卑微的木匠的商店里工作了30年，只为完成上帝的意志。上帝的意愿是模仿基督，人在世上需要谦卑地生活与行走，不能抵达天顶，要向卑微的生物低头，在福音书中学习，拥有一颗温顺和谦卑的心。

我现在已经有机会去拜访一些病人，这里到处都是这样的病人。今日写信给基督教委员会的校长，咨询他关于我的问题能否在下一次委员会会议上得到处理。

今晚雪融化了。我无法跟你形容这个山村冰雪融化时景象有多美，雪开始慢慢地融化，冬天绿色的麦芽在黑色的土地上冒了出来。

对一个陌生人来说，这里村民居住的地方实在拥挤，数不清的狭窄的街道和小巷包围着坐落在山脚下、半山腰和山顶上的工人小屋。最相似的对比就是我们在绘画作品中看到的斯海弗宁恩的乡村，尤其是后面的街道，或是布列塔尼的乡村。你曾经坐火车去巴黎时路过这些地方,应该对它们还有一点印象。新教教堂很小巧,就像是德霍夫的那一个教堂,比德霍夫教堂还小点。我提到的这些教堂里面只有一个空荡荡的大房间,至少能够容下 100 人。我也参加了马厩或棚屋里的宗教服务,一切像最初那样简单。

你如果有时间请尽快给我回信,你知道的,你无时无刻不在我的脑海里出现。再次祝福你,新的一年里,愿上帝保佑你。我想象着与你握手,相信我,永远。

爱你的哥哥
文森特

瓦姆,1879 年 4 月

亲爱的提奥:

……不久前我进行了一次很有意思的远足,我在一个煤矿里度过了大约六小时。那是这附近一带最为古老且最为危险的煤矿,它叫作马卡斯,这个煤矿早已臭名昭著,因为已经有很多人死在里面了。有人死于下矿井或从矿井底下上来的时候,有人因吸入有毒气体而毙命,有人死于瓦斯爆炸,还有人死于地下渗水,或者老旧隧道的塌陷,等等。这个地方很昏暗,第一眼看上去,这周围的一切都显得阴森荒凉。大部分矿工因为患热病而变得很瘦弱,面色苍白,他们看起来非常疲惫且憔悴,比他们的实际年龄显得苍老得多。总的来说,女人们也是满面倦容。矿区周边是那些贫穷矿工们住的棚屋,它的旁边还有一些早已被煤烟熏黑的死树和满是荆棘的树篱,以及粪堆、灰堆、炼焦堆,等等……

我有一个不错的向导,这个人已经在这里工作了 33 年……

因此,我们一起下到了 700 米深的井下,探究了这个地下世界里的角角落落。矿工们工作的采煤平台离出口很远。

这座矿上下共五层,最上面的三层已经荒废了,工人们也已经不在那里工作,因为那里已经没有煤可挖。假如有人想要描绘一下工人们工作的矿洞,那将是一个富有创新性且前所未有的创作构思。想象一下,在一条狭窄的用木材支撑的通道里,有一排狭小的矿洞,工人们穿着粗糙的尼龙工作服,借着探照灯微弱的光线拼命地采集煤矿。有些矿洞里的矿工是站着的,有些干脆躺在地上。这里的格局像极了蜂巢内部,又像是一个幽暗的地下监牢,也像是一排小小的织布机,还像农民们的一排排烤箱。矿井里的隧道就像巴拉班特农舍的大烟囱。

矿井里有些地方在渗水,矿灯营造出了一种诡异的效果,就像是照在洞穴里一样。一些矿工在矿洞里工作,还有一些在用轨道上的小车装煤,这项工作是由小孩来完成的,这其中有男孩也有女孩。地下 700 米深的地方有一个马厩,在那里有七匹运输煤到转运处的老马,到了那里之后,会有人再把这些煤运到地面上去。有一些矿工在修理旧通道,以防坍塌,还有一些在挖掘新的通道。整个村子看起来死气沉沉的,破败不堪,因为人们的生活大部分时候都在地下进行……

这里的人都很莽撞没有教养,大部分人都不识字,但与此同时,他们又都很勤劳,干起活来很麻利。他们勇敢直率,身材短小精悍,肩膀宽阔,眼眶深陷。他们擅长很多事情,并且工作起来也很卖力。这里的人精神容易紧张,我不是说他们脆弱,只是有些敏感罢了。他们对外人的仇视似乎是天生的,并且不信任那些想要管制他们的人……那里已经有很多例恶性伤寒和猩红热病患,还有一些人患了他们称之为"傻傻的发烧"的病,这给他们带来了噩梦,使他们变得精神错乱。因此,那儿又有很多生病且卧床不起的人,他们面色憔悴,身体虚弱,痛苦不堪。

下到矿井底下有一种令人非常不悦的感受,就像一个在水井中的桶一样,但是这个井有 500～700 米深。因此,从井底向上看的时候,可以看到的日光大约像天上的星星那样小。

文森特

瓦姆,1879 年 6 月

亲爱的提奥:

……几天前,我们在这里经历了一场激烈的暴风雨。大约在晚上十一点,我们房子附近有一个地方,从那里我们向远处俯瞰,可以看到大部分的博里纳日。那里有烟囱,煤堆和煤矿工人的村舍,这些每日匆匆而过的小黑影,像是巢穴里的蚂蚁;站在远处看,黑色的松树和白色的小村舍的轮廓渐显,一些教堂的塔尖若隐若现,破旧的磨坊,诸如此类。

通常,这里到处笼罩着一层薄雾,或者说这是由于云的光影的明暗对比形成的奇异效果。这让我想起了伦勃朗或者米歇尔再或者是勒伊斯达尔的一些画作。但是,在这场雷雨间,在这样一个夜色浓黑的夜晚,闪电的光造成了一种奇特的效应,时不时,让一切事物在一瞬间变得可见。在这座幽暗而巨大的煤矿——马卡斯附近的旷野中,我独自站着,真的,眼前的景象让我联想到《圣经》中巨大的诺亚方舟,在可怕的滂沱大雨和黑暗的洪水即将蔓延之时,一道闪电的光芒照亮了一切。

这些天,我经常读《汤姆叔叔的小屋》(这世界上仍然有那么多的奴隶),而且在这本著作中,那个重要的问题被处理得如此智慧,文中对被贫穷压迫的人们充满了那么多的爱、热情和兴趣。人们可以一遍一遍阅读这本书,并总是能从中发现新的东西。至今,我仍然没有发现一个比"艺术源于自然"更好的关于艺术的定义了。自然、现实、真理,但是附带上一个意义、一个概念,画家正是源于此。他对此做出表达,他在其中解脱,获得自由,心灵得到净化……

文森特

奎姆,1879 年 8 月 5 日

亲爱的提奥:

……你读了狄更斯的《艰难时世》吗?它简直太棒了。在书中有一个工人的形象——斯蒂芬布莱克,他最为突出,最能引起我的共鸣。最近,我又可以在画室里画画了,画室是属于皮特森牧师的,他的画风和霍普·布劳威尔有些类似,他对艺术也有独特的见解。

他问我要了我的一幅绘画草图。我经常画画到深夜,为了保存一些偶然而至的灵感……

文森特

奎姆,1879 年 10 月 15 日

亲爱的提奥:

我写这封信的目的就是想要告诉你,我是多么感谢你的邀请。从我们上次见面到现在已经很长时间了,我们已经很久没有像以前一样常常通信了。不过这样的密切程度比彼此音信全无要好得多。

我们一起度过的时光至少向我们证明了,我们仍然生活在这世界上。当我再次看见你,和你一起散步,我确实感觉到,与现在相比,过去拥有的实在是太多了。也就是说,生命美好而珍贵,值得我们珍惜。我感到长久以来未曾感觉到的开朗且活力满满。我的生活已经变得越来越不值一提,越来越无足轻重。

当我们和他人生活在一起,就会难以避免地被情感连接在一起,然后就会意识

到任何一个人都有活下去的理由。可是,我们正确的自我意识依然高度依赖于我们和他人的关系。

将囚犯与外界隔绝,这是对他的惩罚,他将会长期无法从事任何工作,尤其当服刑期很长,他所要经受的后果就和长期经受饥饿的人一样。和其他人一样,我也需要友好的关系和亲密的伙伴,我不是石头或钢铁做成的人偶,也不是路灯柱子。和其他任何有修养、体面的人一样,我也需要这些,而不是总感觉空虚,缺了些什么东西——而且我告诉你的这些,是为了让你知道,你的造访对我来说,是多么重要。

正如我不想让我们变得疏远一样,我想要继续维持和家里人的感情。但在这一刻,我并不想回家,我宁愿留在这儿。可那很可能就是我一直以来的弱点,你可能对这个我所不愿直视的问题的看法是对的。所以,尽管我极其不情愿,且那对我来说是个艰难的挑战,我还是要回到埃顿去,至少待上一段时间⋯⋯

在阿姆斯特丹度过的时光在我的记忆中是多么的鲜活。你独自一人在那里,你知道事情将会如何被计划,如何被探讨,能以最好的意图展开充满智慧的讨论。但结果是多么可悲,整个过程是多么荒谬,多么彻头彻尾的愚蠢。当我想起这一切,仍然会不寒而栗。

这是我这辈子所经历过的最坏时期。在这个贫穷的国家,在这野蛮的环境中,我满怀担忧。

这个经历太可怕了。造成的伤害、悲伤、痛苦太大了。如果我们不能从中学到一些什么,那么我们还能从什么当中学到一些东西呢⋯⋯

有个人说:"寒冷对我来说实在是太恐怖了,以至于我都在怀疑,夏天还会不会到来。"⋯⋯

文森特

奎姆,1880 年 7 月

亲爱的提奥:

我并不大情愿给你写这封信,原因很多,我有相当长的一段时间保持沉默。在某种程度上,你对我来说已经变成了一个陌生人,或许我也不再是你脑海中的那个我了。我们不要再那样下去或许会好一些吧,哪怕现在我也还没给你写信,难道这是我的义务、我不得不这么做吗? 值得一提的是,你给我造成了压力。

听说在埃顿时,你给我寄了 50 法郎,好吧,我收下了。我内心肯定是不乐意的,会感到沮丧，但我的生活已经步入困境，遇到麻烦了，我还能有什么选择呢，所以我现在写信感谢你。

你可能知道，我已经回到博里纳日了。父亲说他更希望我住在埃顿附近的地方，可是我不同意，我相信我这么做是对的。对于家人，不管愿不愿意，我多多少少已经变成一个令人反感和奇怪的人，不管怎么说，就是一个无可救药的人。我该如何变成一个有价值的人？所以我想到最好的、最明智的解决办法就是离开，远离大家，不再相见。什么时候是鸟儿换羽毛的季节呢？当它们没有了羽毛的时候，就像人类遇到挫折、灾难的艰难时刻。你能够在换羽毛的季节坚持下去，你也能够从中获得重生。这样做并不会带来乐趣，也不会令人振奋，所以人们应该小心，不要轻易这样做。好吧，顺其自然吧。

现在，尽管重新赢得整个家族的信任已经是一件几乎毫无希望的事情，但我没有完全失去希望，一点一点，稳扎稳打地，我相信，与大家的关系会得到修复。首先，我很高兴看到这段良好的关系——我不会把话说得那么强硬了——父亲与我的关系至少正在修复，然后是我与你之间的关系得到修复，这是我非常看重的事情。一段良好的关系好过于误解。

我现在需要跟你说一些抽象的东西，希望你能有耐心听下去。我是一个充满激情、多多少少会做一些叛逆事情的人，有时我也为自己所做的这些事感到惭愧。我有时说的话或做的事过于草率，我本来可以做得更好，表现得耐心一些的。我想，其他人有时也会有鲁莽的表现。

既然如此，我需要怎么做呢？难道我要认为自己是一个危险的人物，一点用没有？我想不是的。我应该尝试把这些激情用在有良好成效的地方。

我只是顺便举了一个例子，我多多少少酷爱看书，我要不断充实自己，不断学习，就像我对面包的需求。你会明白的。当我生活在另一种环境里，周围到处都是图画和艺术品，对这样的环境，我会有一种几乎狂热的激情。我并不后悔，即使现在，远离家乡，我也经常想念家乡的土地。

好了，今天我并没有在那样的氛围里，他们说被称为灵魂的东西是不会死的，生命永存，不断地去追寻。

所以，与其受制于我的思乡之情，我不如告诉自己：你的家乡，你的祖国，随处都是。所以，与其屈从于绝望，我选择忧郁，对于希望、奋斗和追寻，我宁愿选择忧郁，那种麻木的绝望和困苦。因此，我经常随手拿些书籍做一点严肃的研究。例如《圣经》和米什莱德的《法国大革命》，去年冬天是莎士比亚、维克多·雨果、狄更斯、斯托夫人,最近是埃斯库罗斯和许多没那么经典的作家,一些二流作家。你知道的,不是吗,法布里休斯和必达也属于二流作家。

现在,凡是专心致志于这些的人有时就会变得叛逆、变得不理智,反对一些世俗的习惯和礼仪。遗憾的是人们曲解了他们。

你知道的,例如,我并不在乎自己的外形,我承认,我承认这"令人震惊"。但你要看到,这与没有钱和贫穷也是有关系的,当然还有深刻的醒悟。此外,有时候这也是保持孤独的一种方式,可以让你专心致志地沉迷于你研究的东西。有必要学习的是医学,没有人不愿尝试去获得医学知识,哪怕至少尝试了解什么是医学(你看,我仍然对医学一无所知)。所有这些东西都吸引你,占据了你所有时间,构建你的梦想,让你冥想和思考。

在过去的五六年里,我不记得精确的时间了,我一直没有固定的工作,到处漂泊。你可能会说:"自从那时起,你已经开始走下坡路了,你变得软弱,你什么也没做。"难道这真的是对的吗?

有时候我挣到了我的面包,有时候是一个朋友纯粹出于好心给我的。我靠自己的方式生活,无论是好或是坏,事情怎么来就怎么接受。我失去了许多人的信任,这是真的。我的经济陷入糟糕的状态,这是真的。我的未来看起来毫无希望,这是真的。我应该可以做得更好,这是真的。当应该谋生的时候,我却在浪费时间,这是真的。我的学习陷入了可悲、可怕的境地,我的需求变得越来越多,无穷得多,多得超过了我所拥有的财富,这是真的。但是,这就意味着走下坡路和没有用吗?

你可能会说,那你为什么不去上大学? 只要学校要你就坚持下去啊。对于这个问题,我只能说这个支出太贵了。除此之外,未来的路看起来并不会比我现在坚持走的路更好。

我必须坚持我现在所走的路。如果我无所事事,如果我不学点东西,如果我停止探索,那么,我是真的不幸。

我迷失了,这是我对自己的看法——坚持,坚持继续走吧。

但是你的终极目标是什么? 你可能会问。那个目标会变得很清晰,会慢慢地、明确地出现,就像是经过仔细认真的创作,最初模糊的想法经过详尽地构划,最初转瞬即逝的想法经过整合,草稿变成素描,素描再变成油画。

你应该明白,这与传教士相同,这与艺术家也相同。一所古老的学院,总是专制而令人讨厌,"那造成荒凉的可憎者",简而言之,男人穿着钢丝铠甲,这是他们的偏见和惯例。他们负责管理,带着许多的官僚习气,把工作留给他们的门徒,禁止任何人有开明的思想。

他们的上帝就像是莎士比亚戏剧中酗酒的福斯塔夫的上帝,事实上,因为奇怪的巧合,一些福音派的先生们对物质精神与醉汉也有相同的看法。但是有点令人感到害怕的是,他们的无知会变成顿悟。

我为什么没有固定工作和为什么那么多年没有固定工作的原因之一是:我的思想与那些提供工作的先生们的不同,那些获得工作的人是按照这些先生们的想法去做事的。这不仅仅是因为我的外形的问题,这是他们用来假装神圣地责备我的理由。它还有更深刻的原因,我向你保证。

我告诉你这些并不是为了抱怨,也不是为了给我做过的一些错事找借口,我只是单纯地想要告诉你:你去年夏天最后一次来访,当我们一起走在那个被叫作拉索西勒的废弃矿井附近时,你让我想起了我们在另一段时间里的散步经历,当时是在赖斯韦克古老的运河和磨坊附近,你说,"我们曾经对事情有很多的共同点",但是,你又说,"从那时起,你已经变了,你不再是以前的你了。"好吧,并不全是那样。改变的是我的生活少了一些困境,我的未来看起来没有那么迷茫,但是我的内心深处,我对事情的看法和相关的想法是没有改变的。但是如果一定要有改变的地方,我想就是,我的信念和爱比以前更严肃了。

你可能仍旧认为我没有那么热衷谈论伦勃朗、米勒、德拉克洛瓦或是其他的那个谁,所以你又误解了。正好相反,许多各种各样的事情都值得信任和热爱,你看——在莎士比亚中会有伦勃朗的某些东西,在米什莱当中会有科雷乔的某些东西,在 V. 雨果当中会有德拉克洛瓦的某些东西,甚至在福音书中还有伦勃朗的一些东西,或者,如果你愿意,也可以看作是伦勃朗中有福音书的一些东西,很多东西都是相通的。如果你能正确理解它,而不是曲解它,记住这些元素的对比并不是为了贬低那些原创者的价值。

现在,如果你可以原谅某人过于沉迷图画,你也会同意热爱书籍与伦勃朗是一样高尚的,事实上,我相信两者是互补的。

我非常钦佩法布里修斯关于一个男人的肖像画的看法。一天,我们在哈勒姆的画廊里站了很久,只为欣赏这幅画,我们还一起散步。不可否认,我非常喜欢狄更斯1793 年的作品《巴黎与伦敦》中塑造的"理查德·康斯坦"的形象,我还能在别的书中找到一些多多少少有些惊人相似的、让人印象深刻的角色。我想到肯特,莎士比亚戏剧《李尔王》中的角色,就像德·凯泽塑造的高贵的、受人尊敬的人。

我在这里先告一段落,但是上帝啊,莎士比亚太出色了,有谁还能像他那样不可思议。人应该学会阅读，就像人应该学会观察和学习如何生活。

所以，请不要认为我正在宣布放弃任何事情，我在不忠诚中又相当忠诚。尽管我有所改变，我还是我，困扰我的只是这个问题：我适合做什么，难道我在某些方面就不能提供服务或具有价值吗？我怎样才能变得更加学识渊博，在某些课程上学得更加深入？这就是一直困扰我的问题，你看，一个人感到被贫穷困扰，被禁止参加这个或那个活动，甚至连各种生活必需品都无力承受。这导致的结果就是他无法摆脱自己的惆怅，他感到空虚，哪里会有友谊？哪里会有崇高的、真诚的感情？他感到可怕的失望侵蚀着他的精神世界，命运看起来站在感情的一方，他感到有一股恶心的热流涌上心头。然后，有人会说，"还有多长时间，我的上帝！"

事情就是这样，你能否告诉我，如何通过外在世界发生的事情去观察内心的世界？你的灵魂中可能有一把大火，但是没有人通过它获得温暖，旁人能够看到的只是烟囱里升上来的那一缕青烟。

是的，该怎么办呢？难道有人注意过那把心中的火，把它转变成自身的力量？耐心地等待——需要多大的耐心！——等待，我说，此刻，当有人想要走来，坐在某人的那把火旁边，会继续停留在那里吗？让他相信上帝，等待着，那一刻迟早会到来。

好了，此时我的事情看起来糟糕透了，相当长的时间里一直持续这样的状态，以后可能还会持续下去。但是，事情糟糕过后就可能会有转机。我并不是指望它，它也许永远不会发生，但如果有一个变好的机会，我就应该把它当作一个收获，我应该感到高兴！

但是，你会说，你这个人太可怕了，毫无宗教观念，还有愚蠢的顾虑。如果说我的想法是不可能实现的，或者说是愚蠢的，那么我想最好的方式就是摆脱它们。这正是我看待事物的方式。

同时，我觉得一切善良和美好的事物，无论是内在的、道德上的、精神上的，这些都是来自上帝。在人们的作品中，包括人本身表现出来的坏和罪恶都不是来自上帝，因为上帝是不会赞成这些的。

但我不由得想到，了解上帝的最好的方式就是博爱。爱这位朋友、这个人、这件事，无论你喜欢什么，你都会在正确的道路上更深入地了解它，这就是我一直告诉自己的。但是你的爱肯定会带着崇高的、真诚的、深切的同情，带着忠诚，带着智慧，你会想方设法进行更多、更深入的了解。那你就会走向上帝，就会走向坚不可摧的信仰。

举个例子，一个人喜欢伦勃朗，真诚地讲，那个人也相信有一个上帝，他会信仰他。另一个人对法国大革命进行全面的研究——他不会成为一个无信仰者。还有人最近在一所著名的大学里，参加了一门免费的课程，听从别人的劝告，用他的眼睛去看，用他的耳朵去听,依靠大脑来思考。他也一样最终走向信仰,也许他学到的东西会比他说出来的更多。

真正的大师,在他们的杰作中,你会重新找到上帝。某人曾经在书中写过或是说过这样的话,另一个则是在一幅油画中表现出来的。阅读《圣经》和福音书,这会让你思考,思考许多的事情,思考所有的事情,哪怕你自己在单调乏味的生活中度过。所以我们应该阅读!

现在,你可能已经有一点点心不在焉了,有一点恍惚走神了,事实上,确实有一些人有一点心不在焉,有一点恍惚走神。这可能也在我身上发生过,但总的来说是我的错,可能有这样的原因,可能我陷入了沉思,这是一个原因,有一些焦虑和担忧,但人最终都会克服的。做梦的人有时候会无精打采,但听说又会从中脱离开来。心不在焉的人经过一次次敏锐的发现也会弥补这个不足。一个人长时间地在海中漫游,被暴风雨打得摇来晃去,但最终会到达他的目的地。一个人看起来没有任何用处,无法找到合适的工作,没有职务,但他最终会找到的,精力旺盛和才华横溢会使他进步,使他与最初的自己不一样。

我写信有时是随性的,想到什么就写什么。如果说你能看到我身上一些优点而不是一个没有用的人,我会很高兴的。一类没有用处的人与另一类没有用处的人有很大的区别。一类没有用处的人是由于懒惰和缺乏个性,这是因为他天性卑劣。你可能会把我归于这一类人。然而还有另一类没有用处的人,这类没有用处的人,他在内心深处被一种强烈渴望所折磨,他什么也做不了,因为他的双手被捆绑,因为他被困于某个地方,因为他缺少让他具有创造力的东西,因为悲惨的境遇强制性地把他带到这一端。这样的一个人经常不知道自己该怎么做,但是,尽管如此,他本能的感知:我是一个有用的人!我的存在并不是没有理由的!我知道我可以成为一个与众不同的人!我如何才能成为有用的人,我如何去服务大众?我的内心深处有某种东西,但是我不知道那是什么。这就属于另一类没有用处的人。如果你愿意的话,你也可以把我归于这一类人。

春天里,笼中的鸟儿清楚地明白,它能够通过某种方式服务大家。它清楚地意识到需要做一些事情,但是它却无能为力。那是什么?它记得不太清楚,但是它得到一个模糊的暗示,它告诉自己,"建巢穴,孵化和抚养幼儿。"然后,它把头撞向笼子的栏杆上。但是笼子并没有撞开,这只鸟儿因为疼痛发疯了。"一只没用的鸟",另一只鸟儿路过时说。一个囚徒活着,没有死去。他的外表并没有显示出他内心的任何迹象,他做得很好,他在阳光下非常愉快。

在它的内心深处,它在抵抗自己的命运:我被关在笼子里,你说我不需要任何东西,你这个白痴! 我拥有我所需要的一切,真的。噢! 请把自由还给我,让我成为像其他鸟儿一样的鸟儿。

那一类没用的人就像那种没有用处的鸟儿。他们被束缚,那种可怕的、可怕的、噢,非常可怕的牢笼。

我知道会有一种释放,迟来的释放。公正地或不公正地被损毁的名声、贫穷、灾难性的环境、不幸会让你变成囚徒。你总是不能描述出来的某种东西限制你,禁闭你,埋葬你,但你可以感受到这些难以捉摸的围栏和墙壁。难道所有的这些都是幻想、想象吗? 我不这么认为。然后有人会问:我的天啊,这会持续很长时间吗? 这会一直持续下去吗? 这会永远这样了吗?

你知道什么能使监狱消失吗? 每一种深厚的、真诚的感情。成为朋友,成为兄弟,成为爱人,那就会打开监狱,那是超强的力量、神奇的力量。没有这些,人只能等死。只要感情再生,生命就会复活。

换一个话题——如果我在这个世界上变得落魄,你就会飞黄腾达。如果我丧失了同情心,你就会充满同情心。我很高兴,我说的是诚心诚意的,这总会给我带来快乐。如果你不够严肃或成熟,我会担心它可能持续的时间不长,但自从我认为你非常严肃和成熟之后,我相信它会长久!

但是如果你把我看作其他类型的人,而不是那种没有用的人,我会很高兴的。

至于其他,如果我可以为你做些什么,对你来说有一些用处的话,你要知道,我是任你使唤的。现在我已经收到你给我的东西,我可以为你提供一些服务吗? 这会让我很开心,我会把它当作你信任我的标志。我们离得很远,也许在某些方面有许多不同的观点,但有的时候,在某一天,我们中的一个人可能会为另一个人服务。

现在我要跟你握手,再次表示我的感谢,谢谢你一直对我这么好。如果,这些天里,你想给我写信的话,那就写吧,收到你的来信会让我很高兴。

你的

文森特

❈ 第三部分 ❈
我将继续我的绘画创作

博里纳日（奎姆）1880年7月至10月—布鲁塞尔1880年10月至1881年4月—埃顿1881年4月至8月

最后，文森特意识到他无法抵抗绘画的冲动。从他再次开始从事绘画的那一刻起，他知道了自己真正的使命。当他在1880年8月再次提笔写信给提奥时，我们最终听到了新的信心的声音。然而，生活不会那么容易。在博里纳日，他继续和一个农民家庭住在一起，而且极端贫困。

接着，在1880年10月他搬到了布鲁塞尔，打算在美术学院学习艺术，这门课程是免费的。在这期间，他继续临摹复制品和石膏模型，学习解剖学，但也在劳动人民中发掘模特。当时他的本意是成为一名职业插画家，他找到了工作的一些方式。在布鲁塞尔，他认识了一位年轻富有的贵族画家——安东·范拉帕德，文森特本可以和他发展一段友谊，和他一起追求、探讨艺术。然而，在短短几个月之后，1881年4月，他的幻想破灭了，他再次被贫困压倒并且被迫回到他父亲在埃顿（安特卫普北部）的牧师住所。

奎姆，1880年8月20日

亲爱的提奥：

我如果没有猜错的话，你应该还保留有米勒的《田间劳作》。

你能不能借给我几天时间,把它们邮寄给我呢?

我要告诉你的是我正忙着效仿米勒的大幅作品,现在我已经完成了《一天的时光》和《播种者》。

好吧，如果你看到它们，你或许对它们并不是很满意。如果你现在把《田间劳作》寄给我，你也许还会再附上米勒、布雷顿、佩林等其他人的图画，不过不用特意去买，你只要把你有的那些画给我就行了。

尽可能把你所有的画寄给我吧，不要有所犹豫。如果我能继续进行我的绘画工作，我一定会重新振作起来。如果你最近来荷兰旅行，我希望你能经过这里看看我的这些素描。

我给你写信的时候我正忙着画画，我得赶紧回去完成它，所以晚安了，尽快把那些画寄给我。

……我画了一幅素描，画的是矿工，男男女女正迎着清晨的光辉走在雪中，路边长满荆棘，他们的影子在黎明的暗光中若隐若现。画的背景是矿井的大型建筑物和大片的煤渣堆，它们模糊地屹立在苍穹下。

我给你寄了一幅仓促完成的素描，因此你就能看到这幅画究竟怎样。但是我觉得我需要向大师学习人物绘画，例如米勒、布雷顿、布里翁或鲍顿，等等。你觉得这幅素描怎样呢？你觉得我的这个想法好吗？

文森特

奎姆，1880 年 9 月 7 日

亲爱的提奥：

你前些时间寄给我的图片和蚀刻版画等，我已经完好无损地收到了，真的非常感谢！

你把它们寄给我真是帮了我大忙。我画了十页纸的米勒的《田间劳作》，我已经快完成一幅画了。我本应该完成得更快的，但我需要先完成巴尔格的木炭画练习，这是特斯提格好心借我的，我现在已经完成了六十页了。

米勒的《播种者》，我已经画了五次，两次是小尺寸的，三次是大尺寸的，我会继续完成它，我已经完全被这幅画中的人物所吸引。你尽快给我写信（欢迎你的打扰），告诉我关于勒格罗的蚀刻版画的情况。如果我没记错的话，在英格兰的时候我看到过一打这样的作品，它们真的太漂亮了。

文森特

奎姆，1880 年 9 月 24 日

亲爱的提奥：

你的来信让我很高兴,谢谢你用自己的方式给我回信。

新的蚀刻版画和图画选集刚刚收到。我最想说的首先是精湛的蚀刻版画,杜比尼与勒伊斯达尔的《灌木丛》。我打算画两幅作品,涂上油墨或其他的东西,一幅是以刚才所说的蚀刻版画为模型的画,另一幅是卢梭的《荒野上的熔炉》。事实上,我已经完成了后一幅画。如果你拿它与杜比尼的蚀刻版画对比,你会发现两者相差很小,尽管我的这幅画在着色的时候从色调和情感上存在有悖原画的地方。

我依然在巴格尔的绘画学校学习,在我做别的事情之前,我得完成这个学习任务。现在我的手和脑日渐变得灵活,感情也越来越强烈,我无法表达自己对特斯提格先生的感激,感谢他好心把它们借给我,这些模型非常出色。同时,我正在阅读一本关于解剖学和透视解剖学的书,这也是特斯提格先生借给我的。学习这些让我感到非常吃力,有时候觉得这些书非常乏味,但我知道学习它们对我有好处。

现在你明白我学习有多辛苦,虽然现在学得不是很顺畅,尤其结果不大令人满意,但我非常希望在这些课程的学习中,白色的花朵能在荆棘中绽放。这些表面上的一无所获的努力并不重要,就像分娩的阵痛,开始的时候是痛苦,然后收获幸福。

你提到勒索尔,我想起来我还记得他的金色色调的水彩风景画,非常雅致。画中粗笔的释放与细笔的勾画形成了精致的对比,又稍微有一些装饰的效果(这并不是说不好,相反的,给人愉快的感觉)。虽然我对他的作品知道得很少,可我并不是全然不知。

我非常钦佩维克多·雨果的肖像画,这幅画是很认真完成的,它明显的意图就是真实的描绘,毫无歪曲。它的精确性给人留下深刻的印象。

去年冬天我在钻研雨果的作品《死囚末日记》,这是一本很好的作品。我很早就已经认识这个作家了,他与伦勃朗一样伟大。莎士比亚等同于查尔斯·狄更斯或维克多·雨果,勒伊斯达尔等同于杜比尼,伦勃朗等同于米勒。

你在信中说到了巴比松,这确实是真的,我可以跟你说一两件事更能证明我与你的观点是一致的。我从未去过巴比松,尽管我没有去过那里,但去年冬天我去了库里埃。我在加莱海峡徒步旅行,不是英国海峡,但是属于那个地区。我本来是希望在那里找到工作后才进行这次旅行的,尽管我也说不上来为什么,但是我告诉自

己,你必须看看库里埃。当时我的口袋里只有 10 法郎。因为我坐的是火车,我在路上的时间有一个星期之久,这是一次让人疲惫的旅行。

不管怎样,我看到了库里埃和朱尔·布雷东的画室外观。这个画室的外观让人有点失望,这是一个崭新的画室,最近修建成的,有着卫理公会的规章,不热情、冰冷如石块,有着令人反感的外观。如果我能进去看看,我很确信自己对画室内部的看法与外观是相同的。但是我没看到内部,因为我没有勇气走过去介绍我自己。我在库里埃的其他地方寻找朱尔·布雷东,或是其他的画家。我能找到的就是一张关于他的肖像和一幅仿品——《提香的葬礼》,它们放在老教堂的一个角落里。对我来说,熟练的着色技巧使这幅画看起来非常漂亮。这是他本人画的吗? 我不确定,因为我无法辨清他的签名。

但凡活着的画家,我都没有找到,只是发现了一家名为美术馆咖啡屋的咖啡屋,那也是新建成,不热情、冰冷如石块,有着令人厌恶的砖块。咖啡屋的墙上装饰着一种壁画,题材取自著名骑士堂吉诃德的生活插曲。

说实在的,这些壁画看起来就是可怜的安慰,太普通了。我不知道是谁画的这些壁画。

但不管怎么说,我看到了库里埃的乡村景色,干草堆、棕色的农田、泥灰色的土地,几乎都是咖啡色(泥灰色的土壤带着白色的斑点),这对于看惯了黑色土壤的我来说实在太特别了。相对于博里纳日烟雾弥漫的天空来说,法国的天空看起来更美好、更明亮。还有就是这里的农场和谷仓,上帝保佑,它们依然保留着长满苔藓的茅草屋顶。我还看到了杜比尼和米勒著名画作中成群的乌鸦。还有一点没有提到,我应该在一开始就跟你说的,这里人的行为举止很有特点。尽管在库里埃也有煤矿或矿井,但这里不像博里纳日,没有女工人穿着男人的衣服,只是煤矿工人看起来很疲惫和憔悴,黝黑的皮肤上带有煤粉尘,他们穿着破烂的工人制服,其中一个人戴着一顶破旧军帽。

尽管这次旅行对我来说是一种折磨,当我回来时身心疲惫,双脚快要瘫痪,心情低落,但我并不后悔,因为我看到了一些有趣的东西和经历了极其严峻的考验,这些苦难教会我如何用不同的眼光看待事物。

我在这里赚到了一些面包钱。在路上,我用我包里的图片或一两张素描与人交换法郎。但是当我的 10 法郎用尽后的三个晚上,找露宿街头,有时住在一个废弃的马车里,到了第二天早上,白霜就完全覆盖了马车,有时睡在一堆柴火上,有时稍微得到改善,可以睡在干草堆里,我不断让自己能在更加舒适的隐蔽处休息,尽管蒙蒙细雨让我不是很享受。

在痛苦的深渊里,我觉得我的精力恢复了。我告诉自己,我无论如何必须克服它,我必须用我的铅笔开始工作,虽然它在我极度沮丧时被扔掉了。我必须重新绘画,从那时起,我就认为一切都会改变。现在的我从容不迫,我的铅笔运用得更加自如,一天天画的画越来越多。长时间的、过度强烈的痛苦让我太过沮丧,使我无法做任何事。

在这次旅行中,我还看到了织工的村庄。

矿工和织工以他们的方式形成了一个族群,与其他的工人和工匠分离开来。我与他们是感同身受的,如果我能在哪天将他们画出来,那么我是多么幸运。因为他们还未被人所认知,或者说是几乎不被人所知,他们这一类人将会被带出来,走向光明。

如果一个人来自深海,来自深渊,来自绝望,那么他就是矿工;如果一个人神情恍惚,像是做白日梦,像一个梦游者,那么他就是织工。我在他们之中生活近两年,已经从他们身上学到了一些独特的个性,尤其是从那些矿工身上。逐渐地,我发现这里的贫穷、卑微的工人身上有令人感动和同情的东西。因为人们可能普遍认为他们的说话方式是最低俗的,最令人鄙视的,所以他们被认为是一群无赖和恶棍,但这是毫无根据且不准确的推测。无赖、酒鬼和恶棍这里也有,这是肯定的,就像其他地方一样,但真正代表这里人的并不是那样的。

你在信中含糊地提到,问我想不想去一趟巴黎或是它的近郊,我当然非常热烈地渴望去一趟巴黎或巴比松,或是其他的地方,但是我怎么去呢?我还没有挣一分钱。尽管我很勤奋地工作,但还是要一段时间才能考虑去巴黎的事。坦诚地讲,我需要有每个月至少能挣100法郎的合适工作。少一些的钱当然也能生活,但那样过得真的很艰难,真的太艰难了。

帕利齐曾经说,贫穷会让最活跃的头脑停止思考,这是有一定道理的,如果你明白其中真正的意思和重要性,就知道它是完全正确的。此刻,对我来说最好的事情就是待在这里,努力地工作。毕竟,在这里生活花费比较少。

我必须要告诉你的是,我不能继续待在我现在住的这个小房间里了。这个房间真的很小,而且这里还有两张床——孩子的和我的。我现在的工作是在巴尔格清洗非常大的床单,我无法形容它有多难洗。对于这个家庭的安排,我不想让他们伤心。他们已经告诉我,这个房子无论如何是没有房间了,哪怕我付更多的房租。总之,我想租一间工人的木屋,每个月只需花费9法郎。

我想告诉你(尽管有新的问题会发生,而且每天都不断发生),我是多么高兴我又开始绘画了。我想了很久,但总觉得不可能,这超出了我的能力范围。但是现在,尽管我还是会想到失败,想到许多令人沮丧的事情,但我已经恢复了平静,我的精力与日俱增。

至于提到的前往巴黎的事情,如果我能与一些优秀的、有水平的画家建立深厚的友谊,这对我来说是有好处的。但是这也难说,也可能只是大范围的重复我去库里埃的旅行经历,我本是想去寻找各种派别画家中的榜样,可没有找到。我要做的事是学习如何画素描,不论是用我的铅笔,用我的炭笔,还是用我的笔刷。一旦我成功了,我就能为各个地方画出杰出的作品——风景如画的博里纳日、老威尼斯、阿拉伯半岛、布列塔尼、诺曼底、皮卡第或布里耶。

我的作品不够好吗?这是我的错。但在巴比松,可以很肯定的是,这儿比别的地方有更好的机会认识优秀的画家,他们就像是上帝派来的天使,如此幸运的遇见就这样发生了。我是很严肃的在说这个事情,毫不夸张。所以,如果将来你遇到这样的机会,请想到我。其间,我将待在这里,在某个工人的小木屋里努力工作。

你又提到了梅龙,你对他的评价非常正确。我对他的蚀刻版画了解很少。如果你想看到奇妙的地方,你就拿他的一幅细致而又遒劲的素描作品与维欧勒·勒·杜克或其他从事建筑行业的人的作品进行对比,你就会发现梅龙作品中真正的亮点。即使梅龙画的是砖块、花岗石、铁棒或一座桥的栏杆,他也把人类灵魂的东西融入他的蚀刻版画,感动人的并不是内心的悲伤。我看到过维克多·雨果的哥特式建筑的素描,尽管它们缺乏梅龙作品中的力度和熟练技巧,但是它们表达了同样的情感。到底是怎样的一种情感呢?它类似于阿尔布雷特·丢勒《忧郁症》表达的情感,类似于现在的詹姆斯·天梭和 M.马里斯(尽管他们二者可能有些不同)表达的情感。詹姆斯·天梭曾经很有见地的评论说:"他是一个灵魂有缺陷的人。"不管怎么样,他的作品中有表达人类灵魂的东西,这也是为什么他会如此杰出、伟大和完美。但是让维欧勒·勒·杜克在旁边的话,他就是石头,而另一个人,梅龙,他就是精神。

据说梅龙甚至会喜爱某一个地方的石头。但是米勒、朱尔·布雷东、约瑟夫·伊斯拉尔斯对赞美诗、对人类灵魂诠释得更好,更崇高且更有价值。你如果允许我这样说,那就是他们的表达与诠释更有福音派的气息。

说回到梅龙上,我认为他与琼坎或与西摩·海登是远房亲戚关系,因为在此期间这两位画家表现得实在太优秀了。

等着吧,你或许会看到我会成为一个工匠。尽管我不能预知我将能做什么,我希望我画一些素描,或许也会有人类的东西在里面,但我首先是画巴尔格的素描,或其他或多或少有难度的作品。

谢谢你的好意,特别为了《灌木丛》,与你握手。

文森特

布鲁塞尔,1880 年 10 月 15 日

亲爱的提奥:

你看,我是从布鲁塞尔写信给你的,因为我觉得目前换一个住所会好点,而且不仅只出于一个原因。

首先,这是迫切需要的,因为我目前住的小房子,你去年也见过的,实在是太挤了,而且光线也很暗,真的不便于画画。

……我在布鲁塞尔去见了施密特先生,而且也告诉了他这个事情,我问他能否帮我? 如果能和其他艺术家建立关系,那么我就可以继续在一个好的画室学习,因为我觉得欣赏一些好的作品是绝对有必要的,见到工作中的优秀艺术家也同样如此。

我已经有很长时间没有看到优秀的画作了。在布鲁塞尔看到的好东西给了我新的灵感,并且增强了我想要用自己的双手作画的渴望。

你会帮我写信给施密特先生,对吗? 在米勒的《扶锄的男子》(你寄给我的那幅)之后,我又画了一幅钢笔画。如果今后想要学习蚀刻画的话,我觉得钢笔画会是一个很好的准备。

目前来说,我主要的目标是想尽快能画出一些可以展示、可以出售的作品,那么我就可以直接从我的工作中挣到一点钱了。这才是目前让我倍感压力的困境……

一旦我掌握好了铅笔画、水彩画,或者蚀刻画的技巧,我就可以回到有矿工、织工的乡村,比现在更好地从大自然中找到灵感,但我首先必须多学点技巧。

我觉得一个稍微好点儿的住所,加之可能好点儿的食物可以帮我恢复健康。因为我在比利时的"黑色乡村"遭受了一些穷困,我的身体最近一直不太好,但是如果有一天,像我说的那样,我在画画方面取得了成功,我将忘记这一切……

文森特

布鲁塞尔,1880 年 11 月 1 日

亲爱的提奥:

……我拜访了鲁洛夫先生后的第二天就收到了你的来信。鲁洛夫先生告诉我

他的看法,他认为我现在主要应该学习自然画法,但是需要一位专攻于此的导师引导。他和其他人也强烈建议我去学院学习,无论是去布鲁塞尔或安特卫普。我感觉我应该尝试去他们所说的学院学习,尽管我知道我不一定会被录取。在布鲁塞尔的教学是免费的(我听说在阿姆斯特丹一年需要花费100法郎),在这里,还能够待在一个热气腾腾、照明好的房间里作画,这无疑是一件好事,尤其是在寒冬的季节……

我打算去兽医学校学习,那里有解剖学的图片,比如说一匹马、一头牛或是一只羊,我可以用它们绘画,就像我画人体解剖图一样。

绘画自身有许多规则,例如比例、光影、透视等,一个人必须了解这些规则才能好好绘画,如果没有这方面的知识,那么一切努力都是徒劳,也不会产生什么效益。因此我想我是对的……

我还去拜访了范·拉帕德,我与他进行了一次交谈。他是一个面容好看的男人。对于他的作品,我只看到了他的几幅铅笔素描风景画。但是,从他的生活方式来判断,他应该很富有。出于经济上的原因,我不清楚他是不是能与我一同生活和创作的那种人。但我肯定的是我必须再去拜访他,他给我留下了对待事情非常认真的深刻印象。

你无法想象我在这里的生活是多么富足,我的主要食物是干面包和一些马铃薯或栗子,人们在街角售卖这些食物。当我有钱的时候,时不时还去餐馆吃顿上好的肉,我在这里生活得挺好。但是在博里纳日,将近两年的时间里,那是我的艰难时刻,没有过愉快的旅行。这里的消费将超过60法郎,这是没有办法的,绘画材料、学习仿画、学习解剖学等都需要花钱,而且这些都是必需品……

文森特

布鲁塞尔,1881年1月

亲爱的提奥:

……最近这些日子我的绘画有了很大的改进,我至少完成了一打的作品,有铅笔素描、钢笔素描,这对我来说已经挺好了。它们大概汇集了兰康的绘画风格或英格兰木刻的特点,不过它们看起来还很粗糙和拙劣。画中有一个搬运工、一个矿工、一个铲雪人、一个在雪中行走的老妇人,一个老头(巴尔扎克《十三世纪历史》中的费拉居斯)等等。我寄给你两幅小的作品,我很清楚它们画得并不是很好,但我已经开始有了自己的特点。

我几乎每天都有一个模特——一个老搬运工或一些劳作的男人、男孩,他们作为我的模特为我摆姿势。下个星期天应该会有一两个士兵当我的模特。现在我不再是一个有坏脾气的人,我对你、对整个世界的看法都变得乐观向上。我还画了一幅风景画,那是一片荒野,这幅画我画了很久都没有完成……

文森特

布鲁塞尔,1881 年 2 月 4 日

亲爱的提奥:

……我从父亲那里得知,你一直在瞒着我给我寄钱,并且有一段时间了,帮助我度过难关。请接受我诚挚的谢意,我坚信你不会为此而后悔。我新近学了一门手艺,虽然它不能让我发家致富,但每月也至少能为我带来 100 法郎的收入,靠这些钱勉强可以应付日常开支,等我的绘画水平进展些了,我就去找一份正常的工作……

过去的这个冬天里,我每个月的花销大概是 100 法郎,事实上,每个月花的钱都不等。大部分的钱都花在购买绘画材料上,我还给自己买了几件衣服,两件工人穿的套装,姑且称之为西服吧。衣服的材质是粗糙的黑色天鹅绒,人们一般称这种料子为绒面呢。衣服看上去还不错,能穿着出席任何场合。这些衣服之后我也用得上,因为我需要大量的工人套装,我已经让我的模特们换上这些衣服了,但还像别的画家一样需要不同的衣服。我要逐渐收集一些衣服,比如说各种各样的裙子,即便是二手的也可以,我既需要女人的衣服也需要男人的衣服;不过我也明白,这事急不来,虽然我已经有了些眉目,可还要继续做下去……

科尔叔叔经常帮助其他的画家,假如有一天我需要他的帮助了,他会对我大发善心吗?我不会向他乞求经济上的援助的。除了给我钱,他还可以通过另一种截然不同的方式来帮助我,比如说,带我去结交那些能让我从他们身上学到很多东西的人,再或者帮我找份正常的工作。我和爸爸说起过我的这些想法。我发现家里人总把一些怪诞不经的话挂在嘴边,这对我来说简直是一种折磨,可依然不能改变我是这样一个家庭里的成员的事实……

我在等你的回信……与此同时和拉帕德一起工作。

拉帕德创作了几幅非常不错的作品,一些是临摹的,还有一些是以学院里的模特为对象画的,都堪称佳作。一点点火热和激情对他来说没有害处,他还需要更自

信并且更有勇气一些……

文森特

布鲁塞尔，1881 年 4 月 12 日

亲爱的提奥：

我听父亲说，你下个星期天有机会去埃顿，这真是太好了，我也很开心去那里，今天就准备到那边去。

我希望快点见到你，我非常地期待。因为我在拉帕德那里画了两幅素描——《灯烛》和《负担的承受者》，我要与你商量如何继续完成它们，我需要想办法，找到必要的模特，这样的话效果会比较好。我还有几幅作品要给斯米顿·提莉，或插画编辑看看。

所以我今天出发并告诉你这些事，这样的话你就不用到布鲁塞尔来找我了。我要去埃顿的沼泽地画几幅素描，这就是我为什么要提前几天出发的原因。

我很期待快点与你相见，我的脑海里浮现与你握手的画面……

文森特

埃顿，1881 年夏，日期不详

亲爱的提奥：

……你应该知道拉帕德在这里待了十二天，现在已经走了。他带给你他最诚挚的问候。我们经常一起散步，有几次去了赛普附近的沼泽地。帕拉德在那里画了一幅大的油画作品（一米五），它看起来不错。除此之外，他还在里厄斯博斯用棕褐色颜料画了十幅作品。

在他创作油画的时候，我也画了一幅钢笔画，在沼泽地的另一个地点，那里所有的荷花都开了（在通往罗森达尔的路附近）。

我买了《探讨水彩画》，我正在学习它。尽管我还不需要画水彩画，但我在这个作品中能够学到许多东西，例如如何使用棕褐色颜料和墨汁。直到现在，我完全地用钢笔代替了铅笔绘画，有时候用芦苇笔，它能够画粗线条。

文森特

埃顿，1881 年夏，日期不详

亲爱的提奥:

……如果我只是学习自然画法，过于重视细节而忽视了其他重要的东西，这对我的绘画来说是不好的。我想在我后期的绘画中已经出现太多这样的情况了。因此我需要学习巴尔格的方法(他的绘画技巧是只要粗的线条和形状，追求简洁精致的轮廓)。现在我已经不再到户外绘画了。当我重回这种画法的时候，我必须对事物有一个更清晰的认识。

我不知道你是否读过英国的书籍，如果有的话，我强烈建议你看看柯勒·贝尔(夏洛蒂·勃朗特)的《谢利》，她的另一本书叫《简·爱》。书中描绘的风景非常漂亮，如同米勒、波顿或是赫科默的作品。

我想我应该在这里找一个好模特。皮特·考夫曼，他是一个园丁，但我觉得让他拿着铲子或犁之类的农具摆姿势会比较好。让人们明白如何摆姿势实在是太难了。老百姓在这方面是非常顽固的，很难让他们在这一点上屈服，他们只想穿着最好的衣服摆姿势，膝盖、手肘、肩胛骨或是身体的任何部位都没有保留他们原有的特征，例如凹进去或凸起来的痕迹……

文森特

埃顿，1881 年夏，日期不详

亲爱的提奥:

我刚刚从海牙旅行回来……

我去拜访了特斯提格先生、毛弗先生和德·博克先生。特斯提格先生非常热心，他觉得我的绘画水平有进步。我又开始进行整个系列的木炭画练习，从 1 到 60 页，我把它们带在身边。

整整一个下午和晚上的时间，我与毛弗在一起。我在他的工作室看了许多漂亮的作品。我的绘画作品似乎也很吸引毛弗。他给我提了许多意见，我也很乐意接受。我已经与他预约好了，当我有新作品的时候我再来拜访他。

他给我看了他的许多作品，给我做了介绍，不是素描或是照片，而是真正的作品。他认为我应该开始着手画油画了。

我很高兴见到德·博克先生,我去了他的工作室。他正在创作一幅巨大的沙丘画,它看起来挺不错的。但是这个家伙需要练习人物画,这样他能创作更好的东西出来,我想是的……

文森特

埃顿,1881年8月

亲爱的提奥:

虽然距离上次给你写信只有很短暂的时间,但是我想告诉你更多的事情。

从开始绘画到现在,我的素描已经有一些变化。

而且,因为这些变化,毛弗说我需要开始用活的模特绘画。幸运的是,我已经找到一些人坐在我面前做我的模特,其中包括工人皮特·考夫曼。

经过认真的学习,不断重复练习巴尔格的木炭画,我对人物画有了更深入地领悟,我学会了观察和描绘大致的轮廓。所以,感谢上帝,以前对我来说看似完全不可能的事情逐渐变成了可能。我画了一个拿着铁锹的男人,不同的姿势画了五次,播种者画了两次,一个拿着扫帚的女孩画了两次,还画了一个戴着白色帽子削土豆的妇女和坐在椅子上的一个年老体弱的农夫,他双手抱着头,手肘放在膝盖上。

我现在要画挖掘者、播种者,犁地的男人和女人。仔细观察和用画笔描绘所有的事物是我乡村生活的一部分,正像其他人所做的和正在做的事情一样,我在大自然面前不再像以前那样显得无能为力。

我从海牙那里带来了一些蜡笔(跟铅笔很相似),我已经用它们画了许多素描。

我还开始使用画笔和调色料,带着一点墨色或墨汁的颜色,有时还有一点其他颜色。可以确定的是,我最近所有的素描与我之前的没有任何相似之处。

当然,我需要付钱给那些摆造型的人,虽然并不是很多,但因为每天都要付钱,所以这些花费逐渐就多了,我决定卖一些素描。

这些人物素描没有一个失败的,我可以确定这些在模特身上的花费很快就能赚回来。

如果现在谁已经学会了观摩人物和紧紧抓住人物的特点,并能使之跃然纸上,那么他就能获得很多东西了。我本来不想告诉你我寄给你这些素描只是让你对画中这些姿势有一些了解。我今天很快把它们撕毁了,因为它们与实际素描的比例相差太大了。我收到了拉帕德友好的来信,他看起来工作很努力。他寄给我一些非常漂亮的风景画素描，我希望他能再来这里待几天。

这是一块田地，更像是一块麦茬地，他们在这里犁地和播种。画中有一个非常大的背景轮廓，准备迎来一场暴风雨。

其他的两幅素描画的是挖掘者。我希望能够多画一些这类素描。

好啦，正如毛弗所说，工作正如火如荼地进行着。

如果你愿意或是可以的话，记得给我寄安格尔纸，没有漂白过的那种纸。无论如何尽快给我回信，在我的脑海里，你已经接受了我友好的握手慰问。

永远属于你的

文森特

埃顿，1881 年 8 月

亲爱的提奥：

……我想告诉你自从上次给你写信之后我做的事情。

首先是两幅大的作品：用蜡笔和一点深褐色涂料画的波拉德柳树。

如果一个人画柳树时，把它当作有生命的物体，那么它就是真的有生命，并且它周围的环境也是有生命的。如果一个人把他所有的注意力都集中在同一棵树上，一直不放弃，直到他把生命注入这棵树中……

文森特

❋ 第四部分 ❋
激情与责任

埃顿 1881 年 9 月至 12 月—海牙 1881 年 12 月至 1883 年 9 月

文森特在父母的牧师住宅度过了 1881 年的夏天，这期间，他努力作画，一位来自阿姆斯特丹的表亲来此造访。她名叫柯尼利亚·阿德里安娜·沃思—斯特斯克（文森特在信中称她为"凯"。）她是一个年轻的寡妇，带着一个小男孩。美丽动人的凯很感激文森特对她儿子的照顾。渐渐地，文森特单方面地将两人的友谊发展成了一场炽热的爱恋，可由于凯失去丈夫还没有多久，无心开始一段新的感情，她没对文森特的示爱做出半点回应。

文森特终其一生都没能从这次求爱失败的阴影中走出来，他的生活也因此发生了巨大的改变。他不愿意在埃顿再待下去，这一年年末，他搬往海牙。

在海牙，他同安东·毛弗交往甚密，毛弗给了他许多颇具价值的建议，并给他上课。安东·毛弗是一位艺术家，并且是海牙画派的一员。文森特继续自己的艺术创作，可是他的好心肠给他带来了无尽的问题。他同自己的模特，一个有时会靠出卖身体挣钱的女佣纠缠不清，这个女人名叫克拉斯娜·玛利亚·霍妮科（文森特在信中称她为克里斯汀、茜恩，最后干脆叫她"那个女人"）。她有私生子，这时又怀有了身孕。文森特接纳了她，在他享受家庭生活的同时，他的手头也变得越发拮据，这期间他一直同包括父亲、毛弗叔叔、弟弟提奥在内的家人保持联系，也与同一个阶级的艺术上的朋友有往来。来自特斯提格先生的一些建议他还算听得进去，前者是文森特原先在古比尔公司工作时的雇主。最终，他在"那个女人"和艺术之间做出了选择。

埃顿，1881 年 10 月 12—15 日

亲爱的提奥:

非常高兴收到你的来信,我正好打算明天或者什么时候给你写信,所以在收到你的信的当下就决定给你回信了。

你寄了安格尔的作品过来,我很高兴。我这儿也有一些他的画,但颜色搭配不算好。很高兴听到特斯提格先生对我的画作的评价,当然,我无比激动的是你从我寄给你的作品中看到了进步。如果真是如此,我要更加地努力,让你和特斯提格先生都没有任何理由收回你们未来更多有益的建议。我会竭尽所能不让你失望。

艺术家在刚开始时经常遇到来自天性的抵抗。如果他用心严肃地看待这种抗拒,逐渐就不会被这种对立分心,相反,还会激励他在内心和天性上战胜这种抗拒。诚实的作画人就是如此。天性是最不可解的,一个人必须握紧它并且坚定地面对它。与天性搏斗过一段时间后,我意识到它对我愈加俯首帖耳了,不再是最初那样。没有人如我这般深入思考,不过,事情正在走向简明、轻松。

与天性的抗争,有点像莎士比亚所言,"驯服悍妇"(这句话的意思是让站在对立面的一方顺从)。在很多领域,尤其是画画,我坚信,坚持到底比半途而废要好得多。

我越来越感到,画人物画非常有益,并能间接地对画风景画产生美妙的影响。假如画一棵被削掉树梢的柳树,在你眼里它是一个充满生命力的东西,虽然它不是,但你的周围将随之改变。你只有集中所有注意力,直到将生命的元素注入其中,你才会看到它的磅礴与充沛。

信里附上的是一些小幅草图。这些日子我在勒尔斯街道做了一点练习。偶尔也画水彩画或炭画,但是进展得不算太好。

毛弗去了德伦特。我们约好只要他一给我写信,我就出发去看望他。不过,可能他会来这儿,先在普林斯哈格待上一天。

在我的旅程最后,我在鹿特丹看望了法布里修斯。听说你忙里偷闲去看了梅斯达赫画画,我很高兴。如果你提到的梅斯达赫夫人的作品是长在青苔地面上的黄玫瑰,那么我在展览上也看到了,真的很美,很有艺术感染力。

你对于德·博克的评价,在我看来,非常正确。我跟他想的一样,不过我没法像你信里那样把它表述得那么清晰。他若能专注自我,会成为比现在更棒的艺术家。我坦白地跟他说过,"德·博克,你我若能把自己奉献给绘画一年,我们都将与今日

截然不同,但如果我们不全然奉献自己,只是不假思索地照搬,我们连今天的自己都会失去,甚至全然退败。我们不用心画人物或树,我们将失去毅力,更确切地说,我们将变得羸弱。"他赞同我,至少是部分。

是的,他已经在帕诺拉马工作得很勤奋了,尽管他拒绝承认,强烈的意志已经对他产生了巨大的益处。

曾经,他跟我讲了帕诺拉马的一件趣事,给我留下温和的印象。你知道画家德斯特吧。他曾经傲慢地前往德·博克那里,态度非常不屑。他用油腔滑调和不可忍受屈尊俯就的语气说:"德·博克,他们也请我画帕诺拉马,但我看它没有任何艺术价值,我只好拒绝了。"

德·博克反驳道:"德斯特先生,画它跟拒绝画它,哪个更容易呢? 去做和不做,哪个更具有艺术价值呢? "我不确定这是不是他们之间精确的对话,但德·博克已经抓住要领了,我认为德·博克一语中的。

我尊重这句话,就像我尊重你对待你社交圈中那些年迈而聪慧的朋友的方式。尽管你有自己更果决、更雷厉风行的处事方式,但你会充分尊重他们,并感受他们的思维与智慧。这是正确的。当有需要时,我也会像你和德·博克那样去做。这种方式如此富有哲理性,同样富有实践性,正如毛弗所说,"颜色画和素描画并无二致。"

我写完了,我将就此结束,然后出去散个步。最热切地感谢你对我的支持和付出的所有努力,我与你同在,相信我。

你最亲爱的
文森特

埃顿,1881 年 9 月 3 日

亲爱的提奥:

我有一件心事想要告诉你。你对这件事也许已经有所耳闻,这对你来说算不上新闻。我想让你了解整件事情。今年夏天,我深深地爱上了凯·沃斯,找不到任何言语来表达这种感受,除了"这就好像凯·沃斯是我最亲近的人,我也是她最亲近的人"(这也是我对她说的话)。但是,当我告诉她这些时,她却回答说,无论过去、现在、还是将来,她的回复都始终如一,她永远不可能回应我的感情。

那时,我陷入巨大的矛盾之中,不知道如何是好。"绝不,不,永不",得到这样的回答,我是否应该就此罢休,或将这看做一件没有确定、没有完成的事情,调整好心

态,永不放弃呢?

我选择了后者。直到今天,即使面对"绝不,不,永不",我都没有后悔选择这条道路。当然,从那以后,我不得不忍受许多看似随和的人。

"生活中一些不按常理出牌的小插曲",这句话在书里出现过。也许是用来供一部分人消遣逗乐的,但如果要一个人亲身经历,这些一定会被认为是最不讨人喜欢的事情。

我在此之前没有写信告诉你所有这一切,是因为我对当时的情形不太确定,事情也没有解决,以至于我没办法向你解释。可是现在,我们已经达到了我所说的那一个时间点,不仅是对她,也包括父母亲、斯特里克姨夫和姨妈、普林斯哈格的叔叔和阿姨。

只有一个人,私下里悄悄对我说,如果我努力用功并且取得进步,也许会有机会。这个人竟然是我最意想不到的人——文森特叔叔。他很赞赏我面对凯的"绝不,不,永不"的反应。这就是不要夸大困难,而是用幽默的方法化解,比如他举例说,"不要把谷物给凯开的'绝不,不,永不'磨坊,虽然我希望她一切都好,但我还是希望那些磨坊倒闭"。

同样,当斯特里克姨夫说我也许正冒着断绝友好关系和原有联系的风险时,我并不见怪。在我看来,真正的问题不是断绝原有联系,而是看过去这些不能修复的联系能否重新修复。

不管怎么说,这是我希望继续做的事,抛开沮丧和忧郁的心境,同时努力创作,从上次见到她之后,我的创作状态越来越好。

现在,情况又变得更明确了一点。首先,凯说"绝不,不,永不",接着我有一种感觉,我会和长辈们相处困难,他们认为这件事已经尘埃落定,他们会强迫我放弃追求。

目前看来,我认为他们会小心翼翼地插手这件事,用适合的言语稳住我、搪塞我,直到斯特里克姨夫和姨妈举办的盛大庆典(十二月)结束。他们很担心,想要尽量避免一件丑闻。然而,在那之后,我想他们会想办法打发我。

请原谅我如此刻薄地表达自己的看法,我只是想让你了解情况。我承认色彩有些刺眼,线条是完全苍白的,但相比拐弯抹角,这能让你更清楚地了解这件事,所以你不要觉得我对长辈缺乏敬意。

当然,我确信他们积极地反对这件事,我想让你明白这一点。他们将努力确保我和凯互不相见,既不能和对方说话,也不能给对方写信。因为他们很清楚地知道,如果我们可以见面、说话、写信,凯就有可能会改变主意,长辈们想让我相信她不会改变主意,他们害怕这种改变。

当我成为一个年收入不少于 1000 荷兰盾的人，不等凯改变态度，长辈们就会对这件事改变想法。再一次，请原谅我用生硬的轮廓描绘这件事情。如果我从长辈那里得到一丁点怜悯，我想年轻一辈中就有人能理解我的处境。

提奥，你也许，也许会听到一些说法，说我想强求一些事情、情感或其他。然而每个人都知道勉强在爱情中是没有丝毫意义的。是的，没有任何事情超出我的想象。

但是，不允许我和凯有任何接触既不公平也不合理。我们通过见面、说话、写信可以更好地了解对方，甚至能判断我们彼此之间是否合适。保持一年的联系对她、对我都有助益，但长辈们在这一点上固执己见。如果我是一个富有的人，他们很快就会改变腔调。

到现在你会意识到，为了能靠近她，我希望穷尽一切办法，我打算：

继续爱她。

直到她也爱上我。

提奥，你是否可能也正在恋爱呢？我希望是。一个人有时会陷入绝望，感觉身处地狱，也可以这么说，也许这是一段特殊的、更好的经历。

恋爱有三个阶段：

1.不爱也不被爱。

2.爱但不被爱（目前的情况）。

3.爱并且被爱。

现在，我可以告诉你，第二个阶段比第一个阶段好，但次于第三个阶段，就是这样！

好吧，小子，亲自尝试谈一场恋爱吧，在未来的某个时刻告诉我。对目前的情形，请保持缄默，给予我一些同情吧。我当然更愿意得到一个肯定的回复，但是我对否定的回复也感到满意。（我认为拒绝的话语对我有不同寻常的意义，虽然长辈和智者认为这什么也不是。）

拉帕德到这里来了一趟，买了一些时兴的水彩颜料。毛弗最近会来看我，我很期待，如果他不能来，那么我将去拜访他。我正在进行大量创作，感觉自己的水平正在提升。我现在比过去更经常使用刷子。现在天气太冷，除了室内人物，我几乎什么也没画，我画了一个女裁缝、一个编织篮子的人。我在脑海中与你握手，相信我，写信给我。

你永远的朋友

文森特

埃顿，1881 年 9 月 7 日

亲爱的提奥:

这封信是单独给你的,你会好好保存的,是吗?

首先我必须要告诉你,世界上有一种爱,它足够认真足够热情,不会因许多次的"不,不可能"而冷却,这是否会让你感到一点点惊讶呢?

我希望你一点儿也不惊讶,这其实是非常自然且合理的。

因为爱是积极的,它是如此坚定、如此真实,以至于人不可能将这种感觉收回,收回这种感觉会像拿走他的生命一样。也许你会这样说"但有人结束了他们自己的生命",我的回答很简单:"我不会那么做。"

生活对我更加亲近,我也很庆幸我爱我的生活,有爱的人,"但你被'不,不可能'拒之门外了",你会这样对我说。对此我的回答是,"小子,此刻我把'不,不可能'看成是我将奉上我的心去融化的那块冰"。

你也觉得家人对我的暗示还算体贴吗? 他们暗示我要准备接受,不久的将来她会有一个更富有的追求者,她这样美丽,毫无疑问,会有求婚者纷至沓来。她显然也不喜欢我,如果我没有跨越"姐弟关系"(有明确界限),一定会有这种"然而,我错过了好机会"的遗憾……

我看到她总是在回忆过去并沉溺其中。然而我认为,尽管我尊重这种感觉,她的深度忧伤使我触动和感动,但我总觉得有些宿命论的东西在其中。

那一定不能动摇我的心,我一定要像钢刀一样坚决而果断。我会尝试"新事物",它有自己的位置而不会取代旧的东西。

于是我行动了。最开始粗鲁而笨拙,但我一直很坚定,当我说完那句话——凯,我就像爱自己一样爱你,然后她说:"不,不可能。"

然后灵魂仿佛有一种难以形容的痛苦,一个想法就像黑夜里的光在我脑海中浮现,那就是:不论谁都可以放弃自己,但人也有自己坚持的信念! 然后我不放弃地依然坚信着,但结果除了"不,不可能",别无其他。

经历了这些,我仍保持平静和自信,这也影响了我的工作,使我比以前更投入其中了,因为我觉得我应该成功。我所说的成功并不是做出什么惊天动地的大事,而是"平常的"。我所理解的平常,是我的工作是稳定可靠的,我将有生存的资本,最终能服务于人。我觉得没有什么比真爱更能动摇现实生活中的我们

了……

文森特

埃顿，1881 年秋天，日期不详

亲爱的提奥：

虽然父亲和母亲心地善良，但他们却一点都不了解我们内心的感觉，因为他们的生活环境和我们的完全不一样。他们全身心地爱我们——尤其是对你。我们实际上也非常爱他们，但是，哎，他们在很多事情上给不了我们实用的建议，好多事情也很好地证明了他们不了解我们。这不是我们或他们的错，这是年龄的不同和观念的不同，以及环境的不同……但我们的家仍然是一个我们可以休憩的地方，不管怎样，我们都应该感激它，从我们的角度尊重我们的家，我非常赞同你，尽管或许你没指望我能如此坦白。

现在是我人生中的多事之秋，我不能偶尔去看她或给她写信，有一些人或许能说服她改变主意，答应同我交往。我希望她所谓的"不，不可能"没有声援者，每个人都力图使"不，不可能"消失。这样他们会大量减少女士对别人竖起"不，不可能"的警告碑的可能性，鼓励她们说"再来一个"，但目前为止，我们远没达到这一点。

如果你能说服父亲和母亲少一些悲观、多一些勇气和仁慈的话，我会非常高兴，因为他们是非常悲观的，他们称我这个暑假的所作所为是"不成熟的，没有教养的"。

他们想让我停止一切通信，例如和叔叔阿姨的，我当然不会答应这样的要求，即使我有时可能暂停写信，那也只可能是我带着新活力的又一次开始。

她拒绝读我的信，但，但，但我相信这苦涩的严寒和冰冻不会持续多久……

从现在开始，我真的喜欢我的画里存在着更多现实感，就如同我正在一个小房间里给你写信，旁边聚集着男人女人和"海克"家的孩子们……

文森特

埃顿，1881 年 11 月 10/11 日

亲爱的提奥：

你的来信已收到，但这看起来是对我第一封信的回答而已。

在第二和第三封信中,我会和你做一些交流,作为你的建议的感谢,"在肯定你的工作之前,不要建造太多的空中楼阁"。

既然你已经拿到那封"做交流"的信了,我就不再重复了。这封信于你是有益处的,老伙计。

无论如何,幸运的是你并不会因为我此时的想法而感到愧疚,不是吗?

是的,无论是你还是我,都不会因为那样的想法而惭愧,对于我们最好的信仰,包括你的和我的。对于这份爱,从一开始我就感觉到,除非我全身心地投入,祖露我的真心,直至永远,不然我彻底没有机会。即使我以这种方式如此彻底投入我的感情,机会也是渺茫的。但是我又何必在乎我的机会是大或小?

我的意思是,陷入爱河的我可以考虑这些吗?不,无法推测,人因为爱所以爱。

陷入爱河——这是一件多么重大的事啊!

如果一个女人发现一个人有所保留地讨好她,她会如何打算?难道她不会对他说些什么很糟糕的话吗?不,这总比什么都不做要好。提奥,我们还是不要谈论这些,如果你与我相爱,我们就会相爱。我们有清醒的头脑,它不会蒙蔽我们的思想,不会压抑我们的感受,不会往爱火上浇水,不会把爱之光熄灭。但现在只能说,感谢上帝,我陷入了爱河。

还有,一个真正的女人会如何面对一个充满自信的爱人?我不会因为他有机会与凯·沃斯在一起而给他两便士,更不会用100000盾交换他的机会。不,不会,永远不会。

我给你寄了一些素描,因为我觉得你可能会从它们中找到海客德的画的影子。现在告诉我,为什么它们卖不出去?我怎么才能把它们卖出去?我现在需要挣钱,作为我去追寻爱情的费用。不,永远不,永远不。

你要保证不提及我的这个计划——拜访德高望重的大牧师约翰内斯·斯特里克,直到我已经到达那里。

一个喜欢大牧师约翰内斯·斯特里克的人,一旦爱上了他的女儿,与从前相比变得太不一样,至少就目前的情况来说是这样的。他变得非常高大,达到了异乎寻常的高度。

无论如何,此刻我不禁心生感触,我希望有一双"画家的手",我很高兴有这样一个工具,尽管它有些笨拙。安格尔纸真的很棒。

你是公认的幸运的人。"生活中总有一些不按常理出牌的小插曲"。

你不确定自己是不是这样的一个人,但是你为什么要怀疑呢?

现在你看,我想知道的是:你有陷入过爱河吗？我知道一些,部分的或是完整的,其他的我不了解。

你是否有时对女人着迷？当然你肯定有,但是我想知道具体是什么,肯定没有那种"不,永远不,永远不"的话。或者也许正相反,她也许也严词拒绝了你。

关于你感情上的事,我非常感兴趣,尤其想到你们交往的细节,就会令我想到自己,也就是说,在许多情况下我们并不知道如何去掌控它们。事实上,它们当中包含着隐藏的宝藏,如果我们知道如何去找到和获取就好了。感情的事就是个谜,找到解决的办法很困难。

那句"不！永远不！永远不！"没有春风拂面的温暖,只有痛苦！痛苦！痛苦！就像冬天严寒的撕咬。"这不是奉承"。莎士比亚会说。然而参孙又会说:"甜从强者中来。"对于这个问题,难道说参孙还不如我聪明吗？值得骄傲的是他抓住了狮子,击败了它,但是我们也能做到吗？"你必须能够",参孙会说。

草莓的季节还没有到来,事实上我已经看到被冰冻起来的草莓苗。春天会到来吗？能让它们解冻吗？它们会开花吗？然后——然后——谁会去采摘它们？

依然,那句"不！永远不！永远不！"教会我一些不曾知道的事:第一,它让我明白了我有多么无知;第二,女人拥有属于她们自己的一个世界,甚至更多。

我需要更加深入思考人们的话(正如宪法所言:每个人在最终被证明是有罪之前都声称自己是无辜的),人们说要尊重他人的生活方式,除非你能证明按与之相反的方式也能活得更好。可以这么说:这个人存在——我看见他,他与我说话,尽管他并不牵涉某种情况,但这是证明他确实存在的一个证据。例如当前的情况……

　　　　　　　　　　　　　　　　　真诚的
　　　　　　　　　　　　　　　　　文森特

在信的结尾我附上自己的一些建议。

如果你陷入爱河,竭尽全力地去爱吧,不要有所保留,或者说,如果你陷入了爱河,无须考虑要做任何保留。

而且,当你陷入爱河,你不会预先感到成功。你会精神昏迷,你会微笑。

她的心会被打开吗？弟弟,她会让我进入她的心吗？上帝知道。我现在不想再说这个事了。

埃顿，1881 年 11 月 12 日

亲爱的提奥：

……提奥，如果你身处爱中，如果这种爱的类型就像我所遇到的那样，那么，小子，你会发现自己仿佛重获新生。你和我，大部分时候都在和男人打交道，只不过你的交际更广泛，需要出席一些生意场合。相较而言，我的朋友圈子要小一些，我们过去从事的都是脑力工作，需要和人打交道，并进行敏捷地计算。但假使我们坠入了爱河，你看，你会很惊讶地察觉到有另一种力量在催促着我们行动，这就是心动。

我们有时候更倾向于嘲笑它，但它却是不可否认的存在。一个在热恋中的人会说，在这种情况下，我不会去问大脑接下来该怎么做，而是去问我的心。

我在 20 岁时感受到的是哪种爱呢？这很难说清楚，或许是因为若干年的穷困与艰辛，我身体里的热情是非常微弱的。但我精神上的热情是非常强烈的，而且也没有什么东西来回报这种热情。不想留任何遗憾，我只想付出，不求回报。愚蠢的，错误的，夸张的，得意的，鲁莽的，因为热恋中的人不能只付出，还要回报，同样的，一个人必须不仅要回报而且还要付出。无论是谁脱离了其中任意一个，他就会失败。所以我失败了，但有一丝希望我又站起来了。阅读有关身体和精神疾病的实践类书籍对我恢复平静的帮助最大。我对自己的心和别人的心有了更深入的了解。渐渐地，我开始去爱我的同胞们，也包括我自己，于是我的心和灵魂开始复活。因为经历了一段时间的各种痛苦，我的心曾经像花儿一样凋谢、枯萎。我将更多的目光投向现实，积极和人交流，新生活在我体内复苏的感觉越来越强烈，直到上次我遇到了她……

我向她求婚，她可能会对我的行为有所鄙夷，然而她却没有什么厌恶的反应。虽然我已写了这么多，我仍然有很多话要说。兄弟，我必须要再见她一面，再和她说些话。如果我不快点这样做，我能预感到在她父母的银婚典礼上会发生什么让我痛彻心扉的事。不要问我是怎么知道的。如果你在热恋，你会懂我的，但因为你没有，我也没办法跟你说清楚。

提奥，我想要钱去一趟阿姆斯特丹。我手头还有一点钱，但只够我去程的路费。父亲和母亲已经答应不再反对我去阿姆斯特丹了，我多想让他们不要参与到这件事里来啊。兄弟，如果你愿意给我钱，我会从海克那里弄更多的画给你，不管你要

什么样的……

文森特

埃顿，1881 年 11 月 18 日

亲爱的提奥：

如果我不能时不时地将感情宣泄出来，那么我想它终有一天会爆发出来。

我一定要告诉你一些事情，如果我可以把它隐藏于我心中，它有可能使我悲伤，然而如果我坦白说出来，也许它会变得不那么糟糕。

你是知道的，父亲母亲和我在关于某件"不、绝不、永不"的事情上的看法不一致。

我在听了他十分强烈地表示"下流的、不合时宜的"之类的话相当长一段时间后（你想象一下你恋爱了，而他们把你的爱称作是"下流的"，你难道不会带着一点自尊心，反感地说"够了！"么），我怒不可遏地要他别再说了。

但他们甚至说要和我断绝关系。

我已经严肃耐心地带着我的感情、反反复复跟他们说过好多次了，事情完全不是他们想象的那样。这样做之后好了一阵，但又重新开始了，现在他们抱怨的是我一直在"写信"。

我的确是一直以阴郁的心情在写信。可他们一直说着"断绝关系"的话，这话在我听来是多么刺耳、多么无情啊！好，我就和他们断绝关系。

有好几天我没有和父亲母亲说一个字，也没有理睬他们。我不是故意要气他们的，只是想让他们知道，如果真的和我断绝关系了会怎样。

当然，他们对我做出的反应感到非常震惊。当他们说这些话的时候，我回道："你看吧，如果我们之间互相厌恶对方就会成这个样子，但幸运的是，我们至少还有血缘关系，并且它不会被轻易破坏，但我恳求你们体会一下'断绝关系'这个词是多么让人心寒。"然而，父亲听完我的话后突然变得非常生气，命令我滚出房间，并且诅咒我，至少听起来确实是那样的！

现在尽管我对发生的一切感到非常沮丧和抱歉，但我仅仅只是不能承认一个诅咒自己的儿子并且（记得去年）提议把儿子送到疯人院（我用尽全力抵抗），而且把儿子的爱称作是"下流的、不合时宜的"的父亲是对的。

无论何时父亲发脾气，他常常习惯让所有人，包括我在内，屈服于他。但是，我

已经以上帝的名义下定决心，这一次就让他的暴怒一发不可收拾。

父亲生气时还说了一些让我搬到其他地方的话，但是由于那是气话，我并没有太在意。这里有我的模特和画室，其他任何地方的生活费都更昂贵，工作起来也更困难并且模特也更难找。然而，只要父亲母亲都很冷静而且平和地告诉我，"出去"，我当然一定会走的。

对于有些事情，人们就是无法轻易释怀。如果一个人听到有人说"你疯了"，或者"你得和家里人切断关系"，或者"你是下流的"，那么任何一个有良心的人都会用尽全力反抗。确定的是，我已经跟父亲母亲讲过一次或两次，他们完全误解了我这次的爱。他们已经使自己的心变得麻木不仁，并且看起来他们绝对没有能力以一种温和的、更为人性的方式进行思考。总之，对我而言，他们的思考方式似乎十分狭隘，既不全面更不够包容。同样，对我来讲，如果一个人必须隐藏自己的爱且不被允许遵从自己心灵的指示，那么"上帝"的回应只会空洞无物。

现在有些时候我一听到"下流的"或者"断绝关系"之类的话，我就很难抑制住愤怒。但是如果那种事情无休无止，谁又能保持冷静呢？

尽管如此，在父亲生气的时候，他无非咕哝着一些诅咒。然而，去年我已经听过一些了，并且感谢上帝我不仅没有因咒骂而憎恨他，反而觉得内心激起了新的能量，并且我坚定地认为这次一定同样如此，只会如此，而且相比去年会更加强烈。

提奥，我爱她，只爱她没有别人，只爱她到永远。并且，提奥，尽管"不，绝不，永不"仍看似充满了摇摆不定，但在我内心有种好像在救赎的感觉，而且这种感觉让我觉得她和我不再是两个人，我们已经结合为一体直到永恒。

我的画已经收到了吗？昨天我又画了一幅——一个农家男孩儿在清晨点燃了灶台的火，灶台上悬挂着一只茶壶。还有另外一幅是：一个老人正往灶台里放柴火。我很遗憾地说，在我的画里有些粗糙的地方，我想是她，需要她的影响去柔化它们。

嗯，我亲爱的兄弟，在我看来没有理由把"那些诅咒"看得如此冷酷无情。可能我用了太刺耳的方式让父亲母亲感觉有些事情是他们不想听到的，但是，难道不是"一个父亲的诅咒"更加严厉和刺耳，更加过分了吗？好吧，在脑海中和你握手，永远相信我。

你永远的

文森特

埃顿，1881 年 11 月 23 日

亲爱的提奥：

……现在说到我和凯之间发生的事情，斯特里克姨夫称其为"棘手的事"，尽管他这么说，我还是冒了一次险。我寄了一封挂号信，我担心平信可能会被遗漏掉，我相信斯特里克姨夫一定会读到这封信。在这封信里，我努力提及了一些我担心他可能会忽略的要点，否则他不会注意到。这是一封非常不正式的信，措辞非常大胆，但我确定这至少会给他留下印象。或许他读信时会忍不住咒骂，他在布道时肯定不会说这种话的。

真的没有比牧师尤其是牧师的妻子更不可信、更无情和世俗的人，就算是牧师，在多层钢铁的盔甲下也会有一点人性。

我现在极度焦虑，迫切想去阿姆斯特丹，但这趟行程要花很多钱，我不能让我的钱白花了，如果我的信没有任何效果的话，此次阿姆斯特丹之行也将无法成行……

我给毛弗送了一幅画，画的是一个男人在田野里挖马铃薯，我想给他一些我生活中的印记。我希望他能快点来。如果你不喜欢我这么频繁给你写信而信又这么冗长，就喊停吧，或许很快就有别的原因让我停止给你写信，例如将来所有书信往来的时间都会贡献给她。我就再也不会继续给你写这种长信。

我对发生在阿姆斯特丹的事一无所知，我的意思是我不了解任何事，却能感觉到事情的发生。一个人怎么能知道千里之外的事呢？噢，我也无法向你解释清楚，但是只有当你陷入爱情时，你就会发现，即便相隔万水千山，也能听到对方的声音，一些微小的细节可以让你猜测到发生的大事，就像一个人可以通过烟来猜测火灾。幸运的是天气风和日丽，大家都心情舒畅。如果是北风刺骨的冷，我这件"棘手的事"只会更棘手。

斯特里克姨夫和姨妈的银婚典礼快到了，父亲和母亲打算去那儿。我非常高兴你能在这之前写信给他们，因为我多么想他们不要带着我的爱是"不合时宜、没有教养的"和"良心反对"的观点出门……

文森特

海牙，1881 年 12 月

亲爱的提奥:

……毛弗说我的画很快就可以卖出去了,这句话给了我希望。毛弗说:"我总觉得你很笨,但我现在看到的不是这样的。"我能向你保证,毛弗这么简单的一句话比一大堆虚伪的问候更能使我开心……

我已经来到阿姆斯特丹了,斯特里克姨夫非常生气,尽管他流露出的怒气已经比直接说"该死的"礼貌多了。不过,我觉得这次的阿姆斯特丹之行还是有必要的,我一点也不后悔。我必须这么做,并且我走时对她的爱并不比来时有所减少,但这并不是因为她鼓励了我。恰恰相反,她使我在某个时刻甚至是一天二十四小时都觉得极度痛苦,但思来想去我似乎终究又看见了一点希望。当我思来想去时我告诉自己,这种感觉比浪漫或多愁善感更强烈。我的爱恋渐渐地同在春日里摘草莓的感觉相去甚远了,也许季节到了,草莓就会长出来了……

文森特

埃顿，1881 年 12 月 21 日

亲爱的提奥:

有时我总担心你会因为一本书写得太过现实而把它撇到一边。我希望你能耐心地读完这封信,虽然你可能认为这封信有点太长了。

我在海牙时给你写过一些信,既然我又回到了这儿,我依然有一两件事需要和你讨论。当我回忆起在海牙的那段短暂旅程时,内心深处还是有所触动的。去到毛弗家时,我的心跳得很厉害,我暗自思索,他会不会用看似中肯的话搪塞我,又或者我能在这里找到一些不一样的东西呢?

后来我发现他提出的建议都很实际,而且在帮助我、鼓励我时的态度也很友好。对于我的所言所行,他并不总是表示赞同,事实上他总能提出反对的意见。不过如果他对我说,"这里或那里不太好,"他总会马上加上一句,"不过试试这个办法或者那个办法",这句话从很大程度上淡化了他话语里批评的意味。如果有人说,"你有这个病或者那个病,"这帮不了人什么忙,可是如果他说,"试试这样或者那样,你会好起来的,"那么他的建议就是有用的,你看,他既告诉了你真相,同时又帮助了你。

我从他家离开时带走了一些自己的习作还有几幅水彩画。当然，它们算不上是什么巨作，不过我认为它们能比我现在的作品得到更多公正的评价。我认为现在的我是时候该认真做点事了。因为画画的工具差不多都备齐了，比如画纸啊画刷啊，展现在我眼前的是一个全新的世界，事实也确实如此。

不过当务之急是我们得将一切付诸实践。首先我得找到一个足够大的房间，能够让我在作画时有合适的距离。

毛弗看完我的画后对我说："你离你的模特太近了。"这句话意味着我没有在视觉上掌握正确的比例。我只是想租到一个足够大的地方，不管是一间房或是一个小棚屋都行。房租应该不会太贵。在这里，30盾就可以在一个工人的小屋里租住一年，所以我认为租到一个比工人的小屋大两倍的地方大概需要花上60盾。很划算吧！

我已经看过一个棚屋了，不过那儿有诸多不便之处，尤其是到了冬天。不过我可以在那里工作，至少在天气稍微暖和一些的时候。我得在布拉班特找些模特，因为在埃顿和其他一些村庄，对于此事的反对声已经四起。

虽然我很喜欢布拉班特，比起画布拉班特原生态的农民生活，我还是更想尝试人物画。在我眼中，斯海弗宁恩的美溢于言表。不过既然我已经在这里了，也许我能找到个花不了多少租金的地方。我已经拜托毛弗帮我找一个好画室了，而且我现在得用好一些的颜料和画纸了。

英格拉斯纸很适合用来练习和画素描。我可以把它裁成很多形状，这比买现成的素描本要便宜得多。

我还有少量的英格拉斯纸，如果你能在把那些习作寄还给我时顺便给我寄上一些，我将感激不尽。比起纯白，那些有着像未漂白过的亚麻布颜色的纸更能使画面呈现出一种温暖的色调。提奥，明暗和色彩这两者都很重要。那些不懂得这两者重要性的人离画出生动的作品还差很远。毛弗教我观察很多以往被我忽略的东西，等哪天我会向你转述他对我说的话，生活中一定有一两样东西是你未曾正视的。我希望有一天我们能好好地聊一聊艺术。

毛弗先生和我聊起过挣钱的话题，你不能想象我现在终于有了自由自在的感觉。想想这么多年我是如何混日子的吧，我总是处在错误的位置。现在，生活好不容易照进了一丝光亮。

我多么希望你能看看我带回来的那两幅水彩画，在你看来，它们和其他的水彩画没什么两样，并且可能还有很多需要改进的地方。对这两幅画，我还是不太满意，但是它们和我之前的那些画确实很不一样，颜色要更鲜亮一些。事实上，它们的色彩还应该更鲜亮一些,可是人不可能只尝试一次就能达到理想的效果,总是需要慢慢改进的。

但是我还是需要这两幅画作,因为我要用它们和我准备在这儿画的画作对比,我希望将来的画作要比在毛弗家时创作的作品精妙。三月时,毛弗告诉我,如果我还在这里混几个月时间,那就再去找他聊聊。我打算卖掉一些画,现在的我处境依然很艰难。模特、画室、画画的工具,这些都需要钱,到目前为止,我还没挣到一分钱。

父亲说过,我不需要担心任何不可避免的开支,他很赞赏毛弗对我说的那些话,也很喜欢我带回来的那些画。可是一想到父亲会因为我而口袋里空空如也,真是太可怕了。虽然我们都希望情况会好转,但是,我心头的负担依然很沉重。自从我来到这里,父亲还没从我这儿得到什么回报,并且不止一次地给我送东西,比如说,他给我带过一件外套,一条裤子,可我宁愿不要这些东西,虽然我确实很需要,可我也不想因此花光父亲的钱。

正如我之前跟你说过的,我对彻底的经济独立并不反感。虽然父亲并不指望我能够自给自足,他对我的花钱方式很了解。虽然我自认为没有秘密,但我依然不喜欢和别人打交道。我认为,即便我有秘密,也和那些我所同情的人不同。可是父亲并不能完全理解我的感受,不像你和毛弗那样。我的确很爱父亲和母亲,可是我对他们的爱和对你还有毛弗的爱有很大不同。父亲和我没有情感上的共鸣,我也不能按照他和母亲的那种方式生活,那种生活令人窒息,会把我闷死的。

每次我跟父亲说事情的时候,他总是左耳朵进右耳朵出,母亲也一样。我发现他俩在传教和对上帝和人的理解上很相似,不外乎是道德啊美德啊这之类的话。我也经常读《圣经》,有时读一下米什莱特、巴尔扎克或艾略特。我和父亲对于《圣经》的领悟大相径庭,我也试过他的用那种方式分析《圣经》,结果只是徒劳。

凯特牧师翻译了歌德的《浮士德》,父亲和母亲都已经读过了,因为他们认为既然这本书是由一位牧师翻译的,也就不那么不道德了(为什么会不道德呢?)。可是,他们还是认为这本书不过讲的是因为不得体的爱造成的毁灭性的后果罢了。

我认为他们对于《圣经》的领悟不过如此。拿毛弗举个例子,当他在阅读意义深奥的书时,他不会马上就得出一个结论:那个人是这样还是那样的。诗歌既深奥又复杂,没有人能够系统地分析它。不过毛弗的感觉很敏锐,这一点比下定义和评鉴更重要。当我阅读的时候,事实上我用于读书的时间不算多,而且只阅读少量作家的作品。这些作家大多都是我意外发现的,我之所以读他们的作品,是因为他们的视野更开阔也更包容,并且怀着一份仁爱之心,对现实的认识也更彻底,我能从他们那里学到很多东西。我并不是很在意关于善与恶、道德与不道德的那些废话。老实说，我发现要分辨善与恶、道德与不道德是不可能的。

关于道德和不道德这个问题的思索又将我带回到了凯·沃斯。噢！那个时候，我给你写的信越来越少，就像春日里逐渐变少的草莓。这个比喻倒是很恰当。

如果我又在重复以前的话，请原谅我，我也不知道是否写信告诉过你我在阿姆斯特丹时经历过的那些事儿了。我去那儿思索，雪好像永远都不会融化似的，哪怕气候很温和。

一天夜里，我沿着国王运河艰难地行走，寻找那座房子，终于，我找到了。我按了门铃，仆人告诉我现在正是晚餐时分。不过后来我还是获准进去了。除了凯，他们都在屋里，包括简还有那位博学的教授。每个人面前都有一个盘子，一个多余的也没有。这个小细节让我很受打击。他们是想让我以为凯不在，所以就拿走了她的盘子，可我知道她就在那里，这点小把戏太容易看穿了。

过了一会儿（在寻常的短暂交流之后），我问道："凯去哪儿了？"

然后约翰内斯·斯特里克把我的问题给他妻子重复了一遍，"孩子他妈，凯去哪儿了。"

然后孩子他妈，也是他的妻子回答我说："凯出去了。"

所以我暂时没有取得什么进展，只是和那位教授聊了一下他刚看过的一个展览。然后，那位教授就不知道去了哪儿，简也不见了人影，约翰内斯·斯特里克和他的妻子一直待在一边。

约翰内斯·斯特里克既是一个牧师也是一个父亲，他发表了一番言论，说刚好收到一封信，还要把那封信大声地念出来。

然而我再一次打断了他，"凯去哪儿了？"（我知道她还在镇上。）

然后约翰内斯·斯特里克说，"凯一听说你在这儿，就离开了。"现在我总算知道她的一些事了，我必须要向你说清楚，我也不知道她的冷漠和残忍预示的是好事还是坏事。我只知道，除了对我，我从未见过她对其他人如此冷漠残酷。所以，为了保持冷静，我没有再问话。

"给我念念那封信吧，"我说，"不念也行，反正我也不是很在意。"

然后他开始念信了。这封信完全是以一个牧师的口吻写的，里面引用了很多为我们所熟知的故事，所以并没有说什么重要的事。在我听来，似乎是在说服我打消追求凯的念头。终于，信快要念完了。我感觉自己像是真的在教堂里听牧师布道，他念起信来仿佛在唱歌，最后他以阿门结尾。如同听完一场普通的布道，我冷静了下来。

然后我用最冷静最文雅的语言开始说话,是的,我之前的确听到过类似这样的争论,然而现在的情况呢?等到了将来呢?约翰内斯·斯特里克抬头看我……事实上,他看起来有些愠怒,他认为人类的思考和感知能力已经达到了一个极限,而我并不是彻底信服这一观点。在他看来,人类的这些能力已经不可能再继续往前发展了。

然后我们继续辩论,我们每说一句话,M.姨妈就会别有用意地插一句嘴,我感觉自己的火气越来越大,差点就要动粗了。约翰内斯·斯特里克牧师也差点要和我动手了,可他最终走开了。他没有说那句"真该死",这让我感到有些诧异,任何一个牧师以他现在的心情都会这么来一句的。

可你是知道的,我爱着父亲和约翰内斯·斯特里克,只不过我的方式比较自我,虽然我很不喜欢他们那一套,我转移话题,和他们又聊了一阵,这样的话,只要我愿意,晚上就可以在那儿留宿了。

然后我说:"谢谢你们的招待,不过如果凯是在刻意回避我的话,我认为我不适合在这儿过夜。我现在就回我住的地方去。"

然后他们问道,"你住在哪里啊?"

我说,"我也不知道",然后叔叔和婶婶执意要带我去一家便宜的旅店。

我的老天爷啊,这两位老人陪着我一起,穿过寒气逼人、薄雾弥漫的泥泞街道,给我找了一间设施还不错、价钱也很便宜的小旅馆。我一再坚持让他们不要来,可他们执意要来。从这件事中,我感受到了人性的温暖,我的心情也总算平复了一些。

我在阿姆斯特丹又待了两天,和约翰内斯·斯特里克又谈了一次,可我依然没有见到凯,她每次都刻意回避我。虽然他们一再劝我打消那个念头,可我却怎么也办不到。于是他们不断跟我说,时间会让我想清楚一些事的。

我又和那个教授见了几次面,我们之间的关系好转了一些。可是,除此之外,关于他我也不知道该说些什么了。我告诉他,我真希望他在将来的某一天能够坠入爱河。可是你说,教授们会坠入爱河吗?他们知道什么是爱吗?

我读了米什莱特的书。像这样的书写得都很现实,可是还有什么比现实生活更现实、比生活本身更生活化的呢?只有活得充实,才能活出精彩。

我在阿姆斯特丹的那三天简直是度日如年。我的心情糟透了,叔叔和婶婶虽然对我还算友善,但我能看出那并不是发自肺腑的,而且我们之间的谈话也进展得很不顺利。最后,我发现自己实在是承受不住了,我自言自语,"你不想又整天过得昏昏沉沉的吧?"然后我又对自己说,"别做出什么过分的举动。"

一个周日的早晨,我最后一次去见约翰内斯·斯特里克,然后对他说,"请听我说，假如凯是一个天使，那么她对我而言就太高贵了，我不认为自己能跟一个天使谈情说爱。假如她是一个魔鬼，那么我最好别想和她有什么关系。现在的她在我眼中只是一个真真实实的女人，有着女性的热情，有时会一时兴起做出一些事，事实上，我是真的很爱她，并且因为爱她而容光焕发。只要她不变成天使或魔鬼，我对她的爱就不会终结。"

约翰内斯·斯特里克对我的这番话没有做任何回应，他只是说了些关于女性热情的话，我并不太明白他所说的话的意思，然后他就离开去教堂了。人心在教堂里会变得越来越硬，最后变得铁石心肠，据我所知是这样的。

尽管你的哥哥我，努力不让自己因愤怒而做出什么不当的举动，可当我站在冷酷而又坚硬的白色教堂墙壁外时，心中依然涌动着怒火。

我亲爱的弟弟，要当一个能看清现实的人可能会有些冒险，可是提奥，提奥，你就是一个彻头彻尾的现实主义者，所以，请容忍我的现实吧！我告诉过你的，在我看来，即便是我的那些秘密都算不上是秘密了，我不想去回想那些往事，不管你赞不赞同我的做法，都对这件事产生不了任何影响了。

容我继续写下去——我从阿姆斯特丹启程，前往哈勒姆，在那里，我同我们亲爱的小妹妹威廉明娜度过了一段非常愉快的时光，我和她一起散步。在夜里，我动身返回海牙，到毛弗家时是晚上七点钟。

我对他说，"听我说，毛弗，你本该去埃顿找我的，我们还要一起探究色彩的奥秘呢。我突然想到，如果那样的话，我们得在一起待上不止几天呢，所以我来找你了。如果你同意的话，我想在这儿待上四到六周，或者时间长短看你的意思，恕我莽撞，一下子向你提出这么多要求。"

毛弗没有多说话，只是问我，"你带什么东西来了吗？"

"当然带了，这是我的一些习作。"然后，他对我的画表达了高度的赞赏，不过，他也提出了一些建议。第二天，我们就开始了平静的生活，他对我说，"你在色彩的使用上得稍微收敛一些。"这之后，我又画了几幅画，再后来，又画了两幅水彩画。

这就是关于我的工作的概述，但是用双手和头脑工作并不是生活的全部。

每当上文提到的教堂墙壁的幻象浮现在我眼前时，我依然感到刺骨的寒冷，这寒冷直诋我的灵魂深处。我对自己说，你不能被这种感觉击垮。然后我开始思考，要不要和别的女人在一起，没有爱情，没有女人，我活不下去。如果生命中没了无限、深奥又真实的东西，那么我就无望了。

但是，我接着又对自己说，你曾说自己已经认定了她，并且对别人都不予考虑，可现在却又说要和别的女人在一起？这不合理,难道不是吗？这不符合逻辑,难道不是吗？

对此,我的回答是:谁来主宰?逻辑还是我?逻辑为我而生,还是我为逻辑而生?我这一连串荒唐的行为是否真的找不到合理的解释?不管我做的是对还是错,我都别无选择。那道墙于我而言实在是太过冰冷,我需要一个女人,我现在不能、将来也不能、幻想中也不能没有爱情苟活下去。我只是一个男人,一个有感情的男人,我必须要有一个女人,不然我会被冻僵,或者变成一块石头。简而言之,我会在生活面前输得一败涂地。

我在同自己进行一场规模浩大的战斗,这场战斗关系到一个人的健康。体验过那些痛苦的经历后,我多多少少有所顿悟。简而言之,我想看看自己能不能找到一个女人。

噢,谢天谢地,我没有大费周章,就找到了一个女人。她既算不上年轻,也算不上漂亮,没有任何过人之处。你可能有点好奇吧。她个子很高挑,身材也很结实,由于辛勤的劳作,双手一点也不像是一个女人该有的,这一点和凯很像。她既不粗鲁也不平庸,她有着非凡的女性魅力。她让我想起查尔丁甚至简·斯提恩笔下的形象,也就是法国人口中的"女工人"。

任何女人,不管她的年纪有多大,一旦她生性善良,并且坠入爱河,尽管受时间所限,她带给男人的幸福感也是无限的。

提奥,我不知道什么能经历岁月的洗礼而依然保持无穷的魅力。噢!于我而言,她真的很有魅力。

这不是我第一次抗拒不了这种特殊的爱恋,爱上那些被站在高高讲坛上的牧师们所不齿和谴责的女人。我不鄙视她们,也不谴责她们。

你听我说,我已经快30岁了,你是不是真的认为我从未渴望过爱?凯的年纪稍长于我,她在过去尝过爱情的滋味。在爱情面前,她并非毫无经验,我也不是。如果她难忘旧爱,不愿意开始一段新的感情,那是她的事。如果她依然不为所动,对我态度冷漠,那么我将不会再在她身上浪费精力和感情。不,我拒绝那样做,虽然我爱她,可我不能让自己因为她终日失魂落魄。

这个女人从未骗过我,噢,有人会说,这样的女人就是骗子,这纯属偏见。这个女人对我很好,非常好,非常体贴入微,从某种程度上说,我甚至都不想和你仔细言说她的好,因为我恐怕你从未有过类似的体验。

我们在一起花销很大吗?并不,因为我没有什么钱。我对她说:"你听我说,我不需要喝醉就能感受到彼此，你最好从口袋里把我节省的钱都拿走。"我真希望自己能多省些钱下来，因为她值得我这么做。我们无话不谈，聊她的生活，她的担忧，她的悲惨遭遇，还有她的健康。我和她说的话比我和那博学的表亲简说得还要多。

我现在告诉你这些，是想让你知道，虽然我还是有些感情用事，可我不想在无谓的地方浪费感情。我要让自己内心温暖、充满活力、头脑清醒，我要保证自己的状态能够工作。为了她，我不想再阴郁下去，不能再自暴自弃。

有些事你将来会明白。你说你最近身体一直不太好，正在努力恢复。

牧师们称我们是有罪的人，生而有罪。这纯属一派胡言。难道爱情本身，想要爱，以及没有爱情就活不下去都是有罪的吗？我认为没有爱情的人生才是有罪并且不道德的。

如果说有什么让我感到后悔的事，那就是我让神学的奥义误导自己把太多精力放在了研究自我上。我已经在逐渐调整自己的心态。当你在清晨醒来，发现自己不再孤单，看着半明半暗中的人儿，你会感到连世界也变得友好了许多。这远比牧师们所钟爱的灵修刊物和洁白的教堂要友好得多。她住在一个陈设简单的小房间里，墙上贴着壁纸，整间屋子透着一种灰色的色调，但是却像查尔丁笔下的画作一样温暖。木地板上铺着一张垫子以及一张旧旧的暗红色的地毯，一个再普通不过的炉子，几个抽屉，一张简单的大床，简而言之，这里给人一种很温馨的感觉。第二天，她要端着洗衣盆去洗衣服。她穿了一件紫色的背心，一条黑色的裙子，不过我还是觉得她穿一身棕色或者红灰色更有魅力。她已不再年轻，或许和凯·沃斯同样的年纪。是的，她已经有了一个孩子，青春已逝，留下了生活的印记。青春已不再了吗？但是她一点也不像老女人。她还很强壮，很健康，一点儿也不粗俗。

我很开心我正在按照我所说的做，因为我想不到任何世俗的原因可以让我离开我的工作或者失去我的幽默。当我想到凯·沃斯时，我仍然会说她无人可比。然后我会想到我这个夏天也在寻找另外一个女孩儿。直到昨天，我对牧师谴责、鄙视、讨厌的那些妇女产生了浓厚的兴趣。事实上我对她们的爱比对凯·沃斯的爱还久远。很多次我在街上行走，只有沉重地落在我肩上的时间陪着我。我病恹恹地倒在地上，口袋里没有一点儿钱。我审视并且羡慕那些人，这时也就会感觉到就生活环境和经历而言，那些可怜的女孩儿是我的姐妹。你看，这就是我以前的感觉，并且感受越来越深刻。甚至在我还是一个男孩儿的时候，抬头看到失去了青春的女性的面容，刻写着这样的话语：这里的生活和现实都留下了她们的痕迹。我就会对她们产生无限的同情，实际上也带有很大的尊重。

　　但是我对凯·沃斯的感觉是以前从未有过的,也是非常与众不同的。没有救世主,她被困在某种牢笼中,经济也不是很宽裕,不能做自己喜欢做的事情。她很顺从,我坚信牧师的教义和虔诚的女士对她的影响远比我深重。如果她深信不疑的罪恶与上帝被证明是不存在的,那她将深受打击。

　　她可能不会想到,上帝只会在我们说一些话的时候出现。穆尔塔图里结束一个不信仰上帝的人的祈祷时的话语是:"啊,天哪,上帝并不存在。"你看,牧师的上帝对我来说就像一枚一动不动的钉子。但是你看,我能感受到爱,如果我没有活在这世上,又或者其他人没有活在这世上,我又怎么能感受到爱呢?如果我们活着,就会有一些奇妙的事情发生。你看,对我而言,一些东西就是上帝或者与上帝一样好。时候到了,死神就会到来,我的生命会以这样或那样的方式终结,到那时候还有什么能让我的生命延续呢?难道不是爱吗?(道德或不道德的爱,这两者有什么区别?)

　　上帝呀,我有上千个原因爱凯·沃斯,但确切地说,是因为我相信生活,相信一些真实存在的东西。我对上帝和宗教的理解已经不再像以前那么抽象了,我和凯·沃斯在上帝和宗教的理解上多少有了些共通之处。我没有放弃她,但她也许正在和自己的内心作斗争,这需要一些时间。我对此已经准备好了耐心,她现在所说或所做的一切都不会让我生气。她还未从丧夫之痛中走出来,我必须工作,必须在作画时保持清醒的头脑,这些画是我打算卖出去的。

　　为了不让你再次认为我闷闷不乐或者心不在焉,我告诉你这所有的一切。相反,大部分的时间我都在闲散地思考绘画、水彩,寻找画室。我的老伙伴,我多么希望可以找到一个合适的画室呀!

　　好吧,我的信已经足够长了,想写的都写了。毛弗让我在未来三个月内都不要去他家,我多么希望这三个月的时间赶快过去,但他这么说也许是为了我好。你一定要时不时地给我写信,这个冬天你有什么机会可以来这里吗?

　　相信我,在没有画出毛弗所认可的画作前,我是不会租画室的。我会寄给他平面图,如果有必要,他可能会亲自到这里看看,但是父亲一定要置身事外。父亲并不是一个能处理艺术事务的人,我和父亲接触得越少,我们就越能和平相处。我在许多方面必须保持自由和独立,这没什么可说的。当我想到凯·沃斯无法从过去走出来,坚持死板和守旧的观点时,有时就会发抖。这很关键,如果我无法使她转变对我的看法,就不能一步步赢得她的芳心。我认为她不会那么无动于衷,因为她已经逐渐在恢复健康和活力。

　　3月里,我要去趟海牙,还要去趟阿姆斯特丹。但是当我离开阿姆斯特丹时,我告诉自己在任何情况下都不能变得闷闷不乐或者灰心丧气,在前进的过程中肯定会遭受一些痛苦。春天的时候吃草莓事实上是我生活的一部分,但那只是一年中很短的一段时间,现在还有很长的路要走。

所以,你还会因为一些原因或者别的什么羡慕我吗?啊,我亲爱的伙伴,没有必要那样,我所能发现的也可能被任何人发现,或许你还会比我更早地发现。在许多事情上,我都是如此落后和狭隘,我多么希望可以知道问题所在以及如何让事情变得正确。但是,哎,我们很难用自己的眼睛发现这些。

尽快给我写信,并且还要能从我的信中区分出有价值的东西和无价值的东西。信里面有一些真实的、于你有益的东西,当然其中也有一些我没有发现的或多或少的错误或者夸大。我还只是一个学习中的人,我还不能自我评判,更不能评判别人,所以我经常会出错,但在徘徊的时候,我还是可以察觉到。

顺便问下,你听过毛弗的布道吗?我听过他背诵一些牧师的布道词,有一次他宣讲了皮特的船。布道分为三个部分,第一部分是:船是有人给他的还是由他继承的?第二部分是他独自占有了船还是拿出来共享呢?第三部分是他有要偷走船的可怕想法吗?然后他继续讲关于"上帝的好意",讲底格里斯河和幼发拉底河,最后他背诵了约翰内斯·斯特里克在安娜和勒孔特的婚礼上的祝词。

我告诉他,我曾经和神父讨论过,我确信在教堂,甚至在讲坛,一个人也可以说一些有训教意义的东西,毛弗同意我的说法。然后他又背诵了伯纳德神父的布道词:上帝,上帝是万能的,他创造了海洋,他创造了陆地,他创造了天空以及星星、太阳和月亮。他可以做一切事情,一切事情。但是,不,他不是万能的,有一件事情他不能做。什么事情是万能的上帝所不能做的呢?万能的上帝不能赶走一个罪人。

好吧,再见了,提奥,尽快写信,灵魂上的握手,相信我。

你永远的

文森特

海牙,1881 年 12 月,一个星期四晚上

亲爱的提奥:

……圣诞节那天,我同父亲发生了激烈的争吵,父亲让我最好搬出去,他说得那样坚定,以至于这些事情就像今天发生的一样。

我们之间争吵的真正原因在于我不去教堂,我还说,如果我被强制或者被逼迫

去教堂,我可以确定我绝对不会再去第二次,当我在埃顿的时候,我总是这样做的。

在我的印象中,我从来没有过这样的情绪,我可以直白地说,他们的整个宗教系统都非常可怕……

我回到毛弗那里,说:"听着毛弗,我在埃顿再也待不下去了,我必须到其他地方居住,一个比埃顿更好的地方。"当然,毛弗说:"还是留在埃顿吧。"于是我在这里租了一间工作室,房间有一个壁龛,我可以另作他用。这个工作室对我来说很便宜,并且就位于镇子郊外的施恩韦格,距离毛弗那里只有十分钟的路程。父亲对我说,如果我需要钱,他可以借给我,但他现在不可能借钱给我。我必须自己独立,不依靠父亲生活。

你可以想象面对新生活我有多么担忧。但是我能走得远远的、不用再回去,还是给了我很大的满足感,尽管前路充满荆棘,这一点我比以前看得更清楚。

当然我必须向你求助,提奥,在你方便有多余的钱的时候,能不能借给我一点……

文森特

海牙,1882 年,日期不详

亲爱的提奥:

正如我先前所做的一样,最近给你的这封信中,我会对一些事情作简短的说明,否则你绝对想不到我总是陷入一种孤独到冰点的心情中。毛弗或许会将之称为如"绿皂和盐水般的心情"。

你说:"你总有一天会后悔的。"——我亲爱的伙伴,我认为在这之前我已经做过很多令人后悔的事了。我看着这些事情向我扑来,我试着躲开它们,然而我没能成功。过去的就让它过去吧!我还应该去后悔吗?不,我实在没工夫去后悔。对我而言,绘画赋予了我越来越多的激情,这种激情犹如水手之于大海。

我附上一幅精致小巧的水彩画的草图,它画的是一个正磨着咖啡的小女孩。

你看,我正寻求一种使人物的头和小手产生光亮和生气的色调,它能在幽微昏暗的背景中显现出来,在铁质烟囱、石质火炉和木质地板的映衬下更加醒目。

文森特

海牙，1882 年，日期不详

亲爱的提奥：

……我已经为即将开始的下周做努力了，但恐怕我剩下的钱不太够了，因为我仅剩 2.5 法郎和一些硬币了。我现在必须做什么？如果我去求助毛弗或特斯提格先生，我想他们不会拒绝我。但是毛弗已经为我做了很多，至于特斯提格先生，我宁愿卖给他一些我的作品而不是向他借钱。所以请尽快答复我吧，你是否可以做些什么，寄给我一些钱我才能继续工作。提奥，我感觉我体内有一股力量，我要把它激发出来，然后去感受……

文森特

海牙，1882 年，一个周日晚上

亲爱的提奥：

昨天已经给你写过信了，但我想应该再给你写一封。尽管我还有残存的一丝勇气，有时还是很难在毛弗、特斯提格或者其他人面前掩饰自己的内心……这样的事经常发生，这让我十分茫然，不知所措。今天早上我感觉十分难受就上了床，我头痛又陷入发烧般的极度忧虑中，因为我害怕这一周，不知该如何度过。

……我也有少量的绘画材料以及一些次品。目前来说足够了，我有我的画盒、画架以及画刷，但这周我的画板变形了，因为它太薄了，卷得就像一个破木桶。我的画架也在搬运时损坏了，简直糟透了！这样，有许多事情是我想要而且必须改善的，虽然不必马上就去做，但这些日常琐碎的花费足以令我担心。毛弗也会给我出一些我应当付诸行动的好点子，但我都没有立刻去做。你知道我的衣服大部分都是由你给我的旧衣服剪裁而来，买的一些也是低廉材料做的成衣，所以它们看起来很寒酸。尤其是再和绘画打起交道，就更难保持衣服的体面，靴子也是一样。我的内衣已经穿成了破布。你知道我已经很长时间束手无策，一切都是那么颓废。有时一切变得事与愿违，令人极度沮丧。这种感觉时而短暂停留，时而又夹杂在我现在这种快乐的感觉中。所以，就在今天早上，当一个人挣扎着感到无助而恍惚时，那会是多么不幸的时刻。如死一般的时刻。

文森特

海牙，1882 年，一个星期四

亲爱的提奥：

……现在我十分生自己的气，因为我不能做我想做的事，此刻的感受就像被捆住手脚躺卧在黑暗的深渊，绝望的无助！现在我好多了，昨晚我又一次起来，在黑暗中摸索。今早模特主动来了，尽管我不是十分想让她来。我和毛弗教她怎样摆好姿势，我尝试着开始画画，但我终究没能下笔。一整晚我都感到十分的痛苦和虚弱……

文森特

海牙，1882 年 3 月 3 日

亲爱的提奥：

自从收到你的信和钱以来，我每天都有一个模特，并且全身心地投入到我的工作当中。

这是我现在的一个新模特，尽管我之前粗略地画过她。更确切地说，不止一个模特，因为我画了三个人，她们是一家人：一个 45 岁的妇女，像爱德华兄弟作品中的人物；她大约 30 岁的女儿；一个 10 或 12 岁的年轻点的小孩。她们都是穷人，她们同意按我的意思去摆一些困难的造型，但条件是我要答应给她们固定的工作。那正是我自己非常想要的，所以我认为这笔交易还不错。

那个年轻点的女人的脸不漂亮，因为她的脸上有痘疮，但她非常优雅，我觉得很迷人。她们衣着得体，戴着款式好看的黑色羊毛无边呢帽，披着漂亮的披肩。

你无须太担心钱的问题，因为我跟她们在一开始就达成了协议。我答应只要我卖出画我就付给她们一天 1 盾。

我必须要卖出一些东西。如果我能支付得起，我就要维持现在的一切，因为如果我能维持一年，我敢保证我能赚得更多。

但是不管怎样，在当下这种境遇，如果特斯提格先生能不时地从我这儿带走一些画的话，我会非常高兴。如果画没能卖掉，也可以交换其他东西。特斯提格先生已经答应过我，如果有时间他就会来看我。

我想留下她们的原因很简单。当我画单个人物时，总想着能创作出场景和人物更丰富的作品，比如一个三层的等候厅、当铺。但更大规模的创作一定要一步一步

地积累。想要画好三个女裁缝，你事先至少得画过九十个女裁缝，这你明白的。

我收到了来自C.M.的短信，他在信中的语气很友好，他承诺说他将很快来海牙看我。当然，这只是一个承诺，不过也许会因此而发生什么呢。我们也许很快就会见面了。

接下来我会减少和人打交道，无论商人或画家，不管他们是谁。我只同模特打交道，因为我很确信，至少对于我来说，没有模特我就不可能开展工作。

提奥，这不是很让人高兴吗？隧道的最后还有一丝光亮，而我现在正看到了这光亮。画鲜活的人物让人很高兴，即使相当困难，但不管怎样还是很棒。

明天我将举办一个孩子们的聚会，我要逗乐两个小孩，同时还要画他们。我想要我的画室多一点生机。下个礼拜六将有一个来自孤儿院的男孩来当我的模特，一个真正的孤儿，只可惜他只能在我这儿待一会儿。

也许我真的不能跟那些死守传统的人相处得好，但是从另一个方面来说，我可能跟穷人或者所谓的普通人相处得还不错，这就是所谓的有得必有失吧。有时我摒弃这些杂思，内心想着：毕竟，我应该像艺术家一样生活在我所能感受和想要表达的环境中。

现在是新开始，一个月的月初，尽管距离你上次寄钱给我还不到一个月，但如果可以，我还是希望你能够尽快再给我寄多一点，不一定要100法郎。我知道事情有点突然，但我只需要一些钱让我能够撑过从现在到你寄来剩下一部分钱之间的这段时期。我之所以提及这点，是因为在先前的信中，你说过在存货清点结束前，你是无法给我筹到一笔钱的。

有时，当我意识到我要让一个模特等着发薪水时，我感到非常痛苦，因为他们急需钱。到目前为止，我一直在给他们付工钱，但是到下个礼拜我就无法支付了。但不管怎样，我还是能够供得起一个模特，不管是这个老妇女还是这个年轻一点的抑或是这个小孩。

前几天布赖特纳不经意间跟我提起过你，他说做了对不起你的事，并且认为你可能还在为此生气。我听得出来，事情的缘由是他拿了本该属于你的画，但我还是不清楚究竟是什么事。他现在在描绘一幅人头攒动的市场的大作。昨晚我和他在大街上去寻找不同类型的人，以便对他们进行研究，然后回来在画室为模特画了一幅画。通过这种方法，我已经画了一个老女人，当时我是在精神病院的土堆上看到她的。

好吧，晚安，希望能早日收到你的来信。

永远属于你的

文森特

海牙，1882 年，日期不详

亲爱的提奥：

……我的提奥，简直不可思议！！！

首先收到了你的挂号信，第二件事是 C.M. 让我给他画 12 幅小的钢笔画，取材于海牙的景观。每一幅是 2.5 法郎，价格是我定的。按我们的约定，若是画作都能使他满意，他会要多于 12 幅的画作且每幅的价格比我所定的还要高。第三件事就是我刚才遇到了毛弗，他正愉快地绘制着他的巨幅画作并且保证不久就过来看我。

还有一件事深深地触动了我——我已经告诉模特今天不用来了，我并没有说明原因，然而这个可怜的女人还是来了，我也提出了异议。"的确，但我不是来为你摆造型的，我就是来看看你晚饭吃什么"，她带给我一碟豆子和一些土豆……

文森特

海牙，1882 年，日期不详

亲爱的提奥：

……提奥，毫无疑问，我不是一个风景画画家，每当我画风景时，总会有人物出现在风景里……

如果你成为画家，有一件事一定会让你惊讶，那就是从身体角度来说，绘画以及与之相关的事情确实是一件辛苦事；除心理的压力、内心的焦虑外，它还要求有相当好的体力，日日如此。

文森特

海牙，1882 年，日期不详

亲爱的提奥：

……C.M. 已经付钱给我了，还给了我一个新订单，但这是一个很困难的任务——6 幅细致描绘海牙小镇的风景画。但我会尽全力去完成它，因为如果我没理解错的话，完成这 6 幅画可以获得与当初 12 幅画一样多的报酬，而且他以后可能还要一些关于阿姆斯特丹的素描……

非常感谢这一大捆安格尔的手稿和研究。当有一天人们评价我,说我对绘画只是略懂皮毛时,我将可能出其不意地发表一幅画作。

我认为有两种思考绘画的方式:如何避免一些失败之处,如何画得更好。

如何避免颜料用得多,出的成品却很少……

文森特

海牙,1882 年,日期不详

亲爱的提奥:

我所附给你的这幅画,在我看来,是迄今为止我画得最好的一幅画,因此我认为我应该将它寄给你看。

这不是模特在场时当场画的,而是在模特走之后画的。你一定知道我会在画纸后垫两层纸打底,我一直努力去获取正确的轮廓。当我将画从画板上拿走时,它正好印到后面两层垫纸上,有了之前的经验,我很快就完成了这幅画……

文森特

海牙,1882 年,日期不详

亲爱的提奥:

……是的,现在我知道母亲生病了,另外我还知道许多其他难过的事情,既发生在我们自己家,也发生在别人家。

我对此并不是没有感觉,而且我认为如果我没有感觉到悲伤,我是不可能画出《悲伤》的。但是从这个暑假开始,我清楚地知道因为我和父母之间长期的误解和不和,我们之间的不和谐已经变成了一股慢性的恶势力。而现在误解太深,我们双方都必须忍受。

我的意思是,如果当初我们能够更深入地理解双方,祸福与共,一直记得父母和孩子是一体的话,我们之间可以更好地帮助对方……

我刚刚收到拉帕德的信,有一段时间我曾"冷落"他,但现在我们重新对对方的作品感兴趣,他很可能会马上来看我……

文森特

海牙，1882 年，日期不详

亲爱的提奥:

我想在我到达这儿之后的两星期,毛弗对我态度突然改变了,变得像之前那样不友好。

我把他对我态度转变的原因归结于他对我作品的不满意,我对此非常焦虑担心。这件事确实让我很难过,还使我生病了。

然后毛弗过来看我,跟我保证说一切都会好的,还鼓励我。但不久之后在某个晚上,他再次用一种不同的方式跟我说话,看起来好像是另外一个人在我面前。毛弗开始从许多其他事情中去模仿我的说话方式和举止行为,说:"你的脸看起来像这样","你说话像这样",全部都以一种恶意的方式,他非常擅长那些事情。我必须说这真的很像一幅模仿我的讽刺画,但是用憎恶绘成的。在那种场合他说了一些只有特斯提格过去说过的关于我的事情。然后我问他:"毛弗,你最近见到过特斯提格吗?""没有",毛弗说,接着我们继续交谈,但大约十分钟之后,他说漏嘴说特斯提格在那些日子里去看过他。然后我不知不觉地想到特斯提格,我想:我亲爱的特斯提格,难道一切都是你在背后搞鬼吗?于是我写了一个便条给他,没有不礼貌,特意没有不礼貌,我只对他说:"先生,我为一些议论我的事情感到非常难过,比如'你不能养活你自己',或者'你不出去工作'。你必须明白这些事情太不合理以至于不应该让它们传播开来,它们深深地伤透了我的心。过去几年间有太多这样的事情让我伤心,我认为现在必须要结束了。"

有几次我被告知毛弗不在家,简而言之,这些都是明显疏远的标志。我越来越少去看他,而毛弗从来都不再来看我,尽管我们相隔不远。

毛弗的思想也变得狭隘起来,如果我可以这么说的话。因为过去他思想开阔。他说,我必须通过石膏模型来练习绘画。我讨厌通过石膏模型来绘画,虽然在我的画室中也悬挂着一些石膏做的手和脚,但那不是为了绘画。曾经有一次,他以一种甚至连学院中最差的老师也不会用的方式跟我谈论石膏模型绘画,而我保持沉默,但我回家后非常生气,把那些破旧的石膏模型都扔进了煤仓,摔得粉碎。当时我想:我是不会再通过石膏模型来绘画了,除非这些破模型重新恢复完整洁白,除非我再也没有活的手脚可画。

然后我对毛弗说:"哥们儿,不要再跟我讲石膏了,因为我已经受够了。"接着毛弗给我写来便条,之后两个月他都没有来找过我。在那两个月里,我们的确都没见过彼此,但我也没有闲着。我可以跟你说,尽管我没有通过石膏模型来绘画,但因为没有束缚,我工作更加活跃认真了。当两个月差不多要过完的时候,我写信给他,祝贺他完成了大型画作,还有一次我在路上和他交谈了一会儿。

现在两个月都过去了,他都没来看我。

文森特

海牙,1882 年 5 月 3 日

亲爱的提奥:

你可以随意跟毛弗讲关于这封信中的内容,不过已经没有任何必要了。

今天我遇到了毛弗,我们进行了一次非常痛苦的交谈,这也让我清楚地明白我和毛弗永远分离了。毛弗离我太远以至于他不会回头,至少他肯定不想这么做。我叫过他来看我的作品,然后一起讨论。但毛弗断然拒绝,说:“我当然不会来看你,一切都结束了。”

最后他说:“你品行不端。”然后我独自一人走回家。

毛弗弄错了,我说“我是一个艺术家”。这句话我是不会收回的,因为很明显这个词意味着一直在寻找一种从未被充分挖掘的东西。它的对立说法是,“我已经找到了它蕴含的真谛”。在我看来这个单词指的就是“我一直在寻找,我一直在探寻,我深陷其中”。

我有耳朵,提奥,如果有人说“你品性不端”,我应该怎么做?我转身独自一人回家,但是当毛弗准备将这些告诉我时,我心情非常沉重。我不会让他给我一个解释,也不会跟他道歉。

可是——可是——可是,我希望毛弗能有所悔恨。我被怀疑有什么……它弥漫在空气中……我在隐瞒什么,文森特在隐瞒一些见不得光的事情。

好吧,绅士们,我将告诉你们,你们这些人重视礼仪和文化,理应如此,假如它是真的,那么下面这两种行为哪种更有教养,更有男子气概呢?——抛弃一个女人或者关心被抛弃的人?

去年冬天我遇见了一个怀孕的女人,她被那个让她怀孕的男人所抛弃。冬天,一个怀孕的妇女走在街道上——她需要养活自己,你以后会知道她是怎么做的。

我带走这个妇女让她做我的模特,并且这整个冬天我都是和她一起工作。我

不能支付给她作为一个模特所应得的全部薪水,但那也不能阻止我给她付租金,感谢上帝,通过和她分享我自己的面包,我竟做到了让她和她的孩子远离饥饿。

当我遇见那个妇女时,她之所以能吸引我的注意是因为她看起来生病了。我给她洗浴,给她尽可能多的有营养的食物,她因此变得健壮许多。我带她去莱顿,那儿有一家妇产科医院,她可以在那分娩。(难怪她生病,因为她的孩子胎位不正,所以她必须要进行手术,胎位必须通过钳子矫正过来。但是,她很幸运地挨过去了,她将在六月分娩。)

我猛然意识到,每一个真正的人在类似情形下都会这么做。我认为我所做的事是如此简单自然,我想我会一直坚持下去。摆造型对她来说非常困难,但她一直在学习,因为我有一个好模特,所以我的绘画进步了。这个妇女像一只温顺的鸽子般缠着我。就我而言,我只能结一次婚,没有什么时候比现在更适合跟她结婚了,因为那是唯一帮她的方式,不然苦难将会逼她回到她的老路上,最后陷入绝境。她没有钱,但是她在帮助我工作赚钱。

我现在对我的工作充满了激情和雄心,而我之前之所以丢掉油画和水彩画是因为毛弗的离弃让我深受打击,如果他能真诚地收回先前的话,那么我会重拾勇气。

现在我都不能用笔刷,因为它让我紧张。

提奥,对于毛弗的态度你能开导我吗?你是我的兄弟,天性让我跟你讲了关于我的私事,但当某人跟我说,"你品性不端"时,我不会再想跟他说话了。

我别无他法,我准备去帮忙。我想你不说我也会懂。不可否认,我想念另一个让我心跳的女人——但她已经离我而去并不想看到我。而这一个——她生着病,怀着孕,饿着肚子在路上行走——在冬天。我别无他法,毛弗,提奥,特斯提格,你们这些人掌控着我的生活,你会缓解我的贫困,帮助我吗?现在我已经说了我想说的,然后等着对我的任何评论。

文森特

我现在给你寄一些研究资料,因为你可以从这些资料中看到她的造型帮了我很多。我的画是由"我的模特和我"所绘制的,那个戴白色无檐呢帽的是她的母亲。但自现在起一年的时间里,我会以这些研究资料为基础进行工作,现在我在尽职尽责地做这些研究,我应该会做三回这样的研究。

你可以看到我在小心翼翼地做这些研究。如果稍后我需要一个内室或等候厅或诸如此类的东西,这些研究会很有用,因为我可以在处理细节时依靠它们。我认为，让你了解我的最新动态也许是个好主意。

这幅画作让我真正喜欢之处是这个妇女向前弯曲时的样子，但如果有可能，我希望用未漂白的亚麻色来绘制。我没有这么厚的颜料。我相信人们叫它双倍安格尔，我在这儿再也弄不到更多了。如果你知道这幅画是怎么画出来的，你就会明白薄薄的颜料压根不抵用。我也想给你寄一幅穿黑色美利诺呢绒的小人物画像，但我不能把它卷起来。大幅人物画像旁边的椅子我还没有完成，因为我想要在那儿放一张橡木椅。

文森特

海牙，1882 年，日期不详

亲爱的提奥：

……我左右为难，如果回复你的信，我会说："是的，提奥，你是对的，我会放弃克里斯汀；然后，首先我不赞同你的意见，其次我会对自己做过的可耻的事视而不见。"

我想要经历家庭生活的喜与乐，然后通过自身经历去画这些。当我从阿姆斯特丹回来的时候，我确实真切强烈地感到我的爱已完全被磨灭，但死后会有一个重建的过程。我会重振士气。

然后我发现了克里斯汀。无须等待，无须迟疑，我急需行动。如果我不娶她，丢下她独自一人，我的良心会备受折磨。但是这么做又会产生巨大争议，正如他人所说的，我无疑在"拉低"自己的身份。尽管世人觉得不妥，但那没有被禁止，没有过错。我以劳动者的身份来生活，那很适合我，我之前就想这么做，但一直没有实现。我希望在经历这些争议后，你还能向我伸出你善意的双手。我提到过每月 150 法郎，你说我需要更多。

现在我想为自己铺一条平坦的路。如果我推迟结婚，我的立场就变得带有欺骗的成分，那会让我觉得恶心。只要我们能结婚，她和我都会勤俭节约，生活中尽可能地节省。我今年 30 岁了，她 32 岁，所以我们都不再是小孩了。至于她的母亲和孩子，后者把她身上的污点都洗净了，我尊重一个成为母亲的女人，并且不过问她的过去。我很高兴她有小孩，那给了她需要的人生体验……

鉴于对世俗偏见的认识，我知道我要做的是离开自己的阶级圈，那圈子很早以前就把我驱逐出去了。但那是他们所能做到的全部，他们也不能再做什么了。

文森特

海牙，1882 年，日期不详

亲爱的提奥：

……也许我比别人更了解她,因为她身上有一些怪癖可能会使他人不愉快。

首先她讲话的声音因为生病而变得非常难听,其次她因神经错乱而有了坏脾气,所以她的不时大怒会让大多数人受不了。

我理解那些,它们都不会干扰我,而到目前为止我还能够控制。她也能理解我的脾性,我们之间好像有一种默契——不要去挑对方的毛病。

她每天都在努力学习怎么摆好姿势,那对我来说太重要了。她不是麻烦,不是障碍,她帮助我很多,和我一起工作。她矫揉造作,要这要那,但当有面包和咖啡时,她就能忍受着这些而不抱怨……只要她从雷登回来我就娶她,不会告诉任何人,安静而不焦躁。然后我们会很开心拥有那样的房子,准备生活得尽可能简单。

我希望她能早点分娩,那仍旧是在等着她的一个巨大磨难。

文森特

海牙，1882 年，日期不详

亲爱的提奥：

……在经历过毛弗和特斯提格的事件以及我跟你说过的关于克里斯汀的事后,我必须直截了当地问你:"提奥,这些事情会改变你我或离间你我的关系吗?"如果没有,那么我会非常高兴,并且对你之前的帮助与同情致以双倍的感谢。如果有,与其悬而不决,还不如让我知道更坏的事情……

文森特

海牙，1882 年 5 月 14 日

亲爱的提奥：

5 月 13 日收到你的来信,我认为事不宜迟,很有必要给你解释一些事情。

从你的信中,我读到很多让我非常欣赏的地方。但这个世界并不是那样,它也从来没有看到或者尊重人的人性,人们只关心他们身上所拥有的金钱或物品的价值

是更多还是更少,直到死去。这个世界也压根不会考虑死之后的事情。这就是为什么这个世界走不太远的原因。

但是,对于我来说,作为人类我既同情这个世界又厌恶这个世界。

我甚至把你的话摘抄下来了(如果我的境遇允许,我甚至会做进一步的让步),你说:"有许多人维持一定的社会地位就是为了防止别人的关注,以免别人过多干涉他们自己的事。"确实,我经常对一些事情不怎么追究,想着我不能这样做或不能这样说,以防冒犯了某些人。

但是当发生重要、严重的事情时,我们必须有所行动,这行动既不依据公众舆论也不依据个人情绪,而要依据A.B.C.这些所有道德的根本——"爱邻如爱己,以一种在上帝面前可以给出正当理由的方式行动,做正确的事情,忠诚地行动。"

现在,对于克里斯汀我的理由是:如果有人刚开始救了我,然后又把我丢在险地,我会怎么想? 难道我不会想……那人那样做还不如当初不管我呢。如果他没有完成他开始了的事,他就是欺骗了我。

克里斯汀的孩子的父亲争辩的意思跟你信里所说的完全一致,但是,提奥,在我看来这是错误的。他对她非常好,但是不娶她,甚至让她怀孕了,他说为了他的地位和家庭,他是不会娶她的。还有克里斯汀当时还年轻,她是在她父亲死后才认识他的,那时还少不更事。当那个男人死在那儿后,她孤身一人怀着孩子——被抛弃,没有一分钱。一个加拿大孔特勒克人走在街上,生着病,被送去医院,各种各样的麻烦……

这个男人的行为会使他在上帝面前感到自己罪恶深重,尽管在世人的眼里,他一直坚守自己的立场,"偿清了她的债"。但是当他面对死亡时,你认为他没有悔恨之心?

现在,这个世界上他那种人碰到我这种人。我对世界的关注跟上述那个男人对什么是正确的关注一样少。他只要假装做正确的事就够了。对于我来说,我最先考虑的是:我不能欺骗或抛弃一个女人。如果一个女人拒绝和我发生任何纠葛,就像凯·沃斯,那么无论我的情绪有多强烈,我都不会强求她。当我自己认为的"她没有其他人"和她认为的"当然不是他"这两种想法相遇时,我的内心变得凄凉。

我不会强人所难也不会抛弃别人,而当我自己被逼迫或抛弃时我也会反抗。

如果我和一个女人结了婚然后知道那个女人还跟其他人有什么牵扯的话,我是不会忍受任何闲话的。但就算是那样,我在竭尽全力使她回归正途前是不会抛弃她的。所以你可以看到我对婚姻是怎么想的,我对此很慎重。

现在正如你所知道的，我遇见克里斯汀时她正怀着孕，生着病，在大冬天里被抛弃了。我独自一人，在阿姆斯特丹时有过这种想结婚的冲动，我在信中跟你讲过这种感受——尽管思想上还没准备那么快结婚。但是当我对她愈加了解，我就愈加觉得如果我想帮助她，我应该更加认真地着手准备结婚。

然后我直截了当地跟她说，我用种种方式想这想那，用种种方式看待你我的地位。我很穷——但我不是一个玩弄女人的骗子。你可以忍受我吗？不然没必要交谈下去。

她说，我想和你在一起，无论你有多穷。

然后事情就这样发生了。不久之后她将会去莱顿，之后我应该没有任何麻烦直接跟她结婚。不然她和我的地位就会出现扭曲，这是我最想要避免的。

我会像驾驶货车的工人，而她是我的助手。我的画都在你手里，至少第一年我和她的生计将要指望你和那些愿意帮助我的人，因为你知道我在尽力而为，而且我有绘画的天赋，我也对绘画有信仰，这些会越来越明显。

现在，提奥，我不认为我做的事是让家里人丢脸——而且我希望家里能够同意。不然我们仍将处于两个对立的阵营，而我会不得不声明：我不会为了感恩任何人而抛弃一个和我通过互助互敬的纽带联结在一起的女人。我忍受了她的过去，她忍受了我的过去。如果我的家里因为我玩弄了一个女人与我断绝关系，而我确实是这样的话，那么我会觉得自己是一个流氓。但是如果我因为对一个我许过誓约的女人忠诚而遭到家人的反对，我会看不起我的家庭。

不是所有人都适合做一个画家的妻子——她愿意，她每天都在学习。我了解她性格中让人讨厌的古怪之处。但是 H.G.T 可能会像想我那样想她，并且说，"她天性讨人嫌，她身上有种不吸引人的特质"。

所以我认为你信中说的话基本是不对的。但也可能是因为你没有把事情的方方面面考虑清楚，我相信你本人没有今天上午寄过来的那封特殊的信中所显示的那样差劲。

你提到了一些你身上发生的事。我想我可以隐约回忆起以前的一些事。如果我记得没错的话，你认识了一个较低阶层的姑娘……你喜欢她并为之着迷。我不知道这个女孩是谁，但我知道你为此跟父亲商量过，还告诉了我细节。然后父亲让你就结婚承诺了什么，我不知道具体承诺了什么——但也许因为那时你还未成年，如果没有得到他的同意你是不能这样做的。（接下来——在那个女人身上发生了什么——我不知道。）

现在我和你的情形差别在于：第一，你和她比我和克里斯汀要年轻许多；第二你和我的未来不一样，我是从事低下的生意，而你处于一定的地位，这地位要求你要保持一定的行事风格。

在我看来这些都够清楚了，而且你当时还未成年，所以你有义务去服从，而我有一定的年纪，我有权跟父亲说："这件事你不能逼我，我也禁止你逼我。"

现在，你说我和克里斯汀之间发生的事并不意味着我必须要娶她。这是我和克里斯汀的想法：我们都需要家庭生活，紧密地在一起，我们每天的工作都需要对方，我们喜欢每天在一起。我们认为婚姻是阻止世人谈论我们和责备我们是不正当关系的最根本的方式。如果我们真的不结婚，那么他们可能真的会说我们的不是；如果我们真的结婚了，我们会很穷，会放弃一些社会的虚情假意，但是我们的行为是正确而光荣的。我相信你能明白这些流言蜚语将会停止。

但是毋庸置疑，我对世界和人性有足够了解，这可以让我去要求人们不要反对我的婚姻。我也希望我可以不用为我的生计太操心，我正在为成为一名好的画家而尽心尽力并紧绷着每一根神经。但我不会去拜访家里人或做诸如此类的事情，我不会自己一个人去，也不会和她一起去。那时就没有人会生气，除非"有心存不善的人想要故意找碴"，我相信不会有这种情况。

你会发现我会做所有的事情，但就是不会背叛克里斯汀。我会非常高兴你给我提建议，比如，我应该住哪里以及诸如此类的事情。如果有人对我在海牙生活有异议，那么我就不会再继续待在这里，然后我会找某一个你认为合适的地方工作，乡村或小镇都可以。人物画和风景画无疑会让我有足够的兴趣去做到最好，所以你可以不用客气，随意谈谈你对这件事的想法，但是毋庸置疑我需要被保护。通过基尔村的事件我清楚地明白，人们在沙龙中最喜欢讨论那种事情。

但就对克里斯汀是忠诚还是不忠诚的问题而言，我的想法是——我一定不会违背婚姻的承诺。

如果去年夏天凯·沃斯在阿姆斯特丹时愿意听我的，那么她就不会那么快把我打发走，事情将会全然不同。但是那时，你知道，尽管我一路追随她，尽管我一路追随她到阿姆斯特丹，但是所有跟她讲话或建立任何确定关系的尝试都无效。

现在生活的每一小步还有工作都在驱使督促我前进，同时，新事物不断涌现，如果我想要在艰苦环境中不被打败，我就一定要坚守意志。我现在做的就是把事情摆平。

但如果你现在说："文森特，你的生活将会非常恐怖和烦忧。"然后我的回答是——是的，兄弟，我的确意识到你是对的，但是我亲爱的哥们，我会觉得这种感觉更差，"你背信弃义地抛弃了一个你在冬天遇到的女人，这个女人正怀着孕，生着病，你再一次将她抛回到残酷的鹅卵石街道上。"这种事是不会落到我头上的，到目前为止，你会意识到不是我"顽固不化"或"任意妄为"，而是我必须站在克里斯汀这一边，我给了她承诺，那我就要遵守我的承诺。

如果我待在海牙会干扰到任何人，请你再一次直接坦白跟我讲，我只是太快乐了，所以不能在关于家庭或诸如此类的所有问题上妥协。我需要一间画室，一个客厅和一间卧房，尽管我对是否住在海牙或住在其他地方不怎么在意，但我仍愿开心透露我的愿望。相比爸爸在基尔村事件中的所作所为，人们的评价一定会非常不同。那非常丢人。

今年我能每月有 150 法郎吗？（尽管我的画作仍不好卖，但这能够为我今后的工作打基础）。那时我会用一颗充满希望、充满善良的心开始认真地做生意，因为那时我至少知道我不缺工作的必需品——我日常的生计，房子，绘画材料。

如果你告诉我你不支持我，那么我将备感无力。最希望的是我的手变成残疾了——到那时所有事情确实会很可怕了，是的，所有事情都会非常可怕。但那又能让你和其他人高兴什么呢？我的心情会跌入谷底，而克里斯汀和孩子会过得很艰难。你可能会想你还不至于能够做出那些事，但"这种事会发生"。如果这种可怕的命运降临在我头上，我只能说："我许了承诺给克里斯汀，她也许了承诺给我，我们不想要这些来打破我们的誓言。"

你还感到困惑，到底发生了什么？我们过得是哪样的生活？清醒吧，提奥，不要让世俗的狡猾迷惑你或控制你。就因为我帮助了一个孕妇而且没有把她送回大街，所以我就应该被你弃于危难之中吗？

再见，我亲爱的弟兄，但是在你打击我、砍掉我的头之前，再考虑一个晚上吧。但如果不得不这样的话，那么就以上帝的名义"砍掉我的头"。

你永远的文森特

海牙，1882 年 5 月

亲爱的提奥：

因为克里斯汀遭受痉挛的折磨，她需要多去莱顿散心，发现新鲜事物，我想这对她来说有好处。她已经去过那里，现在回来了。感谢上帝她一切都好，你知道的。

她三月的时候进行了一次手术，现在还需复查。她需要有人照顾，需要多吃食物以增强体质，还要多沐浴。这也无须抱怨什么，任何挫折她都能够克服。

三月时，教授没有明确告诉她什么时候开始禁足，但是他说大概是五月底、六月初的时候。现在他说将会推迟到六月，他已经把她六月中旬到医院去的票给改了。这一次他问了她很多关于她将与谁一起生活的问题，其实他要问的这些问题我早已经猜到了。如果她再次一个人走到街上去，她会没命的。当我在冬天遇到她时，也是她最需要帮助的时候。

所以，正如我写信告诉你的，我不会离开她，如果在那样的情况下离开她，我实在是太卑鄙了……

文森特

海牙，1882 年，日期不详

安东·范·拉帕德：

经过你的同意，我刚刚把绘画作品放进行李箱，准备前往阿姆斯特丹。这里一共有 7 幅作品。其中那幅《小法院》我放了布里斯托尔板上，现在非常平面化了，也有了快速的线条感。还有一幅《花圃》，我按照你的意思改变了构图方式，我将沟渠和花放到前面，这样图画看起来真的比原来有进步，它能够表现春天，我觉得，那是一种温柔的宁静。

还有一幅《木匠的商铺》，在我工作室的窗前，我用钢笔作画，一种新的黑色颜料，现在画中的"阳光灿烂"是因为光线得到很好的表现。今天我很早就到那里了，因为我要进行另一幅作品的绘画，去沙丘那里，从一个高的角度来画鱼干仓库。现在已经是凌晨 1 点钟了，不过感谢上帝所有事情都完成了，我能够面对我那凶神恶煞的房东的脸了。

我很高兴能再次见到你，你告诉我关于你的作品，我很感兴趣，真的。我希望有时间能够在这片居住区安排几次出游。我想你会在这些鱼干仓库找到好的素材，它们真的不可思议。

你知道弗雷德·沃克的《旅行者》吗？这是一幅巨大的蚀刻版画——一个男孩搀扶着一个双眼失明的老人，他们在严冬的夜晚走在结冰的路上，旁边是一条通往霜冻森林的沟渠。这是风俗画中最崇高的创作手法之一，有着现代独特的伤感。它或许没有丢勒的《骑士，死亡和魔鬼》那么有震撼力，但是它展现的更多的是个人层面，具有独创性和真实性。

遗憾的是，这里的艺术家对英国所知甚少。比如说毛弗，当他看到米莱的风景画《寒冷十月》时，他很激动，但是他们并不崇拜英国的艺术，他们的评价也是肤浅的。毛弗总是说，"那就是艺术"，但是他想不到的是英国的作家如狄更斯和埃利斯，柯勒·贝尔（艾米丽和夏洛蒂·勃朗特），在法语作家中还有巴尔扎克，他们非常具有创造力，如果要我举例去形容他们，他们的创作潜能就像是赫科默，菲尔德斯或是伊斯雷尔斯。

我自己是讨厌怀疑主义和感伤主义的，我的言外之意并不是说这里的艺术家是怀疑论者和感伤主义者，但有时候他们的表现确实如此——尽管他们对待自然有着严肃的态度和信仰。我没有权利去批评他们，尤其是我发现自己潜意识里正朝着感伤主义方面发展。

正因如此，这些天里，那种美丽的、风景如画的创作消失了。我最近阅读了一些查尔斯·狄更斯儿子的作品，他说："如果我的父亲能够回来，他会发现他所描述的那个'老伦敦'已经找不到踪迹了，它已经成为过去，消失不见了。"我们的乡村也是一样——不再是小巧精致的庭院，而是被成排的房子所取代，完全没有画面感，值得一提的有：谷仓、脚手架和工人。在巴扎街后面有一条街，我也看到了美丽的事物，那儿有谷仓、木材、小木屋、栅栏和许多类似的东西。

我对我现在的模特很满意，我说的是那个老妇人，你在这里时见过她。有时候事情进行得并不如意，我会因此恼怒和谩骂，她每天都表现得很好，也能够理解我。比如说，当遇到问题时，我会大发雷霆，说些"该死的"之类的话，话语很强势。但她并没有像正常人的反应那样把它当作一种人身侮辱，她让我冷静下来，让我们重新再来。她耐心寻找正确的姿势。当我需要与户外的事物高度做个对比，比如说沙滩上的渔船作为背景，或是捕抓正确的光线，我说的是："就在那里别动"，她真的就会在那里不动。

当然了，人们会传出流言，因为我总是与她在一起，但那又怎么会干扰到我呢？我从来没有得到过像这样一个长相丑陋、面容憔悴的老妇人的鼎力相助。在我的眼里，她很漂亮，她正是我想要的那个人。她在这个世上活过，悲痛和苦难在她的身上留下了烙印——现在我能够找到她的价值。

当土地没有犁过，你就不能在这土地上种植任何东西。她是被岁月犁过的，是有价值的，所以她比许多人都有价值，我指的是那些"没有犁过的"人。

我希望你能快点给我回信，如果你愿意的话，我会定期给你回信的。

明天我又将前往沙丘的烘干仓库。

前不久,我阅读了一本关于米勒的书,这是米勒的朋友森希尔写的。这是一本很有趣的书,如果你还没有读过的话,我把它推荐给你。书中表达的是只有亲密的朋友才能有更深入的了解,书中还有许多新的东西,至少我自己是这么认为的。在读这本书之前,我已经读了许多关于米勒的书了。好了,再见了,向你伸出我的友谊之手。

文森特

海牙,1882 年 5 月

亲爱的提奥:

……昨天我收到了父亲和母亲的来信,他们亲切的问候让我很高兴,但愿这样的感觉能够一直持续……

文森特

海牙,1882 年 6 月 1 日

亲爱的提奥:

今天是星期六,我去拜访了拉帕德,我很高兴他在这里。他问候你许多次了。他看了我给 C.M.的绘画,似乎很感兴趣,尤其是一幅大的作品,画中的是茜恩(克里斯汀)母亲的院子。

……但是,弟弟,这两个星期对我来说过得很艰辛。五月中旬给你写信的时候,除了付给面包师的钱外,我只剩 3 法郎到 3.5 法郎。我几乎没有什么可吃的,除了干巴巴的黑面包与一些咖啡,茜恩也一样。因为我们需要给孩子买一些东西,她已经去了莱顿。

现在,六月初我不得不付房租,我没有钱,身无分文了。我希望你能给我寄一些……

文森特

海牙,1882 年 6 月 2 日

亲爱的提奥:

你的信和随信附寄的钱一到,我马上就拿去付房租了。因为房子是抵押的,所

以收租的另有其人,那个人上个月把楼上的租客赶出去了,一点也不在乎他们有没有后路。你说把一个月一分为三,这样的话我就能分别在 1 号,10 号和 20 号领到一笔钱了,这对我来说简直是天大的好消息。我的日子也会好过很多。

我无须向你赘言你的来信给我带来了多么大的安慰。

你收到那幅名为《风干棚》的画了吗? 我正忙着画剩下的几幅画,你会再收到两到三幅类似的画作。C.M.也收到了几幅相似的画,可我还没有收到他的回信。

我要告诉你一些似乎会让你担忧的事,家里人可能正逐步计划着要把我置于合法的监禁之下。你是不是也认为一些微不足道的证据(即便这些证据是捏造的)可以用来证明我的经济状况不佳,使父亲有权利剥夺我的民事权利,将我置于监禁之下呢? 假如你真的是这么认为的,并且觉得像这样侵犯人权的事在当今社会屡见不鲜,那么我有权利对此发问。

即便是合法的监禁也不是那么光彩的,这种手段一般用于清除那些被人们贴上"干坏事"或者"让人不快"之类标签的人,但是当今这个社会,想要再滥用监禁手段,就不那么简单了。法律赋予了那些被冠上恶名的人上诉和改过的机会。

可是你可能会说:"一个机智的律师就足以扭转乾坤。"我得告诉你,在现在这个社会,想把一个人监禁起来,既不容易也很耗时……我知道一个案例,即便是耶稣会会员想清除一个眼中钉,要将那个人监禁起来时也失败了,只因那个人说"我肯定是最后一个被滥用监禁处罚的人",他一直没有放弃抗争。

我还知道一个例子,有一个人被人监禁在了某处,他心有不甘,因为不能去自己想去的地方,他警告那个监禁他的人,说他没有权利剥夺他的自由,他得放他走……他语气平静地警告了那个监禁他的人很多次,然而他的诉求却被一次次驳回。最终,他愤怒地用一根铁棒打了那个看守的脑袋,然后静静地站在那儿,等待命运的审判。有人来调查这个案子,最后这个被监禁的人被判无罪,因为在极端的案例中,还有"自卫"这一说法,后来当谋杀案发生后,法庭又调查了原先这起监禁的案例,发现那个人本不应该被监禁。

简而言之,在现在这个时代,想要将一个平静而光明正大的反抗者置于监禁之下是没那么容易的。我怎么也没料想到家人们会做出这样的事来……不过,你也许会说,他们只会在逼不得已的状况下这么做。啊,是啊,父亲完全可以这么做,可是我得提前告诉你,如果他敢试着监禁我或者想要做出类似的任何事情,那么我会毫不顾及情面地反抗他。他在准备动手攻击我之前最好三思,我还是不能确定他们敢不敢这么做。如果他们真的有这个胆量和决心,我绝不会哀求,"噢,请你们别这么做"，恰恰相反，我会让他们因为这事儿在公众面前颜面扫地。

让我来告诉你，我知道有一个案例，有一户身份显赫并且富有的人家，仗着有律师的帮助和耶稣会会员撑腰，想把一个人监禁起来，然而却失败了，虽然这户人家口口声声说那个人有两大罪过，一是经济状况不佳，二是心智不健全。那个人提出了抗议，法官在私下里告知了那户人家，让他们最好撤诉。在法律程序真正启动之前，那户人家就放弃了。

在此，我还要特别附上几句话——你知道的，我总是会反抗这之类的事，假如他们利用我的病情和不佳的身体状况，比方说，"做出对我不利的举动"，你要知道我是不会妥协。鉴于我的病情，我希望在有人想要利用我的无助时，你能发出反对声。当我健康状况稍好的时候，我能照顾好自己，不会害怕这之类的事。我不能想象，真的会有人想要采取这种行动——如果你听到什么风吹草动，请一定告知我。

我的意思并不是说他们在讨论这件事或与之相关的事，虽然我已经有所察觉，但在他们真的将计划转变为实际行动时，我是不可能第一时间知晓的。假如他们真的有所行动，我希望你一定要提前告诉我。我了解关于监禁的相关法律，我坚信他们奈何不了我。

在很多年以前，我收到过一封和你上一封信感觉很像的信。那封信是一个叫 H.G.T.的人寄给我的，我曾经向他求教过一些事情，从那时起，我就很后悔向他袒露了那些事。我记得那时我的内心被一种恐慌的感觉所占据，我很害怕我的家人。如今，十年还是十二年过去了，我开始换个角度思考我对家庭的责任以及和家庭的关系。

父亲总是说我对他缺乏尊敬和顺从。我想说的是，孩子并不一定要对自己的父母表现得尊敬和顺从。我只是想指出，父亲总是在利用这所谓的尊敬和顺从，比如说，给任何和他意见相左的孩子扣上不尊敬长辈的帽子。假如我按照父亲所想的那样生活，就好比沸水煮青蛙。我的绘画事业很可能走向终结，因为我肯定不能再创作出新的作品。如果父亲能自发地了解一下艺术方面的东西，那么我也许会和他相处得不错，然而这永远不可能发生。

牧师们经常将"美好的东西"编入布道词中，然而那些话听起来是那么死气沉沉，让人提不起兴趣。

我很高兴你能坦白地向我表达你对茜恩的看法，你说她是在骗我，而我也自甘受骗。我能理解你为什么会这么想，因为事实的确如此。可是我记得，曾经有一个女孩同样想骗我，可我狠狠地当着她的面关上了门，我也常常在思考，我是不是太容易因对方凄惨的处境而心软。

我和茜恩的关系是,我真心地喜欢她,她也真心喜欢我——她是我忠诚的帮手,我去哪儿她都跟着我,随着日子一天天过去,我发现自己越来越离不开她。和去年时对凯·沃思的痴恋相比,我对茜恩的感情要弱一些。在经历了上一次感情的挫败后,在茜恩面前,我的内心重又燃起了爱的火花。她和我都是两个苦命人,我们给彼此做伴,分担彼此的痛苦,我相信,终有一日会苦尽甘来,诸事顺心。

她的母亲是一位上了年纪的老妇人,跟弗里尔画里的人物很像。

现在你也明白了,既然我很信任茜恩,所以我得给她一个家,可我知道家里人是绝对不会同意的。我敢肯定,父亲一定会是第一个站出来反对的,他会把这件事的性质看得很严重,虽然他不会同意我和茜恩结婚,可在他眼里,我和她未婚同居显然更糟。他的建议一定是让我离开她,他会这么跟我说:等着吧。语气冷冰冰的,让人听了很不舒服。这是父亲典型的做派……他总是喜欢把紧急的事情往后拖,这很让人恼火。父亲最好一辈子都坚守他所谓的"等待"的人生信条,因为假如他不按这个方法做事,就会浑身不自在。

我是一个已经到了而立之年的男人,额头上都已经有了抬头纹,我脸上的皱纹让我看起来更像是已经到了四十岁,双手皲裂得不成样子。可当父亲透过他那副眼镜看我时,好像我还是个孩子。很多年前父亲给我的信中这样说,"你正步入青春期",这种话我听得耳朵都快长茧了。

现在你可能会说,文森特,你在画《风干棚》这幅画时,透视掌握得好多了。我会说,你说得很对,老弟,这就是我紧接着又画了两幅相似的画的原因,我喜欢在大自然和绘画里迷失的感觉。想要把我监禁起来?真是可笑至极。我要向你一直以来给予我的支持报以由衷的感谢。

永远属于你的
文森特

我之所以没有立刻寄出这封信,是因为我想把它连带着那几幅小画一起寄给你,但我还需要花点时间仔细润色。其中一幅已经画完了,也取名为《风干棚》。茜恩和我在沙丘上露营了好几天,就像真正的波希米亚人那样。我们带了一些面包,一小袋咖啡,在斯海弗宁恩的一个用煤烧水的女人那里接热水。

那个给我们提供热水的女人很和善,她家周围的景色也很漂亮,简直美得无法用言语形容。我早上五点就去她的小店,大街上的清洁工也会在这个时候进店喝杯咖啡。亲爱的老弟,这景象多适合画画啊!可是想让他们按照我的想法摆姿势得花些钱,不过我已经想到一个好主意了。

等你有机会了，一定记得写信给我，告诉我你对我最近寄给你的那三幅画的看法。比起被监禁，我倒是更担心你的评价，因为我认为想要监禁我是不可能的。假使父亲他们已经准备有所行动，那我就更不应该坐视不管，他们行动起来是悄无声息的。对于现在的我来说，埃顿之行难以成行，一是因为我太忙了，二是因为我实在难以负担这趟行程路上的花费，而且和茜恩生活需要一笔钱。

我满心欢喜地憧憬着你的到来，我很想知道你会对茜恩作何评价。她只是一个寻常的女人，没什么特别的，可在她身上却有一些吸引我的地方。虽然生活也有一些不如意的地方，但凡是钟情于平凡女人的男人，如果能够同像她这样的女人在一起都是一件值得高兴的事。假使去年冬天她没有那样急迫地需要我的帮助，那么我和她也无缘走到一起。那时的我正经历了情感上的重创，那种对于他人而言我还是有些用处的感觉帮助我重新振作了起来。这种感受是我一直在苦苦寻找的，现在终于找到了，我和茜恩之间的爱很暖心，想要让我放弃这段感情是绝对不可能的。

假如我没有遇到茜恩，那么我很可能变得过分现实和多疑，是她和我的工作让我能继续活下去。接下来的这些话是我的肺腑之言：因为茜恩辛勤地承担了同一个画家生活的种种杂事，她也很愿意做我的模特，所以我有理由相信，在终止了和凯·沃斯的那段感情后，因为茜恩的到来，我会成为一个更出色的艺术家。虽然茜恩看上去不那么优雅，举止也有些异于常人，可她有一颗让我为之动容的善良的心。

海尔达尔已经看过《悲伤》了，不过我想，假如像亨利·皮雷这样的画家能够看一下我最近画的 3 幅画就好了。我猜他恐怕已经不记得我了，虽然我们曾经有过一些交集，而且我知道他有时的举止挺怪异的——可我也不知道他看了我的画之后会作何评价。我只关心一点，我的画能不能给他留下一些印象，能不能打动他。我之所以这么说，是想着有一天你可能会有和他碰面的机会，假如你见到了他，请记得让他看看我的画。

请容我赘言，到目前为止，我的木版画搜集工作进展得不错，都是送给你的，这个兴趣会陪伴我一生。我现在已经有了一千多幅画，有英国的，有美国的，还有法国的。拉帕德最近也在搜集木版画，他也被这门艺术深深地吸引了。这是将来要送给你的礼物。最近唯一让我遗憾的事是，我没有钱买多尔画的《伦敦》，那个犹太人开口就要 7.50 盾，我实在拿不出那么多钱来。等你来我这儿时，无论如何也要看看我搜集的这些版画，我希望你能喜欢上它们，并能通过这些画了解一下那些你至今还不是太熟悉的画家。

文森特

海牙，1882 年 6 月

亲爱的提奥：

……我收到了 C.M.的消息，他寄来了一张 20 法郎的邮政汇票，但是一句话也没说。

所以我不知道他是否会下新的订单，也不知道那些绘画作品他是否喜欢。

看起来 C.M.收到这些作品时心情应该不太好，或者是有其他的原因他不喜欢这些作品……

文森特

阿姆斯特丹市立医院，1882 年 6 月

亲爱的提奥：

……我希望当你 6 月底过来时能发现我又能重新工作了，但我现在暂时住在医院，但应该只待两周。我已经失眠了三周，还有低烧和膀胱问题。

所以我必须安静躺在床上，服用很多奎宁片，偶尔也需要纯净水或明矾水注射。这些都是无害的，所以你一点也不用担心……

茜恩在探望日来看我了，她在照看工作室。现在你需要知道，在我来这儿的前一天，我收到了 C.M.先生的一封来信，他写了很多他对我的"兴趣"，他说特斯提格先生也对我有这种兴趣，但是他并不同意我对特斯提格对我的兴趣不领情的行为。诚然，或许是这样的，但是提奥，我现在在这儿平静地休息着，我跟你说，如果有人再带有特斯提格对我的那种兴趣来看望我，我一定会发脾气的。

文森特

阿姆斯特丹市立医院，1882 年 6 月

亲爱的提奥：

最近从家里收到了一些消息，一些事情给我带来了特别多快乐，对于"他们是怎样看我的"这件事，我也放心了。

茜恩告诉我一个包裹被送到了工作室，我告诉她打开看看里边是什么东西，如

果是封信,就把它带来;所以我知道他们寄来了一整包的东西:内衣、外衣、雪茄烟,信里还附有10法郎。我不得不说这些东西让我非常感动,这比我预想的要多,但是他们还不知道所有的事情。

我现在非常虚弱,提奥,为了康复,我需要绝对安静的休息,所以任何能带来安静的东西都很受欢迎……

茜恩大概下周一会离开,因为我觉得她现在最好离开医院,直到6月中旬她才被允许过来。她想待在这儿陪我,只是我不让她陪我……

文森特

阿姆斯特丹市立医院,1882年6月

亲爱的提奥:

……我还是得说父亲在我刚刚入院的那几天过来看我了。但这是一次非常短促的探访,我也没能和他认真聊一聊。我更希望他下次再来看我时,我们俩都能够更享受我们之间的谈话。这对我来说特别奇怪,有点像一场梦,我生病躺在这也挺像一场梦的……

文森特

海牙,1882年7月1日

亲爱的提奥:

我一回到工作室就立刻给你写信了。我简直无法表达身体康复后有多高兴,从医院回来的路上所有事物都那么美丽;光线看起来变得更明亮,宇宙更加浩瀚,所有的事物和形象都变得更加重要……

文森特

海牙,1882年7月2日

亲爱的提奥:

在昨天的信里跟你提过,我去了一趟莱顿。昨天晚上,茜恩分娩,整个生产过程十分艰难,但是,感谢上帝,她挺了过来,生下了一个特别可爱的小男孩。

我和她妈妈带着小孩一起去医院,当我们向护理员询问她的情况,却不知道会听到什么消息的时候,你可以想象我们有多焦虑。当我们听到,"昨晚分娩……但你不能长时间和她说话……"时,我们高兴极了。我不会轻易忘记"你不能和她长时间说话",因为,当事实很可能是"你将永远不能和她说话"时,这意味着"你仍然可以和她说话"。提奥,我很高兴在那里见到她。她紧靠一扇窗户,精疲力尽,有些昏昏沉沉,半睡半醒地躺着。窗外是郁郁葱葱、洒满阳光的花园,过了不一会儿,她抬起眼睛看到我们。啊,我亲爱的伙伴,自分娩开始已将近12个小时,她抬起眼睛,高兴地看着我们,多么幸运啊,尽管一周只有一小时的探望时间。她精神振奋,一时间她像过去一样思维敏捷,问这问那。

真正让我惊叹不已的还是那个婴儿,尽管他是被手术钳夹出来的,但他没受一丁点儿伤,只是躺在摇篮里,仿佛带着一丝精通世故的气息。这些医生真聪明啊!人们都说这是一个性命攸关的案例,分娩开始,有五位专家教授在场,他们给她注射麻醉剂。在那之前,她忍受了巨大的折磨,因为胎儿一开始就被卡住了,生产从晚上九点一直持续到凌晨一点半。她现在仍然处于疼痛之中。但当她看见我们时,她忘记了痛楚,甚至还艰难地表达了我应该尽快重新开始画画的想法,以及即使她的预言成真,我也应当丝毫不在意,因为在这类手术中,极有可能出现体内组织破裂或其他情况,所幸这些都没有发生。

谢天谢地!残酷的阴云依然笼罩,你知道,这就好比在那幅令人惊叹的蚀刻版画中,当大师阿尔布雷特·丢勒把死亡放在这对年轻夫妇身后时,他有明确的意识。但是,让我们期待这残酷的阴云只是一片浮云。

嗯,提奥,我不能不告诉你,没有你的帮助,茜恩很可能再也不会在这里了。还有一件事,我极力劝说茜恩要接受专家对她进行的一次全面检查,因为她有他们称之为"淋病"的东西。专家对她进行了检查,并告诉她要怎么做才能好转。他说她曾不止一次地接近死亡,尤其是上一次流产期间、扁桃体脓肿的时候,以及今年冬天。她经年累月的担忧、焦虑使身体完全虚脱。现在,她不必再过那样一种生活,如果没有其他事情,她通过多休息、吃补品、多呼吸新鲜空气就能自己痊愈。

抛开早先的种种不幸,一段属于她的全新生活就要开始。尽管她不能重返已经逝去的春天,但夏季里属于她的第二次成长将会更加繁茂。仲夏时节,当最高的热浪退去,你将看到树木吐出新鲜嫩芽,新叶将取代饱经风霜的旧叶。

我正在茜恩妈妈的家里,在靠近一扇窗子的地方给你写信。透过这扇窗户可以俯瞰一处院子,这个院子我已经画过两次,一次画幅较大,一次画幅稍小。C.M.买下那两幅画。如果你到 C.M.的家中做客,我一定要请你看一看它们,我很想知道你怎么评价,特别是对较大的那一幅的评价。你什么时候来呢? 我十分期待见到你。

好的,兄弟,你会怪我今天太高兴以至于哭了吗? 感谢一切,我亲爱的伙伴,相信我,我在脑海中与你握手。

你永远的朋友

文森特

地址不详,1882 年 7 月 6 日

亲爱的提奥:

我再回到医院之前天已经黑了,我不知道他们将要告诉我一些什么——或许我只需在里面待一会儿,或许他们会再次取出探针,这样的话我又不得不在我的床上多躺几天。

这就是为什么我在家里又一次给你写信。此刻的工作室,安静祥和,已经很晚了,外面却是狂风暴雨,这使室内显得更加寂静。

我多希望你能与我在一起,在这安静的时间里,我的兄弟——我有许多话想对你说。这个工作室看起来真像那么一回事,至少对我来说是不错的——灰棕色的简洁的墙纸,擦洗干净的地板,软棉布从窗户一直延伸到石板上,每一样东西都很光亮。当然了,学习用品挂在墙上,一个画架放在一边,还有一个没有上油漆的木制工作台。工作室对面是一个壁龛,画板、文件夹、箱子、棍棒等放在那里,还有版画。在角落里还有一个碗橱,碗橱里放着所有的瓶瓶罐罐,最上层是我的书。

在小客厅里,有一张桌子,几把椅子,一个油炉,一把大的柳条椅,在窗户的一个角落里,一个女人坐在这张柳条椅上,眺望着外面的院子和草坪,这是我画中的景象。柳条椅的旁边是一个铁支架,架上有一块绿色的遮盖物。

最后一件家具,一看它就让我心潮澎湃——因为当一个男人坐在他深爱的女人身边,孩子在摇篮里熟睡时,此刻他的内心被一种强烈的、极具感染力的情感所牵绊着。哪怕是在医院里,她躺在床上,我坐在她的身边——这就是那永恒的诗歌。在圣诞夜,一个婴儿出生在马厩里,正如荷兰老画家构思的那样,在米勒和布兰顿的画中——黑暗中有一束光。在黑暗的夜空中,有一束明亮的光。我在墙上挂起了伦勃朗的蚀刻版画,画中有一人在烛光中读着《圣经》,巨大的阴影投在整个房间,明暗分明。

我还挂了其他的一些作品,它们都很漂亮——谢弗的《安慰者基督》、鲍顿的《一张照片》、米勒的《播种者》、勒伊斯达尔的《灌木丛》,还有赫科默和弗兰克·霍尔德大幅精美的木版画,德·格鲁的《穷人的祸根》。

现在,在这个小小的厨房里,我只有一些刚好够用的必需品。如果说这个女人比我先康复,那么她会去寻找所有的必需品,并且能够在 10 分钟内准备好一顿饭。总之,正如画中所呈现的,当她走进这所房子,坐在放着鲜花的窗前,她就会使人的脑海中产生许多的思考。在楼上有一个很大的阁楼,那里有我们的一张大床,我原来的那张床给了孩子,所有的床上用品都整整齐齐地摆放在床上。

但是不要以为我是一下子就购置了这些东西。我们整个冬天都在准备,从这家商店买几件,从那家商店买几件。尽管那时候我并不知道事情将会变得怎样、又将什么时候结束,但是现在看来,感谢上帝,经过她不懈努力之后,这个小窝终于安置好了。

在最后的几天里,她的母亲和我,尤其是她自己付出了很多。最困难的事情就是床上用品,每一样东西都是我们自己动手准备和改装的——我们买了稻草、海草、粗麻等东西填充在阁楼上的那张床垫里,不然就要花很多钱购置。

付了房租之后,你寄给我的钱现在还剩下 40 盾。真的,我明天不得不付给医院 10 盾,要不是那样的话,我可以买到 14 天的食物和治疗的药物。这个月,我已解决了搬迁的费用和支付茜恩住院回来后的开销、婴儿用品,等等,之后我必须合理理财,让你不用再寄那么多钱给我。

团结胜利,分裂失败——我相信这句话说的是真的,我的生活全依赖它,这会是一个错误或失误吗?

兄弟,我这些天非常想念你,首先是因为我现在拥有的每一样东西,事实上都是你的,还有我对生活的渴望和我对工作的精力。在你的帮助下,我能够继续坚持下去,我能够感觉到我工作的能力又恢复了。

不过我想念你还有其他的原因,我记得不久前我从一所房子回来,那事实上并不是一个家——并没有现在这样温馨——空空的房间日日夜夜地对着我,没有女人、没有孩子,尽管我不相信这里少了一份悲愁,但我相信这里少了一份爱。空虚一直陪伴在我左右,在街上,在工作的时候,在每一个地方。没有女人,没有孩子。

瞧,我不知道你是否曾经有过那样的感受,有时候当一个人孤独的时候,被迫发出一声声叹息或呻吟:"噢,上帝,我的妻子在哪里?噢,上帝,我的孩子在哪里?"孤独的存在真的叫作生活吗?想到你,我确信我没有错。假如你也产生一些同样的忧郁，但无论如何，对你而言，或许没有我那么强烈的精神痛苦。当我告诉你，我不时地想念你，我不知道你是否会支持我，不知道你对我的评价是好还是坏。

无论如何，我非常信任你，我也非常了解我自己。除了我的神经质之外，我们性格中有一片宁静的区域，所以我们都很开心，我们的宁静来源于现实，我们真正地、诚挚地热爱我们的工作，那些艺术品在我们的思想中占据了很大一部分，让我们的生活充满乐趣。所以我非常不愿意看到你忧郁，我只是根据你性格中的某些东西来表达我的行为和处世的哲学。

我也想到了父亲——你认为父亲还是那么冷酷无情，追究我们的过错吗？——除了那个摇篮。你明白，一个摇篮并不像其他的事情那样——它不存在弄虚作假。无论茜恩的过去是怎样的，我明白没有哪一个茜恩能比得上去年冬天的这个，没有哪一个比得上这位母亲，在医院的时候，她紧紧握着我的手，眼中满是泪水，望着孩子，我们整个冬天都在忙着照顾这个小生命。

看看这里，说些仅限于我俩的话，不是为了说教。如果说没有上帝，那么还有一个很接近的地方，可以让人感受到他此刻的存在。这相当于一句老话，我更乐意用直白的表述来代替：我相信上帝，如果一切正常发展，人类不是单独的存在，而是有妻子和孩子，这是他的意志。

我希望你能明白我的所作所为，并接受这个现实。自然而然地，你将不再认为这是自我欺骗或是被骗。我亲爱的兄弟，你什么时候会来？希望你能像我一样对待茜恩，把她看做一个母亲，一个普通的家庭主妇，仅此而已。因为那才是真正的她，在我看来，知道她的另一面会更好。

我最后需要购置的东西是一些盘子、叉、汤匙和刀具——目前，我与茜恩都没有。我想，三个人就需要准备三套餐具，但是我又想到：另外准备一套给你或是父亲。所以已经为你准备好了靠窗的地方和吃饭的位置，就等着你……

我认为你没有把这件事告诉父亲和母亲是明智的、妥当的。现在监禁时间已过，花儿又重新开放，目前别让父亲和母亲掺和进来是比较好的。我的意思是，我自己去承担苦难的日子，让父亲和母亲看到我们幸福的生活就好了。因此，当这个女人回来后，我就变好了。我想用现在告诉你的这种方式来告诉他们，所以当他们问到你任何事情时，你可以给他们一点暗示。再见，晚安！

永远属于你的

文森特

海牙，1882 年 7 月

亲爱的提奥：

周五我收到了莱顿医院的消息，茜恩可能周六会回家，所以我今天去了医院，我们是一起回来的，目前为止她和孩子都很好。她可以照看孩子，孩子也很安静。

我希望你今天能看到她，我保证自打今年冬天以来她的外表变化特别多，是完全的变身……

文森特

海牙，1882 年 7 月

亲爱的提奥：

这次来信我是要告诉你有关特斯提格先生来拜访的一些事情。今天早晨他过来，看望了茜恩和孩子，我本希望他可以对这个刚出儿童病房的年轻母亲展露一些好脸色，但这还是要求太多了。

亲爱的提奥，你可以想象到他对我说话的方式。

"那个女人和孩子有什么意义？"

文森特

海牙，1882 年 7 月 21 日

亲爱的提奥：

夜已经很深了，但我还是想给你写信。你不在我身旁，可我需要你，有时，我感觉我们离彼此并不远。

今天，我给自己许诺了一件事，我要去看病，我感觉自己没有完全康复，虽然它已经不再发作。我已经浪费了很多时间，工作得朝前推进。我准备回归到那种从早画到晚的规律生活，也不知这个决定是好还是不好。我不想任何人再对我说："噢，这不过只是些很久以前的画而已。"

我今天画的是婴儿的小摇篮，上了一些颜色。我还在画草地，就像我最近寄给你的画一样。

我不太喜欢我这双手,有点太白了,这不是什么好事。我准备重新到室外工作,我宁愿旧病复发也不愿再抛下画笔了。

像我这样的人最好别生病。我想跟你说明白我是如何看待艺术的。一个人要想领会事物的真谛,必须经过持久而艰苦的工作。

我知道我的目标很难实现,但我并不认为我自视过高。我想画出感人的作品。

《悲伤》只是一个小小的开始,也许像《米德沃特大街》《赖斯韦克草地》以及《风干棚》这样的小风景画一样都只是小小的开始。至少在这些画里有我发自肺腑的情感。我有我想表达的东西,不仅是肖像画还有风景画,我不想这些作品看起来只是让人感到伤感或阴沉,我想表达的是深深的苦痛。简而言之,我想让人们这样评价我的作品:这个画家很深沉,感觉也很敏锐。抛开我所谓的粗野不谈,你明白吗? 这样说话似乎有些自命不凡,但这正是我在我的作品中投入全部心血的原因。

我在他人眼中是这样的——一个无足轻重、自大又郁郁寡欢的家伙,一个没有社会地位的人,并且永远都不会有,简而言之,一个十分不起眼的小角色。

好吧,也许人们对我的评价是正确的,但是,总有一天,我要用我的作品向世人展示,这样一个自大又无足轻重的人,他的内心世界是怎样的。

这就是我的雄心,不是出于愤恨,而是因为其他东西,不是出于激情,而是因为内心的平静。

虽然我总是在苦难的深渊中沉沦,但我内心里依然有平静、纯净的和谐存在。我在最穷苦的乡村里、在最肮脏的角落里作画。我的心总是受一种不可抗拒的力量驱使,它带着我去这些地方。

我渐渐失去了对一些事情的掌控,它们越是挣脱,我的目光越是集中在画作上。艺术需要有毅力的顽强工作,需要忘我的工作态度和长时间连续不断的观察。我所说的顽强指的是持之以恒地不断努力,但也不要完全与周围人隔绝。

我并非完全没有希望,弟弟,虽然你为我做出了牺牲,但是要不了几年,甚至就是现在,你会渐渐看到我做的那些事能给你带来回报。

最近我参与了画家们所进行的讨论活动。感觉还不错。比起需要留神静听的大自然的语言,画家们的话要好懂得多。和六个月前相比,现在我终于多少有些明白毛弗的那句话了:别跟我提杜普雷,我宁愿聊聊河岸,或者这之类的东西。这句话可能听起来有些奇怪,但却一语中的。事物本身给人的感觉其实比画家主观的感受要重要得多,虽然后者能带来层出不穷又激动人心的作品。

现在的我对艺术和生活已经有了宏观的感受,我认为艺术是生活的精髓,当像特斯提格这样的人什么也不做只知道攻击别人的时候，这句话会引起人情绪上的激动，有人甚至会对此持反对意见。

在我看来，我认为许多现代作品所具有的特殊魅力是那些古老的画作所缺乏的。对我而言，在对艺术的表达上，水准最高也最高雅的是英国人，比如米莱斯和赫克莫尔和弗兰克·霍尔。我是带着对新旧时代艺术差异的敬意说这些话的，我认为现代的艺术家们也许是更深沉一些的思想者。

在表现感伤上，新旧时代的艺术家们有很大的差异，打个比方，米莱斯的《寒冷的十月》和雷斯达尔的《奥维文的滩涂》。同样的差异还存在于霍尔的《爱尔兰移民》和伦勃朗的《读圣经的女人》。伦勃朗和雷斯达尔的画都很庄严，不管是对我们这个时代还是他们那个时代的人来说，现代画家的作品中有一些更人性化更亲切的东西。

给人同样感觉的还有斯万的版画和旧时代德国大师们的作品。

几年前，在现代艺术家们之中还曾刮起过模仿古老作品的风潮，这可真荒谬。鉴于此，老米勒的那句话我实在是太认同不过了，"有些人喜欢关注别人而忽略了自身，此举在我看来实在可笑。"这句话在有些人听来可能是老生常谈，可我却认为它像海水一样深不可测，我非常认同。

我只是想写信告诉你，我要重新开始规律的工作了，我必须这么做。期待你的回信，希望你能睡个好觉。再见，握手。

你永远的文森特

海牙，1882 年 7 月 23 日

亲爱的提奥：

……我无法形容自己有多开心，我把工作室所有能利用的空间都利用起来了。现在我已经开始工作，效果也非常明显。我们会教他们谈谈对我的绘画的看法，"它们只是过去的作品了"。总之，我从绘画中得到乐趣，没有再犯病。

所以你可以想象一下，凌晨四点钟，我坐在阁楼的窗前，用透视法进行设计：那里有一片草坪和木匠的院子，屋里灯火通明，他们正在煮着咖啡。一群白鸽飞过红色瓦片的屋顶，袅袅黑烟从烟囱上升起。地面是一片宽阔平坦、修剪精致、嫩绿的草坪，还有灰色的天空，安静祥和，如同柯罗或凡·戈延的作品。

清晨，这些生命的迹象刚刚苏醒过来——翱翔的鸟儿，袅袅的炊烟，远处矮小的

人在游荡,这就是我的水彩画的主题,我希望你会喜欢。

无论有没有成功的一天,我确信我的绘画取决于我的工作而不是别的。假如我能够坚持下去,那么,我会默默地以这种方式在我的战场上作战——透过我的小窗户,冷静地观察外界的自然物,用我坚定的信念和对绘画的热爱去创作。至于其他,我必须采取接受的态度去对抗可能产生的干扰,除此之外,因为我太喜欢绘画了,我希望能被任何其他的东西分散一点我的注意力。透视法产生的特殊效果比人类的私通更能引起我的兴趣……

文森特

海牙,1882 年 7 月,一个周三早晨

亲爱的提奥:

我知道几条绝美的通过牧场的小路,那里宁静安详,我保证你会喜欢那里的。我在那里发现了一些新旧交错很有特色的农户村舍和带有小花园的其他房屋,它们位于湖畔,十分雅致。我明早将早早地去那里画画。

我看见那里有一个枯萎的柳树干,只能作为巴列的植物标本了。它孤寂又忧郁地悬垂在一个被芦苇覆盖的池塘上,它的树皮长了苔藓且十分粗糙,如同蛇的表皮一样透着绿色和黄色,但大部分呈现漆黑,上面仅有些白斑和多节的树枝。我打算明早再来对付它……

我与人相处得越少,从大自然中收获的信心就越多,并能全神贯注于其中。

大自然中的一切使我感到更加明朗与新鲜,你会看到我并不拒绝鲜艳的绿色、温和的蓝色以及上千种不同的灰色。几乎没有哪种颜色是不带着灰色的——红灰色、黄灰色、绿灰色、蓝灰色。这就是整个色系的原色调……

文森特

海牙,1882 年 8 月

亲爱的提奥:

你会在我最近的信中发现一幅我用曾提到的远景法绘成的素描。我刚从铁匠那里回来,他把铁钉钉进了画框的铁质拐角处。

只有长期不断地练习才能使人在构图时快如闪电,而且一旦草图成型,上色同

样快如闪电。

实际上,绘画绝对是一种观念……天空、陆地、大海——每个画家要有自己的风格,确切说来,为了表现出画中的一切细节,通晓绘画艺术的处理方法对画家来说十分必要。我确信如果我这么画上一段时间,这种风格便会对我的绘画产生巨大的影响。我在今年1月已经尝试过,但随后我只能放弃,原因再明显不过:主要是我在绘画时犹豫不决。如今,半年间全心致力于绘画的时光悄然而过。还好,我重新鼓起了勇气再次开始画画……

就像你上次来之前我买了一双结实的鞋一样,我又买了一条结实又保暖的裤子,如今我就以此去应对风暴和雨天的来临。我要从风景画中学到一些我觉得在人物画中需要的技法,也就是说,要表现不同的材质、色调和色彩。你的到来使这个目标对我来说成为可能,但在你来之前,我没有一天不去思考它……

附上一小张米德沃特大街的草图。那里的菜园子属于古荷兰式的风格,它们总是深深地吸引着我……

文森特

海牙,1882 年 8 月 15 日

亲爱的提奥:

……现在,自打买了颜料和画刷以来,我已经不辞辛苦地画了七件着色的作品,现在我精疲力竭。其中一幅画有这样一个情景:一个妈妈带着他的孩子在一棵大树的树荫下,这个色调与夏日太阳照射的沙丘形成鲜明的对比。

我简直不能让自己停下来或者给自己半点的空闲……

文森特

海牙,1882 年 8 月 20 日

亲爱的提奥:

我刚刚收到了一封家书,我实在是太开心了。信中详细地述说了你的来访和你谈到的关于我的事情,还有我的工作给他们带来了安慰。这是一个进步,我认为,有了很好的反响,我得好好感谢你,尤其是你在信中跟他们讲述我的事情,尽管我知道你可能有更值得讲述的事情。

他们看起来很喜欢待在家里，这对他们来说是一个新环境，这里还充满你来访时候的气息。也正因为你那时候告诉我的几件事情，让我比以前更想念你。尤其是你告诉我关于你的健康问题，这让我更加想念你。

我现在状态很好，一直继续进行我的工作，没有什么事情可以阻挡我，这对我来说非常好。但是你明白，我并没能完全克服它。有时候，尤其是在晚上，当我很疲惫的时候，它就会困扰我，幸运的是它持续的时间不长，对我的工作没有造成太大影响。

这个星期我去森林里创作了几幅相当大的油画，我尝试着提高技巧，希望比原来有更大进步。我认为最好的无非是地面上的一块洼地……一场倾盆大雨之后，白色、黑色和棕色的沙石填满其中。我在画那一片土地时，坐在那里有一会儿了，接着电闪雷鸣，下起了大暴雨，这场暴雨持续了一个小时。

我在一棵大树底下避雨，我太喜欢这场雨了，我保持着我的姿势一动不动。当雨停了之后，一群乌鸦又在空中飞翔，这本是我所等待的。但在一场大雨之后，林地光亮的深色调土壤已经改变了我原来的想法。在暴风雨之前，我是在我的膝盖上作画，低低的，接近地面。现在我是跪进了烂泥里，类似这样的事情随时都会以不同的方式出现。我穿着一件普通的女人外套，我也并不觉得奇怪。现在我可以把那块土地带回我的工作室了，在毛弗的工作室里时，我们曾经一起谈论过这个问题，他非常肯定地说过要画这片土地。

另一幅在森林中的练习之作是以一大片葱郁的山毛榉树为背景，树枝上是干枯的叶子，还有一个穿着白色衣服的女孩。这幅画最大的难点是保持亮度，在树干之间留一些空隙，使其保持着不一样的距离，树枝的位置因为视角的改变而不同。总之，这样的创作方式能让人如同漫步其中，呼吸那里的空气，闻到树木的味道。

我尤其喜欢这两幅画，就像看到斯海弗宁恩的作品。雨后清晨，一大片伸延的沙丘，草地显得格外的绿，在草地上，黑色的渔网伸展开来，铺成一个个巨大的圆形，在地面上呈现出红黑色、绿色与灰色的色调。在这样阴沉的背景下，那里有戴着白色帽子的女人、正在张开渔网或是补网的男人，有的坐在地面上，有的站着，有的走来走去，就像奇怪的黑暗幽灵。这里的大自然是具有极大吸引力的、令人好奇的、阴沉的，可以想象得到那就像米勒、伊斯雷尔斯和德·格鲁的作品那般美丽。风景之上，灰色的天空与地平线之间有一条长长的火苗。

尽管下雨，我还是在一张上了油的水彩画纸上作画。

如果我能够并愿意继续画画，还是有很多东西值得完成的。但是在自然界中，就像这些景物，才是最触动我的东西。

大雨淋湿的景物是如此美丽,无论是雨前、雨中还是雨后。我真的不能错过任何一场阵雨。

今天早晨,我把练习的油画都挂在工作室了,我只希望能够与你谈论一下它们。

我买了很多东西,我的钱几乎都花费在这上面了。这两个星期,我从一大早就开始作画,一直画到深夜,所以说,如果我继续这样下去,那么花费就太昂贵了,除非我能够卖出一些画。

如果你能看到现在的局面,我想你也很可能会说我应该继续坚持下去,尽管它可能意味着更高的花费。尽管我自己非常喜欢作画,但是这昂贵的花费可能无法让我任凭自己的渴望和爱好去创作更多的作品,而且,我并没有因为花费了许多的时间画画而失去什么,我是带着乐趣去创作的。

尽管如此,我还是犹豫不决。绘画对我来说比想象中容易。在任何情况下,我可以肯定的是,用炭画笔绘画是我现在不得不学习的,甚至比任何时候都要迫切。我一定能够坚持下去,如果我不得不克制我油画练习的热情,也并不意味着我的绘画练习可以少付出一点努力。

我现在画了相当多的作品,都是在短时间内完成的,事实上我整天都在作画,几乎连吃饭或喝水的时间都抽不出来。

在这些图画中还有几幅小的人物画,我也画了一幅大的人物画,我擦了两次,你的第一印象可能觉得我画画有些性急。但并不是因为我性急,而是因为我觉得我可以画得更好,所以我把原来的擦掉,努力尝试画出新的东西。我下定决心要画得更好,无论花费多长时间或是遇到多大困难。我画的风景画毫无疑问的需要人物,他们作为背景存在,我需要非常认真仔细地作画,因为这些人物的色调和整幅画的效果就靠它们了。

我发现绘画给我一个很大的惊喜,同样是画画,你把东西带回家后,传达的印象会更佳,让人能更愉悦地去欣赏,同时也更精确。总而言之,这比绘画更有价值。但是在作画之前,正确的比例和确定事物的位置是绝对有必要的。如果在这里出了差错,那么一切都将落空。

我很渴望秋天。为此我得确保颜料和其他各种东西准备齐全。我非常喜爱这样的画面,墨绿的山毛榉树枝上挂着黄色的叶子,那实在是太美了,还有人物。

最近,我读了一本相当悲伤的书,杰拉德·比尔德斯的《书信和日志》。他是在我现在的年纪去世的,当我读到这本书时,我并不后悔太晚读它。他非常不开心,经常被误解,但同时,我能看到他本身有很大的弱点,他的性格有些病态。这就像是那个关于植物的故事,植物太早发芽,以至于它不能忍受霜冻,在一个晴朗的夜晚,由于根部受到摧残而枯萎。一开始一切都好,他在老师的教导下非常活跃,就像在温室里,进步得非常快。但是之后,在阿姆斯特丹,他开始形单影只,他在那里无法施展才华,最后回到家里与父亲在一起,彻底地灰心丧气,无精打采,他创作了一些油画,最后死于肺病或别的疾病,享年28岁。

我不喜欢他的地方是,他哪怕是在作画,也会很多抱怨,非常地无趣和闲散,就好像他对一些事情显得无能为力。他在他小小的朋友圈中感到很压抑,哪怕他身体很虚弱、劳累,依然继续着他的消遣和娱乐。总之,我会很快去读米勒、T.卢梭或杜比尼的作品。我读了一本书,作者是森西尔,书中写的是米勒,那使人振作。

我总是在米勒的书信中接二连三地发现问题,他总是对事情充满希望,而且他必然会付诸行动,事实上确实如此。G.比尔德斯总让我感觉到"这个星期我心情不好,事情一团糟,去了这个音乐会或那场歌剧之后,让我感到更悲伤了。"

最触动我的是米勒的"我要以始终如一的态度完成每一件事"。比尔德斯则是用他的诙谐,对马尼拉雪茄发出滑稽的叹息,他非常喜欢,但买不起,还有裁缝的账单,他都无法解决。他如此诙谐地表述自己焦头烂额的经济问题,无论是谁读了也不会笑话他。尽管这些事情被诙谐地表述出来,但我发现这些话会让米勒感到厌恶,因为他在处理这些私人困难时的态度更令人尊敬,他曾说,"要让孩子一直能喝到汤",他也不会谈论马尼拉雪茄或其他的消遣娱乐。

我想要表达的是,G.比尔德斯有着浪漫主义的人生观,他无法克服他那虚无的幻想,而我,对我来说,在我没有丢失我的浪漫主义幻想之前,我认为这是一种没有开始着手实现的优势。我现在要弥补失去的时间,努力工作。但我们得承认这样的事实,当一个人丢失了他虚无的幻想,工作就变成了一种必需的事情,毫无乐趣可言。然后随之而来的是无限的平静与祥和。

抱歉,这可能要花费一年的时间才能让你看到我所有的绘画——尽管我有时候还会给你寄一些——只有那时候我们才能一起讨论绘画中的复杂细节。我想我可以向你保证,我现在画得好的作品是有价值的。或许在1月份的时候没有成功,但是现在已经成功了。

总之,请不要认为我不关心挣钱的事。我只期望,我可以把一些美好的东西在画中表达出来,表现真实的自然,而不是只谋求畅销——作为后者,注定是会失败的。

你不是说过吗?我会有更好的机会,当然,我会继续坚持下去,不会中断的。但是,如果说我的画长时间都卖不出去,我应该说:在此期间,我要尽可能节约,绘画上节约更多的开销,如果说进展太慢就不需要开销了。

我能看到我绘画过程中的改变,我写信告诉你,因为你能够更好地告诉我,我的这些改变对作品的潜在销售能力有多大影响。在任何情况下,对我来说,我的油画看起来比素描画更能让人感到愉悦。

然而,我自己并不看重绘画给人带来的愉悦感,不看重这种微小的效应。我有自己的目标——表达更严肃、更强劲有力的东西,因此我还有大量的辛苦工作要去做。

但是如果你说:做这种小小的木刻景色、山水或海景画,那就无须坚持我认为的那些更重要、更严肃的事情了,我没有异议。但我所知道的是,它们用到的画刷、颜料和帆布都是值得的,我创作了那么多作品并不是浪费钱,那些花销都会收回来的。

我一开始就应该让这些作品更成熟一点,经过几个月,我就可以寄给你一幅,你等着吧。

我确信大多数画家都会通过这种方式站在更高的角度去进行创作。

原则上我不想把事情做得很糟、不真实或被人误解。但是我们面临这样的问题:当我达到一定的高度时,我必须创作出非常多的作品。这将更加功利性,我还能继续画这些作品吗?

如果画好的油画作品的成本有可能赚回来,那么我要告诉你的是,我会毫不犹豫地继续坚持绘画,现在我看到我的作品已经相当不错了。原则上我只反对浪费颜料,人们也可以通过其他方式学习绘画,可我还是没机会把它们卖出去。

我不想让钱浪费在不必要的花费上,但绘画能给人带来更多的愉快感受,这是很显然的。这使我不知道该怎么去做。我的钱并没有花完,但也所剩不多了——今天是20日,如果我没有弄错的话,这个月花在家庭开销上的钱比平常少了很多。不可否认,油画的材料要花很多钱,这样的开销也将持续很长一段时间。每一样东西都很贵。我希望你能快点寄一些钱给我。接受我脑海中伸出的友谊之手,请相信我。

永远属于你的

文森特

海牙，1882 年 9 月 3 日

亲爱的提奥：

我已经收到你饱含热情的来信，趁着我今天还有一点时间，我立刻开始给你回信。对于你信中的附件以及你在信中所写到的各种各样的事，我十分感谢。

你在信中描绘的蒙马特工人的场景，我觉得十分有趣。因为你将色彩传达得非常好，我似乎都能看见他们了。我也很高兴你能阅读加瓦尔尼的书，那将非常有意思。

也许法国及其郊区很美，但是在这里我们也没有什么好抱怨的。

这周我创作的作品将会勾起你对斯海弗宁恩的一点回忆，就像我们曾经一起走到那儿所看到的一样。那是一个有关沙滩、海洋、天空的创作——一大片带着柔和灰色和温暖白色的天空，一小块柔软的闪烁着蓝色光芒的大地。沙滩和海也是明亮的，因此整个画面呈现出金黄色，但是一些小人和渔帆船被赋予了耀眼而独特的色调，这让整幅作品充满了生机，同时也证明了颜色的价值。这幅素描的主体是一艘正在抛锚的帆船，在帆船还未驶入大海之前，岸边的几匹马紧紧拉着它，我将这些都融入了这幅小素描中。

这个过程真的很难，我真希望我能在画板或帆布上创作。我试着添加更多的颜色，那是有深度、有力量的颜色。

很奇怪，你和我常常有相同的想法。比如说，昨天晚上，我从森林中回来时也仍在思考色彩深度的问题，这一周我都被这个问题所吸引，尤其是在那个时候。我非常愿意和你谈论这个问题，特别是关于我已完成的作品。今早看了看你的信，你偶然间提到你被蒙马特鲜艳但和谐的色彩所打动。我不知道是否是同样的地方打动了我们两个，但我确信能让我感到与众不同的地方也同样会感染你，而且在同样的光线中，你也能看到特殊之处。

我会送你一幅有关这个主题的素描，并且告诉你它存在的问题。这时候，森林里已是深秋，还有一些我在荷兰绘画中不常见到的色彩效果。

昨天晚上，我走在被干燥腐烂的山毛榉树叶所覆盖的林地斜坡上时，我发现地面是深浅不一的红褐色，最突出的是，树木明暗交错的阴影形成的纹路穿过地面。我意识到，最难是要抓住色彩的深度以及表现地面巨大的力量和韧性。同时，当我在绘画时，我才注意到昏暗中有多少光的存在——我要让这些光绚丽夺目，并富有深度。

新生的山毛榉树从大地上生长出来,因此,向阳的一面呈现出耀眼的绿色,而树干的阴影面则是温暖、热烈的墨绿色。这些小树和红褐色地面的背后是一片天空。天空是柔和的蓝灰色,温暖,虽不晴朗,但闪闪发光。与天空相对应的还有一片朦胧的绿色,以及小树和淡黄色叶子所组成的网状物。一个戴着白色软布帽的女人弯下腰捡起一个干树枝,在一片深红色中异常显眼。苔藓和一片新鲜草地的边界在光的照耀下格外夺目,这非常难以捕捉。以上就是你最终看到的素描,我仍然觉得它有一定的意义,仍有一些东西可挖掘。

当我在绘画时,我告诉自己:不要将秋天傍晚的景色遗忘掉,因为它是那样神秘,那样重要。然而,因为这样的景象不能持续很久,我不得不快速绘画,在瞬间用一支坚固的画笔和少许有力的笔触完成画作。

大地上顽强生长的小树打动了我。我用画笔描绘它们,但是因为大地的颜色已经很深,再画上小树也会不明显。于是我从颜料试管中挤出根和树干,然后用刷子轻轻勾画形状。

现在,这些小树已经画完,它们开始生根、生长。从某种程度上说,我很庆幸自己从未学过绘画。否则,我可能会忽略这样的效果。如今我可以对自己说,这正是我想要的。如果这样不行,真的不行的话,我仍将去尝试,即使我不知道它到底应该怎样。我不知道自己是如何绘画的,我只是带上一块白色的画板,找到一块吸引我的地方坐下,我看着出现在我眼前的东西,然后告诉自己:那块白色的画板一定要变成另外一个样。我完成后,不太满意,我将画放置一旁,休息一会后,我走过去用一种敬畏的眼光重新审视它。但我仍不满意,因为我的脑海里一直存在那令人欣喜的美妙的景色,我从我的作品中也能找到吸引我自己的地方,我能感觉到这幅美景在和我对话,在向我倾诉,它告诉我,我已用速写法将其勾画下来了。

我的速写可能包含一些无法译解的文字、错误和空白,并且也会遗漏一些森林、沙滩、人物所传达给我的东西,这些并不能从一种研究方式或一些体系所提供的简便语言中得来,它们只能来自自然本身。

附寄的另一小幅素描画的是沙丘。那儿有又小又矮的树丛,它们一边是白色的,另一边则是深绿色。它们不断移动并且闪烁着光芒,越过矮树丛则是深密的树林。

你能从中看出我全心投入绘画,并且深陷于色彩的调配中。到目前为止,我已经很节制了,但我不会为此感到遗憾。如果我不能绘画,那么我将对物像没有感觉。

如果我要在画板或帆布上创作,那么花费将再次上涨。一切都很昂贵,颜料也如此,并且短期之内就会用光。这些是所有绘画者都会抱怨的事情,我们必须想想我们能做什么。我很确定我喜欢色彩,并且应该从中获得更多。可以说,绘画已经深入我的骨髓。

我比我所表达的更珍惜你忠实且有利的帮助,我也非常想念你。我希望我的作品变得朝气蓬勃、庄重而雄健,这样你也能从中得到一些快乐。

很重要的一点需要你留意下——你能否买到一些打折的颜料、画板、画笔呢?现在我不得不买一些零售的东西。你和帕亚尔或者类似的人还有联系吗?如果有的话,那就能经济实惠地买到颜料,或者干脆大量批发,比如白色、赭色、黄土色之类的颜色。这样,我们也能够对我们的钱做一些规划。一个大量用颜料的人不一定会画得多好,但是为了打一个好基础或是得到一个天空蓝,有时候一个画家就不能吝啬他的颜料。有时一个主体只需要少量的颜料,有时却要求涂得很厚。比如说毛弗,与J.马里斯比起来,他是非常节省颜料的,与米勒或者居勒·杜普雷比起来,毛弗就更省了。然而,在他工作的角落里,雪茄盒子里装满了剩余的颜料管,那和左拉作品中所描绘的晚会或晚宴过后房间角落里的空瓶子一样多。

哎,如果这个月还有额外的收入那就太好了,如果没有,那就没有吧。我还是要努力工作的,你询问我的健康状况,你的身体还好吗?我想我的治疗方法也许和你一样,那就是走出去,去绘画。我的身体很好,即使在我疲惫的时候我也热爱着它,因此我的身体正在好转而没有变得更糟。尽可能节俭的生活也是件好事,但对我来说,主要的治疗方法还是绘画。

我真诚地希望你能运气更好,请允许我在想象中紧握你的双手。

你永远的

文森特

相信我,你将会在航海素描中看到柔和的金色,在森林中感受到更加昏暗、庄重的氛围。我很高兴它们都存在于生活中。

海牙,1882 年 10 月 1 日

亲爱的提奥:

衷心地感谢你的来信,我已经收到。

前几天,我除了画水彩画,几乎什么事都没做,信封上是一幅大作品的小草图。你或许记得位于斯珀伊海峡上的莫吉曼彩排中心,有一天早上下雨,我路过那儿,看见一群人站在外面等着他们的彩票。他们中大多数都是个子小小的老妇女以及那

些我也搞不清楚他们做什么、靠什么生活的人,但是很明显,他们都是一群艰难度日的人。

当然,从表面上看起来,那些对"今日大奖"那么耐心又感兴趣的人都会让你我觉得好笑,因为咱俩对彩票毫不关心。

但是,我被那一小拨人以及他们期待的神情惊呆了,当我画草图时,我感受到比第一眼看见这个场景时更深刻的意义。当别人第一眼看见它时,就会认为它是:穷人和金钱。

他们对彩票怀有的浓厚兴趣、幻想,而彩票对我们来说相当幼稚,但当我们想到与之相关的人的时候,我们的确应该认真思考:他们为了寻求救济品所经历的痛苦和努力,正如他们所想的那样,彩票或许可以支付他们用来买食物的钱。

我又一次这么用功地画画,有时我觉得没有比画画更美妙的事情啦!

有一次我正写信呢,我的模特就来了,我和他一起工作到天黑。他穿着一件很大很旧的外套,身材宽阔得让人惊奇。

我觉得你或许会喜欢这个穿着工装男人的作品集。随后,我让他坐下,他有一个漂亮的光头,大大的耳朵,还有发白了的络腮胡。

我在黄昏时画的这张素描,但你可能只能看懂它的构图。之前它是一个整体,很快就画好了,但是,把它再拼起来不是那么容易,我也不能说我已经把它拼好了,尽管我想那样。我想把它画出来,人物大概一英尺高,或者再小点,构图稍微宽点。

但我不知道自己是否会那样做。我需要一块大点的画布,如果不顺利,可能会浪费点钱。所以,我想那样做,我想如果我继续画那些典型人物,这些东西自然会显现出来。在对模特认真研究之后,这些东西会自然而然产生,不管是以这种形式或那种形式,但它们流露出来的情感都是一样的。

我越来越意识到在塑造完形象之后把资料留着是多么有用和必要。尽管对别人来说一点价值都没有,但创作他们的人会想起资料里面的模型,能生动地反映出当时的场景。

如果有机会,请将我以前的资料还给我,我希望过段时间自己能利用它们创作出更好的作品。

毫无疑问,在那组我寄给你、很快就画好的素描中,有许多在色彩方面很棒的东西——蓝色罩衫、棕色夹克、黑白颜色还有浅黄色的工作裤、褪色了的围巾、一件已经变成浅绿色的外套、白色无边帽、黑色大礼帽、用石头铺成的泥泞的道路,还有靴子和饱经风霜的面孔,这些都急需水彩或颜料。好吧,我在拼命干活。

期待你再次写信给我——你会的,是吗?再次感谢及时汇款给我,如果我要继续画画,这笔钱是不得不花的。再见,亲爱的朋友,让我们在思想中碰撞,相信我。

这幅画上这块有点太靠前,人物有点太突出,眼睛跟前景不太协调。

文森特

海牙,1882 年,日期不详

亲爱的提奥:

这周我特别惊喜地收到了从家里寄来的一个包裹,里边有冬天的大衣,一条保暖裤和一件女士保暖外套,这真是让我特别感动……

文森特

海牙,1882 年 10 月 22 日

亲爱的提奥:

真没法告诉你收到你的来信我有多高兴,它来得这么及时,将给予我巨大的帮助。

这里正是秋天,天气多雨寒冷,但是充满了情趣,尤其对画画来说。潮湿的街道反射出天空的颜色,色调异常醒目。特别是紫色,每一次都那么美。这可以让我创作一些人们站在彩票中心前的大幅水彩画。同时,我也开始画一片海滩,这是速写草稿。

当我对风景或光线感到疲倦,我就去画人物,反之亦然。有时候无济于事,我就等这种麻木的状态过去,不过大多数时候我都设法通过改变主题来驱逐这种麻木。

不管怎样,我对画画越来越着迷。记得曾经有段时间,我对风景画感受那么强烈,相比人物,捕捉风景的光线和氛围给我留下更深刻的印象。事实上,一般来说,人物画给我一种冷冰冰的感觉,而不是温和的怜悯。

我对丢勒的一幅画记忆深刻:香榭丽舍大道板栗树下的一个老人(为巴尔扎克作的插画),尽管那幅画并没有那么重要。当时对我感染至深的是,在丢勒多数作品中所呈现的某种坚定,让我意识到我必须善于思考和体悟。忽略众多的事情,去专注地思索。

我不了解你提到的米尔热的作品,不过我希望能够熟悉它们。我是否告诉过你

我在读都德的《流亡之王》? 我觉得它真是棒极了。那些书的名字特别吸引我,比如,《生活放荡的人们》。我们距离加瓦尔尼时代的波希米亚人已经太远了啊!那时候,一定比今天更可爱、更轻松、更鲜活!但是我不确定,因为今天这个时代也有很多好东西。

此时此刻,我透过画室的窗户,可以看见壮观的光线效果。塔楼、屋顶、冒着烟的烟囱。在光明的地平线上,这座城市被勾勒出神秘、昏暗的剪影。这光线,比衬托沉重雨云的划痕还要微弱,它更集中在下面,上面则被秋天的风撕裂成正在被吹散开去的巨大的一块块和一团团。在城市的黑暗笼罩下,天空的划痕和光线使潮湿的屋顶到处闪烁着光芒(在画作中,人物可以用一笔肤色颜料来表现)。这种幽暗是一种独一无二的色调,区别于红瓦色和深蓝灰色。

杨树的叶子黄了,沟渠和牧场的边缘一片浓绿,小小的人是黑色的。如果我没有整个下午倾注于泥炭搬运工的人物画工作中,我会画下它,或者试图画下它。这幅人物画在我脑海中占据了太多空间,以至于我没法为别的任何新东西腾出空间。

我常常期待你的来信,非常地想念你。你跟我说起在巴黎跟女人住在一起的一些艺术家,他们的为人不像其他人那么心胸狭隘,或许也是在绝望地守卫残留的一些青春活力。你真是观察入微。在这里也能找到这种人。在那里,在日常生活中保存新鲜感和精神饱满的状态,可能会比在这里更艰难,毕竟在那儿需要对抗更多的潮流。在巴黎,还有多少没有走向绝望——平静的、理智的、顺理成章的、公正的绝望呢?

我最近一直在读我非常喜欢的关于塔萨尔的部分,真为发生在他身上的事情感到遗憾。

我越来越把每一点努力看作值得尊重的未来。尽管处处在失去,尽管有时感到坠落,一个人必须振作和重拾勇气。尽管事情结局常常与我们最初的想法有出入。

什么是绘画? 一个人如何抵达? 通过穿越从感知到达成之间那不可见的铜墙铁壁。那一个人如何穿越这堵墙,难道从根本无济于事的撞击开始? 我认为一个人应该从根基处着手攻破,脚踏实地,一点一点,耐心地攻破它。那么,一个人如何能持续不懈,没有分心和注意力不集中呢? 除此之外,一个人如何用准则影响和制约自己的生活? 对艺术如此,对其他事情也一样。伟大的事物不是偶然的,它们一定是有明确的意愿与渴求的。

行动源于准则,还是准则来自行动? 这对于我就像先有鸡还是先有蛋的问题一样说不清。这不值得计较。但我认为,努力增强一个人思想与意志的力量是积极并且非常有益的。

当你最终看到我这些日子正在画的人物画时，我非常好奇你会怎么想。这会引发另一个"鸡与蛋"的问题：一个人必须按照计划创作，还是把已经独立完成的画结合形成新的创作？对于我，只要一个人继续工作，就很可能回到同样的事情。

你在来信最后提到的，我与你一样，我们都热衷于站在风景背后凝视，或换个角度，我们都有分析事物的癖好。我相信，为了画画，一个人不得不在油漆画或素描画中发挥运用精确的力度。可能大自然已经在某种程度上赞成我们（在任何情况下，你和我已经拥有了它——可能我们从布拉班特的少年时代和那些教会我们异乎寻常思考的环境中获得它），但是艺术敏锐度只有在工作中发展并成熟后才会变得真切。我无法告诉你，你多么有可能成为一个非常棒的画家，我对此坚信不疑。再见吧，我亲爱的伙伴！谢谢你寄给我的东西以及这深情的支持。

你最亲爱的
文森特

我已经点燃我的小炉子。我亲爱的伙伴，我多么希望我们可以共度一晚，一起看绘画、草图和木刻画，我有了一些新的精彩的作品。这个礼拜，我希望找些孤儿院的男孩来为我当模特，也许我还可以保存些孤儿画作。

海牙，1882 年秋，日期不详

亲爱的提奥：

……有时候我特别想回伦敦。我想多了解些印刷和木版画。

我觉得体内有一股需要释放的力量，一把我不能扑灭的火焰，必须保证它一直燃烧着，虽然我不知道这会给我带来什么结果，也不该乱猜这会不会是一个令人沮丧的结果……今天我在处理埃顿寄来的一些旧画，因为我在田野里又看到了削去树枝的柳树，它已经没有了叶子，这让我想到了去年我所看到的。

文森特

海牙，1882 年，一个星期三早晨

亲爱的提奥：

随信你会收到一幅平板印刷品的手稿，上面是一个喝咖啡的男人。

我希望尽快收到你关于这部作品的想法。

我想要进一步在石头上做润色，所以我需要你的这些想法。

我认为这些版画中有一种我想要的粗糙感和非传统感在里面，这也在一定程度上让我接受了绘画中丢失的一些东西。

这部作品仅用石印石是没法完工的，还需要用墨水润色。现在只有一部分石头上色成功了，我们也不知道原因，可能因为之前我用水稀释过墨水。

无论如何，我看到沾到油墨的地方有强烈的黑色调，我希望后期能有好一点的效果。

等印刷工人有更多时间，我们会做一个实验，在印刷中加入一种洗涤剂，我们也会尝试不同种类的纸张和不同的印刷油墨……

文森特

海牙，1882 年 12 月

亲爱的提奥：

在今年过去之前，我必须要再次感谢你给我所有的帮助和友谊。

我很长时间没有给你寄东西了，但是我存了一些等你过来看。

我很遗憾今年没能画出一些好卖的作品，我真的不知道问题出在哪里……

文森特

海牙，1882 年 12 月 31 日

亲爱的提奥：

……我希望我今年没能卖出任何画作这件事没让你担心，你以前同我说过相同的事。

我现在说出来是因为我看到了我能力范围内的一些事，这些事我以前从没看到过。

有时我会想到来海牙的一年前，想象画家们组成了一个圈子或者社会，这里非常温暖、热情并且有种和谐的氛围。这对我来说特别自然，我也不认为会有什么不同。

我不敢相信这里的冷漠与不和谐已是一种常态。我不知道是什么原因导致的，我也不想去调查是因为什么，但我有自己的原则，我必须避免两件事：一个是不争吵，尽量争取和平，为了别人，也为了我自己；另一个是，在我看来，如果你是一位画

家，你就不要去尝试社会中除了画画之外的其他工作，作为一个画家，必须要避免其他社会追求，并且不要和住在福尔豪特、海牙等地方的人一样一直奔波。因为在老旧烟熏的工作室，有一种安逸和创造性，这可比那些不确定性要好得多……

文森特

海牙，1883 年 1 月 3 日

亲爱的提奥：

　　……当你或早或晚过来的时候，我可以展示给你更多，同时我们也可以谈一谈未来。你知道我有多不适应应付商人和外行人，这有多违反我的本性。我特别希望我们能够继续像现在这样，但我常常不太高兴，因为我肯定我一直以来对你来说都是个负担。

　　但是谁知道这最终不会实现呢？你能够找到这样一个人，他对我的作品感兴趣，能承担你在最困难时肩负的困难。

　　这种情况只会发生在我的作品被证明是重要的时候，当它们的好可以比现在更不言而喻的时候。

　　我本希望我有一个简单的生活，但后来，为了做更伟大的事情，我要有更多的开支。我想我应该总是和模特合作，应该总是这样……

文森特

海牙，1883 年，日期不详

亲爱的提奥：

　　……如果你能再寄来一些钱那是再好不过了，可以吗？我很犹豫向你提出这个要求是因为你才写信谈了你自己的状况，对这些我都非常关心和同情。

　　但是我现在的情况是因为工作太努力了，我稍微欠了一些钱，当我收到钱时，我需要将一半的钱一次性支付出去。

　　我不能像我们过去那样节省地生活，我已经尽可能地节省了，但我仍需要工作，尤其是最近这几周，几乎快要失去控制了，这都是花销带来的。你是否有可能再寄给我一点钱？

　　我相信当你看到这些作品时你会理解。唉，原谅我谈起这个事吧，我也不能做其

他的了,现在我连日常开销也拖欠着,因为我在十天前就已经一分钱都没有了……

文森特

海牙，1883 年，日期不详

亲爱的提奥：

……现在茜恩正带着孩子坐在我身边。想起去年,我觉得还是有很大区别的。

茜恩变得更强壮、更胖了,也越来越平静。

孩子是个你能想到的最美、最健康幸福的小家伙,他啼叫起来就像一只公鸡。

你从我作品中看到的那个可怜的姑娘,她之前深重的苦难并没有消失,我总是非常担心她,但比去年还是有很多变化,现在她看起来更像个孩子了。

虽然说还不太正常,但情况比我去年预想的好多了。

在茜恩身上,一些母性的东西展露出来了,这种东西愈加强烈,她被拯救了……

文森特

海牙，1883 年 2 月 3 日

亲爱的提奥：

……我最近感觉特别累,恐怕是工作过度了,过度劳累导致的萎靡不振多么可怕啊! 当时的生活像洗碗水一样,但它现在变成了像灰堆一样的东西。

在这样一天,一个人希望有朋友的陪伴……

在这样的日子里,我有时非常担心我的未来,对工作沮丧,感到特别无助……

文森特

海牙，1883 年 2 月 5 日

亲爱的提奥：

我仍然觉得自己特别贫穷。我觉得眼睛有时特别疲劳,我必须要注意了,但当时我没太在意。结果,就在昨天晚上,眼里有一些特别浓重的分泌物,它和眼睫毛粘在了一起,我的视力模糊,眼睛出了问题。

从 12 月中旬起,我就不间断地劳动,尤其是脑力劳动。这周我走到户外给自己

提提精神。我洗了澡,用凉水冲脑袋,等等。但在这样一个感觉特别痛苦的时候,我还有一堆习作需要完成,可它们一点也提不起我的兴趣,我觉得它们都很差劲……

文森特

海牙,1883 年 2 月 8 日

亲爱的提奥:

……生命真是个谜团,而爱是这个谜团中的又一个谜团。

自从我上次写信给你后,我休息了下我的眼睛,这对我来说非常好,虽然它们偶尔还是会疼。

你知道吗? 我最近总是会不自觉地想,在一个画家人生的第一阶段,他总是把生活弄得特别困难——一种不能掌控作品的感觉,一种不确定性。他总有想进步的雄心,总是缺乏自信心,他不能避免一种特定情形的激动,他总是急急忙忙地催促自己,虽然他并不喜欢被催促……

有时我想做一个实验,想要尝试以一种截然不同的方式工作,这便是再大胆些、再冒险些,但我首先想从模特那里学到更多有关人物形象的知识……

有时候我不敢相信自己现在才 30 岁,我觉得我要老得多……

文森特

海牙,1883 年,日期不详

亲爱的提奥:

我最近总在吉斯特散步,我去年初时常和女士们一起在那儿的街道和小巷散步。

天气是潮湿的,彼时彼地一切都是那么美,当我回来,我会和那些女士们说“那里像去年一样美”。我告诉你这些是因为你之前说起失望,不,不,在爱和自然里都有凋零和萌芽,但是并没有什么东西是完全消失掉的。退潮和洪水也是真的,但海洋还是海洋。

在爱里,不论是对女人还是对艺术,都有更多的疲惫和无能,但并不是持续的失望。

我认为爱和友情不仅仅是一种感觉,而是一种行为,就这点而言,它需要努力和行动。而精疲力竭和急躁便是其后果。

我认为，诚挚的真爱是被祝福的，但也可能偶尔会有不幸。

有时我很遗憾同住的女人不了解书籍和艺术。但现在的我还是很大程度上和她有关联，这难道不是我们之间诚挚关系的证明？也许她以后会明白的，这有可能会加强我们的联系，但她现在要照顾孩子。

书籍和艺术是给我们这样的人的。那些站在真实生活里的人会厌烦我，但是在外边的人，会理解我并且感觉很自然。

文森特

海牙，1883 年，日期不详

亲爱的提奥：

……听到有一些关于水彩奇特的说法："水彩是恶魔的东西"，另外一个是惠斯勒说的："是的，我是在两小时内完成的，但是为了在两小时内完成我已经练习多年了。"

我已经听够了，我太爱水彩了，以至无法完全放弃它，我一次又一次地画水彩画。但所有事情的根基都是对画像的认知，所以一位画家要能够毫无困难地画出任何状态下的男人、女人和孩子。

文森特

海牙，1883 年，日期不详

亲爱的提奥：

……我感到体内有一股炽热的渴望在驱使我前进，鞭策我进步。此外还有一件事让我干劲十足，拉帕德也在用尽全力工作，比以往要专心得多。我想跟上他的进度，因为这样一来我们俩就能更好地相处，还能以对方为模特多画一些肖像画……

文森特

海牙，1883 年，日期不详

亲爱的提奥：

……我本来不想这么快就给你写信的，但是，如你所知，我正在尝试一种新的绘画风格。今天，我用剩下的彩色粉笔头又画了一幅线稿，然后用颜料上色。我觉得我已经摸清了彩色粉笔的全部属性，用它来描绘大自然里的景物实在是再好不过了……虽然这幅线稿还不够完美，但是只用了一点颜料就让整体效果大为改观，我想你应该能看出这种变化，和昨天的那幅画相比，今天的颜料使用方式有所不同。我在昨天写给拉帕德的信中和他探讨了颜料的使用，因为我得给他讲解关于刻制的相关知识，所以我还想给他邮寄一些用这种方法完成的线稿。在给我们的宝贝画肖像画的过程中，我在画面的不同位置使用了这种方法，我发现它对素描来说同样适用。使用面包屑可以营造出一种半明半暗的色调。但这种方法并不适用于要画很深的影子的时候，不过在许多例子中，使用彩色粉笔会让色调丰富起来……

文森特

海牙，1883 年，日期不详

亲爱的提奥：

　　……我得告诉你一件让我惊喜的事。我收到了一封既热情洋溢又恳切动人的信，信是父亲寄来的，随信附寄了 25 盾，似乎是给我的。父亲在信中说，他最近收到了一些钱，至于数目是多少，他还没来得及统计，他想寄给我一些。父亲真是太仁慈了，但是，他的这个举动还是让我有些发窘。

　　我脑子里突然不由自主地冒出了一个念头。父亲会不会是从别人那里听说了我生活得很困窘呢？我希望他不是因为听到这些才给我寄钱的，因为我认为这种关于我生活状况的流言是失实的，只会给父亲平添忧虑。你会比父亲更能理解我的处境，我跟他也解释不清楚。

　　在我看来，我像一个大富翁一样富有，虽不是钱财方面的，但的确很（虽然这种感觉并不是每天都有）富有，因为我在我的工作中找到了能让我全身心投入的东西，它给我生活以动力和热情。

　　我的心情起伏不定，但很多时候，我的内心都很平静，我信仰艺术，它好似一股充满力量的激流，对此我深信不疑，它推动着人前进……

文森特

海牙，1883 年 3 月 21—28 日

亲爱的提奥:

在往昔岁月里，你经常向我描述巴黎的旖旎风光，如今也该轮到我向你展示我居所窗户外被白雪覆盖的庭院。同时我也会将视角转向房子内部的一隅，毕竟它也是这冬日里动人心弦的一部分。

我们生活的每一处都被抹上了诗情画意的色彩，但当它们被定格在画布之上时，却犹如水中幻影，虚幻缥缈，大失其色。我为信件最前面的素描创作了一幅水彩画，但它仍然不够鲜明，并且缺乏力度。

我记得自己曾经写信告诉你，在这座城市里能够找到一些采自山上的粉笔，而我现在就将它作为创作的原料。

在我看来，过去一个星期的冰天雪地、寒冷刺骨是这个冬季里最美妙的一部分。它在大雪和神奇雪橇的点缀下是如此美妙绝伦。而且它同样也属于典型的冬日天气，如果我能够如此称呼它——这是一种能够触发旧日回忆，并唤起对发生在驿站马车和邮差轻便马车时代的故事的回忆的天气。

那些故事类似此刻我在如梦似幻、心醉神迷之中画的一张素描。画中描绘了一位先生因为错过班车或之类的事情而被迫滞留在乡村的一间旅馆。他在晨曦之中起床，要了一杯白兰地以抵御寒冷，此刻他正在付钱给女房东（一个戴着农民帽子的小个子女人）。时间尚早，天刚刚露出一点光亮，他必须赶上下一趟邮差轻便马车。月光如洗，透过窗户能够看到外面的白雪在微弱的光线中明灭不定，世间万物都笼罩在一片神秘莫测和琢磨不透的氛围之中。这个故事连同素描本身并没有任何意义，但或许能够帮助你理解我想要表达什么，就是说所有事物都有某种特殊的韵味以至于你想将它们快速地在纸上记录下来。总之，整个自然在一片银装素裹之中展现出了无与伦比的美丽。

现在我正用粉笔画一幅粗略的素描，不妨也给你展示一下吧。一个女孩在摇篮旁边，像极了你曾经提及的那个女人。采自山上的粉笔真的是一种神奇的存在。我的另外一张关于驳船船主的素描是在一幅使用中性色彩和深褐色颜料创作的水彩画之后完成的。

如果我最近送给你的几份薄礼显得寒碜和微不足道，这实属意料之中。实际上，我相信它能够彰显的意义也只能如此。一个必然的事实是，如果一个人想要领会和

沉醉于黑白（白雪皑皑）世界的美感之中，他必须倾尽自己所有的时间和精力，而这显然难以实现。我想说的是，创作 10 幅素描与创作 100 幅速写、素描或者其他类型的作品是截然不同的。并非仅仅是数量的问题，请忘记数量。我想说的是存在一种对于世间景象的耐心，以至于一些人能够以十种不同的方式和形态去表现同一幅画像，而另外一些人却只采用水彩或油画等一种方式。

也许画作中十之八九是不合格的，当然我希望这并不是一种常态的比例，但实际情况就是如此。不过这也并不意味着其他画作是徒劳无功的，因为随着时间的流逝，有一些现在不成功的作品会在未来获得价值和地位。

正因为如此，我相信你下次来的时候，能够察觉到新的蛛丝马迹，挖掘新的价值并给我中肯的建议。我不是特别熟悉勒麦特的绘画（你应该记得我曾经向你请教过），我熟悉的是席瑟的水彩画和他的旧版画。虽然我并不熟悉他现在所有的黑白画，我想要再次强调的是，当你在信中对我谈及某一幅素描时，对我而言实在是很难理解你字句之间的确切意味，如"你就不能做出一些调整以接近上面提到的那些绘画作品吗？"我很确定那些画家的确比我优秀很多，而我也将持续不断地努力，难道你不同意吗？所以这个障碍倒并非不可跨越。但我还是想要再次向你说明，假如真的要创作一些契合上述特质的作品，我需要对这个世界有更多的耐心。当然，我也不会放弃坚持不懈的努力和矢志不渝的毅力。

虽然我已经认真听取你的建议，并尽力将它融进自己的创作过程，但如果我送给你的粉笔画不合你的心意，请不要迟疑，立刻退还给我，因为你坚决而真实的态度对我而言是一种信任。日后，只要我领悟了你话里的真谛，就会践行之前所说的原则，譬如，为了完成一幅合格的作品而至少要画十幅作品。总而言之，我希望你下次到来时，能够看到一个精力充沛、斗志昂扬的我。同时，你一定也要明白，有一些人虽然没有明确的目的，但仍然能够热情洋溢地投入艰苦的工作，如果他能树立目标，往往能事半功倍。上述规律同样适用于绘画。

我最近疯狂地迷恋上菲兹·伦特德的作品《干枯的香草》，你知道的，那种感觉就好像是欣赏科内斯或者沃迪尔。

你知道一个叫作拉格梅的画家吗？他的作品风格鲜明，自成一派，我收藏了他的一些木版画，还有一些他在吉卜赛和日本创作的绘画。当你下次来的时候，一定要再看一看，因为自从上次之后我又收集了一些新的作品。

阳光明媚耀眼，一切事物都闪烁着使人心醉神迷的光芒。无论如何，这就是真爱啊，这是一件何其美妙的事情！爱是恒久不变，万古长存的，它或许会乔装打扮，但万变不离其宗。当一个人陷入真爱之中,它会发生脱胎换骨的变化,就好像一盏孤灯突然之间被点亮了。灯一直都在那里,而且完好无损,只是它现在才获得被点亮的机会,并最终能够物尽其用。一个人会因为爱而对世间万物保持一种平和包容之心,也因此能够更好地沉浸在工作状态之中。

那些古老的救济院是如此精致美丽,奇怪的是很少有人能够察觉到。可以说在海牙的每一天,我看到的美景是大部分人视而不见的景象。

是的,这些时常逼迫我不停思考。我记得自己和亨克斯进行过一次似乎能够洞穿事物本质、看透世间真相的交谈,他给我的触动是如此深刻。他好像要故意回避最深沉、最美妙的事物,迅速收缩自己的感官并且剪断想象的羽翼。我开始逐渐心存敬畏,终于明白返璞归真的意味。不过年老的生活放荡的人非常反对这种观点。而且在有些人眼里,生活放荡不羁的人同样不是好东西,但我要告诉你,终究还是会有一些人想吃新蛋糕,并且任由果酱沾满脸庞。烛光熄灭,顺其自然,但没有必要过早地使用烛剪。再见。

永远属于你的

文森特

海牙,1883 年,日期不详

亲爱的提奥:

……我画了一个播种者、一个割草人、一个在洗衣盆旁的妇人、一个女矿工、一个女裁缝、一个挖掘者、一个扛着锹的女人、一个救济院的男人、一个祷告的人、一个推着装满粪肥的独轮手推车的人。如果可能的话,我的画笔下还会有更多的形象,不过我想你应该能够体会描绘他们的过程,单凭观察和思考,是不会让人对他人的作品满意的。与之相反,假设这个人真的很欣赏,他会这样说,是的,这两者很相似,但这个作品还是技高一筹,也更严谨……

文森特

海牙,1883 年,日期不详

亲爱的提奥:

……最近我在尝试用印刷的油墨画画,我先用松脂稀释,然后用刷子作画。呈现在画纸上的是一种很深沉的黑色。加入中国白调出来的灰色效果也很好。加入一些松脂后,还可以用少量的水冲洗画纸……

文森特

海牙,1883 年,日期不详

亲爱的提奥:

……一个女人,或许她生来是善良或高贵的,如果她迫于生计,又没有自己家庭的庇护,她就会面临危险,堕入出卖自己肉体的泥沼。保护这样的女人有什么更适宜的方法呢? 如果没有别的什么办法,那么娶她为妻吧。

原则上讲,我认为至少应该有人一直保护着她,直到她彻底安全。用自己的胸怀去庇护着她,即使缺少真爱。

也许这是一种理性上的婚姻关系,而不是出于个人考虑意义上的婚姻。在我刚说过的话中, 你会发现我对这个问题的想法——我们能帮助一个不幸的女人到什么地步? 答案是:无限期帮助。然而,倘若双方真的相爱了,忠诚是首要的前提,我记得你曾说过,"婚姻(指的是合法的婚姻)真是让人捉摸不透。"你的说法恰好说明了这个问题。基于此观点,我声明我也不知道信守忠诚是更好还是更糟。人们管这叫作"困惑",这也使我更糊涂,我也希望有人能完全弃之不顾。我觉得有句话说得好,"一个人结婚,他不只是娶了那个女人,而且还承担了一个大家庭",处境不好时就会感到十分的棘手与痛苦。

文森特

海牙,1883 年,日期不详

亲爱的提奥:

……正如我先前在信中谈到的女人和她们母亲间的关系,我可以向你保证,对我来说,接济女人带给我的困难十有八九都直接或间接地源自这种关系。

然而那些母亲心地并不坏,尽管她们总是做些不恰当的事。

但她们并不知道自己在做什么。

五十岁上下的女人容易变得疑虑重重,或许混在她们中间自己也会变得多疑且油滑……

在女人们和其母亲的关系这方面，你知不知道我持何种态度？于我而言明显都是痛苦的结果——那位母亲与我们住在了一起。这是今年冬天由我提议的，当时她的母亲十分窘迫……

今早收到了你寄来的钱，我已经差不多一周时间都身无分文了。而且，我所有的绘画材料都用光了。我从斯马尔德斯那儿赊了许多画纸。尽管目前我根本无法负担如此开销，但很多材料，如雕刻师的画墨和石印，我都十分渴求。我还不得不承担一些日常花销和准备口粮。同时，为了继续工作下去，我还要向模特们付费。虽然向你提要求真的令我十分过意不去，但如果可能的话，再给我寄 10 法郎吧。我一周的工作就指望着这些了……

文森特

海牙，1883 年，日期不详

亲爱的提奥：

……如同治疗她的医生告诉我的一样，那个女人完全恢复健康要几年的时间。也就是说，她的神经系统依然十分敏感，而且她很容易多愁善感。

更要命的是，她又开始犯先前的错误。我称之为"在有所好转与重拾恶习间的反复不定"，这令我深感担忧。她的情绪捉摸不定，发脾气、恶作剧、坏习气，甚至连我也快失去了耐心。我有时真是陷入了绝望。

小男孩却表现得很好；小女孩曾病得很重，也没得到好的照顾。

然而，小家伙真是个生命的奇迹，似乎他早已与自己抗争，如今又蔑视一切社会制度与条例。据我所知，所有婴孩都是靠喝粥和吃面包长大的，但他拒不这样。尽管他还没有牙齿，他硬要咬一片面包，还能发出些怪声，叽里咕噜地吞下一切能吃的，他喝粥时从不张嘴。他总是待在画室的角落里，或在一些破布袋上。他会对着图纸哼哼唧唧但来到画室就变得异常乖巧，因为他似乎在找什么。他真是个惹人喜爱的小机灵鬼……

文森特

海牙，1883 年，日期不详

亲爱的提奥：

……拉帕德来过了，我向他借了 25 盾，答应到了秋天就还他。我很高兴见到他。他一大早就来了，一直待到晚上末班火车才离开，我们一整天都在欣赏陈列品和画作，他还用打印机的油墨和松脂去画草图，就想看看能画成什么样。我明天去他那里看他的作品和画室。真是美妙的一天，他的外表和举止言谈都有所改变。对我来说，较之先前我更喜欢现在的他。

他的臂膀如今更加宽阔，我想他看东西的视角也同样开阔……

文森特

海牙，1883 年，日期不详

亲爱的提奥：

……老弟，你知不知道这个女人给我造成的困难是什么？就在上次给你写信时，她的家人试图把她从我这里带走。除了做她母亲的工作，我没干预他们任何人，因为我不信任她家的其他人。我试着去了解那个家庭越多，我就更加坚定我的念头。现在，就因为我阻止他们到我这里来，他们就企图暗中算计谋害我。我对这个女人说明了我对她家人意图的看法，告诉她，她必须在我和她家人之间做出选择，我不想她与她的家人还有任何瓜葛，最关键的是，我认为她与家庭的关系会让她重回之前悲惨的生活。她们家的要求是她和她母亲应当为她的兄弟料理家务，她那个兄弟离了婚又是个无耻的流氓。她家人劝她离开我的理由是我没什么钱，而且我这样对她也没好处，只能让她做模特……

文森特

海牙，1883 年，日期不详

亲爱的提奥：

我热切期盼的你的来信昨天收到了，多谢。近来我手头十分拮据，我已经身无分文了。过去一段时间那个女人没有奶去喂养小宝贝，我也非常虚弱。绝望中，我尽最后的努力求助于特斯提格。我觉得我已经没什么可失去的了，或许这倒是个能使情况好转的办法，所以我带了张大点的素描过去，就是最近写给你的信里提到过的这张画。我在画面中的土堆前安排了一排挖掘者，有男有女，背景中能瞥见一个小村庄的层层屋顶。我告诉特斯提格，虽然我充分地认识到这幅草图对他来说不算什么，但我还要向他展示，因为他已经许久没看过我的作品了。对我而言，因为我还想证明对于去年发生的事我并不怨恨。还好，他说他也没什么可憎恶的。至于绘画，他说我去年该画些水彩画，为了不再重复自己的意思，他就不再多说什么了。我告诉他我偶尔也尝试着画水彩画，在画室里也画好了一些，但我自己还是更倾向于其他类型的画，我尤其对人物画越来越有热情……

他表示他很高兴从画中看到我正在工作，我问他是否还有什么让他怀疑我正在工作的理由。过后，有人给他发来电报，我便离开了……

文森特

海牙，1883 年，日期不详

亲爱的提奥：

……我的画就快要完成了，画中画的是一个播种人在尽是土堆的宽阔麦田里劳作。我认为这次画得比之前画的播种人更好。

我至少已经画了 6 幅独立人物画，这次我把人物更多地置于周围环境中。此外，我细致地探索着大地与天空的画法。

而后我又对燃烧的野草、背着一麻袋土豆的人、推着独轮车的人进行了练习。我想起特斯提格让我画些水彩画的建议，但我不明白如果背着袋子的人、播种的人、挖土豆的老人、推小车的人、烧野草的人出现在水彩画中，又该如何彰显他们的人物特征。

文森特

海牙，1883 年 7 月 11 日

亲爱的提奥：

我总是怀着一种忐忑不安的心情翘首期盼你的来信，如今终于如愿以偿，顿感欣慰。诚挚感谢你的成全。

你在信中描述的展览引人入胜，精彩纷呈。不过能在下次的来信中告诉我你最钟爱杜普雷的哪一幅画吗？同时，你关于特鲁瓦永和卢梭的翔实介绍也让我能够准确地知晓他们的创作方式和绘画技巧。

一些来自特鲁瓦永前公社时代的其他绘画作品隐约弥漫着一种迷离的戏剧氛围，虽然并没有真实的人物角色跃然于上。当伊斯拉尔斯在谈论朱尔斯·杜普雷的一幅作品(梅斯达赫的放大版)时，能够看出他完全领悟了上面那句话的真谛，"它就像是一幅人物画"，散发着一种无法言说的戏剧魅力，让人沉沦其中，欲罢不能，在时空的凝固和定格中独自获得内心的洗礼与自愈。你一定看过雅克派早期那些略显夸张的绘画，它们或许也是为了营造上述虚幻的戏剧效果，而有眼无珠的普罗大众则一如既往地视而不见。

现在来谈谈卢梭吧。在雨后的秋日，草地一路绵延到视线尽头，无限远处，画面的前景是遍布奶牛的沼泽地。对我来说，这或许是卢森堡最美妙的一轮红日。强烈的戏剧氛围在这些绘画中无处不在，而且独一无二，大自然仿佛在其中展露真容和本质。伦勃朗的雕像也会给人营造同样的感觉。我们或许可以说，这并非仅仅是自然，而是一种天启。在这样的作品面前，我们本应该心悦诚服，顶礼膜拜，但是不出意外，凡夫俗子们只会觉得它们是夸张繁复和矫揉造作的。

噢，我必须告诉你德·博克来看我了，这次会面相当愉快。另外失联很久的布雷特纳竟然也在昨天意外来访。我很开心，因为和他一起外出散步是我最初来到这座城市时最美好的回忆。我指的当然不是漫无目的地晃荡于大街小巷，而是追寻和发现这座城市与众不同的特质。这种体验只有他才能够带给我，其他人能给的只是关于这个城市的丑陋与缺失。这座城市在某些时候也会闪现魅力四射的光芒，难道你不这样认为吗？

譬如昨天，我在努尔登堡看到工人们忙碌地拆卸宫殿对面的侧墙。所有人身上沾满了白色的石灰水泥，手推车和马匹环绕四周。寒风瑟瑟，阴云密布，所有这些景致烘托出别具一格的奇妙风格。

我去年遇见了 V.D.费尔登，那天晚上我在德·博克的家里看他的素描。我曾经跟你说过，他给我留下了很好的印象，虽然他不苟言笑，并且不善交际。在初次见面的时候，我就坚信他是一个天才画家。他拥有一个方形的、哥特式的大脑，让人联想到粗鲁或者冲动。他有着结实魁梧的身形，同时又长着一张眉目慈善的脸，事实上和德·博克正好相反。他身体内似乎隐藏着一股男性气概和强大能量，哪怕只是面无表情，沉默不语地站在那里。希望在未来能够和他有更密切的接触，这或许可以通过 V.D.维勒的引荐实现。

我上个星期天在 V.D.维勒的住处。他在奶牛庭院创作了一幅关于奶牛的绘画,关于这个主题他之前做了一些相关的先锋式探索。而随后他会去一个乡村。

为了转移一下创作重心,我最近在乡村画了一些关于玉米地和土豆地的水彩画。同时也创作了一些自己一直梦寐以求的人物风景画。

信封中就是它们的潦草素描。一幅描绘的是人们在焚烧种子,另一幅是展现人们从土豆地回家的情形。我一直想认真创作一些人物画,主题则聚焦在人们工作的场景。

你计划 8 月初来荷兰真是一则让人欢欣鼓舞的消息,就像曾经一直对你说的,我非常期待再次见到你。

我热切地期盼从你那里听到关于女性在艺术领域逐渐崭露头角,并占据重要位置的消息。我觉得这是一条需要持续推进的路线,但是任重道远,还需要更多努力。有时你能够在素描本中发现一些剪贴簿,虽然形式潦草,但毕竟试图表达一些东西。

我已经和德·博克谈论过这件事情,所以现在当我在斯海弗宁恩工作时能够将自己的东西寄存在他家里。同时,我也希望能够尽快再次拜访布洛默一家,因为我与德·博克谈论过十一月时他在沙龙的作品。有一张我非常喜欢,他一定还保留着草图,我想要一睹真容。

由于我不久将要去伦敦待一段或长或短的时间,我相信这是推进自己工作难得的机会,同时也能遇见一些良师益友,学习很多新的绘画技巧。我向你保证在那边不会缺乏创作素材和灵感,毕竟泰晤士河两旁水天一色,风光秀丽。

另外,当你下次来访时有几件重要的事情要讨论。希望你不要太过匆忙,我们真的有太多东西需要探究。特别的,我要做一些关于布拉班特省的耕地、纽恩南的纺织工人和乡村教堂的研究。

再次感谢你的来信。务必珍重。你是否考虑带你的女伴来荷兰或者你觉得这是一个荒唐的建议？再见,我亲爱的伙伴,挥手致意。

永远属于你的

文森特

海牙，1883 年，日期不详

亲爱的提奥:

……重拾画笔让我有些难过,因为一切并没有按照我所想的那样进展,我反倒希望自己没有重新开始画画。没有颜料，我一笔也画不下去，可是颜料太贵了，我已经欠了勒尔斯和斯坦姆一些钱了，他们不愿意再借给我。可我依然如此痴迷于绘画……

文森特

海牙，1883 年，一个星期天晚上

亲爱的提奥：

……事实上，除了你之外我再没有别的朋友了，在我情绪低落的时候，我常常想到你。我多么希望你能在我身边，能同我商量一下出国的事。

除了我之前和你说的那些事，一切如常，只是我好像有一点发烧了，我感觉有些难受。需要花钱的地方实在是太多了，房租啦、画画啦、面包啦、杂货啦，还有修鞋子，天知道钱怎么这么不经花，现在我手上的钱已经所剩无几了。更糟糕的是，过完几周这样拮据的生活之后，个人内心深处与命运抗争的想法最终会消失殆尽，转而被无尽的困厄所取代……

事情现在看来一团糟。只针对我一个人也就罢了，可是一想到那个女人还有那些可怜的孩子，任谁看了都会激起他的保护欲和责任感……

文森特

海牙，1883 年，日期不详

亲爱的提奥：

……假如我能治好我的精神病，我会努力生活，发奋前进。我不得不一次次地推迟买些有营养的东西来吃的计划，因为我得考虑其他人，还得为工作节省开支。可是我感觉自己已经有些江郎才尽，相较身体强壮时相比，我的画作已经无法再取得进展。我已经能够清楚地预见我糟糕的精神状态会对我以后的工作产生多大的影响。别担心，没什么大事，这只不过是因为过度操劳和营养不良而导致的虚脱而已。那些在背后议论我，说我有病的人又要开始四处说我的坏话，这是最严重的口头诽谤，等你到这儿来了，千万别提起这事儿。目前我工作上遇到的瓶颈是另外一回事，我相信等我身体好些了就会有所改变。我热切地期待着你的到来，我们能一起反思我的工作，能再次见到彼此……

文森特

海牙，1883 年 8 月

亲爱的提奥：

……不知为什么，我常常禁不住会有一个念头。绘画在我的生活中开始得有些晚，而再多活几年对我来说也只是奢望。

至于生前我所能工作的时间，我确信我的身体还能撑大概 6 年到 10 年。

这是我最期待的一个时期，其他方面，由于想法太疯狂，以至于我不敢对自己有一个明确的看法。因为这首先取决于那 10 年，不论 10 年之后会发生什么事。

在这些年中，如果一个人精疲力尽的话，那么他将活不过 40 岁；如果一个人保存了足够的力量来抵挡一些可能降临的打击，并能设法处理身体上不同形式的疾病，那么等他到了 40 岁至 50 岁时，他将会重新开始一段新的，并且相对来说正常的旅程。

但是这样的预测在目前看来并无多大意义。事实上，就像我开始所指出的，一个人应当为自己做一个 5—10 年的规划。我并不打算逃避情感或困难来让自己放松——这跟我是否活得长久没有多大关系。

另外，对于我身体的构造，我无能为力，因为那是一个医生所能做的。因此，我继续像一个无知的人一样活着，我只知道一件事：几年内，我必须完成大量的作品——其实我无须着急，因为着急也没有用。相反，我必须在完全的平静和宁静中继续工作，并且尽可能地有规律和更加专注。

到目前为止，世界之所以还没有抛弃我仅仅是因为我还欠它一笔债务。可以说，我在这个地球上已经走过了 30 年，出于感激，我想要留下一些像绘画、油画之类的纪念品——这并不是说我想取悦于这个或那个学派，而是想表达真实的人类情感。

所以，作品是我的目标。当一个人专注于这个想法时，他所做的一切都简单化了。他不再是糊涂的，而是有一个明确的目标。目前，我工作的进展很慢，但我没有浪费任何时间。

纪尧姆·雷蒙德并未留下什么特殊的荣誉（有两个雷蒙德，F·雷蒙德画日本人，他是纪尧姆·雷蒙德的兄弟），然而，他却是我给予极大尊重的一个人。他逝世时 38 岁，他的生命中有将近 6 年到 7 年的时间都以一种特殊的方式奉献给了绘画，那个时候他都是在患有身体疾病的状况下工作。他是众多杰出的人中非常优秀的一位。

提到雷蒙德，我并不是想要将自己与他作比较，我没有他优秀，我只是想举一个具体的例子来说明自我控制力和意志力，这两者是由一个令人振奋的想法支撑起来的，因此，即使在困难的处境下，也能表现出雷蒙德是如何在完全平静的状态下好好工作的。

基于此，我告诉自己要在几年内成功地完成一些事，并且在这一过程中饱含真心、爱和毅力。如果我活得更长久些，那固然很好——但我不那样想。在那些年中，我必须成功地做一些事，这个想法指引着我所有的计划。现在你将能更好地理解为什么我有继续向前的渴望。也许你也能够理解我的看法，我并不认为我的学说是孤立的，因为它们一直都是一个整体。

文森特

海牙，1883 年 8 月 18 日

亲爱的提奥：

我希望你可以理解的还有许多事情，我必须继续下去。你知道绘画中错误的视角是什么吗？它与绘画细节中的错误不同，且比它更糟糕。一个单独的视角可以决定整幅作品的倾向，以及怎样能够让整幅作品更好。

好吧，在现实生活中也有一些东西与此类似。当我说我是一个贫穷的画家，并且还要进行多年的斗争时，我不得不说我必须像一个从事体力劳动的农民或工厂工人那样合理安排好我的生活。然后接下来的事情就形成了固定的观点，如果他们不从整体的视角来看，这些事情就脱离了语境。

许多身处不同境遇中的画家能够而且必须表现得不同，每一个人都必须自己做决定。当然，如果我有一些别的机会，能够换个环境生活，也没有一些重要的事情发生，那我的行为举止也会有所不同。然而如果用一些轻微的问题来指责我越权行事，并且最终证明我其实有权利这么做，那么这微小的建议也会让我收回我和某些人交流的意愿，甚至是我的家人。所以我们目前面对着这样的事实：除了工作，我对什么也提不起兴趣。

然而，事实上，事情相当简单，但对我而言，说出这些事情并不容易。和这些深层的问题紧密相连并不是它们的不幸。考虑到两者都占有很大的比重，没有任何事情可以比内在义务与爱之间的斗争引发更多的苦恼。当我告诉你我选择责任，一切在你看来都非常清楚了。

在我们散步过程中的谈话,让我意识到我并没有任何改变,我所受到的感情上的挫败会成为我永远的伤害,它被埋藏得很深,并且不会痊愈。从现在开始,那伤痛历久弥新。

我希望你可以明白最近我身上正在进行的斗争,现在仍然是未知的。我会坚持成为一个有荣誉感和保持双倍责任感的人。

我从来没有怀疑过她,我现在仍然没有怀疑她,并且以后我也永不会怀疑她有任何经济上的动机。她做的是符合理性的事,只不过是别人过分夸张了。况且,事情既然发生了,如果我一开始就断然拒绝了她,并且发誓绝不会和她有更进一步的联系,那么事情就不会发生了。

我尊重她的责任感,我从来没有怀疑过她,并且不会怀疑她在任何事情上的意图。

就我而言,我只知道这么多,不推卸责任很重要,但是也不能向责任妥协。责任是绝对的,会产生怎样的后果呢?我们并不需要对它们负责,对于责任,我们应该主动去做或者不做一些事。

祝你旅途愉快,尽快回信,但是你现在知道我将怎样面对我的未来。我保持着平静,从我的脸上看不出任何内心深处的斗争。

你永远的文森特

海牙,1883 年 8 月 19 日

亲爱的提奥:

……她被挽救而没有被摧毁,这太好了。

今天早上她对我说:"对于之前所做的事情,我甚至没有思考,也没有与母亲说过。我只知道如果我不得不去,我就不能赚到足够的钱,尤其是我还要支付孩子们的膳食费用。如果在这种情况下,我依然走在街上,那一定是因为我必须这样做,而不是因为我想这样做……"

如果你已经向科尔叔叔说我要离开那个女人的事,请立刻收回你的话。我不能做残酷或者不仁慈的事。我不知道今后是否会快乐地和她在一起,也许不会。这必然不会完美,幸福不是我们可以为之承担责任的事情,但是我们应该要追随良知……

文森特

海牙，1883 年，日期不详

亲爱的提奥：

……你可以用一个很小的证据来证明这个女人的性格是多么不坚定。我告诉过你，她向我保证不再去看望她的母亲，但她终究还是去了那里。我告诉她，如果连3天的承诺她都不能信守，又怎能期待我认为她适合永久地坚守承诺呢？……

你认为如果她离开我，对她会有好处，这一点我也认为有可能，但第一个条件是她不重新回到那些人当中，第二是她不离开她所坚守的唯一的东西，也就是她的孩子……

文森特

海牙，1883 年，日期不详

亲爱的提奥：

……我自己经常这样想，如果这个女人不得不离开我，自己去谋生，她就应该一直向前。因为她已经有了两个孩子，事情就变得更加困难。但我还能说什么呢？这是她咎由自取，当然环境也给她带来了许多麻烦，比较而言，我更强调后者。

你知道我做了什么吗？我今天安静地陪了她一天，认真地与她交谈，彻底地向她解释我怎样看待这件事情。我必须去做我的工作，为了弥补我过去花费太多，我必须有一年花费很少并有一些收入来源。这是可以预见的，如果我和她在一起，我很快就不能再帮助她了，而且还会再次负债。这里的一切都如此昂贵，没有任何出路。总之，她和我必须明智地作为朋友分开，她必须让她的人来照顾孩子，她必须找到一份工作……

啊，弟弟，你看到的情况是怎样的？如果我们不是必须分开，我们就不会分开。我还要重复一下，如果我们不是不得不分开，我们就不会分开。我们不是每次都能原谅彼此，重归于好吗？我们太了解彼此，看不到对方邪恶的一面。这是爱吗？我不知道，但我们之间已有不可挽回的事情……

文森特

海牙，1883 年，日期不详

亲爱的提奥:

　　……我必须说这个女人非常坚强,她像我一样对此事感到不开心,但她没有因此而沮丧并保持着忙碌。我刚刚买来了画画要用的材料,现在她在为孩子做衬衣,我的一些事情也能因他们而改变。

　　我说我们作为朋友分开,这是真的。分别是必然的事情,毕竟我比自己所想的更容易屈服。把我们两个捆绑在一起是一件致命的事情,因为她的错误是如此严重,对我和她而言都是如此。可以这样说,我们需要对彼此的错误负责……

　　我肯定不会再把她带到我的房子里去了,但我也不想和她失去联系,因为我非常喜欢她和她的孩子。

　　可能正是由于这样的原因,无论过去与现在,我对她的感觉都是一种与激情不同的感觉。

　　我希望去德伦特的计划可以实现……

　　　　　　　　　　　　　　　　　　　　　　　　　　　　文森特

海牙，1883 年，日期不详

亲爱的提奥:

　　……现在的计划是这样的,她将会和她的母亲生活在一起,她们会轮流出去做女佣,尝试着以一种更加诚实的方式来生活……

　　　　　　　　　　　　　　　　　　　　　　　　　　　　文森特

❋ 第五部分 ❋
我感到体内有一种力量

德伦特 1883 年 9 月至 1883 年 12 月——纽恩南 1883 年 12 月至 1885 年 11 月——安特卫普 1885 年 11 月至 1886 年 2 月

文森特绘画领域的朋友拉帕德劝他去德伦特，那是荷兰北方靠近北海的荒野和未被破坏之地。许多画家都曾在那里定居，最终决定离开那个女人的文森特希望可以在某处遇到他们中的一些人，但结果让他非常失望。在此期间，他试图说服他的弟弟放弃在巴黎古比尔公司的工作，也成为一个画家，尽管他仍然需要平日的补助，这让提奥非常生气。两兄弟在 1884 年的春天发生了争吵。尽管他的素描和绘画技巧有所提升，但他很快就用尽了钱财和绘画材料，不得不返回他们纽恩南（靠近艾恩德霍芬）的家中，那是他父亲所在的教区。洗衣房经过清理成了他的画室，但他与父母之间的关系紧张。文森特在天主教会边上找到了更大的房子来作画室。

1884 年夏天，文森特与邻居玛格特·贝克曼关系密切，但是遭到了她家人的反对，以悲惨的结局告终。1884 年冬天，他与拉帕德在他的平版印刷画《吃土豆的人》上发生争吵。1885 年 3 月，文森特的父亲突然因心脏病发作去世，文森特从家中搬出，住进了自己的画室。这个秋天，文森特被不当地指责为他某个模特的孩子的父亲，天主教神父命令他教区的教民不要给他当模特，当地人在情感上也反对他。但那时，他已经开始了风景画和静物画的创作。

此后，他于 1885 年 11 月，搬到了安特卫普，希望找到可以卖掉他作品的画商，但几乎没有成功。他租了一个画室，并用日本画装饰了墙壁。为了寻找画裸体画的模特，他加入了学院，但是他的老师建议他至少花一年的时间画石膏模型。正是在此期间，他于信中第一次提到（或者是他有意忽视）印象派画家。

在安特卫普生活几个月后，他为生存而斗争，营养不良且牙痛剧烈。出于冲动，他决定去巴黎，也就是他弟弟当时工作的地方，而不是回到纽恩南的家中。

德伦特，1883 年 9 月 15 日

亲爱的提奥:

　　既然我已经在这里待了一些天，并走了很远的路，我就可以告诉你更多我所走过的地方的事情。我于信中附上了在这儿画的第一幅小素描——《荒野上的农舍》。这个农舍完全由草皮和树枝盖成，我已经观察了大约六个像这样的农舍的内部情况，接下来会有更多关于它们的习作。

　　我不能描绘出在黄昏中它们看上去的样子，或者是日落之后才能让你更好地想起朱尔斯·杜普雷的一些绘画作品。我认为它属于梅斯达格画中的景致，图画中展示了两个农舍，它们苔藓覆盖的屋顶在神秘朦胧的夜晚的天空的映衬下，显示出了令人惊奇的深色调。

　　这些村舍内部像洞穴一样黑，但是非常漂亮。一些在爱尔兰荒野作画的英国画家作品中的景致，更像是对我在这里看到的风景的最逼真的描述。阿尔勒伯特·纽格里斯的作品中有更多的诗意，但他从来不画任何不真实的东西。

　　我在这里看到了许多极好的模特，并被他们的认真所吸引。例如，女人的胸部有起伏地运动，与体态丰满完全不同。有时候年老或生病的人，可以唤起人们的同情或尊重。这里的人通常所具有的忧郁是健康的，就像米勒作品中所展示的那样。幸运的是，这里的男人穿着短裤，可以展示出腿部的形状，也可以更好地表现动作。

　　为了提到许多我从这些不同寻常的事情中得到的新鲜印象与感觉，我要告诉你我在荒野中看到的泥炭驳船，它们被男人、女人、孩子、白色或黑色的马拖拉着，就像你在荷兰赖斯韦克纤道上看到的那些一样。

　　荒野是壮观的，我看到的这里的羊圈和牧羊人都比布拉班特的那些漂亮。

　　这里的窑工多少与蒂奥多·卢梭《四个公共》中所描绘的有些相似。他们站在花园中的老苹果树下，或者是在卷心菜和芹菜之间。我看到了一些 17 岁或者更年轻的女孩儿，她们看起来非常年轻漂亮，但她们很快就会衰老。然而，这并不影响一些人物的美好与崇高，即使从近处看，她们已经相当衰老了。

　　村子里有四条或者五条通向梅泊尔、代德姆斯法特、库福尔登与荷兰草原的运河。沿着运河航行，不时可以看到奇妙的古老磨坊、农院、码头或者水闸，但经常看到的是喧闹的泥炭驳船。

给你举个能够展示这里真正特点的例子,我在画农舍的时候,两只绵羊和一只山羊过来吃房子屋顶上的草,山羊爬到房顶,俯视着烟囱。屋里的女人听到房顶上有声音,冲出来把扫帚扔到了山羊的边上,山羊像羚羊一样跳了下来。

我经常忧郁地想起那个女人和她的孩子,不知道她们是否衣食无忧。人们会说这是那个女人自己的错,这可能是真的,然而我恐怕她的不幸比她的错误更严重。我从一开始就知道她的性格有缺陷,但我希望她的性格能够有所改善。现在我再也见不到她了,仔细思考从她身上所能看到的一些东西,我越来越相信在性格被完善之前,她走得太远了。这只是增加了我的遗憾,让我因无力解决问题而感到忧郁。

提奥,当我在荒野上看到这种可怜的女人和她们怀中的孩子时,我的眼睛就会湿润。这种相似让我想起她,想起她的虚弱,她的懒散。我知道她并不好,我完全可以做我应该做的事情,我不能和她待在那里,也不能把她带在身边。事实上,我的行为是非常明智的。无论你怎么想,都不能改变我看到这些可怜人时所能想到的这些事情。无论兴奋还是悲伤都融化着我的心。

生活中有太多的悲伤,但却不能因此而沮丧。一个人应该转向一些其他的事情,工作就是这样正确的事情。然而有这样的时刻,人们只能感受到内心的宁静,事实上,我也不能摆脱这种不愉快的感觉了。

再见了,尽快给我写信,相信我。

你永远的文森特

霍赫芬(德伦特),1883 年 9 月 24 日

亲爱的提奥:

今天我给你寄了装有三幅习作的包裹,我希望它们已经完全干了。然而,如果它们保留了我放在上面的防护纸,你要用温水拭去。最小的那幅已经有些脏了,大约一周之内,用蛋白刷一下它,或者一个月之内,它们就会消失,重新恢复色彩。我把它们寄给你,让你对我的作品有所了解,你知道后面的会更好。

上周我走到泥煤田的深处,风景越来越漂亮。从现在开始我就打算在这附近待着,因为它是如此漂亮,以致需要更多的研习才能把这些表现出来。只有非常精细的作品才能按照事物本身的面貌,表现出它们的严肃与理性。画一幅壮丽、优雅且极具魅力的风景图,事先必须深思熟虑,还需要有耐心。因此,我一开始并不想这些,仿佛我来这里只是为了看一眼它们。但是如果一切进展顺利,如果我们有好运,我理所当

然就会为了好的东西留在这里……

文森特

德伦特，1883 年，日期不详

亲爱的提奥：

我感到有坦言相告的必要，我不能向你隐瞒我被一种失望的感觉所压倒，这是一种我所不知道的无法表达的失望与沮丧。如果我不能找到安慰，它就会彻底把我压垮。

我一直在想这些事情，导致我总不能和这里的人相处得很好，这一点让我非常担心。因为我工作上的成功很大程度上取决于此……

看看我的装备，一切都是那么不充分、那么衰败。我们这里是阴雨天，当我来到我所居住的阁楼一角，就感到莫名的忧郁。透过单层的方框玻璃，光线洒落在空的颜料盒和一包刷子上，它们耗损得非常快。总之幸运的是，这种莫名的忧郁，也有它滑稽的一面，它可以让人不哭泣并感到快乐。尽管如此，这些与我的计划极不相称，与我严肃认真的工作也极不相称，所以这里是快乐的终点……

文森特

德伦特，1883 年，日期不详

亲爱的提奥：

今天早上天气又变好了，所以我出去作画了。但四种或五种颜料的缺乏又让这变成了不可能，于是我极其悲伤地回到了家中……

你也许还记得我在博里纳日的日子，很好，我非常担心在这里又会发生同样的事情。在我冒更大的风险之前，我一定要让自己有些保证，否则我就会回去……

霍赫芬被列为城镇，在地图上用红色的点标示了出来，但事实却并非如此（它甚至没有塔），所以我并不能够从这种绘图素材中获得任何东西。如果我更深入地走进这个地区，将会给我带来更多的不便，还一定要准备好各种东西。

今天我看到了驳船上一场奇特的葬礼，用外套包裹着的六个女人被一些男人拖着沿着运河穿过荒野。牧师戴着三角帽，穿着短裤，在另一边跟着，就像梅索尼埃作品中的人物。这里有各种让人好奇的事情，你一定不要因为我这样写而生气。我匆忙来到这里,现在只感受到了我所缺少的东西,我的行动也相当鲁莽,但我还能做别的什么事呢?……

文森特

新阿姆斯特丹,1883 年 10 月 3 日

亲爱的提奥:

我现在给你写的这封信来自德伦特最遥远的部分,我通过穿越荒野的驳船航行到了这里。

我不认为自己可以对这里的乡村做出公正的评判,因为它难以用言语来表达,只能想象运河的两岸像米歇尔或者蒂奥多·卢梭或者凡·戈伊恩或者菲利普·德·科宁克作品中的河岸一样,延伸得很远很远。平面或者带状的水面的颜色富于变化,视线越近,视野就越狭窄。这里到处是草皮屋顶、小农场,还有一些瘦削的白桦树、杨树和橡树。这里到处都是泥炭。这里到处是瘦弱的牛,通常也有羊和猪。

总之,时而出现在平原上的人物让人印象深刻,有时候她们会展现出优雅的魅力。例如,我画了一个在驳船上戴着黑色绉纱帽子的女性,因为她在戴孝,之后是一位带着孩子的母亲,她的头上围着紫色的围巾。她们之中的许多都是奥斯塔德风格,但有时,一个小的人物像玫瑰丛中的百合花。

总之,我对这次远足非常满意,因为头脑中满是我想看到的东西。

今天晚上的荒野具有难以表达的美。天空也是难以表达的微妙的淡紫色,没有毛茸茸的云,因为它们非常紧密,并覆盖了整个天空。但它们多少带有些淡紫色、灰色与白色的色调。单独分开的地方透出蓝色的亮光,视野所及之处,是闪闪发光的红色条纹,下面是绵延的棕色荒野。一些低矮的小屋在红色闪光的条纹的映衬下显得尤为醒目。

晚上的荒野经常表现出英格兰人称为"怪诞"或"古怪"的效果,这种堂吉诃德式磨坊的怪诞轮廓或者吊桥上奇妙的人物轮廓点缀着充满雾气的夜空。有时候这样的村庄在夜晚看起来特别舒适,窗户中透出的亮光映照在水中或者泥水坑中。……

文森特

新阿姆斯特丹，1883 年，日期不详

亲爱的提奥：

……这里通常会有黑色与白色的奇妙对比，例如白色沙岸的运河穿过漆黑的平原。信中附的素描可以让你看到这一点。黑色的人物映衬着白色的天空，前景是沙滩上黑色与白色的变化……

文森特

德伦特，1883 年，日期不详

亲爱的提奥：

……今天我在耕种土豆的耕种者后面散步，女人们也走在后面，捡拾被遗下的一些土豆。

这和我昨天向你描述的那块田地有很大不同，但这却是一件非常有趣的事，通常完全相同，但又有足够的变化。具有同样风格，以同样的主题来作画的画家，所画出的景致也会有所不同。啊，这太奇妙了，这里是如此安静，如此宁静。除了宁静，我已无法找出别的词汇来形容。寻求全新的东西是一个问题，进行自我恢复也是一个问题。

现在的画商有一定的偏见，而且我认为你可能也没有甩掉这些偏见，尤其是在绘画是天生的这一思想上。好吧，绘画是天生的，但不能被这样假设，一个人必须伸出手去抓住它，抓住它是非常困难的事情，不能一直等到它自我显现。有些事情，并不全像人们所假称的那样。熟能生巧，通过不断地绘画，一个人可以成为画家……

文森特

德伦特，1883 年，日期不详

亲爱的提奥：

……啊，我收到了那可怜的妇人（茜恩）的来信，她非常开心我给她写信，但她也担心她的孩子，她外出做女佣，不得不和她的母亲一起生活，真可怜……

附信是两幅晚景图，我现在仍然在画燃烧杂草的炉子，我比以前画得更好了，可

以说是广袤的平原给了我更多灵感。夜幕降临,冒着烟的火成了唯一的光源。我晚上一次又一次地去看它,在一个雨后泥泞的夜晚,我发现了这个农舍……

文森特

德伦特,1883 年,日期不详

亲爱的提奥:

　　……我刚画了一幅风景画的草图,现在还在画架上。这就是我想让你立刻尝试的那种研究:学着欣赏大幅的风景画,看它简单的线条以及浅色与棕色的对比。那幅草图描绘的是我今天看到的景色,它完全是米歇尔画中的风景。事实上那里的土地也非常好。我并不认为自己的习作已经足够成熟,但我也被它的效果所吸引。至于光线和阴影,事实上和我在这里给你画的一样。

　　谈到巴比松画派,精神是高尚的。他们从这里开始,他们来到这里时,他们一点儿也不注重外部环境。这个地区促成了他们的风格,他们只知道:城镇并不好,我必须去乡村。我猜他们是这样想的:我必须学着创作,变得与现在的我不同。是的,与现在的我相反。他们说我现在不行,我必须学着在自然中更新自己。对我而言,我也以同样的方式在思考。如果我必须这样做,我应该去巴黎,我要在那里发现一些可以做的事情。我认为我的未来是无限的,无限美好的。

　　对我来说,巴黎最大的吸引是可以和你在一起,这对我取得进步会有很大帮助。你是知道绘画是什么并能理解我的探索的人。因为你在巴黎,所以我也想去巴黎,这样我在那里就不会感到那么孤独,我甚至可以在那里获得更大的进步……

文森特

德伦特,1883 年 11 月 16 日

亲爱的提奥:

　　我应该要告诉你我的兹韦洛之旅,利伯曼在那个小村庄居住了很长时间,上次的沙龙就展示了他在这儿画的洗衣妇的习作。泰默伦和朱尔斯·巴克赫伊森也曾在这儿居住了很长一段时间。你想象一下,凌晨 3 点钟,乘坐敞开的运货马车(我和要去阿森市场的房东一起出发)穿越荒野的情景。我们所走的那条路,这里的人称之为堤岸,它是由泥土铺成的,这比乘坐游览车要美妙得多。黎明时分,

我们所经过的村舍里传来了公鸡的啼叫,响彻荒野。这些村舍被稀疏的杨树环绕着,黄色的树叶簌簌地往下落。低矮的旧塔楼坐落在由土墙和山毛榉树围着的公墓、荒野、玉米地,这一切的一切都成了柯罗画中最美丽的风景。它们质朴、神秘、平和,好似柯罗画中的景致。

我们早上6点钟到达兹韦洛时,天仍然很黑,一路走来看到的都是如同柯罗画中的风景。

村子的入口很壮观:房屋、马棚、羊圈、仓房的屋顶都长满了苔藓。房屋相隔较远,中间栽种着青铜色的橡树,十分漂亮。苔藓的色泽是金绿色的,地面是红灰、蓝灰、紫灰色的。玉米地则是不可言表的纯绿,潮湿的树干在漫天金色秋叶雨的映衬下显露出黑色。天空的微光照耀着被秋风吹落的树叶,树叶撒落在松散的丛生植物上,有些仍然悬挂在杨树、桦树、菩提树和苹果树的枝干上。

天空清澈明朗,是让人难以捉摸的淡紫色:白色中闪烁着红色、蓝色和黄色。一切事物都被映照着,水汽混合着薄雾把一切都协调于淡灰色之中。然而在兹韦洛,我却没有发现任何画家,人们说从来没有画家在冬天来过这里。

我却相反,我希望这个冬天可以留在这儿。

既然没有人来此作画,我决定不等房东归来,自己走着回去,并在途中画些素描。于是,我开始画一个小苹果园的草图,利伯曼曾对着苹果园画了一幅大油画。画完之后,我又沿着早上马车走过的小路往回走。

兹韦洛周围的乡村,在这个时节,视野所见之处都被玉米的幼苗所覆盖,那是我所见过的最娇嫩的绿色。

玉米地的上空是微妙的淡紫色,给人一种难以把它画出来的感觉。但是这种基调却是我必须知道的,因为它是产生其他效果的基础。

无穷的淡紫色的天空下是地面上的一小块黑色斑点,和那片已经长出的玉米青苗相比,这就好像一块霉斑。那实际上是德伦特最肥沃的土地,整片土地都笼罩在朦胧的氛围中。想到布里翁创作的《最后的一天》,我昨天似乎理解了这幅画的含义。

德伦特最贫瘠的土地也是这样的,只是黑色的土地显得更黑。在那无边的黑色土地上,到处都是残损物。旷野上是用茅草覆盖着的房屋。土地肥沃的地方上,是非常原始的农场建筑和羊圈,还有低矮的墙和长满青苔的屋顶,它们周围长满了橡树。

当人们长时间行走于此时,就感觉这里真的什么也没有,除了那片绿色的玉米地和石楠属植物形成的荒原,以及那广阔的天空。相比之下,人和马渺小得犹如跳蚤。在这里,人们意识不到任何东西,只能感知到土地和天空。在无限的天地中,任何东西都渺小得如尘埃，粒粒微尘都是米勒画中的人物。

我经过一座古老的教堂，它完全像是收藏于卢森堡的米勒的画中所展示的格雷威尔教堂。但是这儿没有画中的农民和他的铁锹，取而代之的是沿着树篱行走的牧羊人和他的羊群。画的背景也不是海，而是玉米幼苗的海洋，无数的犁沟代替了翻滚的波浪。

然而达到的效果却是一样的。然后我看到了忙碌的犁地农民、装沙子的车、牧羊人、道路养护员以及粪肥车。在路边的小酒馆里，我画了一个上了年纪的纺织女工，她娇小的身影仿佛来自童话世界。她娇小的身躯倚靠着窗户，透过窗户可以看到明亮的天空和穿过娇嫩绿地的小路，一些鹅在草地上寻找着食物。

当黄昏到来的时候，一切都是那么安静平和。想象一下一条林荫小道和它两侧高大的杨树以及它秋天的叶子；想象一下一条宽阔的泥路，左边和右边都是无尽的旷野。还有一些三角形茅草棚屋的昏暗剪影，窗户中透出小火苗发出的红光。池塘里肮脏泛黄的水面倒映着天空，腐烂的树枝横躺其中。想象着晚上映衬着暮光的水坑，白色的天空覆盖着它，到处都是黑白的对比。泥泞中是牧羊人粗鲁的身影，羊群围成一个椭圆，它们下半身沾满泥，相互紧挨着、推挤着。它们向你走来，围着你，你转身跟着它们。它们不情愿地迈着缓慢沉重的步子向前行进。远处隐约可见一座农场，青苔房顶，在杨树中间堆积着麦秆和泥炭。

羊圈也像一个黑色的三角形暗影，敞开的大门好似黑暗洞穴的入口。透过木板的裂缝透出天空的光亮。下半身沾满泥的羊群消失在洞中，牧羊人和一个拿着灯笼的女人关上了他们身后的门。

昨日犹如一支交响乐，而羊群的归家则是其终曲。

那天像在梦中一样度过，我是如此陶醉于这荡气回肠的音乐以至于快要忘记吃饭。我只在我画画的小饭馆里吃了一片黑面包，喝了一杯咖啡。一天过去了，从黎明到黄昏，或者也可以说是从一个晚上到另一个晚上，我沉浸在这交响乐中。

回到家，坐在火炉边，我感觉到了饥饿，非常饿。现在你可以看到我在这边的日子是怎样度过的了。它会让人觉得仿佛置身于千百幅名画的展览之中。这样的一天有什么收获呢？一些草图，还有平静工作的热情。

一定要赶快给我回信。今天是星期五，但是你的信还没有到，我正在焦急地等待着它。兑钱也需要时间。我并不知道这中间是怎样运行的，否则我就已经告诉你了。最简单的是每个月把钱送来，但无论如何，请尽快给我回信，握手。

你永远的文森特

德伦特，1883 年 12 月 1 日

亲爱的提奥:

　　谢谢你的回信和附信,你在信中向我解释了你沉默的原因。你认为"我现在感觉很好",我向你提供一个最终的结论,虚无主义者也许应该被送到独裁者那里去。

　　幸运的是,对于你和我来说,并不存在这样的问题。

　　既然我知道了,我就应该了解你的想法,但那实质上是最后一根稻草。首先,我指的是一些不同的东西——简单来说,"我不想自己苦壮成长,如果那会让你成为失败者的话。"我不想培养内在的艺术特质,如果你会因替我着想而压抑自己在艺术上的发展。我将不会赞同你抑制内心对艺术的热情,无论你可能是为谁着想,包括父亲、母亲、妹妹、弟弟或者妻子。这就是我的意思。也许我表达得过于急切,运用了不当的言辞,但我的确没有指向更多,或者有任何别的意思。

　　你现在明白了,是不是?

　　但是我的弟弟,你还要知道我已经完全脱离了外部世界——除了你——收不到你的信会让我疯狂,这远非"很好"。尽管我没有言明,但我的确感到压抑。太关心这些,让我的内心感到苦恼,这种痛苦我也许可以表达出来,但我不认为是必要的。

　　因为你的无法理解的沉默,因为我认为也许是你在主管那边遇到了什么新的难题,并且我自己也因为酒馆里的人的猜疑而无可救药地感到压抑,所以我给父亲写了一个便条,说我不知什么原因,很久没有收到你的来信,并请求他借我一些钱。我还增添了对你和我自己的担忧,尤其是考虑到我们的未来的时候。我希望作为男孩的你和我都可以成为画家,但我始终想不明白为什么我们两兄弟到现在都还没有成为画家。

　　所以,如果父亲给你写信时说到这些,你应该知道他说的是什么。但是我到现在还没有收到父亲的回信。我应该告诉父亲,你在上一封信中,已经将一切向我言明,现在对你来说,古比尔公司还是古比尔公司。古比尔公司对我们家产生了影响,奇怪的是好坏并存,但无论如何,考虑到它阻止了许多停滞现象的发生,坏处可以暂且不计。我心里知道自己的苦,我认为你能够理解,最终也会得到你的宽恕……

　　我应该更冷静地在家里给你写信。

　　当然在德伦特也会有我可以做的事,但首先我必须做一些别的事,让自己在经济上更有保障……

我还得向拉帕德付钱，并尽可能地节省……

现在我不能以这种方式再继续下去了，我必须尝试着寻找出路。

当然我并不是说这是你的错，即使是去年，我也没能比以往节省更多。我工作得越努力，压力就会越大，所以我们现在达成的协议是目前我不能继续这样下去了……

文森特

纽恩南，1883 年 12 月

亲爱的弟弟：

当我简要地告诉你我打算回家待一段时间时，你也许会感到非常吃惊，而现在我就在这里给你写信。首先我要感谢你对我 12 月 1 日的那封信的回复，我是在纽恩南收到它的。

过去的三周，我感觉不是很好，焦虑不安和感冒引起了各种各样的小麻烦。

人必须尝试着走出困境，我觉得如果没有任何改变，情况会变得更糟糕。

所以综合多方面的原因，我做出了暂时先在家里待一段时间的决定，然而我并不想这样做……

文森特

纽恩南，1883 年 12 月

亲爱的提奥：

提奥，昨天晚上给你写完信后，我一直难以入睡。

离开两年后的归来让我心中烦闷。他们在各方面都给予我亲切友好的欢迎，但实际上并没有一点儿改变，我仍然可以称之为无知和忽视。更极端地来说，就好像我们在相互的位置上观察，我再一次感受到不可容忍的混乱。

你能理解我没有写出来的那些——随着自己的自由意志四处旅行，第一个放下我的骄傲。

如果我注意到父亲已经意识到他不应该向我关闭房门，那么我就会对未来更自信。

可是现在什么都没有。

他们热情的接待让我感到悲伤——他们没有意识到对自身错误的迁就，对我而言也许比错误本身更糟糕。热切的奉献是他们婉转地表达，我能感觉到他们在一切事情上的犹豫，那让我的激情和活力减弱，到处弥漫着沉闷的氛围……

我已经决定去看望拉帕德了……

文森特

纽恩南，1883 年 12 月 15 日

亲爱的提奥：

我能感受到父母凭直觉对我的看法。他们对我留在家里也同样感到恐慌，就像他们要在家里养一只粗野的大狗一样。他会用潮湿的爪子跑进房间——他是如此的粗鲁。他会阻挡每个人的去路，他会大声狂叫。总之，他是一只肮脏的野兽。

好吧，但是野兽也有人类的想法，尽管是一只狗，他也有人类的灵魂，更重要的是他是如此敏感以至可以感受到人们对他的看法，这是普通的狗无法做到的。

我承认我是这样的一种狗，并从本质上接受它。

这个房子对我来说很好，父亲、母亲以及别的家人，他们举止非常优雅，这里还有牧师，许多牧师。

这只狗会认为，如果他们养着他，就应该能够忍受他，如果只是容忍他出现"在这个房子里"，他就应该试着去寻找另外的狗窝。

实际上这只狗曾经是父亲的儿子，是父亲把他留在街上太久，所以他难免变得越来越粗鲁，但是既然父亲在许多年前就已经遗忘了他，他也就没有深入地想过父亲和孩子之间的纽带是什么，所以我们最好什么都不要说了。

然后——这只狗很容易咬人，很容易疯狂——乡村警察就会过来击毙他。

是的，这些都是完全真实的，毫无疑问。

另一方面，狗也可以成为看门狗，但这里并不需要，因为他们说这里是安宁的，没有任何安全问题，所以我将不会再提这些。

这只狗最大的遗憾就是他又回来了，因为在这个家中不会像在荒野上那样孤独。这个可怜的野兽是虚弱的，我希望他会被永久忘记，在将来也不会被提起。

因为我在这儿没有任何花费，又从你那里获得了两倍多的钱，所以我支付了自己的旅行费用和父亲给我买衣服的费用，因为我的衣服已经不能再穿了，同时我还还给拉帕德 25 盾，我确定你也会对此感到高兴。

亲爱的提奥，附信是我收到你的信时正在写的。仔细阅读了你的信之后，我现在可以回信了。

你代替父亲来训斥我，我重视你说的这些，尽管你拿起武器来反对一个既不是父亲的敌人也不是你的敌人的人，他从来没有想过要给父亲和你带来任何严重的麻烦。我告诉你这些，是因为我感受到了这些，可谁又会过问为什么会这样呢？

你对许多问题的回答在信中占了大量的段落，并引出了我所不熟悉的事物的某些方面。你的异议也是我自己的异议，但它们是不充分的。所以我再一次感激你的友好，同样也感谢你对和解与和平的渴望——事实上，我从未对此有过怀疑。

即使如此，弟弟，我也能够轻易地对你的建议提出异议。在父亲、你和我之间，都有对和平与和解的渴望，并且到现在我们还似乎没能够获得这种和平。

好吧，我也认为我就是绊脚石，因此这和平取决于我找到一种不再为父亲和你制造麻烦的方式。为了你们，我现在准备让事情尽可能地简单。

现在你仍然认为我是给父亲制造麻烦的人，我是个懦夫。所以……

好吧，在以后的日子里，我会尽可能地远离你和父亲，我不会再回来看望父亲。如果你赞同，我会坚持我的提议（为了我们彼此思想上的自由，为了不再给你制造麻烦），我们到3月终止我们之间的经济协议。我请求你的慈悲，为了规则，也为了给我些时间采取行动，尽管成功的可能性很小。我的良心已不再允许我在这种境遇中拖延。

你必须以善良的心冷静地考虑这件事情，弟弟——这并不是对你的最终结论。但如果我们的感觉相差太大，那么我们就不必匆忙掩饰这一切，这难道不也是你的观点吗？

我相信是你挽救了我的生活，这点你已经意识到了，我将永远不会忘记。即使我们之间结束了，我恐怕这种关系也会让我们处于尴尬的境地，我仍然不只是你的哥哥，你的朋友，我还是你忠实的欠债人，因为你曾经向我伸出援手，并且一直在帮助我。

钱是可以偿还的，但你的关爱我将无以为报。

所以让我自己来承担这一切吧——让我遗憾的是，完全的和解还没有达成，我仍然希望它能出现，但是你们这些人不理解我，我恐怕你们永远都不能理解我。

如果可以的话，请在回信时像往常一样给我寄钱，那么我在离开时就不用向父亲有所请求。

我把你12月1日邮给我的23.8盾都给了父亲，14盾是以前借的，9盾是鞋子和裤子的花销。我把你 12 月 10 日寄给我的 25 盾都给了拉帕德,还有 0.25 盾和几分钱在我的口袋里。如果你能考虑到 11 月 20 日以来我在德伦特的开销,你就能理解我的经济状况,我一直没有钱,因为一些延误,我 12 月 1 日才收到钱。我支付了旅行的费用等开销之后,多出了 14 盾(我向父亲借的,已经还了)。

从这里出发,我将去拉帕德家,然后我可能从拉帕德家去莫夫家。我的打算是试着让一切归于平静且井然有序。

对于父亲,我有太多耿直的观点,在这种环境下我也无法收回。对于你的异议,我心怀感激,但其中的许多观点并不能说服我,别的一些我自己也已经考虑过了。

请允许我告诉你,我从来没有听说过 30 岁的人还像个孩子,尤其是他在 30 年中有着比多数人更丰富的经历。但是如果你愿意,请把我的话当成孩子的话。我并不需要对你怎样看待我说的话负责任,不是吗? 那是你自己的事。

在父亲看来,当我们分开时,我就可以自由地抛开他所说的话。

把自己的想法保存在心里可能是谨慎的,但对我来说宁静似乎是一种责任,尤其是对于一个画家而言——不管人们是否能理解我的话,是否能够对我做出正确或错误的评价,正如你向我指出的那样,这些都不是我关注的。

好吧,弟弟,即使最终我们都要分开,你也一定要知道我是你的朋友,也许比你能意识到或能理解的还要多,我甚至也是父亲的朋友。握手。

你永远的文森特

纽恩南,1883 年 12 月 18 日

亲爱的提奥:

莫夫两年前曾经对我说:"如果你继续作画,如果你能比现在对艺术有更深入的理解,你就会发现你自己。"

近来,我经常想起他说的这些话。我已经发现了我自己——我就是那种狗。这个观点可能有点夸张。

我在昨晚的信中向你描述的粗野的牧羊犬,那就是我的性格,动物的生活就是我的生活。如果漏掉了细节并对本质有较少的叙述,在你看来就显得比较夸张——但我并不想收回我的话。

撇开人身攻击,只是公正地进行性格研究——就好像我在谈论陌生人,不是你,不是我,也不是父亲。为了深入分析,我想让你再次回想去年夏天。我看到兄

弟俩在海牙散步(把他们当作陌生人,当作旁人,不要认为是你是我或者是父亲)。

其中一个说:"我越来越喜欢父亲了。我必须保持一定的社会地位,有一定的财富,我必须做生意,我不认为自己会成为一个画家。"

另一个说:"我越来越不喜欢父亲了。我要变成一只狗了,我认为未来可能会让我变得更丑更粗鲁,我预见到了贫穷程度。但无论是人还是狗,我都要成为一个画家。总之,成为一种有感情的生物。"

所以,其中一个有了一定的地位和财富,成了画商。另外一个贫穷且被排挤,成了画家。

我早些年就看到了那样的兄弟俩。那时你刚进入艺术界,刚开始阅读! 我感觉,我认为,我相信是同样的兄弟俩——我在想他们还是原来的那两个吗? 结果是怎样的呢? 他们会永远分开或者最终走上同样的道路?

我告诉你,我选择狗的路线,我愿意停留在成为一只狗上。我可能会穷困,但我会成为一个画家,我想要保存人本性中的东西。在我看来,任何远离了人的本性的人,他很容易就到了不能辨别黑白的程度,变成了他最初确信自己会成为的那种人的反面。

例如,你目前仍然对平庸这个词感到恐惧。尽管如此,你为什么要杀死心中美好的一面或者让它不复存在呢? 是的,你的担忧很可能就变成了现实。人是如何变得平庸的呢? 通过遵守世俗的法则,今天顺从一件事,明天顺从另外一件事。

不要误解我,我想说的是,你根本上来说比这要好。例如,当你认为我做出了让父亲为难的事时,你就会站在父亲那边。我可以这么说,在我看来,你的反对在这种情况下是错误的。我真的很感激你所做的一切,但是我想说,更敏感一些吧,在任何地方都可以表达你的愤怒,用同样的力量与除了我之外的一切事情斗争吧,这样你就能减少悲伤。

当我只是把父亲当成父亲本身来思考时,我并不介意。但是当我把他和伟大的父亲米勒相比时,我就非常介意了。米勒所能教授的东西是如此伟大,相比之下父亲的思想就显得极其渺小。现在你会认为这对我来说太恐怖了——我没有办法——这是我最深的信念,并自由地把它表述了出来,因为你总是把父亲的性格与柯罗的性格相混淆。我是怎样看待父亲的呢? 他是和柯罗的父亲有同样性格的人。无论如何,柯罗爱他的父亲,但没有追随他的父亲。我也爱父亲,只要我的道路不会因我们观点的不同而变得更艰难。我现在不爱父亲,因为狭隘的骄傲阻挡了慷慨和令人满意的成就感以及值得永远拥有的和解。

我不知道当我回家之后,是什么使你或父亲开始资助我的。我想最大限度地利用这些钱,这样我们就能减少损失,也即是花费更少的时间,更少的钱,更少的精力。

我想要从现在开始结束家里的不和,我应该受指责吗?我哪儿错了?思想上有所保留的和解并不会起到任何作用,并且会比想象中的更糟糕。

一方面,你说你认为违背父亲是懦弱的行为,首先这是言语上的反抗——没有任何暴力在其中。另一方面,令人悲伤的是父亲灰白的头发,让我感受到留给我们可以用来和解的时间实际上也许并不会太长。我并不喜欢临终的和解,我更希望在活着的时候可以看到。

我已经做好了承认父亲的意图是好的准备,但我不应该立刻这样做,尽管现在已经晚了,我还是期待彼此的理解,但我恐怕这将永远不会发生!我多想让你知道我的伤悲呀!

你说父亲有别的需要考虑的事情——哦,是真的,很好,在我看来也是这些事情阻碍了父亲去全面地思考问题,年复一年,这些并不是重要的。重点是——父亲并没有感觉到有任何地方需要和解或弥补。父亲有别的问题需要考虑——好吧——那就让他自己去考虑吧,我又要开始我的自言自语了。你也是要坚持你的"别的事情"吗?父亲说:"我们都是为你好。"我说:"哦,是的,你很满意,但是我并不满意。"

两位可怜的艺术家兄弟,紧密结合在一起并拥有同样的感觉,有同样的本性和艺术特质,这可能会实现吗?或者一定的社会地位和一定的财富获得了胜利?哦,让它们赢吧——但我预见到这只是一时的,你在30岁之前就会对这些感到厌恶,如果不是这样——那么,那么,那么——就太糟糕了。握手。

你永远的文森特

纽恩南,1884 年,日期不详

亲爱的提奥:

……我正在画一台陈旧的、呈现出绿色和焦黄橡木色的织布机,它的生产日期——1730 年已经看不清了。在织布机旁边,在一个可以看到外面绿地的小窗户前,有一个婴儿座椅。一个婴儿坐在里面,他长时间地看着梭子在织布机中来回穿梭。

我是按照它真实存在的样子来画的,织布机和娇小的织工,小窗户和婴儿座椅,阴郁灰暗的小房间和泥土地面。

请写信告诉我更多关于马奈画展的细节,告诉我他的哪些画作在展览。我总是觉得马奈的作品非常新颖。你看过左拉对马奈作品的评论文章么?对于很少能看到他的画,我深感遗憾。我尤其应该看看他画的裸体女人,我不认为一些人是胡言乱语地过度夸张,比如左拉。尽管我并不认为他在本世纪初能有不可忽视的地位,但他的确是个天才。他当然有他存在的理由,这已经是一件非常了不起的事情了……

文森特

纽恩南,1884 年 3 月 1 日

亲爱的提奥:

谢谢你的来信。母亲现在很好,医生之前说她的腿需要半年时间才能痊愈,现在他说这三个月已经恢复得很好;他还对母亲说:"这尤其要感谢你的女儿,我很少看到有人能像她照顾得那样周到。"威廉明娜的行为堪称楷模,我不会轻易忘记。

从一开始,几乎所有的事情就都落到了她的肩上,她分担了母亲许多的痛苦。比如说,母亲的褥疮(开始时非常可怕,现在情况有了很大的改善)逐渐变少,这无疑应该感谢她。我可以向你保证,威廉明娜做了许多看起来并不是很愉快的家务。

你看,当我读到你信中所说的绘画时,我立刻给你寄去了一幅以织工为题材的水彩画。我必须坦诚地告诉你,你说我的作品还需要很大的提升,这无疑是正确的,但同时我也认为,你要为我的作品付出更多的努力。你从来没有为我卖出去一幅画——无论是多还是少——事实上,你甚至没有努力尝试。

听我说,我并不是为此而生气,但我们需要说出我们各自的想法。也许终究有一天,我会无法忍受这样的事实,当然你也可以继续坦诚相待。

我也不知道它们是否卖得出去,但无论如何,正如你所看到的一样,我的答案是继续给你寄过去一些新的作品,并且我非常乐意这样做,我没有比这更喜欢做的事了。让我不能立刻原谅你的,也是我更关心的,是你是否愿意为它们费心,或者你的自尊心是否允许你这样做。过去的事就不再考虑了,我要面对的是未来,不管你怎样看待它们,我必定会继续努力。

前几天你告诉我,你是一位画商——好吧——画商不会沉迷于伤感。一个人说:

"先生，如果我的作品在你那里寄售，我可以期望你能好好展示它们吗？"画商自己必须清楚地知道他的答案是肯定还是否定的，或者是介于两者之间。但如果画家知道自己寄售的画作会永不见天日，他一定会发狂。

好了，我亲爱的同伴，我们都生活在现实世界中，更确切地说，因为我们并不想阻碍对方的计划，所以必须坦诚相待。如果你说："我不想为它们费心。"那好吧，我不会生气，我并不能把你当作绝对可靠的圣贤，不是吗？但如果作为画商的你带着这样的想法，会让我比受到公众攻击更感到心烦意乱。

提奥，我也必须进步了，和你在一起，我依然是严谨的，和多年前一样。对于我目前的画作，你会说些什么——"它是适合销售的，但是"——这简直和我在埃滕寄给你我第一幅布拉班特的素描时，你写给我的话是一样的。

到目前为止，对画商一直都很谨慎的我也要转变策略，我要努力把作品卖出去。

到那时你就不能不关注我的作品，我非常清楚这一点。但因为你不得不关注，我就会想到你有多么悲伤。我担心某些事情注定会发生。人们会说，多么奇怪呀，你为什么不和你哥哥或古比尔公司做生意呢？我该说什么呢？——这是有损于古比尔先生们和古比尔的梵高的尊严的。这就会让他们对我产生坏印象，虽然我目前已经为此做好了准备，但我也可以预见到我会对你越来越冷漠。

我现在正在画小教堂和另外的织工图。那些在德伦特的习作也很糟糕，是吗？我并没有打算把在这儿的习作寄给你。不，我们不从它们开始——如果你这个春天来我这里，你就可以看到它们。

你在信中所说的关于玛丽的事情非常令人同情。我能想象到一个不平淡的女人与爱争吵的父亲及信奉宗教的妹妹在一起时，会多么闷闷不乐。无论如何，女人所感受到的痛苦并不比男人少。我曾经读过都德关于神圣的女人的文章，"两个面庞互相对视，她们交换了恶毒的、冷淡的一瞥——她们怎么了？总是同样的事情，始终如一。"现在你拥有它了，伪君子奇特的表情和虔诚女士的奇特表情。是的，对于我们来说，也总是同样的问题、同样的选择。

所以，我该怎样理解你对我作品的评论？其中的一些是非常肤浅的，我自己也这样认为。但我为什么会因那些宁静、朴素的画作受责备呢？我只是试着表现我所看到的，并没有表现别的什么呀？我得到的结论是：你是不是对米歇尔太着迷了？（我在这里指的是黄昏中的农舍的习作和最大的那幅草屋图，就是前景是一小片绿地的那幅。）

也许我在安特卫普的时候应该尝试着卖掉一些东西，我会把我在德伦特的习作放在黑色木框架里,我更喜欢看到我的作品出现在黑色框架中。我在这里认识了一个做框架的木工,他会给我最低价。

不要在我提到这些时就生气,弟弟,我正尝试着把一些宁静的东西融入我的作品中。你知道我认为它总会被看到,但它永远不会在一流的画廊中展示。

在我看来,我现在必须非常清楚知道如何与你相处。或者更确切地说,我必须再次告诉你,尽管你仍然在逃避这个问题,但是我确信,事实上你并没有打算展示我的作品,并且我认为你暂时也不会改变想法。

你会告诉我别的画商也会以同样的方式来对待我的作品,你尽管没有卖掉我的作品,但仍然给我钱,毫无疑问,别的画商不会这样做。没有钱,我将完全不知所措。我要回答你的是,现实中的事情并不是一成不变的,我会设法度过这样的日子,一天天地生活。

我提前告诉你,我想这个月就把问题解决了,而且我也必须把问题解决。不管怎样,看到你已经打算春天到这里来,我就不再坚持让你立刻做出最终决定。但我必须告诉你,在我看来,我不能按照现在的样子处理事情了。我每到一个地方,尤其是在家中,就像有一块永不停歇的表,时刻在督促我思考为工作做了些什么,是否从中获得了什么。对我来说,永久地停留在不当的位置上是不幸的。你自己想想,事情不可能一直保持原样。为什么不能呢?因为它们不能,这就是其中的原因。

既然我可以对父亲冷漠,对科尔叔叔冷漠,我为什么要对你表现得不同呢?我认为我比父亲或者你更好吗?也许不是这样的,我也越来越不能辨别好坏了。作为一名画家,应该说出自己的想法,解开一些心结。我认为一扇门必须是开着的或关着的。

无论如何,我能够理解画商对画家们不可能持中立的态度——这与你转弯抹角说的完全没有区别。

这一点晚些时候你将会比现在理解得更透彻。当画商逐渐变老的时候,我对他们深表同情——尽管他们可能会给他们的巢穴装饰漂亮的羽毛,但这也不是什么万灵药,至少在那个时候不是。

但你对于这些问题可能有不同的想法。你也许会指出,一个画家在医院里悲惨地死去,死后和许多人一起埋在公墓里,挨着妓女的坟墓。可能会有些悲伤,尤其是还牢记着也许死比生更容易。

无论如何,一个画商不会因为没有钱帮助人而受到责备,但在我看来,一位可敬的画商如果口中说着溢美之词,却在心中为我感到羞愧并忽视我的作品时,他就应该受到责备。

所以,坦白来说,我并没有因为你直言我的作品不够好,或者因为一些别的原因你不能为它们费心而责怪你,但是如果你把我的作品随便放在一个黑暗的角落,不把它们展示出来,这是非常不友好的,也是我不能接受的。我不相信你对此没有任何辩解,并且事实也如你自己所说的——你知道我的作品比其他任何人的都要好。我可以得出的结论是,如果你不想让它弄脏你的手,一定是因为你对它的评价很差。我为什么要给你施加压力呢? 好吧,祝好。

你永远的文森特

纽恩南,1884 年,日期不详

亲爱的提奥:

我刚收到了你的来信和附上的 250 法郎。如果我把你信中的内容当作是对我的提议的回答,那么我的确赞同你的说法,这是为了避免进一步的讨论和争吵。他们指责我没有"收入来源",但我却把从你那儿得到的钱当成我的收入。

当然我每月都会给你寄我的作品。正如你所说,那些作品就是我的财产,这一点我完全赞同。对于这些作品,你有充分的权利去做任何事情,甚至你要把它们撕碎,我都不会有任何异议……

文森特

纽恩南,1884 年,日期不详

亲爱的提奥:

我要告诉你我过了很久才回复你上封信的原因,但首先我要谢谢你的回信和附上的 200 法郎。然后我要告诉你,那天我刚刚布置好了我租来的一间宽敞的新画室。

它有两个房间,一个大房间和邻近的一个小房间……

我认为在这里我会比在家里的那个小房间里工作得更好……

文森特

纽恩南，1884 年，日期不详

亲爱的提奥：

……回到画夜晚的天空或是画在土褐色的人行道上的金发女郎的问题上来，如果好好想想，就会发现这个问题有双重的含义。

首先：

深颜色似乎会变浅，这实际上是色调的问题。但是至于真正的颜色，当红灰和相对红的颜色毗邻的时候，红灰就会显得稍微红些。

蓝色和黄色也是如此。

加入一些颜色，或者让它紧邻着蓝紫色或淡紫色，黄色就会变得更黄。

在许多水彩画中，贾普·马里斯把赭红色以缓慢倾斜的方式画在另一种颜色上就变成了浅红色，并且这完美地表现了太阳照射在屋顶的光线。

只要我有时间，我就会抄写德拉克罗瓦的被证实了是正确的有关颜色规律的那部分文章。我认为当人们谈论颜色时，他们实际上说的是色调。

也许现在相比色彩大师而言，更多的是色调大师……

文森特

纽恩南，1884 年，日期不详

亲爱的提奥：

……色彩的规律是难以用语言来表达的，因为它们不是偶然的……

谈到黑色——我并不是偶然地运用在纺纱女人和绕线圈的老人的习作中，我所需要的是比黑色更强烈的颜色。靛蓝和土赭色、普鲁士蓝和深褐色，的确比纯黑产生了更强烈的效果。我听人们说"自然中没有黑色"，有时我也在想，其实色彩中也没有黑色。

然而你必须提防陷入错误之中，色彩大师并不用黑色，因为当把蓝、红或黄和黑调和的时候，它们就变成了灰色，也即是红灰、黄灰和蓝灰。在《我的时间艺术家》一书中，我发现非常有趣的是，他们所说的委拉斯凯兹的作品中的阴影和半色调技巧大部分是采用无色和冷灰色，最主要的元素是黑和浅白。在暗淡的无色环境中，最少的阴影和红色遮挡物也能产生直接的效果。

文森特

纽恩南，1884 年，日期不详

亲爱的提奥：

……最让我受打击的是我还没有开始，因为我想要好的模特。半成熟的玉米地现在呈现出暗金色、淡红色或金铜色，这种效果在深蓝色天空的映衬下得到了最大程度的提升。

想象一下在这样的背景中的一位女士，她精神饱满，她的脸、胳膊和脚都被太阳晒成了古铜色。她的衣服是肮脏粗糙的靛蓝色，她戴着黑色的帽子，短发。她沿着布满灰尘的小径穿过玉米地，提着绿色的种子，肩上扛着耙子，胳膊上挂着一条黑面包和一大罐水。我重复地见到过类似的主题。

这种画面非常丰富多彩，同时又非常朴素，非常纯净，非常有艺术感染力，我被它深深地吸引。

但我购买颜料的费用是如此之高，以致我必须非常慎重地对待即将开始的大幅作品，因为这会让我在模特上花费更多。

文森特

纽恩南，1884 年 8 月

亲爱的提奥：

我仅仅想当你在伦敦时给你捎个消息……

我多想和你一起在伦敦散步呀，尤其是在这种好天气里。这座城市，尤其是河边的老城区呈现出忧郁的面貌，但同时又呈现出引人注目的特征。一些英国画家从法国学会了观察和绘画后，现在已经开始描绘这些了。但不幸的是，英国画家很难像你和我一样能够从中发现很有趣的东西。在画展中，很大一部分作品都是不那么令人满意的。

但我希望你能发现一些可以理解的东西。对于我来说，现在就只能记得一些绘画作品，例如，米莱的《寒冷的十月》和弗雷德、沃克和平威尔的一些作品。注意一下霍贝玛的国际画廊，你将不会忘记那些漂亮的警员、玉米地，也不会忘记南肯辛顿的

"山谷农场"……

上周我每天都在丰收的田地里，并在那里画了一幅画……

文森特

纽恩南，1884 年，日期不详

亲爱的安东·凡·拉帕德：

我很久没有给你写信了，首先是因为我一直在等待你对我上一封信的回信，我猜想这其中的原因并不是你将要去德伦特。其次是因为我自己也比较忙，没有足够的时间来写信。你一定要试着找个时间告诉我你的情况，比如你最近在忙什么，尤其是要告诉我你的《鱼市场》那幅画的进展。

我现在又要继续说些我的事。上个夏天，我在艾恩德霍芬参观了一座属于一个富有的退休金匠的房子。他收藏了许多极好的古董，现在要出售。他是一个业余画家，他的房子里到处是漂亮的古董家具，现在他想要用壁画装饰其中的一间房子。他已经有了自己的打算，我也去看了他墙上的嵌板，有六块，每块是 1.5 米长，60 厘米高，这一部分他都要用画来覆盖。他打算画《最后的晚餐》，并给我看了他的图纸，是一半中世纪一半现代化的风格。我告诉他，在我看来，挂在餐厅的画应该能让人更有食欲，如果用餐的人看到的是乡村风景而不是《最后的晚餐》会更好些。他也认同我的意见，然后过来参观了我的画室。我给他看了六幅以农民生活为主题的草图：播种者、耕作者、丰收者、挖土豆的人、寒冷冬天里的牛车和牧羊人。我目前还在画这几幅画。我告诉他这些画是我画给自己的，但我可以按照他嵌板的尺寸来画，以便他模仿。他付给了我材料费、模特费用等，但这几幅画依然是我的财产，当他完成后必须送还给我。这样的安排让我得以继续作画，否则我就没有能力来支付各种费用。这样的工作是我喜欢的，所以我工作得也很努力。

这给我提供了一种很好地解决问题的方法，然而我还要告诉他在模仿这些画时需要注意的一些事情。耕作者、播种者和牧羊人的素描已经完成，并且是合适的尺寸，而丰收者和冬天的牛车的尺寸就要稍小些。由此看来，我也并不是完全按照预定模式来作画的。

文森特

纽恩南，1884 年 9 月

亲爱的安东·凡·拉帕德：

　　……我非常开心地在画我上封信中和你说的那六幅画了，它们目前都是素描，都在对它们感兴趣的那个人家里。当他完成了对它们的模仿，它们就是我的财产了，然后我就会完成它们。它们是：《挖土豆的人》《牛车》《丰收者》《播种者》《牧羊人》（雪景）和《耕作者》（雪景）……

文森特

纽恩南，1884 年 9 月

亲爱的安东·凡·拉帕德：

　　我父母问我是否收到有关你到来的消息的信件。我说我知道大概时间是 10 月，但还不知道具体日期。让我告诉你吧，你一直很受我们欢迎，我们随时期待着你的到来。我认为你 10 月份过来比 11 月份要更方便一些，因为我听他们说之后会有别的拜访者……

　　此外，如果你来，你一定会途经艾恩德霍芬，告诉我你坐的什么车，我就可以在车站和你见面了。然后我们可以一起去拜访我为他做装饰画的那个人。我认为如果你早上离开乌得勒支，下午时你就可以到达艾恩德霍芬。这是我们一起去那里的合适时间，晚上我们可以乘车或步行回纽恩南。

文森特

纽恩南，1884 年，日期不详

亲爱的提奥：

　　……一些可怕的事情发生了，提奥，这是任何人都不知道甚至永远都不会知道的事情，所以看在上帝的份上，请你保密。告诉你一切，我就可以写一本书了——我不会这样做的。玛格特·贝格曼在绝望的时候服毒了，当她向她的家人解释时，他们一家人都诋毁她和我，这让她如此沮丧以致这样做了。提奥，我曾向医生询问过她的症状。三天前我还秘密警告过她的弟弟，我恐怕她会头脑发热失去理智。我很遗憾地说，他们一家人在和她说话时，表现得非常不明智。这并没有什么影响，除了他们告诉我要再等两年，我打算拒绝，如果这只是能不能结婚的问题，应该能很快解决。

提奥，你读过《包法利夫人》，你还记得死于精神紧张的第一位包法利夫人吗？现在情况几乎是相同的，她也因为服了毒药而变得更加混乱。

在我们一起散步时，她经常说："我多么希望自己可以立马死掉呀！"——我并没有在意这些话。

一天早上，她突然滑倒在地上，起初我以为她只是太过虚弱，但情况变得越来越糟糕。她逐渐失去了说话的力气，她含糊地说话，只有一半是能听明白的。她完全倒下了，并伴随着痉挛和抽搐，尽管非常相似，但这和癫痫病的症状不同。突然，我产生了怀疑，问她："你是不是吃了什么东西？"她说是，然后我就知道发生了什么事。她坚持要我发誓不告诉任何人，我说："好吧，我发誓遵从你说的任何事情，但现在我不能听你的。把你的手指放在喉咙里全部呕吐出来，我去叫人。"现在你知道剩下的事情了吧！

她吃了士的宁，但是量并不多。也或许是她为了止痛吃了氯仿或鸦片酊，和士的宁相抵抗而起到了解毒剂的作用。总之，她及时吃了医生开的解毒药，她立刻被送到了乌得勒支的一个医生那里。我认为她很可能完全恢复，但我恐怕她接下来要长期遭受精神上的痛苦。在何种程度上，以何种方式遭受痛苦，这还是个问题，但她现在得到了很好的照顾。你可以想到对此我是多么沮丧。这是多么恐怖呀，当事情发生的时候，只有我们两个人在田地里，但幸运的是，现在毒药已经失效了……但是天哪！那些虔诚的人所信奉的宗教有什么意义呢？啊，它们完全是荒谬的，让社会成了精神病人的避难所，成了一个完全颠倒的世界——哦，那是神秘主义。你可以明白在过去的一些日子里，我是怎样思考这些事情的，我是多么地悲伤。她尝试并且失败了，我认为这让她如此恐惧以致不会再轻易尝试第二次了，一次失败的自杀是阻止未来自杀行为的最有效方法……

文森特

纽恩南，1884 年，日期不详

亲爱的提奥：

我只是和你说下我去乌得勒支看望玛格特的一些事情。

我也见到了她所在地方的精神医生,因为我想听下他的建议,什么是我现在必须做的,什么是我不能做的。为了她现在和以后的健康,我是应该继续我们的关系,还是应该中断我们的关系。

我认为在这种事情上,没有什么比征求精神医生的意见更合适的了。我了解到,尽管她一直在恢复,但她的健康状况还不稳定。事实上,按照从小就对她比较了解,同时也是她妈妈的精神医生的说法,她的身体非常虚弱,而且还有两件对她来说非常危险的事情。因为她现在非常虚弱,所以不能结婚,但分开对她来说也是非常危险的。

所以现在这段时间应该忽视这些事情,然后我再根据迹象来判断是分开还是不分开对她比较好。

当然我仍然是她的朋友,是互相帮助和依恋的朋友⋯⋯

我对这个女人深表同情(她如此虚弱,并被五个或六个女人打败以致吃了毒药),她以一种胜利者的姿态说:"我最终也被爱了",仿佛她获得了胜利,仿佛她找到了安宁。

这些日子对我来说也非常痛苦,这种痛苦既不能转移,也不能平复。

很遗憾我没有在更早以前遇到她,比如,十年前。现在的她给我一种克雷莫纳的小提琴的印象,它已被笨拙的修补者所毁坏⋯⋯

我此后唯一见到的是她一年后的照片,她的情况更坏了吗? 相反,更有趣了。

这打破了一个女士平静的生活,正如神学认为,有时候打破停滞比死亡本身更可怕,这种思想仍然影响着许多人。重新回到生活中,重新去爱,许多人认为这是可怕的。但人们不能轻易鄙视这样做的人,因为他们的轻视会让人本有的刚毅不复存在。这些是生活中最深刻的东西⋯⋯

文森特

纽恩南,1884 年 10 月

亲爱的提奥:

谢谢你的来信和附信。

现在听我说,对于这件丑闻,你说得很对,我现在已经能够很好地面对它了,而不是像以前那样想把它扼杀在萌芽中。我不再害怕父亲和母亲的离开,尽管他们已经有了新的打算(如果他们把一切都安排得合适,他们就可以一直待在这里)。

现在有人对我说"你为什么还和她有联系？"——这是一个事实。也有人对她说"你为什么还和他有联系？"——这是另一个事实。

除此之外，她和我都满怀悲伤与烦恼，但我们没有任何遗憾。我觉得这并没有什么问题，她爱我，这一点我毫无疑问。我爱她，这也是既定的事实。这些都非常真诚，但不是也有些愚蠢吗？

也许你喜欢那些从来没有做过任何傻事的人，但那些人在我看来更傻。这就是我对你和别人的观点的回应，我尽可能简单地解释这些，不是出于仇恨，也不是出于恶意。

你说你喜欢奥克塔夫·穆雷，你说你和他很像。我从去年开始读他的书，已经读完了他的书的第二卷，并且比以前更喜欢他了。前几天，我听说《妇女乐园》不能让左拉的名气有很大的提升，但我认为这部作品中包含了他最伟大和最美好的东西。我正在查找这些，并且要为你抄录一些奥克塔夫·穆雷的话。

难道你不认为在过去大约一年半的时间里，你都在朝布尔东克勒的方向发展吗？我现在仍然认为，你如果紧跟穆雷会做得更好。除了环境上的巨大不同，实际上，是完全相反的，我比你所认为的更倾向穆雷的方向。

我现在重复强调一下，我激烈地反对所谓的基佐式影响，为什么呢？因为它将导致平庸。我不想在这些平庸的人群中看到你，不能容忍你如此麻木，因为我曾经那么地爱你，现在仍然是这样。我知道事情很困难，我对你的了解并不多，也可能误解你了，但无论如何，请再次读读穆雷的作品。我提到过其中的不同，并拿穆雷和我所喜欢的相比较。听着，穆雷崇拜现在的巴黎女性，那很好。但米勒和布雷顿以同样的热情崇拜农妇，这两种热情其实是一样的。

读一读左拉对黄昏房间中的女人的描述，其中大部分女人年龄在 30 岁到 50 岁之间，在如此昏暗神秘的地方。我发现它非常好，事实上非常崇高。

但在我看来，米勒的《晚祷》也是如此崇高。同样的黄昏，同样蕴含了无限的情感。

你会说我不是一个成功的征服者，然而这对我来说并没有什么。无论如何，一个人都应该有他的情感和行动，这比任何用语言表达出来的都更亲近。

对于这个特别的女人，事情会变成怎样，仍然是个谜。但她和我都没有做任何傻事，我恐怕这陈旧的信仰会再次使她麻木，可怕的冰冷会让她冻僵，像许多年前一样，这会使她再次破碎，几近死亡。

我不再和现在的基督徒做朋友，尽管他们的创始者是崇高的。我已经看穿了现在的基督徒。在我幼年的时候，刺骨的寒冷甚至让我精神恍惚，但从那时起，我就通过对基督教所认为的罪恶的爱,通过对妓女的尊敬等,开始了自己的报复。其实并没有太多自许高尚的虔诚的女士,对于一些人来说,女性是异端分子,是恶魔,但对我来说她们恰好相反。

祝好。

你永远的文森特

给你,摘自奥克塔夫·穆雷:

穆里耶说:"如果你因为自己拒绝愚蠢和受苦而认为自己强壮,那么你就是一个傻瓜,没别的了。"

"你玩得愉快吗?"

穆雷似乎没有立刻明白其中的意思,但当他想起他们早期关于愚蠢的谈话以及生活中无意义的痛苦时,他回答说:"当然,我从来没有如此强烈地活过,啊,老朋友,不要嘲笑了,一个人死时所遭遇的痛苦是短暂的。"

我想要她,我将会拥有她,如果她逃离我,你就会看到我为此付诸的行动。你不理解我的这种语言,老朋友,否则你就会知道行动本身就是它的回报。与事实做斗争,战胜它们,或者被它们战胜,这存在于所有人的健康与幸福之中。"行动是为了忘记",一个人低声说,"好吧,我更偏爱这种行动,如果我们必须死去,我将选择满怀热情地尽快死去,而不是无聊地死去。"

并不是只有我说这样的话,她凭直觉也这样说。这就是我最初见到她时从外表看出来的伟大的东西。只是很遗憾她在年轻时就被失望压垮,被她守旧的虔诚的家庭所认为的应该控制自己行动的思想压垮。事实上,她较高的天赋被永久地遗弃了。多么希望他们在她年轻时没有让她破碎,或者是仅仅停留在那里,而不是再一次让她精神错乱。在这个时候,有五六个或者更多的女士与她一起作战。读下都德的《福音传教士》中关于女人们的复杂情节,那些与这里情况虽有不同,但也类似。

啊,提奥,我为什么要改变呢?我曾经是非常被动、温和与安静的。我不再那样了,但我也不再是小孩子了,有时候我感觉自己是个男人了。

就莫夫而言,为什么有时候他很易发怒且不容易相处呢?我并没有像他那样走那么远,但我会比现在做的要更进一步。我告诉你,如果一个人想要变得积极,就不能害怕走错路,不能害怕有时会做错事。许多人认为他们仅仅不做有害的事就可以成为好人,但这是一个谎言。你自己也曾经这样说,这种方式存在于平庸之中。

当你看到一块空白的画布,并开始在上面画一些东西时,你就会像傻瓜一样。你不知道,对于画家而言,盯着空白的画布会让人多么无力。你不能做任何事情。画布呆呆地凝视着画家,画家们自己也变得呆头呆脑。许多画家害怕待在空白画布前,但是空白的画布害怕真正有激情的画家,他们敢于打破永恒的咒语。

生活本身也在不断地转向无限的茫然与沮丧的空白面,任何事情都没有出现转机。但无论多么空虚和徒劳,无论生活多么枯燥,一个人对于所知事物的信仰、精力与热情,都不会轻易消减。他钻进去,做一些事,并停留在那里。总之,他们说他侵犯与玷污了那些美好,让那些冷漠的神学家们去评说吧。

提奥,对于这位女士我感到非常的遗憾,她受到胆囊癌的威胁,而病情又会因坏情绪而加重。尽管如此,我们仍然要找出什么是能做的,什么是致命的、不能做的。我不能做医生所认为的不能做的事情,我不能做任何让她受到伤害的事情。

我期待我们会走向一个相同的地方,虽然我们可能在观点上有很大的不同。正是因为这个原因,我不希望你因为我对你的依赖而反对我。我现在对自己应该怎么做还是犹豫不决,但综合各种可能性,我不会继续留在这里了,但问题是要去哪儿呢?

我认为你不会乐意我去巴黎,既然你拒绝照顾我的兴趣,我做这些又有什么意义呢!但是我不能让事情保持现状了。你坦然地写出了一些与你身份不相符的话,我从来没有好好想过,但现在我必须走自己的路了。

总之,我并没有想着获得这种机会(也可能不是机会)来走我自己的路。既然我知道我失去了卖出画作并继续从你那里获得金钱的机会,我们就不得不分道扬镳。

我听到你说在接下来的一些年里,你将不能为我的作品做任何事,你不认为这非常不合理吗?当你继续坚持你的自尊时,我感觉到这里有非常明显的对立。我是严谨的,因为我没有作品卖出,无论我多么努力工作,都会被迫说:"提奥,我还差25盾,难道你不知道让我增加收入的方式吗?"

我还想补充一点,我不会再询问你是否赞成我做一些事或者不做一些事,我不会再有任何顾虑。例如,如果我想去巴黎,我不会问你是否有任何异议。

文森特

纽恩南，1884 年 10 月

亲爱的提奥：

……拉帕德现在仍然在这里，并且会再待一个星期，因为他在工作中也走投无路了。

关于印象派，我们已经谈论了许多。我认为你会把他的作品放在印象派的名目之下。但在荷兰，很难说印象派究竟是什么。

但是他和我对现在的趋势都非常感兴趣，一个没有预料到的事实是，新的概念正在产生，他现在画作的基调和多年前的不一样了。我所画的最后一幅习作是一幅相当大的杨树林荫道，金黄的树叶，阳光洒在上面，地上的落叶像闪烁的斑点，树枝和树干相互交映。道路的尽头是一座小村舍，透过树叶往上看是蓝色的天空。

我认为，如果我继续在这上面花费一年时间，那么我的绘画方法和色彩运用都会有很大的改变，作品中的色彩会变得更暗而不是更亮……

文森特

纽恩南，1884 年 11 月

亲爱的提奥：

昨天我把我在亨讷普画的水墨画带回家了，我画的时候非常愉悦，这也让我获得了一个新朋友安东·科斯迈科斯。他满怀热情地想学习画画，我拜访了他之后，我们就立刻开始工作了。那天晚上他就开始了静物画，他向我保证，这个冬天，他会尽力画 30 幅画，我可以时不时地过来看看，并且帮助他。他是一个制革工人，有钱有闲，他大约 40 岁，所以会比赫尔曼有更多的机会。他保持着惊人的热情，就像刚开始的那些天一样努力，他几乎把所有时间都投入到了上面。我认为这个新伙伴很快就能对色彩有自己的感觉。

我打算让这些人按部就班地支付我费用，不是用钱的方式，而是给我颜料。因为我想画更多画，不断地画。这样我就可以不再仅以一半的速度前进了，我可以从早画到晚。

你一定不会想到，我是如此渴望得到人们总体上对我的作品以及我的行为的认同。但是，到目前为止，对于莫夫和特斯提格对我的拒绝，我还是很开心的，因为他们很好地理解了我。我感到了一种内在的力量，我最终会战胜它们，战胜一切。如果我不能感到我已经有了固定的想法，那么就需要再一次的尝试。如果我不能确定我有赢的可能性，我就不会开始新的战斗。

我并不确定我一定可以赢，但又不想放弃这个机会，所以再也没有比现在更糟糕的情况了。在每一场战斗中，我都能感到自己力量的增长，通过批评、恶意、反对而不是听从，我可以获得更多。

我与你提到的这些，我都必须坚持，毫不犹豫地坚持。我给自己设定了完成一定数额的习作的任务。无论我怎样精打细算，钱还是不够花，但我不能够以任何理由延期完成任务。新年就要到了，到那时我需要支付许多东西，我这个月已经支付了一些，但这就造成了我在工作时的资金短缺。如果我不能找到额外的一些东西，我就无法进行这个月的工作，这种情况不是我所希望的。请你尽最大努力，帮我得到额外的 100 法郎。

我也会从我给他们上课的人那里获得一些捐赠的颜料。我必须直接或间接地展示我获得的一些东西。现在所有的能量都在聚集，工作必须以很快的速度完成，尽管代价也许有些昂贵，但也许可以分期偿还。

当你在这儿时，我在色彩的运用上就已有了改变，并且对其有了固定的认识，你会看到这些的。我现在所说的这些习作一定能在几个月内完成，这是毫无疑问的。在色彩方面，我已经获得了一些东西。但是我现在缺钱，这真的不是我的错，仅仅是因为我画了超过我支付能力的数量的画，并且现在没有任何地方可以节省开支。我记得我在上一封信中说："我不再考虑你的意见"，其实我的意思并没有像听起来那么不礼貌，我只是说在某些方面，我决定释放我的热情而不再小心谨慎。因为这更多取决于性格，我不能继续忍受这种冷漠了。我还在计算我所额外需求的资金，并不是立刻就要得到，你可以考虑下我的意思。尽量在 11 月 20 日左右给我寄来 20 法郎，然后 12 月 1 日是正常的数目，12 月 20 日再额外给我寄 20 法郎，1 月也是同样的。然后我就能安然度过这些月份了。当我的工作不允许我浪费任何时间时，我就不能停止。

如果可以多一些，当然更好，但至少要给我所要求的数目。在我看来，我可能会获得色彩运用上的知识。当我冒险说要从它们中获得一些东西，并且战胜它们时，我认为我并没有误解特斯提格和莫夫。他们可能会在色彩上和勤奋的工作上获胜，而我看到了向他们证明我对色彩有观点、有热情的机会。我想学着画人物头像，我现在对它非常有热情，因此我对色彩的想法也越来越坚定。你不需要立刻插手特斯提格和莫夫的事。到 1 月底我就能完成 50 幅头像的绘画，如果到那时你能对它们说些什么出乎意料的话，那就太好了。

赫尔曼很积极地向我承诺会出钱让我去某地旅行，还提供返程票。如果我想去安特卫普，我就可以把他说的话当真。这个冬天我将会在这儿和他取得联系，尽管也许一次都不会成功。

再见了，一定要保证在 11 月 20 日给我寄来 20 法郎，让我能够撑到这个月末。握手。

你永远的文森特

纽恩南，1885 年 1 月

亲爱的提奥：

……我很难从灰暗的一面开始新的一年，在阴郁的情绪中，我不期待未来可以获得任何成功，未来需要的是奋斗。

现在外面非常沉寂，田地里是大量的黑土和白雪，许多天以来都沉浸在薄雾之中。早晨与傍晚的红色太阳、乌鸦、枯萎的草、腐朽的绿色和黑色的灌木、僵硬得像电线一样的柳条映衬着阴沉的天空。这就是我所看到的阴郁昏暗的冬天，但是内在非常和谐……

文森特

纽恩南，1885 年，日期不详

亲爱的提奥：

……我现在正忙着画那些头部的肖像，白天晚上都在画，通过这种方式，我已经画了至少 30 幅了。

这样的数量让我看到了不久以后我能画得更好的可能。

我认为这从总体上对我画人物画有帮助，今天我画了一幅与鲜艳颜色相对照的黑白作品。

我也一直在寻找蓝色。这里农民的画像恰似规则的蓝色，成熟的玉米地里的蓝色与枯萎树叶的颜色相互衬托，暗色的消退，就会让亮色得以增强，与金黄和棕红相衬托。这非常漂亮，从一开始就吸引了我。这里的人们自觉地穿上漂亮的蓝色衣服，这是我之前所没有见过的。

这里极其安静，现在对我来说，比较重要的是色彩的形式问题……

文森特

纽恩南，1885 年 4 月 5 日

亲爱的提奥：

我现在仍然处在刚刚发生的事情的影响之下，所以这两个周末我要静静地工作。

在附件中你可以看到一个人头部的素描，从中你能看到他平静的生活，这和你曾经得到的一幅画的风格类似。画的前景是父亲的烟草袋和烟斗。如果你想拥有它，当然也可以。

母亲看起来很好，目前有许多信要写，这能让她分心，但她所能感到的是体重的减轻。

我不知道你是否还记得 1 月份，田地被雪覆盖，火红的太阳穿过薄雾。我告诉过你我不能在沮丧的情绪中开始作画。

事实上我们都会有更多的麻烦。我可以确信的是，我的离开对别人会更好，尤其是对打算住在乡下以恢复身体健康的母亲而言。如果可以这样，她们在任何时候都会有自由的访客。但我仍然要强调安娜对我做出决定的影响，她所告诉你的并不能改变任何她对我的指责，这些责备是多么荒谬啊，正如她对未来某些事情的毫无根据的怀疑。她没有告诉我她要收回她的话，好吧，你知道对于这样的事情我只会简单地耸耸肩膀，我越来越想让人们在一定的情况下按照他们所认为的那样来看待我、谈论我。

但结果是我并没有别的选择，有了这样的开始之后，我就会被迫采取一定的措施来避免这种情况再次出现，所以我已经果断地做出了决定。

也许母亲明年会去莱顿，我自己留在布拉班特。我要在这度过我余下的日子，这也没什么不可能的。事实上我并没有比画乡村生活情景更好的愿望了。我感觉到我的作品在乡村，所以我应该继续耕作。

我认为你对此有不同的看法，你也可能希望我走另外的路，在任何地方定居下来。有时候，我认为你对在城市所能做的事情有更多的想法，但我却相反，我认为乡村更有家的感觉。但是在人们能够接受我的画之前，我还要度过一段艰难的时期。在这期间，我不会让自己灰心丧气。我记得在书中曾看过德拉克罗瓦对他的朋友说，

他的 17 幅画曾被拒绝。我想这些开拓者是多么勇敢的伙伴呀！这样的战役现在还在继续,我会尽最大的努力来参与战斗。

因此,提奥,我希望我们都重新开始,在等待的时候,更确切地说是在创作的艰苦时期,我会给你寄去农舍的最新习作。

当然人们会说它们是未完成的、是丑陋的,但我无论如何都要把它们展示出来。我个人很坚定地认为会有一些被城市吸引并继续在那里生活的人,他们对乡村保留着永不褪色的印象,他们会思念田地和农民。这样的艺术爱好者会被画中的真诚所感动,而不会被别的东西所干扰。

我自己仍然记得我曾经在城市里散步,看着展示窗,寻找一些乡村的痕迹,却从来不介意它们是什么。我们现在处于展示作品的初期,我确信我们会慢慢找到一些朋友。环境促使我们逐步展示更好的作品。现在我正集中精力处理我购买颜料的账单,除此之外,我还需要画布和画笔。

父亲的死给你带来了额外的花销,我正在考虑我接下来的安排。万一你不能按时寄来原来每个春天和夏天给我的额外资助,那么我就不能继续生活下去了。难道你不认为继续寄给我和原来数额一样的钱是公平的吗? 遗产剩余的部分我很高兴留给年幼者,你还有能力继续帮助我吗?

事实上我并不认为遗产中也有我的份额,是你让我的这一份成为可能。如果我继续在画室中生活,那么储藏室是必须的。现在我没有储存东西的地方,灯也要修,现在搬家对我来说非常糟糕,就像房子被烧毁了一样。我认为凭借耐心和毅力,我们依然可以立足。当我搬到画室后,我就会每天晚上开始画水彩画,而这是在家里的起居室里不能完成的。

至于安娜,你一定不要认为我还会因为这样的事情和她生气,或者满怀怨恨,但遗憾的是,她认为这样做是在帮助母亲。这太让人遗憾了,这是愚蠢的,也是不明智的。只要母亲和威廉明娜还在这里,就不会有任何令人讨厌的事情在我们之间发生,这一点我非常确信。现在一个既定事实是:母亲没能理解画画也是一种信仰,在画画中,一个人可以被打败,但是不能做出让步。我不能放弃我的信仰,这才是我和她之间的问题,也是我和父亲之间的问题,现在依然存在。哦,天哪!

从这周开始,我打算在晚上画土豆盘子旁边的农民,或者白天也可以,或者两者都可以,或许你会说“两者都不可以”。但无论成功与否,我都要开始画各种类型的人物了。再见了,握手。

你永远的文森特

纽恩南，1885 年 4 月 9 日

亲爱的提奥：

我一直在想为什么还没有收到你的回信。你会说你很忙，没有时间思考这些，当然我能够理解。

现在已经很晚了，但是我想再次告诉你，我是多么真诚地希望我们在以后的通信中可以多一些热情，而不是迟迟不见回复。

附件中你会看到我刚画的两幅习作，与此同时，我还在继续画那些土豆盘边的农民。我从农舍回家了，并在灯火旁边作画，我从白天就开始画了。

这就是作品所呈现出来的样子。

我把它画在了比较大的画布上，尽管现在还只是素描，但我认为它也已经有了生命。

是的，我确信科尔叔叔会从中找出错误，你知道反对这些的有效观点是什么吗？表现自然中的美需要画得非常快。

现在我知道非常好的大师，尤其在他们的成熟时期，他们既可以在收尾时尽可能细致，又能在整个过程中保持着活力。当然这些现在还不是我力所能及的，但我有机会展示我所看到的事物的真正印象。

一个人并不总是非常准确或者不完全准确地看出他自己的性格。

你知道我想给你的建议如下：不要浪费时间，尽可能地帮助我的工作，从现在开始，把所有的习作收集在一起。

我并不想在它们上面署名，因为我不想让它们以图画的形式流通。当一个人有名气时，就会有人来买他的作品了。但是如果你能够展示它们，那就再好不过了。我现在就可以向你保证，有一天你会看到有人来做同样的事情，即收集我的习作。

我打算在早上外出，观察人们在一天开始时都做些什么，或者在田地中，或者在家里，这实际上就是我现在所做的事。

你现在正在寻找艺术品交易的新想法，对艺术爱好者的友好就是新的思想，并且永远不会落后。

并不是所有的画家都会有许多习作，但是也有许多画家有，尤其是那些年轻的，他们更应该尽可能多地练习，不是吗？那些拥有习作的人必然在画家和他自己之间有了一种纽带，并且不会轻易被打破。你知道有许多人，在画家还不能挣到任何东

西的时候支持他们,这很好。但是又有多少最后不会以悲伤告终。一方面,部分是因为支持者被钱所困扰,或者至少看起来是在浪费。另一方面,画家们也会感觉要有更多的自信、耐心和兴趣。但在许多情况下,误解就不知不觉在双方中产生了。我希望我们两个之间不会出现这样的事情。

我希望我的习作会给你带来勇气。你寄给我的那本名为《吉哥格斯》的书,正确的称呼是《勇士》。

保持热情似乎是非常正确的,因为运气青睐勇敢的人。真正的运气或者快乐又是什么呢? 如果一个人想真正地活着,他必须工作,也必须敢于行动。

我再重复一遍,让我们尽可能多地画画吧! 伴随着所有的错误与良好的品质,我们成就了自己。因为我要从你那里得到钱,所以我给你带来了不少麻烦。如果我的作品中有一些是好的,你可以认为其中一半是你的功劳。

和其他人聊一聊,问问他们是否想要《吃土豆的人》的素描,如果要的话,需要多大的尺寸,这些对我来说都是一样的。再见了,握手。

你永远的文森特

纽恩南,1885 年 4 月 13 日

亲爱的提奥:

谢谢你昨天的来信和附信,我立刻就给你写了回信,并且附上了一幅小素描。它是在我上一次习作的基础上完成的,但我还没有能力达到我所期待的水平。三天以来,我从早到晚都在为此工作。星期六的晚上,这幅素描就进入了一种停滞状态,直到它最终完成。

我今天去艾恩德霍芬订了一小块平板印刷板,于是它就成了我打算开始的第一个平板印刷系列。你在这儿的时候,我问过你在古比尔公司这个程序的生产费用,我想你说的可能是 100 法郎。好吧,旧版几乎已经可以忽略了,普通的平板印刷价格非常便宜,尤其是在艾恩德霍芬。

无论如何,我打算画一个以农民生活为主题的系列——家中的农民。

今天我和一个熟人进行了数小时愉快的步行,我曾经向你展示过他的第一幅水彩画。

我并没有说这里的风景不令人激动,不引人注目。这里的荒野和村庄都非常漂亮,并且一到这里,我就发现了取之不竭的以农民生活为主题的资源,我现在唯一要

做的就是开始工作。

我对水彩画和素描也很有想法,当我在画室时,我就会在晚上腾出时间来做这些。

你寄给我 100 法郎让我非常开心。正如我所说,这对我支付一些费用真的很重要,这是我一直在思考的事情。并不是那些人故意来打扰我,我知道他们也非常需要钱,这就是在遗产方面我需要留下一些东西的原因。但现在看来并没有太大必要了,尽管这一年注定是难熬的。我一直在想米勒所说的话,"我从来没想着要摆脱痛苦,因为痛苦通常能让画家更有力地表现自己。"

我认为我会在 5 月 1 日搬家,尽管我与妈妈和姐妹们都相处得很好。但从长远来看,我仍感觉这不是比较好的方式。我既不能无视我自己的思想,也不能和那些寻求一定社会地位的人和对农民的生活没有想法的画家们的思想相融合。

我说我是一个农民画家,这是一个事实,而且在以后的日子里这会越来越明显。我在矿工、泥炭切割工以及织工的家里度过了很多个愉快的夜晚。

通过对农民生活几乎全天的持续性观察,我沉浸在其中,很少有时间再去想别的事情。

你写信告诉我公众对米勒的作品很冷漠,就像你偶然参观到的展览一样,无论对于画家还是销售者,都没有受到鼓舞。这些我非常赞同,并且米勒本人也感觉到了。在阅读森西尔的作品时,我因他在职业生涯开始时所说的话而感动,尽管我并没有逐字逐句地记住,只是记住了要旨。大概是说,"如果我需要好的鞋子和绅士般的生活,那么冷漠是非常糟糕的。因为我在阻碍中前行,所以我能做到。"而且事实证明也是这样的。

米勒的确做到了这些,事实上他除了这些,并不需要别的任何东西。在我看来,这就意味着他为画家们做了一个好榜样,例如过得相对富裕的伊斯雷尔斯和莫夫就不是。我重复一下,米勒是圣父米勒,也即是说,他是许多年轻画家的顾问和导师。对于许多我所知道的,以及我所不知道的青年画家而言,他们都不会支持这样的观点。但就我而言,我完全赞成他的话。

我想着再提一下米勒的这个宣言,因为你在信中说城市人画农民,虽然可以把人物画得很好,却只能给人一种巴黎郊区人的感觉,我曾经也有过同样的感觉(尽管在我看来巴斯蒂昂·勒帕热的《挖土豆的女人》也不例外),但这难道不是因为他们不能经常成功地融入农民的生活中吗?米勒有一次还说,一个人应该完全投身于艺术。

德·格鲁把农民画得很生动,这是他的一个优点(政府从他那里获得历史性图片,他画得很好,但当他被允许自由作画时,他画得更好)。让人感到羞愧的是,德·格鲁还没有完全在比利时人那里获得他应得的赞誉。德·格鲁是最好的米勒派大师之一,尽管他过去和现在都没有被一般公众认可,尽管他像杜米埃和丹瑟尔特一样默默无闻,但他今天继续坚持着自己的路线。

在一张插图上,我看到了梅利画的一些东西,那是驳船上小木屋里的船主一家——丈夫、妻子和孩子们,他们围着一张桌子。

多年前我读到了与勒南有关的东西,我现在仍然记得,并且继续坚信——任何想要获得一些好的或者有用的东西的人必不能依赖或寻求公众的赞同或欣赏,相反要期待一些热心的、有同情心的人与他一起,然后才会有可能。

如果你偶然碰到"黑猫"的人,你要继续把这幅素描展示给他们,但如果他们喜欢,我可以画一幅更好的给他们,因为这幅画得有些匆忙,只是为了让你简单地对效果和构图比第一幅有更清晰的认识。问候与感谢,握手。

你永远的文森特

纽恩南,1885 年 4 月 21 日

亲爱的提奥:

……你将与信件同时收到的是一些平版印刷画的复件,请尽可能满足波特尔先生的要求。我也给他写了封信,恐怕你会觉得太长,并且认为结果不切合实际。但我认为我要说的已经不能用更简明的方式来表达了,我的主要观点是对本能感觉的态度。事实上,我写给他的,也同样适合你。

我坚信印象派画家是一个群体,但我对这些的了解并不多。但我却知道谁是创始者和重要的大师,这些风景画家和农民画家会像围着轴心一样围绕在谁的周围,他们是柯罗、米勒和其他人,这只是我自己的观点,也许事实并非如此。

我认为绘画中有许多(非个人的)原则或规则,或最基础的绘画真理,也包括色彩。

例如在绘画中,人物从一个圆圈开始,也即是说把它当作最基本的椭圆平面。古希腊人已经知道的事情,现在仍然可以运用。色彩,是永恒的问题,例如第一个问题是弗兰克斯问柯罗——"什么是配色?什么是中性色调?"

这些在调色板上展示出来的会比语言表达出来的更好。

所以我想在信中告诉波特尔先生的是,我对尤金·德拉克罗瓦以及他同时代人

的坚定信念。

同时，我手上有与窭或者范·辛德尔作品中的灯光不同的图画。也许有必要指出一个画家的乡村风景画中最漂亮的作品是黑色中带有灯光的那幅。好吧，读一下我的信你就会发现这并不是不可理解的，我在绘画中就是这样处理突然出现的物体的。

我希望我的那幅《吃土豆的人》能有一些好运。

我手上有一幅红色的落日图。

一方面，为了画好乡村生活，一个人必须掌握许多东西；但另一方面，我认为没有必要任何一幅作品都表现得非常理性、非常宁静……

说到主题的变化，米勒作品中的人物最具典型性——"他的农民在土地上播种"。这是多么确切与真实呀！知道如何在调色板上调出那些没有名字的色彩非常重要，这也是一切的基础……

文森特

纽恩南，1885 年 4 月

亲爱的提奥：

……我想告诉你我正在画《吃土豆的人》，我也画了新的人物头部的习作，尤其是手部有了非常大的改变。

我正在尝试的是尽可能地为其注入活力。

我想知道当作品完成时，波特尔对此会说些什么。

在图画中，我给了思考或想象更自由的空间，这在习作中不常见，因为在习作中，太多的创新是不被允许的。但为了让它更真实，就需要在现实中为想象寻求基础……

文森特

纽恩南，1885 年 4 月 30 日

我亲爱的提奥：

在你生日到来之际，请接受我最诚挚的祝福，祝你身体健康，内心平和。我想在那天寄给你《吃土豆的人》的绘画作品，尽管一切都非常顺利，但到目前为止还没有完成。

从实际的进度来看，它有望在相当短的时间内完成。它很大程度上来自于记忆，我花了整个冬天的时间来练习画头部和手部。

在我作画的这些日子里，我与自己有一场有规律的战斗，这也让我满怀热情。

尽管有时我害怕永远不能成功，但绘画是一个"创造性的行动"。

当织工纺织那些他们称之为粗纺厚呢的布料或是那些奇妙斑斓的苏格兰格子时，他们在试着从中获得神奇的复色和灰色，代替整齐的是一种混乱，这种图案的整体效果从远处看来更和谐。

由红色、蓝色、黄色、灰白色和黑色线织成的灰色织物，由绿色、橙色、红色或黄色线织成的蓝色的复色，与那些素色非常不同，也即是说它们更有生机，原色放在旁边就显得冷硬且缺乏活力。然而对于织工，或者图案的设计者或者色彩的融合者来说，对于线的精确数目以及线条的方向很难把握，只不过在绘画中，和谐的笔触更容易把握。

如果你可以看到第一幅绘画习作——我在到纽恩南来时就开始画，现在仍然在画的那幅，我认为你就会认同色彩也是应该被考虑在内的……

至于《吃土豆的人》，我确信在金色的背景中会显得更棒。但它也可以出现在墙上，为深色的成熟玉米田做准备。

放在黑色的背景中，它看起来就不会很好，尤其不能出现在暗淡的背景中。因为它呈现的是灰色……

我想试着表明这些人是如何在灯光下吃他们的土豆的，他们用放在盘子上的双手在地上挖，因此涉及了手工劳动，以及他们是如何诚实地挣得他们的食物的。

我想传达出一种与文明人不同的生活方式，所以我并不急切地想让人们立刻欣赏或赞同它。

整个冬天我都围绕着这条线索进行，并且寻找到了确切的模式。尽管它现在还只是被粗略地呈现出来，但它的确是按照一定的规律被精心挑选出来的，而且我知道它也很可能会被证明是一幅真正的农民画……

在我看来，给一幅农民的图画进行传统的磨光是错误的。如果一幅农民的图画嗅起来有培根、烟的味道，很好，但那是不健康的。如果一个马厩散发着粪便的气味，很好，那就是属于马厩的气味。如果田地的图画中有成熟的玉米或土豆或粪肥的味道，那是健康的，尤其是对于生活在城市中的人来说。

这样图画能教给他们许多东西，但一幅农民的图画不应该有香料的味道……

我确信《吃土豆的人》最终会完成。正如你所知，最后一些天对于一幅图画来说是最危险的,在它没有完全干之前,不能用大刷子,否则就会有毁掉它的风险。任何改变都要用小刷子冷静细致地处理,这就是为什么我把它带到我朋友那里,让他来确定我并没有糟蹋它。我会去他那里完成最后的几笔。你会看到,它极具独特性……

文森特

纽恩南,1885 年 6 月

亲爱的朋友拉帕德:

最近发生的一两件事情促使我给你写信,我想给出更多的解释,因为我喜欢做这样的事。

谈到对你上一封信的回复,我认为这两个原因在我看来,都能充分地成立。

首先,就算你对我寄给你的平板画的评论是正确的,就算我不能提出任何异议,你也不能以这样侮辱性的方式来指责或无视我所有的作品。

其次,你获得了比付出更多的友谊,不仅来自我,还来自我们的家人,比如在我父亲去世这件事情上。在我父亲去世这件事情上,尽管你在给我母亲的信中表达了你的同情,但当我们收到信时,一家人都很奇怪为什么你没有直接写信给我。然后我就不再期待你的来信了,现在也是。

你知道,多年以来,我和家人相处得都不是很好。在我父亲去世的前些年里,我不得不和最亲近的亲戚们联系,但随着别的家庭成员的到来,我就完全退缩了。所以如果有任何可能的疏忽,我的家人而不是我应该为此受到责备。我必须告诉你,你仍然是一个例外,因为我特地询问过我的家人,是否已经给你寄送过通知,但被告知他们忘记了。

我再次给你写信的原因和在这件事情上对你的批评没有任何关系,更不是要重复你对我绘画的评论,你也许要再用心地读一下你的信了。如果你仍然认为自己是正确的,如果你真正的意思是"当你下定决心要做时,你就非常好的表达了你自己",那好吧,最好的事情就是简单地对你的谬见置之不理。

再次回到我给你写信的原因上,尽管不是我先侮辱你,但你却侮辱了我,我认识你太久了,以致我不能相信这就是中断我们之间联系的原因。我想和你说的是,作为一个画家对另外一个画家说的话,只要你和我还在继续作画,那些话就会是这样的,不管我们是否还可以继续相互了解。

提到米勒,好吧,我的朋友,我会回答你。你信中说,"像那样的一些人才能援引米勒和布雷顿",我的回答是,简单来说我建议你保持严肃,但不要和我争吵。在我看来,我适合我自己,你能理解吗?但我现在并不想和任何人挑起争端,甚至不与你争论。你可以说任何你喜欢的话,我们先不说这些。

至于你所不止一次提到的,我除了人物的形体之外不关心别的东西,我不能很严肃地对待它。我亲爱的同伴,你已经了解我许多年了,你看到过我以别的方式工作,而不是以模特来作画吗?我不是在物质缺乏的情况下依然肩负着沉重的花费吗?你在信中所写的,并不是只出现在你上一封信中,在先前的一些信中也反复提到。

你在信中反复提到了"技巧",拿哈弗曼的例子来说,他们说他有许多技巧,你也这样说。但不止哈弗曼,有多少别的人没有像他这样有艺术知识上的技巧呢?

我的观点简单来说,就是画出专业的精准的人物像,具有稳健的和判断准确的笔法,这与当代绘画所紧迫需要的并没有很大关系,或者至少比通常所认为的联系要少。

如果要换种说法来说哈弗曼有许多技巧,你可以说他有许多经验,我就会立刻赞同你的说法。你知道我说这些的时候指的是什么,当哈弗曼坐在一位漂亮女士或者年轻女孩儿的面前的时候,他能够画得比别人都漂亮,但如果坐在一个农民面前,他甚至对从哪里开始起笔都没有一点想法。他的艺术,或者就我所知道的那些,看起来尤其适合那些比较容易被摒弃的主题,尤其适合那些与米勒和莱尔米特所表达的相对立的主题,它与卡巴内尔的更加一致。对于他所有的我所称之为经验的东西,几乎没有一点能永久保存或能促使我们前进的东西。

我请求你不要把这和米勒或者莱尔米特的风格相混淆,我所说的并且会继续说的是技巧比传统的感觉能更加频繁地被运用。那些意大利人和西班牙人的技巧被赞赏,他们是更传统的人,比多数人更容易被技巧所困扰。我恐怕那些像哈弗曼那样的人,"经验"会很快转换成"套路",然而这又有什么价值呢?

我现在想问你的是,你和我中断联系的真正动机是什么?我再次向你写信的原因准确来说是我喜欢米勒、布雷顿和那些所有画农民和人民的画家,我也把你列入了其中。我的朋友,我并没有说这些,是因为我从我们的友谊那里获得了许多珍贵的东西。请原谅我第一次也是最后一次告诉你,关于我们枯燥的友谊,我并不比你了解得更多。

但首先正是因为这个原因,我才没有那样做,其次,那可能已经有所提升。现在我正在为自己寻找模特,我的心胸并不是如此狭隘,要把这些都留给自己。相反,任何画家,无论是谁,来到这里,我都会非常开心地邀请他,向他展示这些,因为寻找到善于摆姿势的模特并不总是那么容易,并不是所有人都对在某处落脚毫不在意。我告诉你这些是想说,如果你想来这里作画就来吧,不必因为我们的争吵而感到羞愧。我现在一个人住在画室里,你也可以来这里。

尽管你也许会骄傲地告诉我,你无论如何都不会介意,好吧,就这样吧,我已经如此习惯了侮辱,以致能够让它们从我身旁流走,就好像水从鸭子的背上流走一样。一些喜欢你的人可能会发现这很难理解,例如,你写给我的信是多么冷漠呀!虽然我不能对此不关心,但也没有厌恶感。我并不能够用足够清晰的头脑和冷静的想法像现在这样回答你,如果你想与我断绝联系,这对我来说也没有什么。如果你想留在这里作画,你可以忽视我们通信中的问题。你来这里创作,我仍然全力支持。我的朋友拉帕德,因为你上次做得非常好,我认为你也许会非常渴望能再次来到这里,所以我才写信给你。

确切地说,这取决于你,但我完全欣赏你的作品,我在担心你以后是否能够也坚持你的路线。我有时会有这样的担心,因为你不可避免地将会拥有社会地位和身份,从长远来看,你也许不能像现在一样,像一个画家一样工作。

因此我对你说,就如一个画家对另一个画家所说一样,如果你想过来寻找主题,事情还会和原来的一样,你可以来这里,你可以像以前一样待在这里。我认为你可能从中获得一些满足。你知道,这就是我想再次告诉你的,我只想告诉你这些。如果你在别处也能做得同样好,就那样做吧,我也没有任何理由为此而感到悲伤,那么再见吧!

你并没有写任何关于你作品的事,也没有说我的作品。请相信我的话,与我争论米勒并没有什么意义。尽管我不拒绝探讨米勒,但米勒仍然是一个无须争论的人。祝好。

文森特

纽恩南,1885 年,日期不详

亲爱的拉帕德:

我收到了你的来信,它比之前的任何信都单调乏味。

然而就像你在信中所说的,"我想立刻回复你的信,为了避免你进一步认为我想断绝关系"。我想再次彻底地向你表明,我的房子里有一个空余的房间,是为你,也是为任何想来这里作画的别的画家准备的。

我想建议你和温克巴赫偶尔来这里,我明天会见到他,因为这里可以看到非常漂亮的东西。如果这对你来说有意义,那很好;如果没有,对我来说也是一样的。但如果你过来,我们必须各自走自己的路。

至于平版印刷画,我的解释是运用一种全新的方法,把它们从记忆中收集在一起,并寻找把它们放在一起的新想法。这只是一个小样,晚些时候才会被刻写在石头上。原本比较好,印刷出来的作品也会比较好。至于我画出的作品,即使有错误,我也并不为此感到遗憾。我不能说你今天的信任有何作用或必要,我确信,当你说你对我的信心,以及别的事情已不复存在时,我仍然没有被扰乱。如果你这样说我,你就和别人没有任何区别了。我对那些人置之不理,那是他们的事,我没有义务来听那些无休止的唠叨。我的父母,我的老师,古比尔的各位先生以及各种朋友和熟人,出于"为我好"的意图,告诉了我如此多的事情,以致最终让我不堪重负,所以现在我让他们随意说出任何他们想说的,但不再过多关注。我的朋友,既然我开始采取了这样的策略,我就不能再回去了,这一点我很清楚。

作为回答,我说你的作品是好的,但不是说你总是正确的。我的朋友,除了你的道路和方法之外,没有任何别的道路和方法来获得一些有价值的东西。事实上,我非常喜欢和你说话,但不要因此而得出我想欺辱你的结论,我们之间的情况似乎没有得到任何改善,而是变得越来越糟糕。

至于自知之明,谁有呢?没有一个人拥有它。一知半解,对于人本身而言,每个人都有好的或者坏的倾向,我也有。我们都需要有自知之明,但不要认为你拥有它,就永远不会犯错,也不要认为你肤浅的判断不会严重地伤害别人。

我知道我们都在努力,我们仍然想与对方好好相处,但是既然我们在说"自知之明",不,我的朋友,对于你以这样的主题开始,我深感遗憾,因为无论如何,我恐怕这是你的一个弱点。

对于你的作品,我认为你现在画得非常好,但我现在有一个想法,我并不想对你有所隐瞒,因为我已经了解你太久了。在你生病之前的一些时间以及生病之后的一小段时间里,你比任何时候都讲求实际。你思维开阔,内心柔软,更自由与真诚。现在你再一次和我说好像回到了之前的日子,有着非常严重的学究气,我很遗憾地发现这个朋友又回来了,我更遗憾的是失去了在特殊时期有所改变和提升的朋友。我在想我是从哪里怎样发现这些的呢?是通过他的作品吗?是他的作品在很短的一段时间里变得更优秀、更高贵了吗?你知道这其中的原因吗?我的这种想法只写了半页纸,但它展示出了我对你的作品将会失去高尚品质的担忧。我认为我非常简单清楚地告诉了你这些。

无论我可能有怎样的错误,我对别人的友好都是真诚的。你指责我太关注自己的作品而变得不真诚,我不需要在意你所说的话。至于你说的我需要有一些人来告诉我这些事情,也许是这样的,但可能只有我自己才是合适做这些的人。许多人像你一样斥责我,没有他们,我也可以这样做。

问候,但你的信总体来说是不公平的,尽管其中的细节在一定程度上是正确的。你没有写任何关于你的作品的事,我也不说任何关于我的作品的事。

文森特

纽恩南,1885 年 7 月 2 日

亲爱的提奥:

今天拉帕德的一个画画的朋友温克巴赫来看我。他是乌得勒支的一位风景画家,我经常听到他的名字被提起,他和拉帕德在同一时间获得了伦敦奖章。他看到了我的作品——那些我打算要寄给你的村舍图画和肖像画。

我告诉他,非常遗憾的是我和拉帕德之间存在误会,我很难解释海牙的人们对我的流言蜚语。他很久都没有看到我的任何东西了,并且也开始反对我。我展示了拉帕德曾经很喜欢的画像,同时也展示了新的作品。我告诉他,事实上我在某些方面做出了改变,并且还会有更大的改变,但我现在所做的并不差。

然后他说他确信拉帕德一定会收回他所说的话。

在这之后,我向他谈及色彩,我的作品当然并不只有暗色,其中一些村舍的色彩是相当明亮的。

但我的目标是从最基础的红、蓝、黄开始,而不是从灰开始。

我们在色彩方面讨论了很久,也谈到了贾普·马里斯在旧时的水彩画中频繁使用的血红、棕灰和红色。所以,如果把它们放在现在的绘画旁边,就会变得特别红。

伊斯雷尔斯的作品也同样如此。

也许我告诉你这些,坏处要大于好处,因为这仅仅是谈话的一部分,我应该告诉你所有的内容。我们之前曾讨论过这些,所以你也许能够更好地理解其中的关联。

温克巴赫说他喜欢我在那幅旧楼塔中所使用的技巧。我去年画了一幅,里面加入了许多沥青,他认为这非常原始。

其他的旧东西也是如此，比如水磨、耕犁和秋天的林荫道。

让我非常开心的是他喜欢我的人物画。他称它们为米勒派，如果有幸可以得到钱并继续全速画画，我确信我会做得更好。但这也是让我非常担心的事，这个月我几乎用完了全部的钱，我已经身无分文了。

我们都会遇到困难时期，这并不是我的错，但凭借毅力，我们才能够有机会获得成功。我们种下的是什么，就会收获什么。

让我非常担心的是，你也遇到了钱的问题，我希望可以为你减轻一些负担……

文森特

纽恩南，1885 年，日期不详

亲爱的拉帕德：

让我感到非常遗憾的是，我还没有收到你的回信，我想得越多，就越能得出我想要妥协的结论。所以，如果你想表达的是不再通信的想法，在我看来，也不是不可能的。我再重复一遍，我想把整件事情当作一个误解，我们的友谊也无须改变。但从积极的情况来看，你必须意识到自己犯了错，无论如何，我都不想让这件事情拖得太久。我祈求你在一周内回复我，你的信会告诉我你的态度，然后我就能做出决定。

如果你碰巧这周不写信，我就不再期待你的答复。时间会证明你对我的作品和我的评论是否公正、是否真诚。

文森特

艾恩德霍芬，1885 年 7 月 21 日

亲爱的拉帕德：

我们必须结束我们的争吵，首先因为这好像一对固执的牧师之间的争论，他们对通往神圣之路的方式有不同的意见。他们的争论变得越来越激烈，同时每一个人都把帽子扔在了对方的脸上。带着世上最美好的意愿，我们才能继续。虽然我们在精神上达到了这点共识，但都没有获得达到这个目的的必不可少的手段。

因此，我已经穷尽了智慧，我很遗憾我们开始了一些似乎不能到达终点的事情。上面所提到的方式，可能是唯一有价值的一种。

我真的认为争论有荒谬的一面,并且变得越来越荒谬,这就是我不能再继续下去的原因。这太荒谬了,你也应该明智地停止。进入人的思想的东西并不直接来自人的良知,你的良知是否大声地向你朗读这些信? 写它们是否是你的责任? 又有什么关系呢! 对此付之一笑吧。既然你的想法真诚,写信是你的责任和良知,我将会把我这边和你那边的绊脚石都除掉,所以现在这样做吧……

文森特

纽恩南,1885 年 7 月,日期不详

亲爱的提奥:

我希望我写信给你说的 4 幅油画都已经寄到了,如果我把它们放在我这儿更久一些,我也许会再画一遍,并且我认为如果你觉得它们就像来自旷野一样会更好。我现在才寄送是因为我不想在你说你缺少现金时寄给你,因为我自己无力承担运输的费用。

你还记得吉哥格斯的书中写过德拉克罗瓦的画作在 17 世纪时是如何被拒绝的吗? 那至少向我展示了他和那个时期的别的画家同样面临着的鉴赏家是否有眼光的问题,鉴赏家从来不懂他们或者购买他们的任何作品,但他们却在书中被肯定地称作"勇士",不讨论一场失败的战斗,而是继续作画。

我想再次言明的是,如果我们把德拉克罗瓦的故事作为我们的起点,我们仍然有许多东西要画。

我发现我自己要成为最让人讨厌的那种人,换句话说,就是向人要钱的人。既然我不认为接下来几天我的画能卖出去,那么情况似乎会更加悲惨。但是我告诉你,无论如何都要勤奋地工作,不管牵涉到任何问题,这对我们两个来说难道不比像这样坐在一起探讨哲学更好吗?

我不能预言未来,提奥,但我知道永恒的规律是所有的事情一直在改变。回到 10 年前,事情就是不同的,人们的生活环境、人们的心情,总之一切都是不同的。因此 10 年注定会再次发生变化。但是一个人还保留着什么呢? 一个人不会轻易地后悔所做过的事,我宁可很快就失败,也不愿什么都不做,虚度时光。

无论波特尔是不是那个会对我的作品做一些正确事情的人,现在我们无论如何都需要他。这就是我现在所想的。在一年的工作之后,我们的整体状况会比现在好,我确切地知道,我在作品中增加的越多,作品的价值就会越大。现在对它们有

一些兴趣的人，说它们所呈现的东西会慢慢展示出它们的价值。因为如果我再为此工作一年，他们就能增加更多东西。即使收集的人什么都不说，作品也会为它们自己代言。

如果你碰巧遇到了波特尔，告诉他不要放弃，我打算寄给他更多作品。如果你遇到别人，你也必须继续展示我的作品，我们展示重要东西的时间不会太久了。

你自己也将会看到，有一些东西让我非常愉悦，我所展示的那些正在逐渐流行起来，我确信艺术比别的事业有更好的出路。

如果我把我的作品留在身边，我确信我会继续重复地画。把它寄给你和波特尔，就好像它们来自乡村或者村舍。

假如现在你有这4幅油画和一些小幅的村舍的习作，那些没有见过我其他作品的人一定会认为我除了村舍什么都不画，头像的绘画系列也同样如此。但是农民的生活包含了许多不同的东西，米勒提到"像奴隶一样工作"，如果一个人想集各种工作于一身，这是真正应该做的事情。

一个人也许会嘲笑库尔贝所说的"画天使！谁见过天使呢？"但对于那些，我想增加的是"后宫中的正义，谁见过后宫中的正义呢？"许多摩尔人和西班牙人的事情，所有历史性的绘画，继续保持着一英尺高和一英尺宽的尺寸。它们能用来做什么呢？一些年之内，这些就会看起来平淡和枯燥，并且越来越无趣，但它们仍然画得很好，它们应该是那样的。

现在，当一些鉴赏家站在类似本杰明·康斯坦特的绘画面前时，人们就会习惯性地意味深长地说这是一些"聪明的技巧"。当同样的鉴赏家面对来自农民生活的主题或拉法埃利的绘画时，他们也会用同样的知识来评论画作。

你可能认为我对这些的评论是错误的，但我深深地被这些画家所画的奇特图画所吸引。尝试着在室外画这些东西，各种事情都会发生。我可以从你所要得到的油画中除去一百个或者更多的苍蝇，更不用说灰尘和沙子。也不用说如果一个人想带着它们花费数小时穿越旷野和树篱，一根或两根树枝可能会擦伤它们。也不用说一个人在这样的天气中行走数小时到达荒野，会感到累和热。也不用说那些人物不能像职业的模特那样静止地站着，一个人想得到的效果是抓住一天的变化。

我不知道这对你来说怎么样，但就我而言，我在这上面工作得越多，就越被农民的生活所吸引。在包括雅克和现代本杰明·康斯坦特在内的画家中，我较少关注卡巴内尔做的那些事情，意大利和西班牙的技巧是枯燥的。《幻想者》是我经常想起的雅克的作品。

然而我的确有偏见,我回应拉法埃利,他除了画农民,还画一些别的东西。我回应阿弗雷德·史蒂文斯,回应提索,提到一些与农民完全不同的东西,我用一幅漂亮的肖像画作为回应。

在我看来,左拉也在评判绘画作品时犯过极其严重的错误,他在《我的海恩斯》中从总体上说了艺术的一些美好的东西,"我在艺术作品中寻找,我爱艺术家。"

现在你知道了,我认为这是完全正确的。我问你,什么样的人、什么样的空想家,或者思想家、观察者,他们又需要拥有什么样的品格,他们在油画中使用的技巧才会被称赞颂?正如你所知,通常没有确定的种类。但拉法埃利是个大人物,莱尔米特也是个大人物。有许多不知名画家的画作,人们可以感受到它们是在意志、感情、激情和爱中被创作出来的。

以农民生活或以城市工人为题材的绘画中的技巧,以拉法埃利的作品为例,引出了一些问题,而不是像雅克或者本杰明·康斯坦特那样流畅的绘画风格。他们整日住在农舍里,像农民一样去田地里,夏天的时候头顶炎炎烈日,冬天的时候忍受霜雪的严寒,不是在室内,而是在户外,不只是散步,而是整天待着,他们本身和农民一样。

我问你,把所有的事情都考虑进去,我反对那些专家的评论还是大错特错吗?他们比往常任何时候都更漫不经心地运用不相关的"技巧"。考虑到在他的农舍里画《悲痛的农民》时所有的奔波跋涉,我敢说这幅作品比那些奇异主题的绘画——无论是《后宫正义》或者是《红衣主教的接待》,更能让人体会到劳累的感觉。他们会继续创作奇异的主题,因为在巴黎,阿拉伯人或西班牙人或摩尔人的模特更容易得到,并且不用支付费用。但是像拉法埃利那样的人,他们在自己的地方画巴黎的拾荒者,会遇到更大的问题,他们的作品也会更严肃。

看起来似乎没有什么比画农民或者拾荒者以及工人更容易了,但在实际绘画中没有什么像画那些日常人物那样难。据我所知,没有一个学院可以教人如何画挖掘者、播种者、往火炉上放水壶的女人或者是做针线活的妇女。但每一座重要的城市都有一个可供选择历史人物、阿拉伯人、路易十五等模特的学院,总之都是在现实中并不存在的各种人物。

当我寄给你挖掘者或者除草的农妇、拾穗的农妇等习作时,作为各种田地工作的第一个完整系列,你会从中发现一些缺点,这对我很有帮助。

但我也想指出一些或许值得考虑的事情。所有的学院式人物都是以同样的方式组合起来的,我们不得不承认它不会做得更好,不会完美无瑕。你知道我要说的是什么，它们不能指引我们有任何新的发现。

但米勒、莱尔米特、雷加梅和杜米埃作品中的人物不是这样的，它们被很好地组合在一起，而不是用那种学院所教的方式。我认为无论那种人物多么学术化，多么准确，一旦它缺少重要的现代性的一面和真正亲密的行为，它就是多余的，哪怕它是由安格尔自己创作的（除了他的《泉》，因为它过去是，现在是，将来也会是一些新的东西）。

你也许会问什么时候人物才不是多余的，我的思考方式是错误的吗？挖掘的人在挖掘，农民是农民，农妇是农妇，这就是一些新的东西吗？是的，即使奥斯塔德和泰尔博赫作品中的人物不像今天的人一样在工作。

在主题上我可以说更多，我想说我是多么想在已经开始的主题上有所提升，和我自己的作品相比，我是多么高度重视别人的作品。我问你，你知道在古老的荷兰学校里有挖掘者，有播种者吗？他们曾经尝试着画"工作的人"吗？委拉斯凯兹在他的《卖水人》或者这类人物中寻找过这样的人吗？没有。在旧时的绘画中是没有"工作的人"这样的人物的。

过去的一些天里，我一直在勤苦地画去年冬天看到的在雪地里拔胡萝卜的妇人。米勒也画这样的画，莱尔米特是这个世纪农民画的大画家，伊斯雷尔斯也认为这比别的东西漂亮。

我可以说得更简洁，卡巴内尔的裸体画，雅克作品中的女士，不是巴斯蒂安·勒帕吉而是一个在学院学过绘画的巴黎人画的农妇，这些形象通常以同样的方式来表现四肢和身体结构，有时是迷人的，在比例和结构上的细节都是精确的。但是当伊斯雷尔斯或杜米埃或莱尔米特画人物时，人们可以从中更多获得人物形体上的感觉，这就是我很乐意把杜米埃也包括在内的原因，这种比例几乎是主观的。那种解剖式的结构通常什么都不是，只是在学者的眼中是精确的。但它会流传下去，德拉克罗瓦的作品尤其是这样。

告诉塞里特，如果说我的人物画很好，我会很绝望。告诉他我不想让它们看起来是学术上的精确，告诉他我想说如果一个人把挖掘者画得和照片一样，那么画中人一定没有在挖掘。告诉他我认为米开朗基罗作品中的人物是极好的，尽管人物的腿无疑太长，臀部太宽。告诉他在我看来，米勒和莱尔米特是真正的艺术家，因为他们没有以精确枯燥的解析式的方法、按照事物本来的面貌来画画，而是按照他们自己的感觉来画。告诉他我非常想学怎样创作出这种不精确，这种偏差，这种对真实的加工和变形，如果你喜欢谎言，它们会被证明很好，但比事实上的真实更真实。

现在几乎到该停下来的时候了，但我感觉还有必要再说说那些画农民生活或者画普通人生活的画家，尽管他们不在伟人之列，但从长远来看，他们比那些在巴黎画奇异的后宫和红衣主教的人更好地坚持了自己的路线。

我知道一个人在如此尴尬的时刻要钱是不合时宜的，但我的理由是画最寻常的事物有时候是最难最贵的。如果我要工作，就必然会产生花费，和我的绘画方式比起来，这些花费有时就是值得的。这并不像农民的花费那样实际，可以公开每项花销，我做不到这样。但我向你保证，我没有像许多农民那样除了生存以外还有别的花费，我所要求的只是颜料费用和重要的模特费用。

通过我写的关于人物画的这些内容，你一定知道我非常希望能继续下去。你在前不久的信中说塞里特"非常坚定地"告诉你，我的《吃土豆的人》中的人物在结构上有一定的缺陷，你从我的回答中可以知道我自己也发现了这方面的问题，尽管我已经指出这就是我在农舍昏暗的灯光下观察了许多个晚上，画了 40 个不同视角的头像后的印象。

然而既然我们已经谈到了人物，我还有更多的话要说。我发现拉法埃利对"性格"的观点是通过精心选择的作品体现出来的。但那些像拉法埃利一样，进入巴黎艺术和文学界的人，毕竟会有和生活在乡村中、农民中的我不同的观点。我认为他们在寻找一个可以概括他们所有观点的词汇，他建议以后用"性格"一词来描述人物。这一点我同意，我也认为是这个意思，但我不相信这个词会和别的词有同样的精确性，从我的表达上来看，几乎没有精确性或有效性。

与其说"在挖掘者身上必须有的性格"，不如说：农民必须是农民，挖掘者必须在挖掘，然后就会有一些重要的现代性的东西在里面。但我感觉即使是我增加了一些解释，也仍然可能引起误解。

即使模特的费用对我来说是一个重负，也万万不能减少，我认为还要增加一些，这非常有必要。我的意思与创作"小人物"的绘画非常不同。我重复一下，展示行动中的农民人物，在现代人物绘画中是非常重要的，在现代艺术中也非常重要。古希腊时期、文艺复兴时期或者旧时荷兰的学校里都没有这样做过。

这就是我每天都在思考的问题，我在艺术性文章中很少看到有关今天重要的绘画大师或者稍微次之的绘画大师（重要的，例如米勒、莱尔米特、布雷顿和赫科默；稍微次之的，例如拉法埃利和雷加梅）以及老式学院派之间区别的真诚意见。想一下我说的观点，看看你是否赞同。他们开始画类型化的农民和工人的肖像画，米勒作为永久的引领大师，他的那些人物画在现代艺术中起到很重要的作用，因此会继续存在下去。

像杜米埃这样的人,应该得到人们的尊重,因为他在开拓者之列。黑内尔和勒菲弗尔的简单的现代裸体画,有很高的地位。博德里以及莫西尔和勒菲弗尔这样的雕刻家,也都在最明智的人之列。但事实是,农民和工人并不是裸体的,也不需要把他们想象成裸体的。那些人越多地开始画工人和农民,我喜欢这些作品。对于我自己的作品,我还没有发现很喜欢的。

这是一封很长的信,我也不知道是否完全把自己的意思表达清楚了。我也可能会给塞里特写信,如果写的话,我也会把写的信寄给你,因为我想说清楚人物问题的重要性。

文森特

纽恩南,1885 年 8 月 2 日

亲爱的提奥:

我在前天的信中增加了昨天收到的拉帕德的来信内容,我们的争吵也正式结束了。他寄给我一大幅砖墙围成的院子的作品,看起来非常原始。如果你想提到同类风格的其他作品的话,可能就是你在安特卫普看到过的他画的煤矿工人。

他在乌得勒支的外面有一个小房子,和砖墙院非常近,没有别的什么,只有一个画室(有一个天窗)。他也打算回泰尔斯海灵岛,他再一次被自然所吸引,在我看来,这比在城市工作要好许多。但我想告诉你的是,我希望我们两个能够互相理解对方,我很少能接受他的批评,我对目前因经济困难而耽误了我工作的进度很不满意。

我不想只有你才能行使这个权利,我简单地希望我们两个一起(而不是我自己)尽力改善目前的情况。我知道这会给你带来麻烦,并且对你来说也不容易,但我真的想做这些。为了达到一定的目的而自寻烦恼并不是不幸的,奋斗对于最终的胜利而言才是最重要的。

绘画的费用通常是不可忽视的,不要认为这不是最好的方式。如果一个人对于寻找模特或者购买必需的绘画材料很犹豫,那么最终也不会有好结果。

因为事情变得越来越糟糕而不是越来越好,结果非常坏以至于我不得不抱怨。

我想再重复一下,请把我的绘画作品好好地保存,迟早我们会非常需要它们。如果暴风雨即将来临,我们必须让船很好地保持平衡。

在海牙的那个人是莱尔斯，为了获得不止一次的机会，他祈求我不只给他一幅作品，他带我去看了他的两个展示窗，尽管他自己也需要钱，但他总是为此不遗余力。

我寄给了他一些村舍、年代久远的教堂塔和一些小幅人物画的习作。尽管这些都还在展示中，我会继续做下去……

文森特

纽恩南，1885 年，日期不详

亲爱的提奥：

……神父的事情并没有给我带来太大的麻烦，但是这个村子的人仍然在怀疑我。其中一件非常确定的事情是，神父很乐意把所有的指责都集中到我身上。但我是非常无辜的，只要它不打扰到我作画，我就可以对这些流言蜚语漠不关心。无论如何，我并没有对这些有任何关注。经常作为我画画对象的那些发生了事故的农民，他们仍然在我心中留有好印象，我在他们家依然和以前那样受欢迎。我现在忙着画鸟巢的静物画，其中 4 幅已经完成。我认为一些善于观察自然的人会因为苔藓的颜色和干黄的树叶而非常喜欢它们……

文森特

纽恩南，1885 年，日期不详

亲爱的提奥：

……鸟巢也被有意放在了暗色的背景中，因为我想让它在所有的习作中更与众不同。物体不会在自然的环境中呈现出这种模样，只有处于传统的背景中才会这样。自然中的鸟巢与这不同，人们很难看到鸟巢本身，只能看到鸟……

但是告诉我，黑色与白色，是否应该被运用，它们是禁区吗？

我并不这样认为，弗兰斯·哈儿甚至运用了 27 种黑色。你自己也知道，在一些风格独特的作品中，色彩大师会在白色上增加白色，这是什么意思呢？有可能吗？德拉克罗瓦把它们称作留白，像这样运用它们。

文森特

纽恩南，1885 年 11 月 4 日

亲爱的提奥：

　　……不要让我刚完成的习作给你带来麻烦，我是拿刷子用小块或大块的颜料在上面画的。即使有人把它们放置一年（或者半年已经足够了），也没有关系。然后用刮刀迅速把它们刮下来，就可以得到比最初轻轻地画上去的更坚固的着色。为了保持图画的色彩，这很有必要，尤其是把浅色的部分牢固地画上去。旧时的伟大画家就已开始使用这种刮擦的画法了，今天法国的画家仍在这样做。我相信如果在绘画之前使用，颜色会发生变化，并且会非常干；如果是后来运用，它们就会按原样保持。你在我的画室里观察过我的习作，随着时间的推移，我在色彩上的运用越来越好。我认为这来自色彩的密度，而不是取决于所用的油。一年之后，绘画中的油还会保存一些水蒸气，比较好的那部分留了下来……

文森特

纽恩南，1885 年，日期不详

亲爱的提奥：

　　……我认为我在工作上取得了很大的进展，我现在要尽快地告诉你昨天晚上发生的事情。你知道家里院子尽头的三棵橡树吧，我已经为它们辛苦画了 4 幅画。我已经画了 3 天了……

　　我以哈瓦那雪茄灌木丛的落叶为模型，给予它们形式与色彩。晚上的时候，我把它们放在我在艾恩德霍芬的熟人（那个金匠）家里，他有一间风格独特的画室，这幅画被挂在画室的墙上（灰色的纸，饰以白色和金色）。我从来没有想过自己可以做得这么好，我会逐步在色彩的运用上获得成功，到那时就会产生很大的影响。这是哈瓦那雪茄柔软的绿色与灰白色，甚至是直接从颜料管中挤出的纯粹的白色（你看，对于我来说，我对黑色，甚至更极端的颜色也没有偏见）。

　　这个人有钱，也有想象力，当我看到他悬挂着的作品时，看到了他洋溢的信心。它用色彩的组合营造了一种忧郁和谐的氛围。

文森特

安特卫普，1885 年 11 月 28 日

我亲爱的提奥：

我想寄给你更多的反映安特卫普印象的作品。今天早上，我在大雨中行走了很长时间，去海关处取回了我的东西。码头上的各种仓库和储存间看起来非常壮观。

我已经沿着码头朝不同的方向走过很多次了，对于刚从沙滩和荒野以及平静的乡村走出来的长期处于安静环境中的人来说，这种对比尤其强烈，这些都是令人费解的。

德·龚古尔曾说过"日本风格是永恒的"。好吧，那些码头就极具日本特色，奇妙、怪诞、闻所未闻。无论如何，这也是看待它们的一种方式。我希望有一天可以去你的公司，看看我们是不是以同样的方式来看待事物。

一切事情都在这里完成，城镇风景，各种性格的人物，水中的船是这里的主体，天空是淡灰色，但最主要的是日本风格。这里的人物总是频繁地点头示意，在奇异的背景中看着他们，我觉得一切都显得很奇妙，每次都是有趣的对比。一匹白马从防水帆布覆盖着的成堆货物的泥泞角落走来，与破旧、黑暗、布满烟渍的仓库形成强烈对照。虽然非常简单，却产生了非常美妙的黑白对比效果。

透过窗户可以看到一间优雅的英国酒吧，可以看到外面肮脏的泥巴地和船，一些惹人爱的货物，诸如兽皮和野牛角，正在被丑陋的码头工人或异域水手卸下。一个纤弱美丽的英国女孩儿站在窗边上看着这些或者别的东西。人物的色调是完全一致的，泥土地和野牛角的上方是银色的天空，对于光线，又是一系列强烈的对比。

弗兰德水手们面色红润，肩膀宽阔，体型健壮，醉意浓浓。伴随着许多噪声和骚动，安特卫普人在吃贻贝或者喝啤酒。与之形成对比的是一个穿着黑色衣服的极小的人物，小手紧贴着自己的身体，静静地快步走过灰色的墙。乌黑的头发，椭圆形的小脸。脸是棕色的吗？橙黄色的吗？我不确定。她用乌黑的眼睛向上方瞥了一下，她是一个东方女孩儿，安静的像小猫，悄悄的，小小的。这和那群吃贻贝的人的对比是多么明显啊！

另一处对比是高耸的建筑物、仓库和储存间与它们之间狭窄街道的对比。街道上有各个国家的男士和女士们的酒馆、出售食物的商店、出售水手衣服的商店，热闹繁忙。街道很长，每个转角都能看到典型场景，或许是比平时更强烈的骚动，如同爆

发的争吵。例如,如果你在街上四处闲逛,突然间就能听到大量的欢呼声和喊叫声。一个水手在光天化日之下被女孩们扔出妓院,被一个愤怒的男子和一群男妓追赶,他似乎非常害怕。不管怎样,我看到他吃力地爬过成堆的麻袋,穿过窗户消失在仓库中。

当一个人听够了这里的喧嚣,在这个城市栈桥的尽头——哈里奇和勒阿弗尔的汽船停泊的地方,就什么都没有了,除了无限的平地、半淹的牧地、晃动着的干芦苇和泥土,几乎什么也看不到,极度阴沉潮湿。这条河上有一只小黑船,前景中的水是灰色的,天空被雾气和冷气笼罩,也是灰色的,仍然像是沙漠。

至于对港口或者其中一个码头的整体印象,有那么一个时刻比荆棘篱笆更混乱和奇怪,如此混乱让人应接不暇,头晕眼花。第一眼看到的时候是闪烁的色彩和线条,然后就无法辨别事物,即使你长时间地看着同一个点。但是如果视线转移到前面无限延伸的土地,然后就能看到异常美丽的线条,这是莫尔斯经常展现的效果。

在这里可能会看到一个美丽又健康的女孩儿,至少看起来是这样的。她非常诚实、真挚与快乐。她的脸透露出狡猾的邪恶,像一只鬣狗,会让人感到害怕。不要忘了还有那些被天花痘痕所毁坏的脸,颜色像煮熟的虾,灰色的小眼睛中目光呆滞,没有眉毛,头发稀少油腻,颜色像纯色的猪鬃毛,或者有一些发黄,就像瑞典人或丹麦人那样。

我想在这附近做一些工作,但是该怎样做,在哪里做呢?因为我很快就会陷入麻烦之中。我经常在街道上散步,以非常友好的方式和各种各样的女孩儿交谈,她们似乎把我看作驳船船主。

我认为画肖像画有可能让我得到好的模特。我今天拿到了我的工具和一些材料,这些都是我非常需要的。现在我的画室已经准备好了,如果我能找到一个便宜的模特,我就什么都不缺了。我也不会介意是否有足够的钱推动画室的发展。也许画肖像画并用绘画作品来作为他们摆姿势的补偿是个好主意。你看,在城市,就和对待农民的方式不一样了。

一个确定的事实是,安特卫普对于画家而言是非常美妙和引人注目的地方。

我的画室也没有很差,尤其是我已经在墙上钉了许多我非常喜欢的日本印刷画。你知道那些是花园中或沙滩上娇小的女性画像,上面还有马夫、鲜花以及多节的带刺枝条。

我很开心能够来到这里,并希望这个冬天不会无所事事。无论如何,这对我来说都是一个放松的机会。天气不好的时候,这里也是一个可以工作的避难所,只是在这里我不能奢求锦衣玉食。

尽量在一号的时候给我寄钱,因为我还可以坚持到那时候,但在那之后我就没有办法继续了。

我的小房间比我预期中的要好,而且不会显得那么沉寂。

现在我这里有三幅习作,我会尽力和这里的画商取得联系,但他似乎大部分时间都住在私人的房子里,在街道上没有展示窗。

这里的公园很美,有一天早上我坐在那里画了一些素描。

很好,截至到目前我还没有遇到什么挫折,这边的住宿也相当舒适。我用一点钱换来了火炉和灯,这样我就不会轻易感到无聊了,相信我。

我也找到了莱尔米特的《十月》和《晚上土豆田里的妇人们》,它们都非常好,但还没有找到他的《十一月》,你有机会得到它吗?我还看到了拉法埃利的一幅非常漂亮的费加罗插图。

我的地址,正如你所知,影像街 194 号,请把信寄到这里。当你读完德·龚古尔作品的第二卷的时候,也把它寄到这里。祝福。

你永远的文森特

安特卫普,1885 年 12 月

亲爱的提奥:

谢谢你的来信和附上的 150 法郎,我想告诉你我很开心能够来到这里。上周我又画了三幅习作,一幅是从我的窗户看旧房子的背面,两幅是公园内景。我在一个画商那里展示了其中的一幅。如果天气允许的话我还可以在码头展示我的第四幅习作,因为画商那儿有一幅《莫尔斯》,我可以和他的这幅作品一起展示。他向我保证一定会得到优待……

现在对我来说继续工作非常艰难,颜料的费用比吃喝住的花费还多,除此之外,还有模特的费用。但与此同时也有一个机会,甚至可以说是很好的机会,因为相比较而言,目前没有许多画家在作画……

我能感觉到体内有一股强大的力量。我看到我的作品中存在着一股强大的张力,这让我对工作有了一种强烈的渴望。当我在乡村的时候,我就会毫不犹豫地开始我的工作,我注意到波特尔似乎不再关注我的事情……

文森特

安特卫普，1885 年，日期不详

亲爱的提奥：

……鲁本斯给我留下了深刻的印象,我认为他的画作非常好,我尤其指的是他绘画中的头部和手部。我也正在采用这种方式画脸部的线条,手指也是同样的线条。我经常去博物馆,除了约尔丹斯画作的头部和手部,我很少看别的。我知道他并没有刻意模仿哈尔斯和伦勃朗,但是画作中的头部真的非常生动……

我和泰克成了熟人,他是这里最好的手工绘画者,他非常友好地给了我一些色彩方面的信息,例如绿色是可靠的颜色。我也向他询问了鲁本斯的绘画技巧,他很好地向我解释了这些是怎样被创作出来的,别人都不做的事情,然而却非常有用……

我喜欢鲁本斯仅仅是因为他绘画方式质朴,他作品中的含义也非常易懂……

文森特

安特卫普，1885 年，日期不详

亲爱的提奥：

今天我第一次感到头非常晕。我画了一幅斯腾的画并拿给画商们看。其中两个不在家,一个不喜欢它,还有一个尖酸地抱怨两个星期都没有一个人出现在他的商店。这并不能给人带来勇气,尤其是在天气也非常阴郁昏暗时。我已经兑换了最后的 5 法郎,我不知道剩下的两星期该如何度过。

只要我在作画,我就不会感觉到头晕。但是从长远来看,那些间歇的时间会让我感到非常忧郁。如果我不能继续,我就会非常悲伤。你知道我在这儿的所有时间里,只吃了三顿好饭,其他的都只是用面包充饥。在这种情况下,一个人会变成素食主义者。在纽恩南的半年时间里,我甚至无法支付颜料的费用……

文森特

安特卫普，1885 年 12 月 19 日

亲爱的提奥：

……我现在只剩下最后 5 法郎了,我还要买两张画布。洗衣店的妇人已经给我

带来了干净的亚麻布,所以到目前为止,我还剩下几分钱。

所以我很急切地请求你,看在上帝的分上,不要推迟你的信件,然后根据你所能结余的,或多或少地寄给我一些钱,一定还要记得我现在非常饿……

文森特

安特卫普,1885 年 12 月 28 日

亲爱的提奥:

……这些天以来,我的头脑中总是想着伦勃朗和哈尔斯,并不是因为我看了许多他们的绘画作品,而是因为这里许多人的风格让我想起了他们所在的那个时期。

我现在仍然经常去舞厅去观察那些女士、水手和士兵的头部,20 或 30 生丁就可以支付门票和一杯啤酒,因为这里没有烈性酒,所以人们可以在这里待整个晚上看这些人如何娱乐自己,至少我是这样的……

我发现很长时间以来,我都食欲不振,当我收到你的钱时,我的胃已经不能承受任何食物了,但我无疑会尽最大努力来补救……

钴类颜色是一个极好的颜色,没有任何别的颜色在制造氛围上比它产生更好的效果。胭脂红是酒的红色,它有像酒一样的温暖和活力。

翠绿也是如此。不使用这些颜色是因为没有经济能力,镉也是如此(所有这些都是非常昂贵的颜料)。

文森特

安特卫普,1886 年 1 月

亲爱的提奥:

……至于这个月末,我友好且急迫地请求你,让你其中的一个债主等等吧,至少是 50 法郎(他们可以忍受这些,你不用担心),但是请不要这样对我,因为到那时生活对我来说已经非常困难了……

文森特

安特卫普，1886 年 2 月

亲爱的提奥：

……我认为我的牙齿是因为别的原因变坏的,并且我不知道我的胃病已经恶化到这种程度了。有时我必须在两件坏事之中做出选择,但是却被两者困住。在最后的一个月,我遇到了很大的麻烦。我开始持续地咳嗽,咳出浅灰色的痰,我感觉有些不舒服,但我会努力恢复。

你知道我并不比别人强壮,只是我太忽视自己了。我和其他画家也是一样的(如果这样想,就会发现有许多),我会死,或者情况更坏——成为精神病患者或者傻瓜。

文森特

安特卫普，1886 年 2 月

亲爱的提奥：

……医生告诉我必须好好照顾自己,直到我感觉更强壮一些了,我必须多休息。现在完全崩溃了……

文森特

安特卫普，1886 年 2 月

亲爱的提奥：

……我至少会在纽恩南待到 3 月份,不仅仅是为了搬迁,也是为了寻求永久的改变。但就我自身而言,我非常愿意永远不再回来……

文森特

安特卫普，1886 年 2 月 18 日

亲爱的提奥：

此刻我的钱都已经花光了,完全花光了,所以我再次给你写信。

　　如果你能寄给我一些钱，哪怕只有 5 法郎，也这样做吧。这个月还有 10 天呢，如果没有它们，我该怎样度过呢？因为我已经完全不剩任何东西了。

　　我只知道一件事情，除了向你写信，我的任何行动都没有意义了，也即是说，我不能推迟去巴黎……

文森特

❋ 第六部分 ❋

狂　热

巴黎 1886 年 3 月至 1888 年 2 月——阿尔勒 1888 年 2 月至 1889 年 5 月——圣雷米 1889 年 5 月至 1890 年 5 月——奥维尔小镇 1890 年 5 月至 7 月

文森特在接下来的两年时间里会和弟弟提奥在巴黎生活，首先是因为他的公寓离克利希大街比较近，然后是他搬到了赖皮克街的一间大公寓。因为这段时间他和弟弟生活在一起，所以存在的信件不多，但我们知道文森特去了柯罗蒙的画室，在那里他认识了同为学生且后来成了印象派画家的路易斯·安克坦、埃米尔·伯纳德、约翰·卢梭、图卢兹·罗特列克以及他后来非常崇拜的极具巴比松画派艺术风格的阿道夫·蒙蒂切利。他恢复了和他在伦敦认识的苏格兰画商亚历山大·里德的关系。通过提奥，亚历山大·里德当时在管理博索德瓦拉东画廊（他从古比尔公司接管过来的）。文森特结识了德加和马奈，在用绘画材料换取画家们作品的颜料供应商唐吉那里，文森特遇到了保罗·西尼亚克、卡米尔·毕莎罗和他的儿子卢西恩以及塞尚和高更，并且参观了瑟拉的画室。

从他 1887 年的信件中，我们可以得知他在唐布兰咖啡厅参加了由他的女主人，也是画家模特的歌丝蒂娜·塞加托里举办的日本印刷图画展。（对此，他向他的妹妹威廉明娜写信说："我仍然继续着不可能且非常不合适的恋爱，最终我在羞愧和耻辱中离开。"）

1887 年 12 月，他在克利希大街组织了一场印象派画展，然而他自己的作品一幅也没有卖掉，他成功地和高更互换了一幅作品。文森特也与瑟拉和西尼亚克一起参加了自由剧院的展览。提奥不能在自己的画廊展示文森特的作品，但是一些小的画商诸如唐吉、波特尔、托马斯和马丁等展示了文森特的作品。

尽管如此，文森特在 1888 年 3 月的时候，发现巴黎不是一个可以继续工作的地方。再次因为突然的冲动，他搬到了阿尔勒，那里的光线、太阳和强烈的色彩让他感到极度兴奋，此间他的作品中充满了狂热。他开始与巴比松和蓬塔旺沿线的画家团体合作。在提奥的帮助下，他们认为高更会成为他们的首位加入者，并且希望后续仍会有其他人加入。在长期的推诿之后，高更最终来到了这里。文森特自己说他们的谈话是如此的激动，以至于一场争吵之后，他割掉了自己的一部分耳朵，文森特极度的痛苦开始转变为精神上的疾病。

他意识到自己将变得疯狂，他自愿住进了圣雷米的圣保罗精神病院，这离阿尔勒并不远，他在这里画了许多画，并且创作出了一些他最优秀的作品，但他的生活环境让他彻底绝望。最终他搬到了巴黎郊区的奥维尔小镇，并得到了加谢医生的照顾。

巴黎，1886 年 3 月

我亲爱的提奥：

不要因为我的立刻到来而生气，对此我已经想了很久，并确信通过这种方式我们可以节省时间。我可以在正午时到达卢浮宫，如果你喜欢的话，或许可以更早一些。

请告诉我你什么时候可以到卡雷大厅。至于所花的费用，我想再重复一遍，这并没有很大的区别。我现在还有一些钱，当然在有任何花费之前，我会和你商议的。你会看到，我们能把一切事情都解决好。

所以尽快到来吧，握手。

文森特

巴黎，1887 年夏，日期不详

亲爱的提奥：

附信昨天就到了，但是看门人并没有直接给我。

我去了唐布兰，如果我不去，他们就会认为我害怕了。

我告诉塞加托里，在这件事情上我并没有传达给她这样的观点，但现在是由她自己判断的时候了。

我撕碎了图画的收据，但是她不得不归还一切。

如果她没有插手发生在我身上的事，她就会在第二天来看我。

因为她没有来看我，我感觉她可能知道他们要和我吵架。她尝试着警告我让我离开，但我没能理解，我也许并不想理解。

她回复我，那些画作和所有其他的东西都任我处置。她坚持说是我自己在寻找争端，这一点我并不吃惊。我知道如果她站在我这边，他们就会排挤她。

我进来的时候，看到了服务员，但是他表现出了恐惧。

我不想立刻取回画作，但是我说你回来的时候，我们会商议此事，因为这些作品属于我，同样也属于你。同时，我建议她再想下发生的事。她看起来并不好，脸白得像纸一样，这不是一个好的征兆。

她并不知道服务员去你那边了。如果这是真的，我就更倾向于相信她曾尽力提醒过我，他们要向我挑起争端，而不是她自己密谋了所有的事情。她不能做她喜欢做的事情，在采取任何行动之前，我等待你的归来。

在你离开之后，我画了两幅画，仅仅获得了40法郎，我恐怕不能度过你回来之前的日子。

不要忘记我在阿斯涅尔开始了我的工作，我有足够的画布，唐吉过去对我很好，事实上，现在也是，但是他那讨厌的妻子意识到发生了什么，并开始抱怨。然后我告诉唐吉妻子我的一个想法，告诉她如果我不再从他们那里买任何东西，那么责任就全在她。老唐吉通情达理，保持安静，无论如何都会帮我去做我所想的任何事情。但即便这样，事情也不容易。

我今天看到罗特列克了，他卖出了一幅画，我想是通过波特尔卖掉的。梅斯达赫的水彩画也到了，我觉得非常漂亮。

现在我希望你在那边的旅行愉快，代我向母亲、科尼利斯和威廉明娜问好。如果你可以，再寄给我一些东西，确保我在你回来之前不会过得很辛苦。我也会为你画更多的画，目前工作的进展让我非常开心。让我有点担心的是不去唐布兰就显得有些胆怯了，我到那之后，内心又恢复了平静。握手。

文森特

巴黎，1887 年夏，日期不详

亲爱的提奥：

谢谢你的来信以及信中所含的一切。让我非常伤心的是，即使成功作品的收入也要少于它们的花费。

　　我因你写的家里的情况而感动，"他们很好，但即使这样，看到他们也感到悲伤"。12年前就有一个人发誓要和家人好好相处。如果你的婚姻成功，就会给母亲带来许多欢乐，出于你的健康和生意上的原因，你也不应该再保持单身。至于我，我感觉我对婚姻和孩子的渴望逐渐减少，并且有时候我的情绪也相当低落，因为我已经接近35岁了，这个时候我本应该有截然不同的感觉。有时我把这归咎于讨厌的绘画。里什潘曾经在某处说过：对艺术的热爱是对真爱的毁灭。我认为这是完全正确的，但另一方面，真爱会让人对艺术产生疲倦。尽管我已经感觉到老了破碎了，但有时我也是多情的，感觉对艺术缺少热情。一个人必须对成功有追求，尽管看起来可能有些荒谬。总之我希望自己更少地成为你的负担——这在现在看来，也并不是不可能的。我希望能够取得进步，以证明我有完全能够不屈服的信心。

　　有一件事情是确定的——我不会在唐布兰做任何工作。无论如何，我认为现在是转变的时候了，我当然不会有任何异议。至于塞加托里，那又是另外一件事情。我仍然能感受到自己对她的喜爱，我也希望她能和我有些同样的感觉。但目前她处于困难时期，她在自己的家中既不是自由人，也不是家庭主妇，这让她处于痛苦之中，感觉很不好。尽管我不应该公开说这些——我确信她打胎了（也就是说，她流产了），无论如何，就她的情况，我并没有逆着她的意思。

　　两个月来，她的情况好些了，然后我希望她会因我没有打扰她而对我心存感激。请注意，一旦她恢复了，如果她冷血地拒绝归还属于我的东西，或者让我在任何方面失望，我也不会伸出我的拳头，但这些是不会发生的。毕竟，我足够了解她并且仍然信任她。注意了，如果她有能力确定自己的地位，然后从商业的角度来看，我就不会因为欺诈而责怪她。如果这意味着她不得不稍微得罪我，好吧，她可以继续做下去。我最后一次见到她时，她并没有让我伤心，如果她像人们所说的那样讨厌，她就应该会这样做。

　　我昨天看到了唐吉，他刚把我画好的一幅画放在了展示窗里。自从你离开之后，我已经画了四幅，还有一幅大的正在画。我意识到那些大的、长幅的油画很难卖，但是稍后人们就能感受到其中的新鲜空气和幽默。这所有的一切都可以成为餐厅或者乡下房子的装饰。如果你恋爱并且结婚了，那么在我看来，像其他许多画商那样在乡下拥有一栋房子也不是不可能的。如果一个人生活得很好，就会花费更多，同时也会挣得更多。也许现在一个富有的人比一个贫穷的人看上去更好，更能享受生活。给家里所有人带去我的问候。

你永远的文森特

阿尔勒，1888 年 2 月 21 日

亲爱的提奥：

对我来说在巴黎工作似乎是不可能的，除非可以找到一个安静的地方自我恢复，寻回宁静与沉稳。没有这些，一个人就会绝望地丧失人类的情感。

现在我告诉你，这里到处是两英尺深的积雪，我开始写信，雪还在下，阿尔勒在我看来似乎并不比布雷达或蒙斯更大。

到塔拉斯孔之前，我注意到一些巨大的黄色砖石的华丽建筑，它以奇特且庄严的形式搭建起来。村庄里的砖墙之间是成排的小树，树上有橄榄绿和灰绿的叶子，所以那些很可能是柠檬树。

但阿尔勒的乡村似乎是单调的，我看到一片极好的红色土地上种着葡萄树，背景是淡紫色的山脉。天空在白色山顶的映衬下像雪一样明亮，这雪中的风景就如同日本画家画作中的冬天景象……

文森特

阿尔勒，1888 年，日期不详

我亲爱的提奥：

……在我看来，如果我们继续在我们的领地上保持主人的地位，也即是印象派画家所关注的领域，那么我们无疑可以向里德表达我们真诚的信任。我们不会干扰他，我们会让他与马赛的蒙蒂切利一起做他喜欢做的事。

如果你也认同这一点，实际上你也可以代我转告他，如果他打算来马赛买蒙蒂切利的作品，他就无须对我们有任何畏惧，我们有权利问他这样做的意图是什么。

至于印象派画家，他们应该被介绍到英国，如果不是直接通过你，也要是通过你的代理人，这对我来说才是公平的。如果里德要第一个进来，我们就有正当的理由认为他对我们表现出不信任，尤其是我们在马赛时给了他自由……

我有时认为我的血液已经开始加速循环了，比我上次在巴黎的时候流动得还要快，我不能再忍受了……

文森特

阿尔勒，1888 年，日期不详

我亲爱的提奥：

……我收到了高更的一封信，他告诉我他已经卧床两星期了。由于他要支付一些令人烦恼的债务，他现在已经身无分文了。他想知道你是否为他卖出了任何作品，但是怕打扰到你，所以他没有直接写信给你。他现在是如此失落，他准备好了把自己的作品降价出售。

在这桩生意上，我唯一能做的就是给拉塞尔写信，我打算今天就这样做。

毕竟我们已经尝试着让特斯提格买了一幅画了。但还能做些什么呢？他一定非常沮丧。

你要冒险把他的海景画带到公司吗？如果这是可能的，他目前的生活将会有所保障。

按照你所认为的最好的方式办独立的展览，对于要展览的两幅大的巴特蒙马特的风景画，你还有什么要说的呢？它们多少与我的作品有些相似，我更多地期待今年的工作。

这里的地面上还有坚冰，乡村还留有积雪。我有一幅风景画的习作，是以这个城镇为背景画的。两幅小的习作画的是开花的杏树。今天说得已经够多了，我还要给科宁（阿诺德·科宁，荷兰画家，住在提奥的公寓里）写个便条……

文森特

阿尔勒，1888 年 3 月 10 日

我亲爱的提奥：

谢谢你的来信和附上的 100 法郎钞票，我希望你正在思考特斯提格很快会来巴黎的事情。我非常渴望事情处于你所说的那种状态，在经济如此窘困的时期，每一个人都生活得很艰辛。我对你说的朗松作品的销售以及画家的情妇很感兴趣。他的作品非常有个性，总是能让我想起莫夫的作品。很遗憾我没能看到他作品的展览，就好像我很遗憾没有看到维莱特的展览一样。

你怎么看待凯撒·威廉国王死亡的消息？这会让法国的一些事情加快进度吗？巴黎仍然会保持平静吗？这似乎不太可能。这对绘画交易又会产生怎样的影响呢？

我发现好像有废除美国绘画作品进口税的一些言论,这是真的吗?

也许让一些画商和收藏家同意购买印象派的画,比让画家同意在作品出售时均享收入更加容易。

画家们把作品交给协会,然后共享价格,共享销售程序,协会因此能够保证它的成员继续生活和工作。如果德加、克劳德·莫奈、雷诺阿、希思黎和卡米耶·毕莎罗可以采取主动,并且说,看呀,我们五个人每人上交 10 幅作品(或者是我们每人要交价值 10000 法郎的作品,它们被协会所指派的专家例如特斯提格和你自己来评估,上述的专家也要以作品的形式投资),并且每年都要交同样价值的作品……我们邀请你、纪尧姆、瑟拉、高更等加入我们(你们的作品也要经过同样的专家评估)。

因此布勒瓦大道的伟大的印象派画家们,可以通过上交作品所形成的公共财产来保护他们的声誉,他们也不会因为把获得声誉的机会留给自己而遭到他人的责备。无疑他们会首先因个人的努力和独特的才能来获得声誉,其次这种声誉也能通过一直在贫困中工作的整个艺术家大军的作品得以维持、加强和巩固。

为了这一切可以成功进行,特斯提格和你会成为团体中的专家成员(也许是和波特尔一起?)。

我有两幅风景画的习作,我希望现在的工作能够保持稳定。一个月内,我会寄给你第一批作品。我说一个月,是因为我想只把好的寄给你,因为我想让它们处于完全干透的状态,因为运输的费用,我想一次至少给你寄 12 幅。

我祝贺你拥有了瑟拉的作品,那是我将要寄给你的,你也必须尝试着安排用另外的作品和瑟拉的作品进行交换。

你意识到如果特斯提格在这件事情上和你站在一起,你就很容易说服博索德瓦拉东授予你必要的所有权。但这是非常紧迫的,如果失败了,画商就会抢占先机超过你。

我有一个熟人,他是丹麦画家,他经常和我谈论海尔达尔以及克罗尔等别的北方人。他的作品非常枯燥,但他很有道德,也很年轻。一段时间以前,他看了拉斐特街的印象派画展。他可能会为了画展去巴黎,并想去荷兰参观那里的博物馆。

我赞成你独立画作的展览,你应该给这次习作的展览取一个标题——"巴黎式的罗马人"。

我很开心听到你成功说服了特斯提格,我们必须有足够的耐心。

在收到你的信件之前,我不得不购买价值 50 法郎的材料。这一周我要处理四件或五件事情。

　　我每天都在思考艺术协会的事情，这个计划已经在我心中酝酿了很久，但特斯提格必须在内，我们很大程度上都要依赖这些。现在画家们可能会被我们说服，但在得到特斯提格的帮助之前，我们不要采取进一步的行动。如果没有这些，我们就可能要从早到晚地听他们的悲叹，尤其是每一个人都会永无止境地寻求解释、真理。如果特斯提格的观点没有得到布勒瓦大道的艺术家的支持，我们就不能这样做，对此我也并不感到奇怪。

你永远的文森特

阿尔勒，1888 年，日期不详

我亲爱的提奥：

　　……我已经完成了一幅杏树在鲜绿的小果园中开花的作品，我正在为我曾和伯纳德说起过的日落时分的人物和桥的那幅画而忧虑。坏天气阻止了我在这个地方的工作，因为尝试着在家中完成，我几乎完全摧毁了它。然而，我又立刻在另一块画布上开始了同一主题的绘画，但由于天气的不同，作品呈现出的是灰色调，也没有人物。

　　对你来说把我其中一幅习作寄给特斯提格并不是一个坏主意，你会说可以把黄色天空下的克利希桥和两座映照在水中的房子，或者蝴蝶，或者田地中的罂粟的作品寄过去……

　　非常感谢你为独立展览所付出的一切努力，我非常开心最终他们增加了其他印象派画家的作品。

　　这次就算了，但在以后的展览中我的名字应该被列在目录中，像我在油画上所签署的那样，也即是文森特而不是梵高，原因很简单——他们不知道最后一个名字的读音应该怎样发……

　　如果你把我们的朋友伯纳德的《布列塔尼的女人》的小幅头像画放在你那里，一定不会错。它一定能让人相信所有的印象派画家都是好的，他们的作品是非常多样的。

　　我认为我们的朋友里德会非常后悔与我们发生争吵，但不幸的是，再次向他提供同样的有利条件，或者是寄售他的作品是不可能的了。只是喜欢画画是不够的，在我看来他似乎并没有艺术家的感觉……

　　我非常遗憾看到瑟拉的作品出现在普罗旺斯博物馆或者地下室，那些作品本来应该在人们手中——如特斯提格……如果三次约定的展览已经开始，那么一定在巴黎、在伦敦、在马赛……都有瑟拉的画展。

文森特

阿尔勒，1888 年 3 月 30 日

亲爱的提奥：

……我在户外的果园画了一幅油画，淡紫色的耕地、芦苇篱、两棵玫瑰色的桃树，映衬着美妙的蓝色和白色的天空。这也许是我画过的最好的风景画，我把它带回家的时候，收到了来自荷兰的纪念莫夫的通知，还附带了一幅他的肖像画（非常好的肖像画），是漂亮的水彩画，但主题非常贫乏，什么都没有。有一些我所不知道的东西抓住了我，让我喉头哽咽，我在我的作品上写道：

　　纪念莫夫
　　文森特和提奥

如果你同意，我们就把它寄出去，寄给莫夫的夫人，情况就是这样的。我特意选择了我在这里画得最好的习作……

因为风，我画起画来有很大的困难，但我把画架深深地固定在了地上，不顾风的吹打继续工作，这太可爱了……

文森特

阿尔勒，1888 年，日期不详

我亲爱的提奥：

……这是一个具有前瞻性的计划，付出了你和我一起策划的最好作品的代价。当然它们非常有价值，可以说至少值几千法郎。

假定我们首先给莫夫的夫人寄去了我们对莫夫的纪念，假定我献给布莱特纳一幅习作（我有一幅非常相像的习作，是和毕莎罗交换得来的，里德也有一幅橙色的作品，前景是白色的，背景是蓝色的），假定我们也给了我们的妹妹威廉明娜一幅习作，假定我们给海牙的现代博物馆一些作品，因为我们对海牙有太多的回忆。

还有一件事情不容易解决，特斯提格曾向你写信说："寄给我一些印象派画作，

只要你认为最好的。"你寄了一幅我的绘画，我发现自己并不能很容易让特斯提格相信我是佩蒂特大街上一位非常有天赋的印象派画家，而我却一直这样认为。

好吧，他会在自己的收集中有一幅我的作品，我这些天一直在仔细考虑这些事情，并且想到了一件非常奇怪的事情，这和我平常画的都不一样。它是一个吊桥，上面有一辆小的黄色运货马车，有一群女人在洗衣服，地面是亮黄色的，草地是亮绿色的，天和水都是蓝色的。

它只需要一个用高贵的蓝色和金色设计的特别框架。外面的装饰是金色的，嵌入的是蓝色。我认为我能向你保证，我现在的作品比上个春天在阿斯涅尔乡村所画的要好。

相信我，特斯提格不会拒绝这幅作品……

文森特

阿尔勒，1888 年，日期不详

我亲爱的提奥：

……这里的空气对我的身体非常好，我希望你也可以呼吸到这种新鲜空气。它在我身上产生的一个有趣的影响是：一小杯白兰地酒就能让我微醉，那么我就不需要借助兴奋剂来促进血液循环，减缓压力。我来到这里之后的唯一变化是我的胃变得非常虚弱，我希望今年的身体状况会有很大改善，事实上这也是我非常需要的。

我还有一幅新的果园图，和那些粉红的桃树与苍粉的杏树一样好。目前我正在画一些李子树，微黄且带白，有成千上万的黑枝条。我用了大量的画布和颜料……

这个月对你和我来说都是困难时期，但是如果你能度过它，我就能在画开花的果园上更进一步。我已经有了很好的开始，我认为在同样的主题上，我还可以再画10幅。你知道我在工作中是易变的，这种对画果园的疯狂不会永远持续下去。在这之后，我想创作一些有日本印刷画风格的作品……

你会看到粉色的桃树在画中饱含着某种激情。

我还必须画一幅星空和柏树，或者首先是一片成熟的玉米地。这里有许多美妙的夜晚，我仍在持续发烧，但依然在工作……

文森特

阿尔勒，1888 年，日期不详

亲爱的提奥：

……请你向老塔赛特或老主人询问 10 码的画布和石膏或者吸收剂的最低价，并告诉我结果。这是我要的材料清单：

20 白碎片，大管

10 锌白

15 绿孔雀石，双管

10 铬黄，硬柠檬

10 铬黄（2 号）双管

3 朱红

3 铬黄 3 号

6 鲜红颜料，小管

12 深红颜料，小管

2 胭脂红，小管

4 普鲁士蓝，小管

4 朱砂绿，浅色，小管

2 铅橙，小管

6 翠绿，小管

……到目前为止，我在颜料和画布上的花费比在自己身上的花费还要多。我还有另一幅果园的作品给你，但是看在上帝的分上，不要让我的颜料延迟送达。开花的季节很快就要结束了……

文森特

阿尔勒，1888 年，日期不详

亲爱的提奥：

……告诉塔赛特必须把鲜红色放在里面，你是非常正确的。他已经寄给我了，我也已经检查过了。印象派画家使用的所有的色彩几乎都是不稳定的，所以有充分的理由大胆粗糙地使用它们，时间会让它们变得更温和一些。

所以，我所订的所有颜色，三种铬化物（橙色、黄色、柠檬黄）、普鲁士蓝、翠绿、深红、孔雀石绿，或者铅橙，很难在荷兰人马里斯、莫夫或者伊斯雷尔斯的调色板上出现。它只会出现在德拉克罗瓦的调色板上，他有充足的理由对两种受谴责的颜色抱有热情，它们是柠檬黄和普鲁士蓝……

文森特

阿尔勒，1888 年 5 月

亲爱的提奥：

……我并不认为我的整个未来都是黑暗的，我的确看到了困境中的坚持。有时我也会问自己，困难对我来说是不是太多了，但这只是在身体虚弱的时候才会产生的想法。上周我牙疼得非常厉害，这违背我的意志，让我白白浪费了时间。

然而，我刚刚寄给你了一卷水墨画，我认为是 12 幅。通过它们，你就可以看到我是否停止作画。在它们中间，你会发现一幅在黄纸上仓促完成的草图，这是当你来到这个城镇时所看到的广场上的草地，后面是一座建筑。

很好，今天已经开始着手住房的事了，它包含 4 个房间，或者说是两个带有密室的房间。外面被涂上了黄色，内部是石灰白，我为此一个月花费了 15 法郎。

我现在的想法是装饰一楼的一个房间，这样我就可以在里面睡觉了。只要我还在南方，这个房子就会是画室和储藏室。现在我能避开旅店老板的各种把戏了……

我非常愿意和别人分享我的新画室，也许高更会来南方，也许我会和麦克奈特（道奇·麦克奈特，美国画家）达成一些协议，然后我们就可以在自己的地方做饭了。

这里与巴黎相比，似乎更近人情，更少地对抗人性。但就我的性情而言，无节制的狂欢与工作无法相容。在目前的情况下，一个人必须在绘画中得到满足。这并不是真实的生活，但应该怎样做呢？实际上，我们所知的艺术生活并不是真正的生活，这对我来说非常重要，如果不能对它满意，就不能对生活满怀感恩。

文森特

阿尔勒，1888 年 5 月 4 日

我亲爱的提奥：

……我昨天去了法特勒什的麦克奈特那里,他有一幅很好的彩笔画——一株粉色的树,还有两幅水彩画才刚刚开始。我看到他正在用炭画笔画一位老妇人的头部。他现在处于被新的色彩理论困扰的状态,然而新的色彩理论又阻止他继续使用旧的方法。他还没有足够的把握让自己在新的调色上获得成功。他似乎有些害怕向我展示这些东西,于是我不得不告诉他,我就是专门为看他的画作而来的。

他也许会和我在这儿待一段时间,这不是不可能的,我认为这样我们都可以受益。

我经常会想到雷诺阿和他画作中纯净的线条,那就是人们在澄澈的天空中所能看到的东西……

当我离开巴黎时,正遭遇了一个打击。我之后很好地为之付出了代价！我停止了喝酒,停止了过多地吸烟,然后我又开始了思考,而不是尽力不去想——我的天哪,我是多么沮丧和精疲力竭呀！在这样美丽的自然环境中工作有助于我精神面貌的恢复,但即使是现在,一些努力对我来说也太多了,我并没有足够的力量……

文森特

阿尔勒，1888 年 5 月 5 日

我亲爱的提奥：

……这是一个肮脏的城镇,到处是破旧的街道。至于阿尔勒的女人们,有太多的话可以说了,不是吗？你想知道我对她们的真实想法吗？毫无疑问,她们非常有魅力,但不再和以前一样了。现在她们更像米尼亚尔而不是曼特尼亚,因为她们正处于下降时期。但这并没有阻挡她们的美丽,非常漂亮……

这里的女人像弗拉戈纳尔,又像雷诺阿。不能给任何东西贴标签,这是目前我在绘画中遵守的规则。最好的事情就是画肖像画,各种女士和孩子的肖像画。但我不认为自己是能够做这样的事情的人。

如果南部比利牛斯山的漂亮朋友蒙蒂切利能过来,我会非常开心。我感觉他会

来,尽管我知道这种感觉可能是错误的。如果在绘画中有一类德·莫泊桑这样的人,能够画出这里漂亮的人和物,我也会非常开心。至于我,我会继续自己的工作,在我的作品中总有一些东西会持续下去。但谁又能通过肖像画取得像克劳德·莫奈在风景画领域那样的成就呢?但是你必须相信我这样的人会出现。罗丹吗?他不专注于色彩,不可能是他。但未来的这位画家一定是一位从未有过的色彩大师,马奈正在朝这个方向努力,但你知道印象派画家已经比马奈运用了更强烈的色彩。这个画家会是谁呢——我不能想象他像我一样居住在一间小咖啡馆里,不工作的时候戴着假牙,去轻步兵的妓院……

文森特

阿尔勒,1888 年 5 月

亲爱的提奥:

　　……你会在克劳德·莫奈的作品中看到许多可爱的东西,相比之下,就会觉得我寄给你的作品非常差。我现在对自己也不满意,对自己所做的事情也同样不满意,但是我仍然抱有一丝希望,希望最后可以做得更好。

　　然后我也希望在这个可爱的地方,其他画家的地位会上升,像日本人对他们的画家所做的那样,这个努力方向还是不错的……

文森特

阿尔勒,1888 年 5 月

亲爱的提奥:

　　……在这种情况下,我寄给你了我所有的习作,除了已经毁坏的那些,但我并不是所有的作品都署了名。12 幅不带框架,14 幅有框架。

　　有一幅小画画的是一个不适宜居住的小屋,它是白色、红色和绿色的,旁边还有一棵柏树。你已经有了它的素描,我在房子里完成了整个作品。这会向你展示,如果你喜欢,我可以像日本印刷画那样,画出所有这些作品的小图片,我们可以在你看到它们时再讨论……

文森特

阿尔勒，1888 年 5 月

我亲爱的提奥：

……我又画了两幅新的习作。一幅是桥，一幅是大路的一侧。这里的许多主题，从性质上来讲与荷兰的完全一样，区别在于颜色。日光所照之处呈现出硫黄色。

你还记得我们在雷诺阿画作中看到的瑰丽的玫瑰园吧？我很期待在这里能够发现类似的主题，实际上，处于开花期的果园就是这样的。现在事物的面貌发生了变化，变得越来越粗糙，除了绿色和蓝色。我所知的塞尚的一些风景画中，这一点处理得很好，很遗憾没能看到更多。前几日，我见到了一个与我们在里德那里看到的，与可爱的蒙蒂切利的杨树风景画中一模一样的主题。

为了寻找雷诺阿画作中的花园，你也许应该去尼斯。我在这里几乎没有见过玫瑰……

文森特

阿尔勒，1888 年 5 月 20 日

我亲爱的提奥：

你信中说你去了葛鲁比那里，这让我很难过，但同时也为你去了那里而感到宽慰。

你现在感到无精打采吗？这种严重的昏昏欲睡的状态，可能是因为你的心脏问题，在这种情况下，碘化钾和你的疲惫是没有关系的。你还记得我去年冬天是多么虚弱吧，到了完全不能做任何事情的程度，除了画点儿画。然而我却没吃碘化钾。如果我是你，如果葛鲁比说不用吃，我就会和里弗说明白，我相信，毕竟你打算和两个人都保持友好的关系。

我现在经常想起葛鲁比，总的来说，我感觉非常好，是这里纯净的空气和温暖的气候让这成了可能。对于这所有的问题以及巴黎不干净的空气，里弗都安于现状，他不尝试着创造一个乐园，也不试着让我们变得更好。但他铸造了一副盔甲，更确切地说是他把我们武装起来对抗疾病，保持一个人的精神斗志，这让他对自己所患的疾病不在乎。

所以如果你现在能够花费人生中一年的时间在乡村生活，在自然中生活，这会

让葛鲁比的治疗方法更有效。他会建议你不到万不得已的时候，不要接触女性，无论如何都要尽可能少地接触。现在我就做得很好，但那是因为我有工作，并身处自然之中。如果我没有这些，我就会变得忧郁。如果工作对你来说有一定的吸引力，如果印象派画家们做得很好，继续这样下去，就会有很多收获。真正的不幸是孤独、担忧、麻烦以及友好和同情的需求不能得到满足。悲伤或失望的感觉不只会让我们放纵自己，还会摧毁我们——我们的那些感觉很容易让我们患上心脏病。

我确信碘化钾可以净化血液和整个血液循环系统，难道你不这样认为吗？没有它你还能继续活下去吗？无论如何，你都要坦诚地与里弗交流，我认为他并不是一个善妒的人。

我希望你周围的人比荷兰人更粗犷、更热情。尽管科宁的反复无常是一个例外，但也比大部分人要好。无论如何，有人一起总是一件好事，尽管我希望你在法国人当中有一些朋友。

你能帮我吗？我的朋友戴恩周二要去巴黎，他会给你带去两幅小画，没有什么特别的，我想把它送给在阿尼耶门的布瓦西埃伯爵夫人。她住在克里希桥尽头的伏尔泰大道的第一所房子里。你可以代我交给她，并告诉她我希望这个春天会再次见到她，我即使在这里，也没有忘记她。我去年也给了她们——她和她的女儿两幅小画。我相信你一定不会后悔认识这些女士，她们是真正的贵族。

伯爵夫人已不再年轻了，但她是第一个伯爵，她的女儿也同样如此。你有必要去看一下，因为我不确定她们今年是否还住在同样的地方（尽管她们多年来都在那里，佩卢曹应该知道她们在城中的地址）。也许我是在自欺欺人，但我忍不住会想，这也许会给她们带来一些乐趣。如果你见到她们，也会很开心……

我这周画了两幅静物画。

一幅画是一个蓝色的搪瓷咖啡壶，左边是一个深蓝色和金色的杯子以及淡蓝色和白色的方格牛奶壶；右边是一个有蓝色和橙色图案的杯子，放在灰黄的陶瓷盘子里。一个带有花饰的蓝色陶罐，上面是红色、绿色和棕色的图案，最后是两个橘子和三个柠檬。桌子上覆盖着蓝色的布，背景是黄绿色的，所以有 6 种不同的蓝和 4 种或 5 种黄色和橙色。另外一幅静物画是装有野花的陶壶。

非常感谢你的来信和 50 法郎钞票，我希望运货箱在一天左右就能到达。下次我可以把油画从框架上取下来，这样就可以卷起来邮寄。

我还没有和家具经销商做成任何生意，我看到了一张床，但是比我想象中的要贵。我感觉在家具上花费更多之前，要多做一些工作。我的住宿是每晚 1 法郎，我又买了更多结实的亚麻布和一些颜料。

由于我的血液逐渐恢复正常,大脑也更敏锐了。如果你的病是对漫长而可怕的冬天的一种反应,我一点儿也不感到奇怪,这和我的情况是一样的。尽可能地呼吸春天的空气,早点睡觉,因为你必须有足够的睡眠。至于食物,多吃些新鲜蔬菜,不要喝劣质酒或劣质酒精。尽量不接触女性,多一些耐心。

如果没有立刻恢复,也没有关系,佩卢曹会给你安排含肉较多的饮食。我在这不能吃到太多的肉,当然也并不需要。

我那种精神上的疲惫已经消失了,所以我也不再需要那么多的消遣了。越少地被激情困扰,就越能冷静地工作。我可以独自一人而不感到无聊,虽然我这么老了才走出孤独,但我并不悲伤。

如果你在下一封信中说你已经完全好了,我是不会相信的,即使可能会有彻底的改变。如果在恢复期间你有一些沮丧,我也不会感到奇怪。

有时候一个人真正缺少的是把自己完全投入到艺术中并且做得更好。一个人知道自己就是一匹马,打算再次拉起同一辆旧马车,但最好不要那样,它更应该生活在草地上,有阳光、有河流、有别的马陪伴,尽可能地享受自由和生育行为。

我不知道谁把这种状态称作"死亡和不朽的钟声",马车向前一定有人所不知的作用。因此,如果我们相信新的艺术,相信未来的艺术家,我们的预言就不会欺骗我们。

善良的老柯罗在去世前的一些天说:"在昨晚的梦中,我看到了粉色的天空。"很好,它们已经到来了,不是吗?那些粉色的天空,在印象派画家的风景中同时又是黄色和绿色的。这意味着一个人实际上可以预知未来发生的事情。

我们愿意相信自己离死亡还很远,然而却能感受到这些比我们更伟大和更持久的东西。

我们并没有感觉到自己快要死了,但我们却能感觉到我们实际上是无足轻重的,只是艺术链条中的一环。我们以健康、青春和自由为高昂的代价,我们不能享受这些,我们就像拉着享受春天的乘客的马。

无论如何,我希望你和我都能成功地恢复健康,因为我们需要它。皮维·德·夏凡纳的《希望》是非常正确的,未来的艺术是如此可爱和年轻,以至于我们愿意放弃我们的青春,我们也能够从中获得宁静。

把这些都写下来可能有些傻,但这就是我真实的感觉。在我看来,你正和我一样遭受着痛苦,看着我们的青春化为乌有,但如果它能在我们的工作中再次成长和复苏，那我们就没有失去什么，因为我们工作的能力是另一种形式的青春。所以尽力好起来吧，我们需要我们的健康。与你和科宁热情地握手。

你永远的文森特

阿尔勒，1888 年 5 月，日期不详

我亲爱的提奥：

我在《倔强》(法国一份激进的报纸)上看到一个通知，说在杜兰德的画室有一个印象派作品的展览，那里也有卡勒波特(古斯塔夫·卡勒波特，1848—1894，印象派的一个拥护者)的一些作品，我从来没有看到过有关他的任何信息，所以想让你在信中告诉我那是什么样的，当然那里肯定还有其他非常优秀的作品。今天我又寄给你了一些画作，我现在正在画另外两幅。这些是从山坡上看到的景色，从那里你可以看到克罗(这里产美酒)的整个乡村、阿尔勒镇以及法特勒的乡村。荒野和浪漫的前景之间形成了鲜明的对比，从远处来看，宽广而平静，地平线倾斜着进入阿尔卑斯山脉……

文森特

阿尔勒，1888 年 5 月 29 日

我亲爱的提奥：

……如果你认为《纪念莫夫》那幅画还可以，你就应该把它放在下一批在海牙展览的作品之中，放在一个纯白色的框架里。

如果你发现习作中有更适合特斯提格的，你可以不加任何题词的把它放进去，并且保留其中带题词的一幅。最好给他一幅不带任何题词的作品，然后他就可以假装自己没有意识到这是一件礼物，并且在什么都不说的情况下把它寄回来，如果他不想从我这里获得任何东西的话……

你想让我和你一起去美洲吗？让那些人支付我的旅行费用是非常公平合理的。

在很多事情上，我都保持冷漠，但是对于这些，我认为你首先应该让你的健康恢复。

我想看到你在古比尔公司的独立，以你自己的名义管理印象派画作的事务，而不是带着属于那些人的昂贵作品周游各地。我们的叔叔就是一个很好的同伴，他许

多年前从中得到许多,但你看一下他付出了什么……

奇怪的是在蒙特马约的一个晚上,我看到了红色的落日。光线落在了杂乱岩石之间生长的菠萝树叶上,使其枝叶看上去像橙色的火焰,远处的普鲁士蓝色菠萝树在淡蓝色天空的映衬下显得特别突出。这就是克劳德·莫奈画作中的效果,非常壮观。树下的白色砂砾也为树增添了蓝色的色彩……

我现在的身体状况好多了,消化系统在过去的一个月里也有了很大的改善。我有时仍然会有莫名的兴奋,有时又会完全呆滞,但是这些会在我的情况更稳定时得到缓解。我希望有一场去圣玛丽·德拉梅的短途旅行,最后去看看地中海……

文森特

阿尔勒,1888 年,日期不详

我亲爱的提奥:

我一直在考虑高更的事,情况是这样的:如果高更来这里,他就需要一次旅行,需要有两个床或者两个床垫,这些都是我们必须要买的。但是在这之后,因为高更是个水手,我们也许可以在家做些苦工。

我们两个人都要以曾经花费在我一个人身上的钱为生。

你知道我一直认为画家独居是最愚蠢的方式,当你独居的时候,你通常会失败。

你也许会认为我们两个人共享生活是一个好主意,我们可以固定一下数额,也就是说每月 250 法郎。每月你除了得到我的作品,你还会得到高更的作品。

除此之外,和别人联合起来也一直是我的想法。这是我写给高更的一封信的草稿,如果你认同,在措辞上可以有任何改变,但这只是我首先想要写的。

这是一件非常简单的事,对我们每个人来说都很好,让我们这样认为吧。既然这不是以你的名义来处理的事务,也许让我自己来做会更合适一些,高更是作为朋友加入的。

我认为你想帮他,就像我听到他生病而感到痛心一样,这不是一件一两天就能修正的事情。我们不能奢望会有比这更好的事情了,别人不会做这么多。

对我而言,我担心的是自己多花了许多钱,但是补救的方式是寻找一个有钱的女性,或者愿意和我一起作画的同伴。

我看不到这样的女性,但是我却看到了这样的同伴……

文森特

阿尔勒，1888 年，日期不详

我亲爱的提奥：

……我收到了来自高更的信，他说他从你那里获得了 50 法郎，这让他非常感动，你还告诉了他这个计划。因为我把写给他的信先寄给了你，所以他写信的时候，还没有收到详细的计划。

但是他说依据他在马提尼克岛和他的朋友赖伐尔一起居住比独自生活更好的经历，他非常赞同我所说的一起生活的好处。

他说他的肠部仍然在疼痛，在我看来，他非常沮丧。

他对我说起集中 60 万法郎资金，建立一个经营印象派画作的画廊，他解释了他的计划，他想让你成为这个画廊的领军人物。我一点也不感到奇怪，如果他的希望只是一个幻景，一个穷困状态下的海市蜃楼，你越是贫穷，尤其是你生病的时候，你就越能想到这样的可能。在我看来，这样的计划是他衰弱的另一个简单证据，最好尽快让他从中走出来……

我现在正在画一个新的主题，所见之处都是绿色和黄色的田地。我已经画过两次了，我又一次以一幅画的形式开始了。这有点像所罗门的科尼利斯克的作品，你知道他是伦勃朗的学生，他画了大幅的平原，或者它也像是米歇尔或者朱尔斯·杜普雷的作品，但无论如何，都与玫瑰花园不同。我只想到了普罗旺斯的一部分，这是真的，另外的那种风景你可以在克劳德·莫奈的作品中看到……

有一点非常确定的是，如果可以用目前的价格买他的作品，那就不会有任何损失钱财的风险。我非常希望你可以拥有他在马提尼克岛的所有作品。

文森特

阿尔勒，1888 年 6 月 12/13 日

我亲爱的提奥：

你的信还没有到来，我已经在给你写另外的信了，我猜想你认为我可能已经在圣玛丽了。

由于房子的租金、门和窗户的油漆费用以及我所购买的画布的费用同时到来，我的钱已经用完了。如果你能够提前一些天把钱给我寄过来，会对我有很大的帮助。

　　我正在画小麦田的风景画,我认为它与白色果园那幅画一样好。它和独立画展中的两幅巴特蒙马特风景画属于同样的类型,但我认为它更有生机,更具现代风格。

　　我还有另外的主题画,是一座农场和一些干草堆。

　　我非常想知道高更打算做什么,我希望他能够过来。你会告诉我考虑未来没有意义,但是绘画进展得很慢,你应该提前做好准备。如果我只能卖掉几幅画,那就不是解救高更或者我的方法。为了有能力工作,一个人不得不尽力让自己的生活井然有序。为了让生活有保障,他需要有相当扎实的基础。如果他和我长久地待在这里,我们的作品就会变得越来越独特,准确来说是因为我们将要在这个地方做一些详尽的主题研究。

　　既然我已经在南方有了开端,我很难想象再去别的任何地方。最好不要做任何迁移,只在乡村附近活动。

　　我确信如果我能够处理好主题的问题,甚至打理好生意上的事务,我就有机会在更大的范围内获得成功,而不是把自己局限在小范围内。

　　正是由于这个原因,我正在考虑画大幅油画,我要大胆地尝试3平方米的画布,这些画布每张花费我4法郎,把邮费考虑进去,也并不算很贵。

　　最新的油画完全超过了其他作品,它只是蓝色与黄色的咖啡壶、杯子与盘子的静物画,但属于不同的种类。

　　我不由得想起我看过的塞尚的作品,又如我们在波特尔那里看到的《丰收者》,他在作品中如此多地呈现出了普罗旺斯残酷的一面。

　　这里的景色和春天的景色已完全不同,但我非常喜欢乡村,这里的草木已经开始枯萎,不再生长。你可以说一切都是古金色、青铜色与黄铜色。这与白热化的天空中的蓝绿色一起,与德拉克罗瓦作品中配色一起,透露出一种精妙且独特的和谐色彩。

　　如果高更想要加入我们,当然可以,我认为这是我们前进的一步。我们会被坚定地树立为南方开创者,没有人会对此有异议。

　　我必须尝试着获得具有稳定性的颜色。我记得波特尔曾经说过,塞尚的作品单独来看,好像没有什么,但如果把它们放置在别的油画旁边,它们就会让其余的作品黯然失色。当然塞尚的作品看起来也确实非常好,这表明他有一块非常出色的调色板。

　　我也许会因此走上正确的道路并好好在这里观察乡村。

　　我们必须等等看。

最新的绘画与画室铺的红砖形成了恰当的对比,当我把它放在地面上,放在红色的地砖上时,作品的色彩看起来并没有变得暗淡或均衡。

塞尚工作的地方靠近艾克斯的乡村,与这里相似,那儿仍然是克罗的景致。我带着我的油画回到家中,对自己说,喂,我得到了老塞尚的色调。一个人必须在思想上同他一样深思熟虑才能得到相同的色调。当然把它们放在一起看会很协调,但并不一样。握手,我希望你能在这些天里给我写信。

你永远的文森特

阿尔勒,1888 年,日期不详

亲爱的提奥:

……我必须谈论一下你在信中所写的内容。祝贺你在你那里举行了莫奈的画展,我没能看到,我感到很遗憾。当然参观这个画展对特斯提格来说并没有任何损害,所以他会接受。但正如你所想的那样,已经来不及了。非常奇怪的是,他改变了对左拉的看法,经验告诉我,他曾经不能听到任何有关左拉的言辞。特斯提格的性格是多么古怪呀!他有着优秀的品质,无论他的观点多么确定,一旦意识到一件事情与他所想的不同,例如对左拉,他就会完全转变并变得对它满怀热情。上帝啊,你和他目前在生意上没有相同的看法是多么遗憾呀!但就这样吧,这就是我所认为的宿命。

你很幸运地遇到了居伊·德·莫泊桑,我读过他的第一本书《蠕虫》,这是献给他的老师福楼拜的诗。其中有一篇"在水边",实际上就是写的他自己。德尔夫特的范德米尔就像是画家中的伦勃朗,法国小说家中的左拉。

我并不奢望特斯提格的拜访。

也许在高更的事情上也同样如此,让我们好好想想吧!我认为他身无分文,而我有钱,并且这个老朋友画得比我好,所以我说,如果他喜欢,他可以拥有我一半的钱。

但是如果高更并非身无分文,那么我就不必如此匆忙了。我可以明确地退出,那么留给我的问题也就简单了。如果我寻找一些人成为我的朋友,会是一件好事吗?会给我的弟弟和我带来好处吗?其他伙伴会因此失去什么吗?或者他会得到什么吗?……

我认为印象派画家的群体与 12 位英国的拉斐尔前派群体有着相同的本质,并且我认为它终将会成立。我也更愿意认为画家们之间可以通过互相担保来维持营生,每一个成员都能给群体带来一定数量的作品,患难与共。

我并不认为这个群体会永久地存在下去,但我认为在它存在的期间,我们要勇敢地生活与创作……

文森特

圣雷米,1888 年,日期不详

亲爱的提奥:

我最终是在地中海岸边的圣雷米给你写了这封信,地中海地区有马鲛鱼的颜色,我是说变化中的颜色。你并不能总是清楚地说它是绿色的,或是蓝紫色的,你甚至不能说它是蓝色的,因为下一刻变化中的光线就会给它加上一丝玫瑰色或灰色。

家庭是奇怪的,我有时会不自觉地想到我们的水手叔叔,他一定常常看到这片海。

我带来了三块画布,都已经用完了,其中两幅是乡村风光的海景画,然后是一幅我明天回到阿尔勒就会通过邮局寄给你的作品……

下个月这里就到了户外沐浴的季节了,来这里沐浴的人数从 20 到 50 不等……

一天晚上,我沿着空无一人的海岸散步,这并不令人愉快,但也不让人悲伤,它非常漂亮。深蓝色的天空中漂浮着白云,它比强烈的深蓝的基色还要蓝一些,其他是明亮的蓝色,好像银河的蓝白。蓝色的深处闪烁着星星,微绿、黄色、白色、玫瑰色,像宝石一样,比在家里甚至在巴黎看到的星星更亮。你可以称它们为猫眼石、绿宝石、青金石和蓝宝石。

海是深蓝色的,我所看到的海岸是蓝紫色和黄褐色,在大概 17 英尺的沙丘上,是一些普鲁士蓝的灌木丛……

文森特

阿尔勒,1888 年,日期不详

亲爱的提奥:

……既然我看到了这里的海,我就完全相信了待在南部的重要性,这完全是颜色的堆叠与扩展,并且非洲离这里也不太远……

即使在南部生活非常昂贵,也要考虑下:我们喜欢日本绘画,我们感受到了它的影响,所有印象派画家都认同这一点。然后为什么不去日本呢? 也即是说,与日本有同样感觉的地方,是南方。

独自在这里生活是不明智的,你不久就能感受到它。一个人的视野也在变化,你会用更日本化的眼光来看待事物,你对颜色的感觉也会不同。日本画家画得非常快,就好像是一道闪电,因为他们的神经更敏锐,他们的感觉也更简单……

我才到这里几个月,但你能告诉我,在巴黎我能在一个小时之内画好船的素描吗? 即使是没有框架,我现在也能够不加测量地做到这些,仅仅是让我的画笔自由挥洒……

文森特

阿尔勒,1888 年,日期不详

亲爱的提奥:

……我已经在烈日下的玉米地里艰苦工作一周了,结果就有了这些玉米地与风景画的习作,还有一幅播种者的草图。

这是一大块耕地,土地是蓝紫色的,走向地平线的是一个穿着蓝白衣服的播种者,地平线上是一片低矮的成熟的玉米。

遍及黄色天空的是黄色的太阳。

你可以从提到的色调中,辨别出在这幅作品中,颜色在哪里发挥了非常重要的作用。

这幅草图,虽然价值不大——25 号的油画——却折磨着我,让我一直想是否应该严肃地对待它并把它画成一幅极好的作品。哎呀,我并不想这样……

我长久以来就有要画一个播种者的渴望,但我所一直渴望的事情从来没有成功。所以,我非常害怕。然而在米勒和莱尔米特之后,我仍然需要创作一幅大的彩色的《播种者》。

让我们来谈论一些别的事情,我最终得到了一个模特,他是一个法国轻步兵,一个脸非常小的小伙子,他有着公牛般的脖子和老虎般的眼睛。我开始了一幅肖像画,然后又开始了另外一幅。他的半身像非常难画,他穿着蓝色的制服,这是一种搪瓷锅的蓝,上面有褪色的橙红穗带,胸部有两个暗淡的柠檬星,虽然是一种普通的蓝色,却非常难画。青铜色的猫头上戴着微红的军帽,倚靠着绿色的门和橙色的砖墙。所以这是一种不和谐色调的激烈结合，并不容易把握……

文森特

阿尔勒，1888 年，日期不详

亲爱的提奥：

……我昨天和今天都在画《播种者》，它完全被重新修改了。天空是黄色和绿色的，地面是蓝紫色和橙色的。我希望这样壮观的主题有一天会被画好，被我或者别的画家。

我画了罗纳河铁桥的风景，它是顶奎特尔的铁桥。在这幅画中，天空和河水是苦艾酒色的，码头是微微的淡紫色，人物用他们的肘部靠着黑色的护墙。铁桥是湛蓝色，在蓝色的背景中有一点儿鲜艳的橙色，也有一点儿孔雀石绿。另外是非常粗糙的尝试，我尝试着彻底获得一些完全破碎的东西，因此非常令人心碎……

文森特

阿尔勒，1888 年，日期不详

亲爱的提奥：

……你还记得在那些小幅画作中一幅有木桥、有洗衣间并且能够看到远处城镇风景的画吗？我现在正以那个主题在画一大幅画。

我必须提醒你，任何人都会认为我画得太快了。

你不会相信其中的任何一个字。

不是情感，而是自然的真挚促使我们作画。如果有时情感太强烈，会让一个人在工作时注意不到自己的作品。有时候笔画就像演讲或信件中的文字一样，有序列性和一致性。但是要记得情况并不总是这样，到了那种程度，沉重的日子就会到来，灵感就会消失。

所以一个人必须趁热打铁……

文森特

阿尔勒，1888 年，日期不详

亲爱的提奥：

在将军山待了一天之后，我回来了，我的朋友第二陆军中尉（那个轻步兵）与我一起。我们一起探索古老的花园，并且偷了一些非常好的无花果。如果它们更大一些，就会让我想起左拉的《帕拉杜》，极好的芦苇、葡萄树、常春藤、无花果树、橄榄树、开着明亮橙色花的粗壮的石榴树、数百年的柏树、灰树、柳树、橡树、坏了一半的阶梯、废墟中的尖顶拱窗户、街区白色岩石上覆盖的苔藓以及在绿色中到处可见的坍塌的墙壁碎片。我带回了另外一大幅绘画，但并不是画的花园。现在有了三幅画，当我有六幅画的时候，我就一起给你寄过去。

昨天我去法特勒拜访了博克和麦克奈特，只有这些绅士们有过为期一周的瑞士之旅。

我认为高温对我来说仍然很有好处，尽管有蚊子和苍蝇。

这里的蝗虫与家那边的不一样，却和你在日本素描书中看到的那些很像，还有金色和绿色的西班牙苍蝇，蜂拥在橄榄树上。这些蝗虫叫得像青蛙一样大声……

（文森特某段时间曾和画商唐吉发生了争吵，这里他把怨气发泄在唐吉的妻子身上。）

……泼妇、唐吉妈妈和其他一些女士，她们非常冷酷无情。这些女士进入文明世界中，比生活在巴斯德协会中被疯狗咬到的那些可怜人更加危险。老唐吉杀死他的女人一百次也是正确的，但他不会那样做，他不会比苏格拉底做得更多。

正是因为这个原因，老唐吉在顺从且长久地忍受痛苦方面，和古代的基督徒们、殉道者以及奴隶们而不是现代巴黎的无赖们有很多相同之处。

我认为现在画画非常好，并且我要为高更的到来准备颜料和画布……

……仰望星空总是让我幻想，就像我梦到地图上代表城镇和乡村的黑色圆点一样简单。我问自己，为什么天空中的亮点不像地图上法国的那些黑点一样可以接近？如果我们乘火车去塔拉斯孔或者鲁昂，我们就把死亡带到了一颗星上。在这个推理中，一件事情无疑是正确的：当我们活着的时候，我们无法接近星星，当我们死去的时候，就可以乘坐这班火车。

所以霍乱、结石、肺结核和癌症对我来说似乎是神灵的移动方式，就好像汽船、公共汽车和火车是陆地上的移动方式一样。年老的时候安静地死去就可能走到那儿……

文森特

阿尔勒，1888 年，日期不详

亲爱的提奥：

……这些无边的平原让我感受到了极大的魅力，因此我并不感到疲倦，尽管是在干燥寒冷的狂风和遍布蚊子的令人厌烦的环境中。如果一种风景能让你忘掉这些小小的困扰，那就必然有一些东西在里面。我和一个画家走到那里，他说："这里的一些东西画起来会很无聊。"然而我却以五十倍的精力到蒙特马来看这单调的风景，是我错了吗？我也和那里不是画家的人一起散步，当我和他说："看，那儿非常漂亮且像海一样没有边际。"他说他知道海，他说，"在我看来，这儿比海还要好，因为它不是没有边际的，你会感觉到它是有人居住的。"

如果这里没有猛吹的风，我会画出多好的作品呀！这是这里最令人恼怒的事情……

文森特

阿尔勒，1888 年，日期不详

亲爱的提奥：

……我正变得比你更老，我的愿望是更少地成为你的负担。

为什么我的一幅油画会比一张空的画布更有价值？

我亲爱的弟弟，如果我不是身无分文，并为这种被诅咒的绘画而疯狂，我就会为印象派画家提供便利，但是我已经身无分文了……

如果高更不能支付他的债务，也不能支付他的路费，如果他能保证我在布列塔尼的生活费能更便宜，如果我们想帮他，为什么我不能去找他呢？

如果他说："我现在处于我的权利和天赋的最高点。"为什么我不可以这样说自己呢？

但是我们并没有处于经济状况的巅峰，所以我们应该做一些不太花钱的事。

画得更多，花费得更少，这就是我们应该采取的策略。所以我想再次告诉你，我把所有的偏好都放在一边，或者去北方，或者去南方。无论一个人制定出怎样的计划，总会在某处遇到困难。高更总是一帆风顺，但是一旦有所改变，他会满意吗？……

在那些过去的日子里，我曾经感觉自己不那么像一个画家，但现在绘画成了我的一种消遣……

这就是我为什么敢保证说我的绘画能进步，因为我除了这些已经不剩任何东西了……

文森特

阿尔勒，1888 年 7 月 29 日

我亲爱的提奥：

非常感谢你的来信。如果你还记得，我上封信的结尾是"我们都正在变老，那是事实。其他的都是想象，简单来说并不存在"。好吧，我这样说更多的是为了我自己而不是你。我之所以这样说，是因为我感觉到采取相应的行动非常必要。也许不是要工作得更加努力，而是更加严肃。

你提到你有时会感到空虚，我自己也有这样的感觉。

如果你愿意，细想一下我们正生活在艺术的真实与伟大的复兴时期。陈旧的办公传统仍在摇摆，但已经基本无效。新的画家们仍然孤独、贫穷，被当作疯子对待，并且因为这种对待，他们事实上已经变得疯狂，至少就他们的社会生活而言是这样的。然后要记得你正和早期的画家们做着同样的事情，你为他们提供钱财，为他们卖画，这样他们就可以创作出其他作品。

如果一个画家因太努力作画而从情感上摧毁了自己，这就会让他在别的许多事情上、在家庭生活中不适应。造成的结果是，如果一个画家不再仅仅以颜料作画，而是以自我牺牲、自我否定和破碎的心来画画，那么你自己的工作不仅不会得到很好的回报，并且会伤害画家，半故意半偶然地让你的个性消失。

我的意思是，你越全心地投入到交易事务中，就越能成为一个画家。因此，我希望这种事情同样适合我……我花费得越多，生病越严重，我就越能在我们所说的艺术的伟大复兴中成为一个富有创造力的画家。

所有这些都是确定的，但是这种复兴的永久的艺术，这种倒下老枝根部的萌芽，是如此的崇高以致当我们想到创造艺术比创造生活要付出更大代价时，就会感

到忧伤。

如果你能够让我感觉艺术是有活力的，你就会做得很好，或许比我更热爱艺术。

我告诉自己这并不是艺术的错，而是我自己的错。唯一找回自信与内心和平的方式是做得更好。

这让我们再次回到我上封信的最后部分——我自己正在变老。但如果认为艺术也会有这样的一天，那纯粹是幻想。

你知道"日本姑娘"（当你读洛蒂的《菊子夫人》时会发现）是什么吗？我刚画了一幅。它花费了我整整一周的时间，让我不能做任何别的事情，因为我还没有画得很好。这就是让我烦恼的事，如果我感觉好，我就可以同时画一些风景，但是为了恰当地处理我的《日本姑娘》这幅画，我不得不保存精神上的力量。她是一个日本女孩儿，12岁到14岁之间。

我现在已经有了两个人物，法国轻步兵和她。

照顾好你的身体，洗澡，尤其做好葛鲁比建议你做的事。我比你大4岁，你会注意到好的身体对想要工作的人来说是多么重要。现在对于我们这些用大脑工作的人来说，唯一的希望就是通过发现一种尽可能严格的新式养生之道，不要太快地耗尽延长我们艺术生命的动力。我并没有做任何应该做的事情，保持一点兴奋比世界上的任何药物都更有价值。

伯纳德寄给我10幅草图，包括他在妓院里所画的。其中的3幅有勒东画作的风格，他认为我并没有真正感受到这种热情。还有一幅女士梳洗图，是典型的伦勃朗风格或者戈雅风格，风景中的人物非常奇怪。他明确地禁止我把这些作品寄给你，但你同样会通过邮寄方式得到它们。

我确信拉塞尔会从伯纳德那里买更多作品。

我看到了一些博赫的作品，是严格意义上的印象派画风，但并不是很强烈。他还处于过分专注于新的技巧而没有自己特色的状态，我认为他在这方面还需要加强，之后他的个性就会显现出来。麦克奈特在画和德斯特雷的作品相匹配的水彩画，你还记得我们过去认识的那个令人讨厌的荷兰人吧？他为一些小静物画重新着色，一个紫色前景中的黄罐，一个绿色背景中的红罐，一个蓝色背景中的橙罐，虽然好了一些，但是仍然相当差劲。

他们所停留的村庄是纯正的米勒式的，除了贫穷的农民，别的什么都没有，非常质朴和平凡。我相信麦克奈特教化了他的房东，使他向文明的基督徒转变。但无论如何，当你走过这里的时候，都会与这个恶棍和与他相称的妻子握手。这是一间咖啡馆，当然，当你点一杯饮料时，他们有一种拒绝收钱的方式。"啊，我不能收艺术家的钱。"总之，这里如此讨厌是他们自己的错，这个博赫与麦克奈特作伴是件非常愚蠢的事情。

我认为麦克奈特有一些钱，但是并不多。如果不是这个原因，我想经常去那里工作。他们不应该在那里用上流社会的方式来问候别人，在那里他们只认识了站长和一些令人讨厌的东西，这就是他们一无所获的原因。我已经向穆里耶说了所有的事情，他有一段时间曾认为麦克奈特对"土地上的人"很有感觉。

麦克奈特无疑很快就会画一些有羊群的小风景画。

我自己也变得极其憔悴，几乎像埃米尔·沃特斯画作中的雨果·凡·德尔·高斯。除此之外，我认真地把胡子刮掉了，我认为自己很像那位疯狂的画家在同一幅画中描绘的温和的男修道院院长。一个人必须生存，尤其是没有办法逃离时。至于我们需要和艺术家保持联系的原因，我与你的看法是一样的。

至于其他的，我认为我已经说出了真相：如果我能偿还你所花费的钱财，那也只是我的责任，我所能做的比较实际的事情是画肖像画。

至于喝太多酒……我不知道这是否是一件坏事。拿俾斯麦来说，他是一个非常实际且有才能的人。他的一位很好的医生告诉他，他喝了太多的酒，这会让他的胃和大脑终生处于极度紧张的状态，俾斯麦立刻停止了喝酒。但是从那开始，他的身体每况愈下，并且没有好转。他一定会嘲笑他的医生的高招，幸运的是，他很快就不向这个医生咨询了。

这就是目前的情况，真诚地握手。

你永远的文森特

阿尔勒，1888 年，日期不详

亲爱的提奥：

……我认为如果高更在这里，我的情况就会有很大的不同，因为目前的日子是在没有任何人说话中度过的。好吧，无论如何，他的信件让我感到非常愉悦。

如果你独自在乡村待太久，就会变得愚蠢。但是这个冬天对我来说，还没有因此而变得毫无意义。如果他现在来到那里，就不会有这样的危险了，因为我将不再缺少想法……

文森特

阿尔勒，1888 年 8 月

亲爱的提奥：

我们的叔叔文森特的痛苦终于结束了，我今天早上从我们的妹妹那里得到了这个消息。看来他们多少有些希望你会出现在葬礼上，实际上你也许就在那里。

生命短暂，缥缈如烟，因此我们没有理由轻视生命。

所以我们更多地关注画家而不是画作……

我目前正在画另一个模特，他是一个邮递员（罗林），他穿着带有金色饰物的蓝色制服，一张长满胡须的大脸，非常像苏格拉底，也像是唐吉的翻版。他是一个比大多数人都有趣的人……

我今天晚上看到了壮丽奇特的情景，一艘巨大的煤船停泊在罗纳河的码头，从上面看，它湿淋淋的，非常闪耀，水是黄白和珍珠灰，天空是淡紫色的，和向西的橙色分开，城镇是蓝紫色的。在船上，一些可怜的体力劳动者穿着肮脏的蓝白衣服，来来回回在岸上搬运着货物。因为天色太晚而不能作画了，当这艘煤船回来的时候，我会尝试着作画……

文森特

阿尔勒，1888 年 8 月

亲爱的提奥：

我认为你去参加我们叔叔的葬礼是正确的，母亲似乎也想要你去。关于死亡的最好方式是带着辉煌死去，无论他在一切都是为美好目的而设的世界中是多么好的一个人。这里没有竞争，因此无可争辩。这无疑会允许我们最终回归到我们自己的事务中。我非常高兴我们的弟弟科尼利斯已经长大了，并且比我们中的任何一个都要强壮。

我要告诉你另外一件不愉快的事情，是关于钱的事。我这周已经不能继续维持下去了，因为就在今天，我支付了 25 法郎，我需要有七天的钱，而不是五天。今天是星期一，如果我在星期六的早上收到你的信，就没有必要增加附信了。上周我画了两幅邮递员的肖像画。这个好伙伴不收钱，但与我在一起吃喝时花费更多。除此之外，我还给了他罗什福尔的灯，考虑到他姿势摆得那么好，这就微不足道了。我还期待着简单地画画他的婴儿……

也许今天我会在晚上煤气灯的照耀下，开始画我吃饭的那间咖啡馆的内部。

这就是这里人所说的夜晚的咖啡馆，整个夜晚都开放。夜间的徘徊者可以把这里当成避难所，当他们没有钱或者手头太紧而不能支付住宿费用的时候。在这里，家人、故土在像我们这样没有故土或家人的人的想象中，比它们实际上更具吸引力。我经常感觉到自己是一个旅行者，去某处并到达某些目的地。

如果我告诉自己那些地方或者目的地并不存在，对我来说似乎更合理、更可能……

妓院的老板，当他把一些人踢出去的时候，他也有着相同的逻辑和论点，我知道这通常是正确的。所以最终我会发现自己的错误，就这样吧，我发现不仅仅是艺术，一切别的东西，也都只是梦，一个人的自我也不存在。如果我们像这样脆弱，对我们来说是非常好的，因为这样就不会有任何东西来反对未来无限的可能。它目前来自我们叔叔的死亡案例，他的脸是冷静的、平静的和朴素的，事实上，在他活着的时候很少这样，无论年轻的时候还是年老的时候。我经常发现同样的事情，当我看死者的时候，就好像在质问他们。这对我来说是进入坟墓前的一个征兆，尽管不是最严重的。

同样地，对于摇篮中的婴儿，如果你从容地看着他，他的眼睛里也有着无限的东西……

文森特

阿尔勒，1888 年 8 月 11 日

我亲爱的提奥：

不久之后你就会结识佩兴斯·埃斯卡利耶先生，他之前是典型的带着锄头的卡马格牧人，现在是拉克罗的某个农舍的花匠。

我今天就会在完成那幅画之后把它们寄给你，就像我在完成了邮递员罗林的肖像画之后所做的那样。

这幅农民肖像画的色彩不像在纽恩南的《吃土豆的人》的色彩那样暗，但是我们文明的巴黎人波特尔——之所以这样称呼他是因为他把作品扔到门外，会再次面临同样的问题。你自从那时就发生了改变，但你会发现他并没有改变。我认为我的农民画不会对其他人的作品造成伤害，例如对罗特列克的作品。我甚至非常大胆地想

象,通过对比,罗特列克的作品会显得更加卓越,我的作品也会因为这种奇怪的联系而有所得。他被太阳晒得黝黑,并且饱经风霜,这些甚至会比用更多的香粉和穿流行的衣服更有优势。

巴黎人没有那种接受不平凡的事物的品位,这真是大错特错。无论如何,一个人仍然不应该因理想社会不会即将到来而气馁。这就是我在巴黎学到的东西,它与我的想法相背离。在我知道印象派画家之前,我仍然会保持我在乡村获得的观点。如果印象派画家们在不久之后指责我工作的方式,我也并不会感到吃惊,这丰富了德拉克罗瓦的思想而不是他们的思想。

为了不再试着精确再现眼前的事物,我更随意地使用色彩来强有力地表达自己。很好,理论已经太多了,让我举个例子来说说我的意思。

我想画一位画家朋友的肖像画,他有着伟大的梦想,他的作品像夜莺的歌唱,因为这是他的本性。这个人有着金色的头发,我想把对他的赞赏与对他的爱融入绘画中。所以起初,我按照他本身的样子来画他,尽我所能地忠实于他本身。

但那并不是作品的结尾,为了完成它,我成了一个固执的色彩画家,我夸张了他的金发,形成了一种橙色、铬黄与浅黄的色调。头部的后面,不是简陋公寓普通的墙壁,而是我能通过这种简单融合所设计出的最丰富、最有张力的蓝色背景。闪亮的头部映衬着丰富的蓝色背景,形成了一种神秘的效果,就好像蔚蓝天空中的一颗星星。

在农民的肖像画中我使用了同样的方法,然而没想到在这种情况下,无限蓝色中昏暗的星星产生了神秘的光辉。但是想象着我所要画的人物是正处在闷热天气之中的收割者,我运用了像烧红的铁一样闪亮的橙色和阴影中明亮的古金色。

啊,我亲爱的弟弟,这种夸张只应该在漫画中看到,但这对我们来说又有什么用呢?我们读过《地球》和《萌芽》,如果我们想展示出我们所读到的农民形象,最终,他们只会成为我们画作中的一小部分。

我不知道那个邮递员的画像是否能够传达出我对他的感觉,他是一个像老唐吉一样的革新者。他也许会被认为是一个很好的共和主义者,因为他极为憎恨我们所喜爱的共和政体。总之,他对共和主义想法本身也有些怀疑,并感到幻灭。但有一天我听到他在唱《马赛进行曲》,我认为我正在看89年前而不是99年前的东西。这是又一个德拉克罗瓦,又一个杜米埃,他有老辈荷兰人的坦率,但不幸的是他不能够摆好姿势,一幅绘画作品需要一个非常聪明的模特。

我现在必须告诉你这些天实际上发生的极其可怕的事情。无论我做什么,在这里的生活都非常贵，像在巴黎，一天花5法郎或6法郎都还不够。

当我有模特的时候，我就不得不做出更大的牺牲。但没有关系，我会继续下去。如果你有机会寄给我更多的钱，我能向你保证它一定会花在绘画上，而不是我身上。我自己的选择是成为一个好画家，但是绘画所需的东西就像一个昂贵到会让人毁灭的情妇，没有钱，一个人什么都不能做，并且永远不能得到足够的钱。绘画因此应该被列入公共花费中，而不是让画家背负重担。

幸运的是，我的胃已经恢复得很好了，我这个月的三周都以饼干、牛奶和鸡蛋为生，这种令人愉快的热量让我的力量得以恢复。来到南方是我所做的正确的事情。是的，我现在和别人一样好，只不过比过去，例如在纽恩南生活得更简单，这并没有什么不愉快的。我所说的别人，指的是像罢工中的那些劳动者或者老唐吉、老米勒以及农民。当你的身体状况良好时，你可以在一整天的工作中只依赖一片面包，并且有足够的力量去吸烟与喝酒，因为你在这种情形下需要它们。啊，这里的那些不相信太阳的人，是不相信神的。

不幸的是，伴随着金色的阳光，这里四分之三的时间都在刮着干燥阴冷的风。

该死，星期六的邮件已经来了，我非常确信你的信会到，但你可以看到我并没有收到，握手。

你永远的文森特

阿尔勒，1888年8月

我亲爱的提奥：

……我经常会想起高更，我确信他过来或者我过去都是很好的方式，实际上他和我会喜欢同样的主题。我要在蓬塔旺工作，这一点毫无疑问。另一方面，我也确信他会喜欢这里的乡村。好吧，假如他每月给你一幅油画直到年末，那一年就有12幅了。他会从中受益，不再陷入债务之中，并且还能够不被打扰地安稳工作。当然他不会再成为一个失败者，他一定会很节约地使用从我们这里得到的钱。如果我们都住在画室里而不是咖啡厅中，这就会变成可能。除此之外，如果我们保持友好的关系，并下定决心不再争吵。就声誉而言，我们一定会处于更强势的地位……

文森特

阿尔勒，1888 年 8 月

亲爱的提奥：

……冷静之后觉得文森特叔叔把遗产留给你是非常不错的,但我不能轻易地把 C.M.从我的头脑中驱逐出去。你肯定会想尽力在艺术上做更多事情,尽管就资金而言,我们会过得相对拮据。好了,老弟,那时候你已经做好了建立你自己事业的准备,结果就是你完全正确地感觉到你在尽自己的责任。从整体来看,如果能得到他们的帮助,你就能从事印象派画作的生意,没有他们的帮助,你就不能继续下去,或者以某种不同的方式继续下去……

至于高更,我对他所有的感觉是我们必须像家庭中的母亲那样,计算出事实上的花费。如果一个人听他的,就会继续寄希望于未来一些模糊不定的东西,同时继续待在旅馆里,继续生活在地狱中,找不到出路。

如果精神促使我这样做,我宁可像修道士一样关闭我的修道院,像修道士一样自由地去妓院或者酒馆。但就我们的工作而言,我们需要一个家。总之,高更把我留在黑暗的蓬塔旺,他沉默地接受如果有任何必要就去找他的建议,但是他却没有提出任何可以找到我们自己的画室的方法,或者装修画室的花费,我不得不为此感到奇怪。

所以我决定不去蓬塔旺了……

文森特

阿尔勒，1888 年 8 月

亲爱的提奥：

……向我和高更保证会帮我们两个结成联盟(提奥拿出他叔叔的一部分遗产来实施文森特的计划),你真是太好了。

我刚收到伯纳德的来信,他前些天加入了高更、赖伐尔和其他在蓬塔旺的一些人组成的团体。这是一封相当好的信,但并没有一个字是关于高更打算加入我的,也没有一个字是关于他想让我去那里的。尽管如此,这也是一封非常友好的信。

几乎一个月我都没有收到高更的一个字。

我自认为高更宁愿和他北方的朋友一起胡闹,如果运气好的话,他卖掉了一幅或者更多的作品,他自己就会有别的想法,而不是过来加入我。

尽你所能,不是给,而是一次性借给我 300 法郎好吗? 然后,如果我说目前你每月寄给我 250 法郎,你就只需寄给我 200 法郎,直到扣除 300 法郎为止。这里所有的一切都要立即付清。

然后我就可以买两张不错的床,每张 100 法郎,另外的 100 法郎买别的家具。

这就意味着我可以在家里睡觉,并且能够接待高更或者别的人……

文森特

阿尔勒,1888 年 8 月

亲爱的提奥:

……我正在画从码头上面看船的习作,两艘船是玫瑰色的并带一点儿淡紫色,水是亮绿色,看不到天空,三色旗插在桅杆上。一个推着双轮手推车的工人在卸沙子……

我恐怕不能得到一个非常漂亮的模特了,那个曾经答应过我的人去赚钱了,并要去做一些更好的事情。

她是与众不同的,和德拉克罗瓦作品中的人物很像,原始且奇怪。对于这些事情,我非常有耐心,任何容忍这些的方式都失败了,这种在寻找模特上的持续困难令人疯狂……

不得不说我的前景非常暗淡,也许我现在的绘画永远不会有任何价值……

如果你是一个画家,他们就会认为你是一个傻瓜或者有钱人,一杯牛奶花费你 1 法郎,一薄片面包花费你 2 法郎,与此同时,你的画并没有卖掉。我已经可以看到高更在期待成功,他不能不在巴黎工作,他没有意识到永久的贫穷……

我已经开始在油画上署名了,但很快又停止了,因为那看起来非常愚蠢……

文森特

阿尔勒,1888 年 8 月

亲爱的提奥:

我匆忙地写这封信,告诉你我收到了高更的一张便条,他说他并没有写太多,但是已经做好了一旦有机会就来南方的准备。

他们非常开心和杰出的英国人一起作画、争论和斗争，他非常称赞伯纳德的作品，伯纳德也欣赏高更的作品。

我怀着巨大的热情努力工作，喝浓味鱼肉汤，当你知道我正在画一些极好的向日葵时，就不会为此感到吃惊。

我手上有三幅油画，第一幅是绿色花瓶中的三朵大花，背景是浅色的，画布是15号的。第二幅是三朵花，一朵已经花谢结籽，一朵正在开花，第三朵是一个花蕾，画布是25号的。第三幅是在一个黄色花瓶中的12朵花和花蕾，画布是30号的。第三幅是光照图，我希望它是最好的。既然我希望和高更一起生活在我们自己的画室中，我就想装饰下我们的画室。除了大花，就没有别的什么东西了。你知道你店铺隔壁的餐馆就是用可爱的花来装饰的，我经常会想起窗户那边的大向日葵。

如果我实施这个想法，就会有12块嵌板，因此这整个就会成为蓝色和黄色的交响乐。我每天都从日出开始作画，因为花凋谢得太快了……

文森特

阿尔勒，1888年，日期不详

亲爱的提奥：

……如果我们像杰罗姆先生和别的立体图画家那样，我们无疑需要好的粉末状颜料。但是相反，我们也不反对有着粗糙外表的油画。如果颜料不再靠石头的重击磨出来，上帝知道需要多少小时，通过时间足够长的粉碎也能让其成为可用的颜料，不用太担心粉末太细，你会得到很难变暗的鲜艳颜色。如果他想用铬化物、孔雀石、朱红色、铅橙、深蓝、蓝色这其中的三种来做实验，我确信可以用最少的花费获得既新鲜又持久的颜色。然后又有什么损失呢？我确信可以这样做，也许还可以用红色和翠绿色，因为这些都是很清澈的颜色。

附信中是一张急需的订购单。

我现在正在画第四幅向日葵，这一幅画的是一束14朵的花，背景是黄色的，就像我曾经画过的温柏树和柠檬树的静物画一样。

仅仅是因为它非常大，就产生了一种相当奇特的效果，我认为这幅比那幅温柏树和柠檬树的静物画更加质朴。

你还记得我们有一天在德鲁奥旅馆看到的不同寻常的马奈作品——那幅浅色背景中一些巨大的粉色牡丹和绿色叶子的画吗？它和在户外生长的差不多，好像可以成为任何别的东西,还被完美地用固体颜料涂上了颜色。

这就是我所谓的质朴的技巧,我必须告诉你目前我正在努力寻找一种新的画法,不用点画法或者别的任何东西,只用变化的笔触,有一天你会看到……

高更和伯纳德现在谈及"绘画像孩子",我更愿意相信"绘画像堕落者"。人们能在印象派画作中看到怎样颓废的东西呢? 这是非常大的反转……

其中的一幅高贵蓝色背景中的向日葵有一个光环,也即是说,每一个物体都被互补的背景颜色所环绕,进而变得更加突出……

文森特

阿尔勒,1888 年 8 月

亲爱的提奥:

……我这周有两个模特,一个是阿莱城姑娘,一个是老农民……

不幸的是恐怕阿莱城姑娘不会在剩下的作品中出现了,事实上她上次来的时候,提前向我索要我承诺给她的所有的钱,我对此并没有异议,她匆匆逃走了,我再也没有见过她……

文森特

阿尔勒,1888 年 9 月 1 日

亲爱的提奥:

……我的生活被打乱了并且我感到焦躁不安,但如果我做出改变,频繁地搬家,我也许会把事情弄得更糟。

对我来说,不会说普罗旺斯方言是一个巨大的损失。

我一直在考虑使用粗糙的颜料,它们不易凝固。

因为颜料花费太多,我现在都是靠计划着作画来支撑自己。但仍然让我们感到非常遗憾的是,也许我们还有能力支撑今天的工作,但是我们不知道明天是否还能继续下去……

文森特

阿尔勒，1888 年 9 月 3 日

我亲爱的提奥:

我昨天又和那个比利时人待了一天,他有一个妹妹也是属于二十人画派的。天气并不好,但却很适合交谈。无论如何我们还是去散步了,我们在斗牛场和城镇的郊外看到了美丽的风景。我们严肃地讨论了我在南方的租住房,他也在煤矿中准备了一些基础的东西。然后高更、我和他,都以作品的重要性来证明这趟旅途是否值得。

你很快就能见到他,这个年轻的比利时人有着但丁式的模样,因为他来自巴黎,作为回报,如果有多余的房间,一定要接待他。他看起来很有特点,就他的作品而言,也会变成他这样。他喜欢德拉克罗瓦,我们昨天就德拉克罗瓦谈论了许多,你怎样看待他暴风雨般的素描《基督的船》?

很好,多亏了他,我最终获得了我渴望已久的第一幅素描——《诗人》,他为我摆姿势,他那带有敏锐目光的美丽头部在我的肖像画中很突出,背景是深蓝色的星空。他的衣服是黄色的短夹克、白色的亚麻布衬衫和鲜艳的领带,他在一天之内给我摆了两次姿势。

我昨天收到了我们妹妹的一封信,她知道了这里所有的事情。如果她能和一个艺术家结婚,那也很不错。事实上,我们应该继续培养她的性格,而不是她艺术上的才能。

我已经读完了都德的《不朽者》,我也非常喜欢雕刻家韦德里纳所说的话:获得荣誉就像在吸烟时把点燃的烟头放在嘴里。现在我不那么喜欢《不朽者》了,而是更喜欢《达达兰》。

你知道对我来说,《不朽者》不像《达达兰》那样多姿多彩,因为那里面有许多非常好的绘画以及精确的观察。它让我想起了让·贝劳德的枯燥的绘画,《达达兰》是伟大的,因为里面有许多杰作,就像《憨第德》一样。

我尤其想让你把我的习作暴露在空气中,因为它们还没有完全干,如果它们被收起来或是放在黑暗中,它们的颜色就会受损。

如果你把肖像画《年轻的女孩儿》和《丰收者》、小幅的海景画、有低垂的树和针叶灌木的花园放在框架中,那就太好了,因为我非常重视它们。

我现在有两个橡树框架,是为我的农民头像和诗人习作而做的。啊,亲爱的弟弟,有时我非常清楚地知道自己想要什么。在我的生活和绘画中,没有上帝我也能

做得很好。但正如我所遭遇的痛苦，我不能做超越我自身能力的事，创造的能力就是我的生命。

如果一个人身体的力量被剥夺，那么他就可以尝试着创造思想而不是孕育孩子，那么他仍然拥有人性。在我的绘画中，我想表达出像音乐一样让人安慰的东西，我想画出一些不朽的男人和女人，这些作品带有色彩的光辉与活力的光环。

肖像画的这种构思方式不同于阿里·谢弗的绘画，因为它的背景是蓝色的天空，就像圣·奥古斯汀的作品一样，阿里·谢弗几乎不能算是一个善用色彩的人。

相反，在尤金·德拉克罗瓦的《狱中的塔索》中，色彩就更加和谐。他的许多作品都代表了真正的人。啊，头脑中的肖像画法、模特的灵魂，那对我来说才是真正想要得到的。

昨天那个比利时人和我就这个地方的利弊谈论了许多，我们在许多方面都认同对方的观点，并且还讨论了时而去南方、时而去北方的旅行对我们的重要性。

为了让生活成本更低，他又想和麦克奈特在一起。但那对他来说有一个弊端，我认为和一个懒惰的人住在一起会让人变得懒惰。

我确信你见到他会很高兴，他仍然很年轻，我认为他会在购买日本印刷画和杜米埃的平版印刷画上征求你的意见。至于杜米埃的印刷画，你要尽可能地多弄一些，因为之后可能就买不到了。

那个比利时人说每个月要交给麦克奈特 80 法郎的食宿费用，这样的合住又有什么意义呢？我每月的住宿费是 45 法郎，其他也是同样的估算。和高更一起生活时，我没有花费比独自生活更多的钱。但我们需要考虑的是他们的住宿条件非常差，在家画画的机会也很少。

所以，我经常受到两股思想的干扰：一是物质上的困难，为生活而操心；二是学习色彩。我一直希望自己可以想出一些东西，就像通过婚姻来表达爱人之间的爱，我想通过两种互补颜色的融合和对比，表现相关色调的神秘变化。通过深色背景中的浅色调的光辉来表现某个表情的思想。用星空来表现希望，用落日的余晖表现人的激情。这必然不是现实的错视画法，但一些东西却真实地存在，不是吗？

再见了，我会让你知道那个比利时人什么时候离开，因为我明天会去看他，握手。

你永远的文森特

阿尔勒，1888 年，日期不详

我亲爱的提奥：

　　……高更和伯纳德都没有再给我写信了，我认为高更并不在意指责。在我看来，既然六个月了，高更都能够自己混日子了，那么我也不再认为对他的帮助是必要的……

　　当然我们和高更还可以是朋友，但我现在能清楚地看到他的思想在别处。所以我说让我们当他没在这里生活过一样吧，如果他会来，当然更好。

　　……加上向日葵的画作，我这儿目前已经有了 13 幅新的习作了……

　　　　　　　　　　　　　　　　　　　　　　　　　　　　　文森特

阿尔勒，1888 年 9 月 9 日

我亲爱的提奥：

　　我刚邮寄了一幅新的习作《夜晚的咖啡馆》，还有我之前画的一些。我总有一天会完成一些日本版画的创作。

　　我昨天还在忙着装饰房子，正如邮递员和他的妻子告诉我的那样，如果想要两张做得很结实的床的话，每张床要花费 150 法郎。我发现他们所说的任何东西的价格都是正确的，所以我不得不改变材质，这就是我所能做的事。我已经买了一张胡桃木床，另外一张还没买回来的床是我的，我晚些时候会给它上漆。我还为其中的一张床买了床上用品和两个床垫。

　　如果高更或者别的任何人过来，他的床在一分钟之内就能准备好。最开始的时候，我就不只想着为我自己做安排，这儿还要能够接待别人。

　　很自然地，它花了我一大笔钱。我还买了 12 把椅子、一面镜子以及一些小的必需品，总之这所有的一切都意味着下周我就可以搬到那里去住了。

　　对于拜访的客人，楼上有一个很漂亮的房间，我想试着把它布置成一个比较有艺术氛围的女士闺房。

　　然后就是我自己的房间了，我想让它尽可能地简单，但有大的、结实的家具。床、椅子和桌子都已经买了。

　　楼下是画室和另外一个房间，那也是一个画室，与此同时也是厨房。

　　有一天，你会有一幅这座小房子本身的图画，它在明亮的阳光的照耀下，或者它

的窗户被满天的星星照亮。

从今以后，你就能感觉到在阿尔勒的乡下，你也有自己的房子了。我非常急切地想要安排好这一切，那样你就会因此而开心。如果说此后的一年，你来到这里，去马赛度假，那时这里一切就都已准备好了，这个房子，就会像我所期望的那样从底部到顶部都挂满了图画。

那时你所住的那个房间，或者高更来了后所住的那个房间，它的墙壁会是白的，上面装饰着大幅的黄色向日葵。

早上，当你打开窗户的时候，你可以看到绿色的花园和初升的太阳以及去往城镇的道路。

并且你会看到这12朵或14朵向日葵的大幅画作挤满了小小的房间。床也非常漂亮，这里的一切都非常精致，这不再是寻常之地。

画室地面的瓷砖是红色的，墙和天花板都是白色的，还有质朴的椅子以及桌子。我还希望有人物画来作装饰。我感觉杜米埃的作品就非常好，我预测它会非常特别。

现在要为画室寻找一些杜米埃的平版印刷画以及一些日本的东西。但是这一切都不必太匆忙。我还想要一些德拉克罗瓦的作品以及现代派画家的平版印刷画。无论什么都不用太着急，但是我有自己的计划。我想把它做成真正的艺术之家，从椅子到绘画的一切东西都有它自己的特点。

至于床，我已经买了他们这里的那种大双人床，而不是铁框架床。它给人一种坚固、持久且安静的感觉，如果它作为寝具不能起到很好的作用，那当然非常糟糕，但它一定要有自己的特点。最幸运的是我有一个非常忠诚的女佣，否则我就不敢开始在这里生活。她已经相当老了，并且有许多子女，她让我的瓷砖保持亮洁。

我无法告诉你像这样的工作给我带来了多么大的愉悦。我希望我在这里所做的一切会被证明是极好的。

正如我已经告诉你的，我要给自己的床作画，会有三个主题。也许是裸体女人，也许是摇篮中的孩子，我不知道，但是我要抓紧时间思考了。

待在这里我不会有任何的犹豫，因为各种丰富的思想向我涌来，我决定每个月都为房子买一些东西。我拥有足够的耐心，我的房子会因为家具和装饰而变得有价值。

我必须提醒你，很快我就要寄给你这个秋天所需绘画材料的订单，我认为这会让你非常震惊，仔细一想，我决定把它以附信的形式寄给你。

在我的《夜晚的咖啡馆》中，我想表达的思想是咖啡馆是一个可以摧毁人、让人变得疯狂或罪恶的地方。总之，我试着用血红和酒红，用柔和的路易斯15号绿和带有黄绿与粗糙蓝绿的维罗纳绿与温和的粉色进行对比,所有这些都是为了营造出地狱般的带有硫黄味道的氛围以表现一个公共小酒馆中黑暗的力量,同时要展示出日本人的欢乐和鞑靼人的善良天性。

特斯提格先生会对这幅作品说些什么呢?当他面对西斯莱的时候,请注意,西斯莱是印象派画家中最谦逊最敏感的一位,他说:"我禁不住想画这幅画的画家有点儿喝醉了。"他看到我的作品时会说这是一个喝醉酒的疯子才会画出的作品。

我完全找不到任何理由来反对你在独立大街开展览的想法,也即是说,我不认为你与经常在那里开展览的人有什么不同。

除了那些,我们需要告诉他们,在第一场展览之后,我还需要为我自己做第二次展览,它们都是习作。明年当这一切都完全弄好的时候,我会向他们展示我房子的装饰图画。

至于《播种者》和《夜晚的咖啡馆》,它们只是对已完成作品的尝试。

正如我在信中写给你的那样,那个与我们的父亲有些相似的滑稽的农民碰巧也来到了咖啡厅,这种相似是明显的,尤其表现在无处不在的疲倦与说话含含糊糊。我仍然感到很遗憾,因为我没有能力把他画出来。

在这封信中我增加了绘画材料的订单,这并不是很紧迫,只是我头脑中有太多的计划,然后我也承诺过这个秋天要有一些极好的作品,所以我现在还不知道要从 5 张画布还是 10 张画布开始。这些会与那些春天里开花的果园有些相似,在主题上是无穷无尽的。如果你把这些粗制滥造的颜料委托给老唐吉,他也许可以把它做得很好。

他的别的一些精致的颜料,事实上质量是低劣的,尤其是蓝色。

我希望下一批颜料在质量上会有所提升。我这周还剩下 50 法郎,250 法郎已经用来装修了。你从今天起就可以告诉自己,你在乡村有了自己的房子,不幸的是它有点儿远。但如果你在马赛有固定的展览,它也就没那么远了。也许一年之内我们就能看到这些,握手。

你永远的文森特

阿尔勒,1888 年 9 月 11 日

亲爱的提奥:

附件中是高更的一封信,这封信和伯纳德的信同时到来,这是痛苦的呐喊,"我每天正在越来越深地陷入债务当中"……

　　我非常想知道他自己会向你说些什么，我按照自己真实的想法给了他回复，但是我并不想对这样一个伟大的画家说一些不幸的或惨淡的或有恶意的话，但是从钱的方面来看，事情处于最糟糕的状态，有旅行，有债务，也有没完成的装饰……

文森特

阿尔勒，1888 年 9 月 17 日

亲爱的提奥：

　　……这周的第二幅画展示的是咖啡馆的外部，台阶被一大盏散发着蓝光的灯照亮，还有布满星星的蓝色天空的一角。

　　这周的第三幅画是我的自画像，几乎是无色的，灰色调映衬着苍白的孔雀石绿的背景。

　　我按照既定目标买了一面足够好的镜子，在缺少模特的情况下我可以画我自己。如果我能轻松地为我自己的头部着色，那么我就同样能够画别的男人和女人的头部。

　　这周我几乎什么都没做，除了画画、睡觉和吃饭，那就意味着坐 12 个小时，然后是睡 12 个小时……

文森特

阿尔勒，1888 年 9 月

亲爱的提奥：

　　……如果我现在在南方设立一间画室和避难所，这并不是一个愚蠢的计划。它意味着我们可以安静地工作，如果别人说这里距巴黎太远了，就让他们去说吧，这对他们来说非常糟糕。为什么最伟大的水彩画家们，如尤金·德拉克罗瓦认为去南方非常重要，去非洲是正确的呢？很显然，不只是去非洲，而是从阿尔勒向前，你就一定会发现红色和绿色、蓝色和橙色、硫黄色和淡紫色的美妙对比。

　　所有真正的水彩画家都是这样的，必须承认那里和北方相比是另外一种不同的颜色。我确信如果高更来到这里，他一定会喜欢这里的乡村。如果他不过来，那是因为他已经感受过色彩更鲜亮的土地，他将永远是一个朋友，原则上是我们的一个朋友……

文森特

阿尔勒,1888 年 9 月 19 日

我亲爱的提奥:

　　我今天早上就给你写信了,然后继续画日光中的花园那幅画。之后我把它带回来,我又再次拿出一张空白画布,它也已经完成了,现在我又想给你写信了。

　　这里的自然特别漂亮,我之前从来没有机会看到过。天空是如此的蓝,太阳发出硫黄色的光芒,它非常的柔和,蓝色与黄色可爱地结合在一起,就像范德米尔代尔夫特画作中的风景。我不能把这种美丽完全画出来,但它是如此吸引我,以致我不再想遵守任何单一的规则,而是让自己尽情地发挥。

　　以房子对面的花园为主题的绘画有三幅,然后有两幅咖啡厅的作品,然后就是向日葵了,还有博克和我自己的肖像画。我还画了工厂上空红色的太阳以及卸沙子的男人和老磨坊。不用再说别的习作了,你可以看到我现在就有很多作品。

　　但是我的颜料、我的画布以及我的钱今天都要完全用尽了。我的最后一幅画是在最后一张画布上用最后一管颜料画的,我画的是花园,绿色的线条并不是用真正的绿色来画的,是用普鲁士蓝和铬黄调和而成的。我开始感觉到我已经和来的时候的作画方式有很大不同了,在对事情的处理上,我没有怀疑,没有犹豫,并且这种感觉还可能继续持续。

　　多么美丽的乡村呀!我现在所在的公共花园,距那些放荡不羁的女孩们所在的街道非常近。穆里耶很少从那边经过,即使我们几乎每天都在公园里散步。但是花园较远的一侧,给人一种薄伽丘所到过的地方的感觉。

　　花园的这一边,纯洁且具有道德感,没有任何像夹竹桃那样的花丛,只有一些普通的梧桐树、坚硬的松树和绿色的草,却让人感觉非常亲近,马奈就有这样的花园。

　　只要你能承担起我所有的画布和颜料的费用,以及我所有的花费,那就继续寄钱给我吧,因为我现在已经做好了画一批更好的画的准备,我认为如果我能够创作出一些好的画作,我们就可以从中获得收益而不是损失,这正是我现在正在尝试着做的事情。

　　但是让托马斯为我的习作付给我 200 或 300 法郎是绝对不可能吗? 如果可能,那就意味着我能从中获得上千法郎的收益,我无法告诉你我是多么激动。我所看到的都让我欣喜若狂。这满足了一个人秋天的期待和热情,让人们在不知不觉中感受

着时间的流逝,一天接着一天,让人意识不到冬天的来临。

今天我在作画的时候,思考了许多关于伯纳德的事。他的信中满是对高更才华的赞美,他认为高更是如此伟大的一个画家以致让他有点害怕,他害怕自己所发现的一切和高更比起来,都会显得微不足道。你知道上个冬天,伯纳德仍然在和高更争吵。从长远来看,让人感到欣慰的是无论发生什么,这些画家都是我们的朋友。我也愿意相信一直都会这样。

我的房子和作品都让我感到非常开心,我甚至可以认为这种喜悦对一个人来说是无限的,对你来说也是一样,你可以和我分享这种快乐与幸运。

一段时间之前,我读了但丁、彼特拉克、薄伽丘、乔托和波提切利的文章。上帝啊,这些人之间的信件,给我留下了深刻印象。彼特拉克住在离这儿非常近的阿维尼翁,我看到了同样的柏树和夹竹桃。我尝试着把其中的一些放入我的花园的绘画中,运用了厚重的柠檬黄和石灰绿。我被乔托遭遇的苦痛触动,他仁慈且满怀热情,就好像生活在一个不同于我们的世界一样。

无论如何乔托是与众不同的,相对于但丁、彼特拉克和薄伽丘,我能够更好地理解他。对我来说,诗歌比绘画更可怕,尽管绘画已经很单调乏味了。画家总体上都是沉默的,他们缄口不言,我也喜欢这一点。

我亲爱的提奥,当你看到这里的柏树、夹竹桃和太阳时,你会认为这甚至比皮维·德·夏凡纳的作品《温和的国家》以及别的作品还要漂亮。

在这个奇怪地区仍然有许多让人难懂的事情。这里的人有你所熟悉的口音,这里有和莱斯博斯岛上一样的阿尔勒的维纳斯,除此之外,一个人还能在这儿意识到自己的年轻。

我一点都不怀疑终有一天你会去南方,也许当克劳德·莫奈在安提比斯时,你会去拜访他,或者不管怎样,你都会发现一些机会。

当冷风到来的时候,这里就不再是令人愉悦的地方了,因为冷风会让人的神经紧张。但作为补偿的是,在没有风的日子里,这里色彩鲜明,空气清新,充满活力且宁静。

明天颜料到了之后我就开始作画,但是我下定决心不再画木炭画,因为它没有任何作用,如果你想画得好,还是需要用色彩来表现作品。

我今天去了米勒那里,他明天会过来,在这里待四天。

我希望伯纳德能在非洲服兵役,因为他要在那里做一些好事。我现在仍然不知道该向他说些什么,他说他想要用他的肖像画和我的一幅习作进行交换。

但是他说他不敢对高更做我要求他做的事,因为他在高更面前很羞涩。伯纳德的性格从总体上来说是喜怒无常的,他有时会糊涂,会不开心,但我没有任何资格来责怪他,因为我自己也经常神经紊乱,我确信他也不会责备我。如果他去非洲和米勒待在一起,米勒也必然会很照顾他,因为米勒是一个非常忠实的朋友,他是如此轻易地表达爱以至于爱会被他轻视。

瑟拉正在做什么呢?我不敢向他展示我寄给你的习作,但那些向日葵、小酒馆、花园的画作,我并不介意被他看到。我经常想到他所使用的方法,尽管我并没有沿袭这些方法,但他的确是色彩画作的创始人,西尼亚克也是,虽然程度不同。色彩派画家发现了一些新的东西,我非常喜欢它们。但就我而言,坦白说我正在尝试着做一些事,在回巴黎之前,我不知道在我之前是否有人发现了富于联想的色彩,但是德拉克罗瓦和蒙蒂切利无疑做到了这些。

我又再次回到了在纽恩南时的状态,当我尝试着学音乐却失败时,我就很敏锐地注意到色彩和瓦格纳的音乐之间的关系。

现在我真的在印象派中看到了尤金·德拉克罗瓦作品的复兴,但是由于在解释上有分歧,且互不相容,印象派还没有形成统一的规则,这就是我和印象派画家待在一起的原因。因为这意味着什么都没有,什么也不用去承诺,作为其中的一员,我不用承担任何职位。上帝呀,你在扮演生活中的愚人,我只要求给予我学习的时间,你呢,你除此之外还要求了别的什么吗?我知道,你和我一样,想要寻求达成目标过程中的平静。

但是我恐怕我所需要的钱会让你不能获得平静。

我已经认真地进行了预算,我今天需要10米的画布,需要所有的颜料,不仅是基础的黄色。如果所有的颜料都同时被耗尽,这不就证明我在睡觉的时候还能够知道它们的相对比例吗?这一点和柯罗蒙不同。他说如果他不精心调配的话,他就会画得非常糟糕……

让人感到欣慰的是我们全神贯注于原材料,而不只是思考怎样调配它们,这样我们就不会出错。

我希望我们可以继续这样下去,如果我注定要用尽我的颜料、我的画布和我的钱,你知道这也不能摧毁我们。如果你用尽你自己的钱和一切东西,那就很严重了。当然,你只是冷静地和我说,什么都没有了,现在还留有一些东西,那就是我用你的钱所画的画。

热情地握手,无论这些天过得怎样,不是因为这些天发生了什么,而是我强烈地感受到你和我并没有颓废,永远不会。但是你知道我并不与那些说我的作品没有完成的批评者发生矛盾。

握手。

你永远的文森特

阿尔勒,1888 年 9 月

亲爱的提奥:

……这已经是我第二次刮去橄榄树园中基督与天使的习作了。

因为在这里我可以看到真正的橄榄树,但是我不能再画没有模特的图画了,我的头脑中有色彩,在布满星星的夜空里,基督的肖像是蓝色的,是最强烈的蓝,天使是和谐的柠檬黄,图画中的每一个蓝紫色阴影都从血红紫变为灰白……

在这里,我的生活越来越像日本画家的生活,像一个可爱的手艺人一样亲近自然……

文森特

阿尔勒,1888 年 9 月

亲爱的提奥:

……今天从早上七点钟到晚上六点钟我一直在工作,除了吃饭离开了一两步,这就是我的作品进展得如此之快的原因。

但你将会对此说些什么呢? 我自己从现在开始又该怎样看待它呢?

我对于这幅作品有作为一个爱人的清晰视野也有作为一个爱人的盲目喜爱。

因为这些色彩对我来说都是新的,让我感到异常兴奋。

我并没有疲劳的感觉,就在今晚我还要开始另外一幅画,并且要成功完成……

文森特

阿尔勒,1888 年 9 月 24 日

我亲爱的提奥:

最后的一些好天气已经过去了,代替它的是泥巴和雨。但是好天气肯定会在冬

天之前再次到来,我们必须充分利用它,因为好天气越来越短。

尤其对于绘画,这个冬天我打算画许多画,但愿我能够从记忆中画一些人物画,我要一直有事情做。在我看来,最具技巧的画家的人物画,都不可能与那些通过模特画出来的作品相媲美。

不管怎样,如果我们经常遭遇缺少模特的厄运,尤其是优秀的模特,我们一定不能沮丧或者厌倦奋斗。

我已经在画室里布置好了日本印刷图片以及杜米埃、德拉克罗瓦和杰利柯的绘画作品,如果你偶然碰到了德拉克罗瓦的《圣母怜子图》或者是杰利柯的作品,我极力主张你尽力得到它们。

我真正想放在画室中的还有米勒的《田野里的工作》和勒拉对他的《播种者》所做的蚀刻版画,杜兰德·鲁埃尔的卖了 1.25 法郎。最后是梅索尼埃之后的雅克玛尔所做的《读者》的蚀刻版画,我非常欣赏梅索尼埃,并且非常喜欢他的作品。

我正在读托尔斯泰的《两大陆评论》杂志中的一篇文章,托尔斯泰似乎对那里人们的宗教很感兴趣,正如英国的乔治·艾略特一样。我相信托尔斯泰有一本关于宗教的书,我认为它的名字是《我的宗教》,这本书非常好。在这本书中,他继续探讨基督教和其他宗教在永恒的正确性上的共同之处。他看起来似乎并不赞赏身体上的复活,甚至也不赞赏精神上的复活,而是有些像虚无主义,认为死后什么都没有。

但不管怎样,没有读那本书,我就不能确切地说他的观念是什么,但我不认为他的宗教是会给我们增加痛苦的残酷宗教。也许相反,它能给人带来安慰,会鼓舞人们获得内心的平静,拥有活着的力量与勇气,以及别的一些东西。

但是无论他们说什么,最普通的日本印刷画,即使色彩单调,对我来说它们也会因同样的理由得到与鲁本斯和委罗纳作品同等的赞赏。我完全知道它们不是原创性的艺术,但对我来说,一幅画没有任何理由仅仅因为原创性而受到赞赏,就好像已经成了习惯,"当我到卢浮宫时,我不能比前人走得更远。"

如果我对一个严肃的日本绘画收集者说,我非常欣赏日本印刷画,5 苏一幅吧,他很可能会有些吃惊,会为我的无知和低级品位感到遗憾。就像曾经某段时间,欣赏鲁本斯、约尔丹斯和委罗纳的作品会被认为品位低下。

我确信自己的生活不会因自己在房子里感到孤独而结束,在那些冬天的坏天气里,在那些漫长的夜晚中,我会发现一些有趣的事情。

织工或者编篮子的人经常整季一个人或者几乎是一个人待着,做手艺活成了他们唯一的娱乐。能够让这些人长时间待在一个地方是因为家的感觉，是能够看到让人安心和熟悉的事物。当然，我非常欢迎同伴的到来，但我也不会因为没有同伴而不开心。不管怎样，有同伴的日子终会到来，对此我毫无疑问。

我确信如果你想在自己的房子里接待别人，你就会发现许多画家的住宿问题都非常严重……

至于那些涂了厚重颜料的绘画，我认为它们需要更长的时间才能变干。我看过鲁本斯在西班牙的作品，它们比在北方的作品有更丰富的色彩，甚至是暴露在空气中被毁坏的部分也仍然保持着色彩。然而在北方，它们会变成灰色和黑色，显得非常脏。如果蒙蒂切利的作品是在巴黎变干的你就会知道这一点，它们的色彩就会不那么鲜艳。

我现在能够更好地欣赏这里妇女的美丽，所以我的思想也再次回到了蒙蒂切利那里。颜色在这些漂亮女性身上发挥了很大的作用，我并不是说她们的身材不够漂亮，但那并不是天生的魅力。她们的身材包裹在多彩的服饰里，衣服穿得合适，肤色就会好看。在我最初开始感知它们的时候，并不容易做到，但我非常确信的是待在这里，我会取得进步。为了画一幅真正的南方作品，仅有一点点技巧是不够的。对事情长期的观察才会让你有更成熟和深刻的理解。

我不认为在我离开巴黎的时候可以发现蒙蒂切利和德拉克罗瓦作品中的真谛。几个月之后的现在，我才意识到这所有的一切并不是凭空的幻想。我认为明年你可以发现同样的果园、丰收之类的主题，但是会以不同的色彩呈现，毕竟这是处理方式的一种转变，这种转变将会持续下去。

我觉得我必须以一种悠闲的节奏工作，事实上在工作上我还应该遵循着老话：一个人可以用十年或者更多的时间研究，然后创作一些人物画。这就是蒙蒂切利所做的事情，他的数百部作品都可以称得上研究性作品。但是那些穿着黄色衣服的女人，或者打着太阳伞的女人，你所拥有的那一小幅肖像画，或者是里德所拥有的那幅《情人》，那些都是完整的人物，人们只能欣赏她们被表现出来的方式。蒙蒂切利的作品具有杜米埃和德拉克罗瓦作品的丰富与华丽。蒙蒂切利作品的价格很吸引人，买一些这样的作品会是一个极好的投资行为，他画得漂亮的人物画终究有一天会被认为是伟大的艺术品。

至于女性的美丽和她们的服饰，我确信阿尔勒城的过去更加辉煌。现在一切都凋敝了，失去了它原有的品质。但是如果你长久地注视着它，古老的魅力又会再次浮现。

这就是我知道不会在这里失去任何东西的原因，我满足地注视着从我身边经过的东西,就像网中的蜘蛛等待着苍蝇一样。

我不能勉强做一些事情,现在我定居下来了,我就能从好天气里受益,也就有了不时抓住真正风景的机会。

米勒是幸运的,他想有多少阿莱城姑娘就有多少,但是他不能够画她们。如果他是一个画家,他就不能拥有她们。我静静地等待着我的时机。

我读了关于瓦格纳的另外一篇文章《音乐之爱》,我认为写它和写关于瓦格纳的书的人是同一个作者。我们在绘画中也需要做同样的事情。

在《我的宗教》一书中,托尔斯泰似乎暗示将会发生暴力革命,在人们身上也有一种内在的和隐藏着的革命热情。在这里,一种新的宗教或者一些全新的东西将会产生,像过去基督的信仰一样让生活成为可能。

这本书对我来说似乎非常有趣,在书的结尾,我们会发现有些愤世嫉俗,有些怀疑主义,也有些虚伪,能让人想活得更有音乐性。这是怎样发生的呢? 我们又是怎样发现的呢? 有能力做出预言是非常好的,但是能够做出预先的警示会更好,而不是除了灾难完全无视未来的一切。灾难,诸如太多意外的事件,通过革命、战争或者银行危机来打击现代的世界和文明。

如果我们研究日本的艺术,我们就可以发现一个明智、冷静且有天赋的人在花费时间做些什么,他是在研究地球和月球之间的距离吗? 不是! 他是在研究俾斯麦的政治吗? 不是! 他在研究……一片草叶,但是这种草能引导他画所有的植物,然后是四季和宏伟的风景,最后是动物以及人物画。这就是他消耗生命的方式,生命太短暂以至于不能做全部事情。

这些单纯的生活在自然之中,就好像他们自身也是一些花朵的日本画家,难道他们教会我们的不是一种真正的宗教吗?

像我这样的人,不变得开心起来就不能研究日本艺术,但我们却无视传统世界中的教育和工作,回归到自然之中。

蒙蒂切利从来没有复制过美丽的平版印刷画或者充满生机的蚀刻版画,这难道不令人悲伤吗? 我喜欢看到艺术家们所说的,如果一个雕工喜欢雕刻委拉斯凯兹的作品,就能为它们创作出很好的版画。即使如此,我认为我们更有责任让自己欣赏和了解事物,而不是把这些知识教给别人,但这两方面可以齐头并进。

我羡慕日本人对他们工作的清晰把握,这从不让人感到无聊,也不会显得事情被完成得太匆促。他们的工作和呼吸一样简单,他们用确定的几笔就能勾勒出一个人物,就像穿背心一样容易。

啊,我也学习了简笔人物画,这会让我整个冬天都非常忙碌。一旦我能做到这些,我就可以画在人行道以及街上的人物,还会有更多新的主题。在我向你写信的时候,我已经有 12 幅画了。我已经走在了正确的轨道上,但是这非常复杂。我现在试着画男人、女人、小孩、马或者狗的简笔画,它们的头部、身体、腿和胳膊都被组合在一起。

暂时亲切地握手。

你永远的文森特

阿尔勒,1888 年,日期不详

亲爱的提奥:

附信是来自高更的一封非常好的信,你一定要把它当作非常重要的事情来看待。

我指的是他对自己的描述,这深深打动了我。我还收到了一封伯纳德的信,高更可能读过并且非常赞同。伯纳德再次在信中说他想过来,并向我提议用赖伐尔、莫雷和另外一个新手以及他自己的作品和我的作品进行交换。

他说赖伐尔也会过来,另外两个也想过来,我不应该再要求更好的东西,但是当一些画家居住在一起的时候,我必须事先规定好一切,必须有一个院长来维持秩序,这个人自然是高更。这就是我为什么希望高更先到这里的原因(此外伯纳德和赖伐尔在二月份过来,伯纳德不得不把自己的军用板带到巴黎)。对我而言,我想要实现两件事情,我想重新获得我已经花掉的钱,并且我想让高更能够平静地创作,像一个画家一样自由地呼吸……

是的,我为此感到羞愧,但是想用我的作品给高更留下一定的印象是徒劳的,所以我禁不住想在他到来之前,独自多做些工作。我确信他的到来会转变我的绘画方式,我也会因此受益。我仍然热衷于我的装饰,它们非常像陶艺,并且这些天的天气都非常好。

目前我手上有 10 幅 30 号的油画……

我们不得不算上高更的费用,但是如果你的钱袋和我的钱袋没有因为托马斯大手大脚花钱而造成损害,那么高更的费用就应该被放在最前面。我提到过,所有花费都是为了在他到来时能给他留下一个好印象……

花销是非常重要的事情,甚至我的绘画也愿意等待,尽管我冒失地认为总有一天我会挣到比所需花费更多的钱。我不应该轻视高更给你他的作品的专卖权,他作品的价格会立刻上升,不会低于 500 法郎。他只需要有自信,现在他就能拥有它……

如果高更把他的作品给你,从公务上来说,是因为你和古比尔公司在一起,私下里是因为你是他的朋友,并且他处在你的恩惠之中。然后反过来高更可以把自己当成画室的领导,并按照他所认为的合适方式管理钱财。如果这些可以做好,那么通过交换习作或者绘画帮助伯纳德、赖伐尔和其他人的同时,我也会遵守同样的条款,以 100 法郎交出我的习作,并分享画布和颜料。高更加入我们时知道得越多,就越能担当起画室领导的责任。他进步得越快,就越有对工作的强烈渴望……

文森特

阿尔勒,1888 年,日期不详

亲爱的提奥:

……我刚刚收到高更的自画像和伯纳德的自画像,高更自画像的背景是墙上的伯纳德的自画像,反之亦然。高更的自画像当然很好,不过我更喜欢伯纳德的自画像。这只不过是一个画家的意见,一些意外的色调,一些黑色的线条,但却有马奈作品的真正特质。高更学得更多,也会走得更远。

他在信中所说的给了我他是一个囚徒的印象,而没有快乐的影子。不是肉体上最轻微的解放,而是一个人非常自信地认为他的决定产生了忧郁的影响,阴影中的肉体在忧郁的蓝色中消失。

所以最终我有机会拿我的作品和众人所做的事情进行比较。我寄给高更的肖像画,有它自身的交换价值,这一点我非常确信。我已经回复了高更的信,如果我被允许在肖像画中增加我的个性(我已经在肖像画中这样做了),不仅能表现我自己,还能从一般意义上展示印象派画家的作品。我把自己想象成一个僧人,一个对永生的佛教单纯的崇拜者。

当我把高更的肖像画和自己的肖像画放在一起的时候,我的画像是沉重的,但却不太让人感到绝望。高更的肖像画告诉我的一切是他不能够这样继续下去了,他必须再次成为黑人女子中富有的高更……

文森特

阿尔勒，1888 年 10 月

亲爱的提奥：

　　谢谢你的来信，但是我这些天过得非常暗淡，因为我的钱已经在周四的时候用完了，所以从那时起到周一的中午是一段非常长的时间。我这四天主要靠 23 杯咖啡来生活，还要支付面包的费用。这并不是你的错，如果说这是任何人的错的话，那就是我的错。因为我一心想让我的作品出现在框架之中，这超出我的预算太多了，这个月的租金和女佣的费用也已经支付了。甚至今天我也资金短缺，因为我必须为自己买一些画布，因为塔赛特的画布还没有到。你尽快向他询问下他是否已经为我寄出 10 米长或者至少 5 米长的 2.5 法郎的普通画布……

　　我大胆地认为如果你看到习作，你会说长时间在炽热的环境中工作是正确的，只要结果是好的。最后几天并不是这样，无情的冷风狂烈地吹打着落叶，但是现在与冬天之间仍然有一段时间的好天气，会产生极好的效果。然后事情就会有飞速的进展。我现在是如此沉迷于我的工作以至无法自拔……你知道我在严格禁食四天后的今天为这周留下了什么吗？只是 6 法郎。今天是星期一，也是在今天我收到了你的信。

　　我中午吃的饭，但现在已经是晚上了，我晚饭又必须吃硬皮面包了……

文森特

阿尔勒，1888 年 10 月

亲爱的提奥：

　　……我正在画母亲的肖像画，因为黑白照片让我如此讨厌。啊，肖像画是来自自然的摄影和绘画。我一直希望我们能在肖像画画法上进行一场革命。

　　我正在给家里写信寻求父亲的肖像画，我不想要黑色的照片，只想要一幅肖像画。母亲的肖像画是 8 号灰白色，背景是绿色的，她穿着深红色的裙子。

　　我并不知道这是否像她，但无论如何我想给她一种公正的印象。你终有一天会看到，如果你喜欢，我也可以为你画一幅，也可以再次用非常浓重的色彩……

文森特

阿尔勒，1888 年 10 月

亲爱的提奥：

　　有一封来自高更的信，里面是大量对我不恰当的抱怨，并说他到这个月底才会过来。

　　因为他生病了，并且为旅途而担忧。对此我能做些什么呢？……但是当你最终想到这些的时候，考虑到最糟糕的肺病问题，就会认为这是一场无效的旅程吗？……

给高更的回信

我亲爱的高更：

　　谢谢你的来信，我受宠若惊，你直到这个月底才会过来。

　　既然你真的认为你在布列塔尼会比在这儿恢复得更快，那非常好。

　　我不再坚持了，除非你在布列塔尼的恢复不是很迅速。考虑下我们所说的你在这儿会比那里恢复得更快的断言吧。来这里，我们所拥有的一切都是最好的，依据古老的潘格洛斯所言，活着是妙不可言的幸福。对于这点，我毫无疑问，一切都将是最好的。但是来阿尔勒的旅程真的如你说的那样让人精疲力竭吗？既然已经考虑到最糟糕的肺部情况，这些就没有意义了。你清楚地知道巴黎、里昂和马赛都有这样的案例。

　　或者你的病情比你说的还要严重吗？我恐怕是这样的，如果可以，你一定要在这方面让我安心。或者明确地写出你生病了，病情严重。但是你写了关于生意的事，并谈到了平版画，这就是我所能想到的。

　　对于你、我、伯纳德和赖伐尔，晚上制作平版画都是可以的，这一点我非常确信。但是对于他们周期性地出版，我并不确定，因为我并不富裕。我并不只是担心绘画，即使你不买石头，平版画也总有一些材料需要花钱。我并没有说那不会花费很多，但是对于出版，无论多么微不足道，我们四个人每人至少各要花费 50 法郎，除此之外还有更多……

　　如果你愿意，你可以反驳我，我并不为此感到有压力，但是我仍然要说我想说的，我有过一次小小的尝试，但是我所增加的"例外"意味着这并不能持续下去。总之，它们并没有引起公众的兴趣,并且会继续花费我们的钱。

一方面,它的确花钱,事实上我也把制作平版画纳入考虑之中,但另一方面,对于出版,即使是免费的,我也从来没有考虑过。

如果我们承担费用,出于我们的兴趣并且是为了我们自己方便,我就会再次告诉你,我赞成它。如果你想到了其他什么,我并不赞成。不要告诉我一件事情和另外一件事情的花费一样少,如果它是画画的问题。

你永远的文森特

尽快来这里。

再及高更,如果你没有生病,请立刻来这里。如果你病得严重,请发电报或写信。

文森特

阿尔勒,1888 年 10 月

亲爱的提奥:

……对于上周的工作,我感觉自己快要死了。我不能再画更多了,除此之外还有非常强烈的冷风,灰尘累积而成的云让这里的树都变白了。所以我被迫保持安静,我一口气睡了 16 个小时,这让我得到了很好的恢复。

明天我就会从这奇怪的转变中恢复过来。

但是我需要很好地工作一周,真的,要画五幅油画。如果因某种原因少了一幅,好吧,这也是很自然的。如果这里的一切都非常好,你就必须好好利用它,否则就会什么事都做不了……

我希望我们可以有瑟拉的自画像,我和高更说过,并且逼迫他和瑟拉进行交换,因为我认为伯纳德和他已经互相交换了一些习作。如果不是这样,他就要特意为我画肖像画,我并不想以此作为交换,因为我认为这是重要的。他在信中说他已经决定让我用那幅画做交换,他的信仍然是很恭维的,但我好像配不上,我们不用再多说了……

文森特

阿尔勒，1888 年 10 月 16 日

我亲爱的提奥:

我正在给你寄一幅小的素描,至少给你一些想法,让你知道我现在工作的方向,因为我今天感觉非常好。我的眼睛仍然很累,但同时我又有了一个新的想法,这是它的一个草图。

一如既往,它仍然用的是 30 号画布。

这次我的卧室非常简单,只是色彩在这里起了很大的作用,给人一种简单而宏大的风格,总体上营造出适合休息或睡觉的氛围。事实上,看着图画会让人的大脑放松。

墙是苍白的蓝紫色,地板是红色瓷砖。

木床和椅子是新鲜黄油色,被单和枕头是浅的柠檬绿。

床罩是猩红色的,窗户是绿色的。

厕所里的台子是橙色的,洗脸池是蓝色的。

门是淡紫色的。

这就是所有的一切,除了关闭的百叶窗,这个房间里就没有别的东西了。

家具的坚硬线条也传达出一种不希望被打扰的感觉。

墙上有肖像画、一面镜子、一条毛巾以及一些衣服。因为图画中没有白色,所以框架将会是白色的。

这意在强行让我休息。

我明天又要为此工作一整天,但你可以看到这个想法是如此简单。阴影被抑制,它被画成了明亮的色调,就好像日本的印刷画一样。

这会形成一种对比,例如《塔拉斯孔的勤奋》和《夜晚的咖啡馆》。

我没有给你写长信,因为我打算明天从凉爽的早晨就开始工作,以便能够在一天内完成。

你还感到痛苦吗? 不要忘了告诉我。

我希望你这些天里会写一封信。

总有一天我会给你画其他房间的素描。

热情地握手。

你永远的文森特

阿尔勒，1888 年 10 月

我亲爱的提奥：

……我没有生病，但是如果我没有足够的食物并且一直不停地工作，那毫无疑问，我会生病。事实上，我现在有点埃米尔·沃特斯作品中的雨果·凡·德·高斯的疯狂。如果我不是几乎有着修道士和画家的双重性，上述的这种身体状况很早以前就会好了，彻底好了。

然而直到那时，我也没有认为我的疯狂会以烦扰的形式出现，因为那种兴奋的状态会引导我考虑永生。

但是无论在任何情况下，我都必须意识到我的紧张……

文森特

阿尔勒，1888 年 10 月 22 日

我亲爱的提奥：

谢谢你的来信和 50 法郎的钞票。既然你已经收到了我的电报，你就会知道高更已经健康地来到这里。他的健康状态似乎比我还要好。

他非常开心你为他卖出了画，我当然也非常开心。高更今天会给你写信。

他是一个非常有趣的人，我也非常有信心和他在一起，我们会有许多收获。毫无疑问他在这里能更多产，我希望我也能。

所以我大胆地希望我不再是你的负担，我至少希望这个负担不会太重。

我意识到我的精神会破碎，身体也会耗尽。总之，我已经完全没有其他方法来赚回我们的花费。

我对此无能为力，因为我的作品没有卖掉。

人们看到我的作品比绘画的花费和我的生活花销更有价值的那一天终会到来。总的来看，我们投入其中的还非常少。

考虑到钱或者资金，我首先想的是不能有债务。

但是我亲爱的弟弟，我所要支付的债务是如此多以致到我还清债务的时候，创作的负担会带走我生活的一切，但是我仍然相信自己会成功。唯一要做的事就是创作作品，这对我来说可能有一点难，但到那时就不会这么难了。

它们现在没有销路让我感到沮丧,你也为此感到痛苦。但只要你不为我的作品不能带来任何东西而担心,我就没有关系。

但是考虑到资金,我所要做的就是提醒你认清真相。一个人生活50年,每年花费两千法郎,总共花费十万法郎,因此他必须挣得十万法郎。作为一个画家,一生需要创作一千幅画,并且以每幅一百法郎销售,这是非常困难的事情。

我们也许会想念塔赛特,因为在很大程度上,我们要使用更加便宜的颜料,高更和我都是这样。至于画布,我们由于同样的原因也要自己准备。

有一段时间,我感觉要生病了,但是高更的到来让我从这样的感觉中走出来,我确信它将会过去。我暂时还要注意饮食,但这完全不是问题。不久之后你也会有一些工作。

高更带来了一幅非常好的油画,是他和伯纳德交换而来的《绿野中的布列塔尼女人》,白色、黑色、绿色、一点儿红色,以及暗肤色,所以让我们保持心情舒畅吧!

我相信终有一天我的画也能卖得很好,但是我已经远远落后于你,我现在仍然只有花销没有收获,这种想法有时候会让我非常悲伤。

你写到有一个荷兰人会和你待在一起,这让我非常开心,你也不会再感到孤独了。这是非常好的消息,尤其是这里的冬天很快就要到来了。

无论如何,我现在都非常忙,我必须走出去开始画另一幅30号的油画。

高更很快就会给你写信,我到时会在他的信中增加另一封信。

当然我并不知道高更会对我们的生活说些什么,但无论如何他都为你给他达成的好买卖而非常开心。

再见了,热情地握手。

你永远的文森特

阿尔勒,1888 年 10 月 24 日

我亲爱的提奥:

……高更是一个令人惊讶的人,他不会让自己停滞不前,他会在这里安静地等待,勤奋地工作,在合适的时刻向前跨出巨大的一步。他像我一样需要休息,他刚挣得的钱可以支付他的布列塔尼之旅,但是现在的事情是他确信应该等待,不要让自己再次陷入致命的债务危机。我们每月的花费加在一起也不能超过250法郎,我们在颜料上的花费会更少,因为我们会自己制作。所以你那边不要太为我们焦虑,一

定要有喘息的机会，你非常需要它……高更差不多已经发现了他的阿莱城姑娘，我希望我也能找到，但是在我看来，还是要先画风景，我已经发现足够多的变化，所以最终我的作品会像往常一样继续下去。

我大胆地认为，你会喜欢新的《播种者》。

文森特

阿尔勒，1888 年 11 月

亲爱的提奥：

……刚才高更的手上有一幅葡萄园中的女士的绘画，这些都来自记忆，如果他不损坏它或者让它处于未完成的状态，它就会非常好且与众不同。他也有一幅我画的《夜晚的咖啡馆》。

我画了两幅秋天的油画，我认为高更喜欢它们。我正在画一个满是紫色和金色的葡萄园。

我最终也有了一幅阿莱城姑娘，一幅 30 号的肖像画，在一个小时内完成的。背景是暗淡的柠檬黄，脸是灰色的，衣服是黑色的，带有完全原始的普鲁士蓝。她靠在绿色的桌子上，坐在橙色木制扶手椅中。

高更为房子买了一个大衣柜以及各种家用器皿，还有 20 米的强韧画布，以及我们所需要的许多东西。我们计算了一下他的支出，将近 100 法郎，在新年或者三月份的时候，我们应该把钱还给他，然后大衣柜等东西就自然是我们的了。

我认为这总体上是正确的，因为他打算把卖画的钱存起来，直到他有足够的钱开始他第二次马提尼克岛的旅行。

我们努力工作，一起生活也非常顺利……

高更仍然思念他温暖的城市。如果你带着色彩方面的想法去爪哇岛，毫无疑问你可以看到许多新的东西。那些明亮的城市有强烈的阳光，直射的阴影，也有物体和人物投射的阴影，都非常不同，色彩如此丰富以至于人们想去冒险……

高更和我今天会在家里用餐，我们明确感觉到这会很成功，对我们来说似乎更好或更便宜。

文森特

阿尔勒，1888 年 11 月

亲爱的提奥：

……我们的日子在工作中度过，一直在工作，一天晚上我们有些懒惰了，就停下来去了咖啡馆，在那之后就早早地睡觉了。这就是生活，当然这里还是冬天，尽管天气有时也非常好。我并不是不喜欢尝试想象中的东西，因为那可以让我留在家中。我一点儿也不担心在高温的火炉旁工作，但你知道我并不能很好地适应寒冷……

高更画了许多画，我非常喜欢其中的一幅静物画，背景和前景都是黄色的，他的手上还有一幅我的肖像画，我并不能判定那是不是成功的尝试。刚才他在画一些风景画，最终他有一幅比较好的洗衣工的油画，我认为它非常棒。

你可以从高更那里获得两幅画作，作为报酬给他 50 法郎，并把他送回布列塔尼。提醒一下你，在我看来，伯纳德的作品非常好，在巴黎会获得成功……

高更被邀请去参加二十人画派的画展，在他的想象中，他已经定居布鲁塞尔了，当然这也是能够让他去看望在丹麦的妻子的一种方式。

与此同时，他拥有很多阿莱城姑娘，我并不能认为这些完全不重要。他结婚了，但他对此没有很重视。总之，我恐怕他的性格和他妻子的性格完全不合，但他自然地更关注他的孩子，依据肖像画来看，他们非常可爱。

文森特

阿尔勒，1888 年，日期不详

亲爱的提奥：

我收到了一封 M.C. 迪雅尔丹的来信，是有关我的作品在他的黑洞中展览的事情。我非常厌恶通过交钱的方式把一幅油画交给已经被提议的展览，事实上对于这种绅士的信件也只有一种可能的回复。你会在附信中发现我的回复。我只把它寄给你，而没有寄给他，你也许会知道我的想法。你可以简单地告诉他我改变主意了，现在我对展览并没有兴趣。跟这样的恶棍生气没有半点儿好处，最好还是按照惯例礼待。我大胆地认为高更也和我有同样的想法。无论如何，他都不能试图说服我做这样的事情。

我也要开始借助记忆作画了,来自记忆的油画通常不会显得那么笨拙,会比来自自然的习作看起来更有艺术性,尤其是在这样干冷的天气中。

高更也几乎要完成他的《夜晚的咖啡馆》那幅画了,作为一个朋友他是非常有趣的,我必须告诉你他很会饭,我认为这一点可以向他学习,这非常方便。我们发现用光滑的木条制作框架也是非常容易的,用钉子钉住横条,然后涂色。你知道高更是白色框架的发明者之一吗? ……

文森特

阿尔勒,1888 年,日期不详

亲爱的提奥:

谢谢你寄来的 100 法郎和你的回信,我知道当你听到我收到了来自杰特·莫夫对于作品的感谢信会非常开心……

高更在忙着画一个非常原始的女性裸体画,她在干草中与一些猪在一起。这有望是一幅极好的画,并且魅力十足。

他已经把它寄到巴黎了,换回了一个上面有两个老鼠头的华丽罐子。

他是一个非常伟大的画家,也是一个非常优秀的朋友……

我正在画两幅油画,一幅是来自我们在埃滕的花园的记忆,花园里有卷心菜、柏树、大丽花和人,然后是一幅在图书馆读小说的女人画像,好像是在法兰西做演讲,她穿着绿色的衣服。高更给了我想象事物的勇气,当然来自于想象的事物也更具神秘的色彩……

文森特

阿尔勒,1888 年 12 月

亲爱的提奥:

高更的油画《布列塔尼的孩子》已经到了,他的水平有了很大的提升。

尽管我非常喜欢这幅油画,但它已经被卖出去了,他现在打算从这里寄给你的两幅作品要比那幅好 30 倍。

我指的是《摘葡萄的女人》与《和猪一起的女人》。

这是因为高更开始克服他肝脏或胃部的不适,这让他最近一段时间非常痛苦。

我现在写信回复你提到的我的那幅粉色桃树的小油画，我想着把它送给这些绅士们，我不想对此有任何疑问。

首先，如果让他们拥有一些我的作品是你的想法，无论好坏，如果能够以任何方式让你现在或者以后高兴，我保证你可以全权决定……

无论是高更，还是我自己，都已经令我意识到我的作品需要一些改变了。我开始从记忆中创作，对于这样的工作，我所有的习作仍然有用，可以重新唤起我曾经看到过的东西。如果我们没有资金上的压力，销售又有什么问题呢？……

拥有像高更这样有天赋的同伴，看着他工作，这对我来说是非常好的。

你将会看到，一些人很快就会责备高更不再是一个印象派画家了。

你很快就能看到他的最后两幅油画，它们使用了非常厚重的颜料，甚至有一些地方还使用了调色刀。它们会让他在布列塔尼的作品黯然失色，尽管不是全部的作品，但也有一些。

我几乎没有时间写信，因为我还要给这些荷兰人写信。我收到了博克的另一封信，你知道那个二十人画派中有个妹妹的比利时人，他非常喜欢那里的工作。

我真的希望我们和高更可以一直保持朋友和生意上的关系。如果他能在热带地区成功地找到一间画室，那就太好了。

但我的预算会比他的预算更多，基约曼已经给高更写了信，他的生活似乎非常拮据，但他也一定做过一些非常好的事情。他的妻子已经怀了孩子，但他对分娩很害怕。他说他的眼前已经有红色的幻象了，高更巧妙地回答说他已经看见过六次了……

高更告诉我前几天他看到了克劳德·莫奈的一幅画，画的是日本大花瓶里的向日葵，画得非常好，但是他更喜欢我的。对此我并不赞同，这只能说明我没有变差……

与此同时，我无论如何都要告诉你，最后的两幅习作是非常奇怪的。

30号的油画，木制的黄色椅子在红色的瓷砖上靠着墙。

然后是高更的扶手椅，晚上的效果是红色和绿色的，墙和地板也是红色和绿色的，座位上有两本小说和一支蜡烛，薄画布上使用的是厚重的颜料……

文森特

阿尔勒，1888 年 12 月

我亲爱的提奥：

　　昨天高更和我一起去蒙彼利埃参观了那里的画廊，尤其是布里亚的房间。那里有许多德拉克罗瓦、理查德、库尔贝、卡巴内尔、库图尔、维迪尔、丹瑟尔特和其他画家所画的布里亚肖像画。画廊里也有德拉克罗瓦、库尔贝、乔托、保卢斯·波特、波提切利、蒂奥多·卢梭的其他绘画作品，它们都非常好。

　　布里亚是画家的赞助者，除了这些我不会向你说太多。在德拉克罗瓦的肖像画中，他是一个长有胡须和红头发的绅士，与你和我有着惊人的相似，这还让我想起了缪塞的诗歌，"无论我在哪里停留，一个可怜的黑衣人就会走到旁边坐下，像兄弟一样看着我们"，我相信你也会有同样的感觉。

　　你一定要去售卖过去和现在画家的平版画的商店，如果不是太贵，你就尝试着购买德拉克罗瓦的《狱中的塔索》，因为我认为那里面的人物和这幅很好的布里亚肖像画有一定关联。

　　那里还有德拉克罗瓦的其他作品：《混血女人》（高更曾经模仿过）《女奴》《狮穴中的丹尼尔》。库尔贝的作品《乡村女孩》《纺纱女工》以及库尔贝的许多其他作品。总之，你一定要知道这些收藏品的存在，或者至少也要知道谁看过它且能讨论它，所以我不会说更多关于画廊的事情（除了布里亚的绘画和青铜艺术品）。

　　关于德拉克罗瓦、伦勃朗等人的作品，高更和我讨论了许多。争论是令人激动的，有时候讨论结束的时候，我们的大脑就像耗尽了能量的电池。

　　我们正处在奇迹之中，弗罗芒坦说得好："伦勃朗是魔术师，德拉克罗瓦是神使，是一个神奇的神使。"

　　我写信给你，让你和我荷兰的朋友德哈恩与艾克萨森保持联系，他们研究伦勃朗的作品并且非常敬佩他，希望你可以鼓励他们继续他们的研究。

　　谈到这些的时候，你就一定不会感到失望了。

　　你知道伦勃朗在拉卡兹画廊中展出的一幅奇怪但又极好的男人肖像画吗？我告诉高更，我从中看出了他与德拉克罗瓦或与高更在家族或者种族上的相似之处。

　　不知道为什么，我总把这幅肖像画称作《旅行者》或《来自远方的人》。

　　这与我曾经和你说过的一个观点类似，你可以从《拿手套的男子》的肖像画中看到你的未来，可以从伦勃朗的蚀刻版画《阳光下窗户边上的六个读者》中看到你的过去和现在。

这就是我们从中得到的东西。

今天早上我问高更感觉怎么样时,他告诉我他感觉又和以前一样了,这让我非常开心。上个冬天我来这里的时候,身心俱疲,在我开始恢复以前,内心遭受着一些痛苦。

我多么希望你可以在未来的某个时候看到蒙彼利埃的画廊呀!那里有一些非常漂亮的东西。

告诉德加,我和高更去蒙彼利埃看到了德拉克罗瓦所作的布里亚肖像画,我们必须大胆地相信他的作品。

至于成立画家联盟,这种奇怪的事情现在已经被理解了,我会和你经常说的保持一致,时间会证明这一切。你可以告诉我们的朋友德哈恩与艾克萨森所有的内容,甚至可以向他们读这封信。如果我感到有必要,我会给他们写信。

诚挚地握手,以高更和我的名义。

你永远的文森特

阿尔勒,1888 年 12 月 23 日

我亲爱的提奥:

非常感谢你的来信和附上的 50 法郎钞票以及 50 法郎的订单费用。

我认为高更对阿尔勒这座城镇以及我们工作的小黄房子,最重要的是对我,有点儿心灰意冷。

事实上,对于他和我来说,现在仍然有严重的问题需要解决。

但这些问题存在于我们本身,而不在于外部的任何东西。

总之,我认为他会简单地离开或者简单地留下。

我告诉过他做任何事情之前,都要仔细考虑,权衡得失。

高更非常强壮,非常有创造力,但他因此也更需要平静。

如果他不能在这里找到它,那他会在别处找到吗?

我在等他完全平静时做出决定。

热情地握手。

文森特

阿尔勒，1889 年 1 月 1 日

我亲爱的提奥：

我希望高更能让你完全安心，在绘画生意上也是如此。

我期待很快就能再次开始工作。

女佣和我的朋友罗林照看着房子，他们把一切都安排得井井有条。

我出院的时候，就可以再次走在这条小路上了，好天气很快就会到来，我会再次在开花的果园里作画。

我亲爱的伙伴，我为你的旅程感到极度苦恼，我多么希望你没有去呀，因为这毕竟对我没有什么坏处，你也没有理由感到如此难过了……

但你一定要保持良好的心态，你直接把信寄到拉马丁 2 号的地方，我会把高更还留在房间里的作品按照他所希望的那样尽快寄出，我们还欠他在家具上的花费。

握手，我必须回到医院去了，但很快就会因为恢复好了而出院。

向母亲也写一些关于我的事情吧，这样就不会有人为我担心了。

（在这页纸的背面，是接下来的信。）

我亲爱的朋友高更：

我抓住第一次离开医院的机会给你写一些简短的话，来表达我们深厚而真挚的友谊。在医院里我经常想起你，甚至在发烧和比较虚弱的时候也会想起。

我弟弟提奥的行程真的有必要吗，老朋友？

现在至少要让他感到安慰，我恳求你一定要有自信，毕竟没有什么邪恶的事情存在于这美好的世界中，一切都是最好的。

然后我想让你代我向善良的老舒芬尼克尔问好，一定要在两方面都考虑成熟，不要说我们破旧的小黄房子的坏话，向我在巴黎时见过的画家们问好。我希望你在巴黎获得成功。

热情地握手。

你永远的文森特

阿尔勒，1889 年 1 月 2 日

我亲爱的提奥：

　　为了能够让你安心，我在你见到过的雷伊先生的外科病房里给你写了这短短的几行话。我应该要在医院里再待些天，然后我认为有望安静地回到那所房子里了。

　　现在我只请求你一件事情：不要太担心，因为那也会让我非常担心。

　　现在我们来说下我们的朋友高更，我吓到他了吗？为什么他不给我一些生命的迹象呢？他一定给你留下了，此外他还要回巴黎，在巴黎他会感觉比这里更自在。告诉高更写信给我，我一直都在想着他……

文森特

阿尔勒，1889 年 1 月

我亲爱的提奥：

　　也许我今天不应该给你写这么长的信，但无论如何我一定要写一行字告诉你，我今天已经回家了。我很遗憾在琐事上给你带来了这么多的麻烦，原谅我，毕竟是我先引起的。我并不能够预见这些对你来说这么重要……雷伊先生和他的两个医生朋友来看我的绘画了，他们至少非常快地理解了什么是互补。

　　我现在打算画雷伊先生的肖像画，一旦我可以再次适应作画，可能还会有其他肖像画。谢谢你的上一封信，事实上我经常感受到了你的存在，但你一定要意识到我也在像你一样工作……

　　如果你同意，现在高更已经离开了，我每月又可以只需 150 法郎了，我认为我能过得比去年平静……

　　我认为我们一定要对我的绘画保持冷静，如果你想要任何作品，我现在就可以寄给你。但当我冷静下来的时候，我希望可以做一些不同的事情，比如做一些对你有益的事，也看看其他人在做什么。

　　但是你一定不知道对于你的荷兰之行没有成功，我是多么遗憾。

　　毕竟我们不能改变已经发生的事情，但你可以通过信件或是以任何你可以的方式尽可能地弥补。告诉邦格一家（提奥当时刚和约翰娜·邦格订了婚）对于这种不

得已的延误，我是多么的遗憾。我会在这些天里给母亲和威廉明娜写信，我也一定要给杰特·莫夫写信。

尽快给我写信，不要再考虑我的健康了。我很快就会痊愈，你那边的事情也会一切顺利的。高更现在怎么样了？由于他的家在北方，他已经被邀请参加比利时的展览了，并且他在巴黎也获得了一些成功，我认为他已经发现了自己的立足之地……

文森特

阿尔勒，1889 年 1 月

亲爱的提奥：

……我明天就要开始工作了，我会从一幅或者两幅静物画开始找回画画的习惯。罗林对我非常好，我大胆地认为他会是一个我永久的朋友。我现在仍然需要这些，因为他更了解这个地区。

我们今天一起吃了晚饭。

如果你想要一个外科住院医师，雷伊会非常高兴做这些。他听说过伦勃朗的一幅画《解剖课》，我告诉他我们会弄到它的版画供他研究。

一旦我感觉身体恢复，我就希望为他画肖像画……

上周末我遇到了另外一个医生，他至少在理论上知道德拉克罗瓦和皮维斯·德·夏凡纳，并且对印象派很感兴趣……

我向你保证，在医院里的这些天非常有趣，也许是生病让一个人学会了如何生活。

我希望我只是简单地拥有了画家的反常行为，然后是在大量失血之后发了烧，因为一条动脉被切断了。但我很快就恢复了食欲，消化系统也正常，我的身体一天天恢复了，头脑也逐渐恢复了平静。所以请一定要忘掉不愉快的旅程和我的疾病……

文森特

阿尔勒，1889 年 1 月 9 日

亲爱的提奥：

……我的身体状况很好，伤口也恢复得非常好。我的饮食和消化都非常好，所

以我失去的大量血液也已经得到了补偿。现在最让我担心的问题是失眠，医生并没有和我说这些，我也没有和他说，我在自我治疗。

我通过服用枕头和床垫下的大量安眠药与失眠做斗争，如果你也失眠，我建议你也这样做。我非常害怕一个人在房间里睡觉，我也担心自己无法入眠。但这里非常安静，我敢说失眠不会再发生。

在医院里我因失眠而痛苦，它比失去知觉还糟糕。我告诉你奇怪的是我一直在想德加的事情，高更和我之前讨论过他。我曾告诉高更，德加曾说过"……我正在为阿莱城姑娘拯救自己"。

现在你知道德加是多么有洞察力了吧，所以等你回到巴黎的时候，告诉德加我承认直到现在我还没有能力画出没有恶意的阿尔勒女性，如果高更称赞我的作品，也一定不要相信，因为那只是一个病人的绘画。

如果我现在恢复了，一定要重新开始，但我将永远不能达到我的疾病引导我到达的高度了……

文森特

阿尔勒，1889 年 1 月 17 日

亲爱的提奥：

……我太认同你以这样的方式来支付高更的费用，现在又有一笔可能更大的医药费花销，但我仍对此抱有一丝希望。他一定不能或者至少不能说我们在剥削他，相反，我们一直在帮他维持生计。

如果这不是因为他把画家们结合在一起的浮夸计划，你知道他现在会怎样吗？如果不是因为他的空中楼阁，我们就不会有这么多的困难和浪费。

如果这种说法对你来说仍然太莽撞了，我就不再坚持了，但是我们将会看到……

如果高更暂时在巴黎彻底地检查下自己，或者找一个专家来验证，坦白说，我并不知道会有怎样的结果。

我看他在许多情况下，都做了你和我不允许自己所做的事情。我听说过关于这方面他的一两件事情，但是从近处来看，我认为他因想象而着迷，也许是因为自信，但……事实上是非常不负责任的。

这种结论并不是暗示我建议你更多地关注他在任何场合下所说的话，但就我所知的，在处理他病历的事情上，你表现得过于理想化。

　　但是对他而言……上帝啊,让他做任何他想做的事情吧,让他拥有自己的自由和见解吧(无论他是什么意思)。让他继续他所认为的直接的方式吧,他比我们更清楚。

　　他向我索要一幅向日葵的图画,主动按照我所提议的方式进行交换,在这里留下了他的一些习作,我认为这一点非常奇怪。我会把他的习作寄给他,因为这些可能对他还有用,并且它们也不可能是我的。

　　但目前我还是把自己的油画放在这里,我的向日葵画作还在考虑之中……

　　高更怎么能说他害怕自己的出现会让我感到难过呢? 他不能否认他知道我不断要求他留下来,并且我反复告诉他,我要立刻见到他。

　　告诉他为了不让你伤心,我和他之间会保持着这种关系,但他不会听的……

　　不管怎么说,高更和我这么快就放弃了我们曾谈起过的伦勃朗和光线的问题,这是非常遗憾的。德哈恩和艾萨克森还在那里吗? 不要让他们灰心。生病之后,我的眼睛很自然地变得更敏感了。我曾经看到过德哈恩的作品《送葬者》,他非常友好地给我寄了照片。好吧,那里的人物在我看来是对伦勃朗作品的真正理解,他似乎被来自敞开坟墓的反射之光所照亮,站在那儿的送葬者像一个梦游的人。

　　它被描绘得非常精妙,我自己并不想尝试木炭画的效果。德哈恩把木炭当成媒介,也当成一种无色的物质。

　　我想让德哈恩看到我的一幅习作,是一支点燃的蜡烛和两本小说(一本是黄色的,一本是粉色的),它们躺在空的扶手椅上(事实上是高更的椅子),还有一幅红色和绿色的 30 号油画。在这之后我今天又继续工作了,画的是我自己的空扶手椅。白色木制的椅子,上面是一个烟斗和烟草袋。这两幅习作和别的作品一样,我尝试着运用明亮的色彩表达灯光的效果,如果你向德哈恩读我所写的这些,他也许可以更确切地知道我想要得到什么。

　　……高更对于南方有着非常美好的、自由的和完全是想象中的观念,带着这样的想象,他要在南方工作。啊呀,我们也许可以从中获得一些乐趣。

　　大胆地分析一下目前的情况,没有什么可以阻止他给我们留下小波拿巴老虎的印象……我不知道该怎样说,他从阿尔勒消失,和前面的小下士返回埃及是有可比性的。他此后出现在巴黎,总是让军队处于困境之中。

　　幸运的是,高更和我以及别的画家并没有用枪以及别的毁坏性军事武器来武装自己,我就是其中一个决定继续用刷子和画笔来武装自己的人。

伴随着谈笑声，高更在他的上一封信中仍有需求，那是他藏在我小黄房子壁橱里的"面具和击剑手套"。

我要赶快把他的玩具邮寄给他。

希望他绝对不要使用更危险的武器。

他的身体比我们两个都要强壮，所以他的激情也一定比我们更高涨。他是一个父亲，在丹麦有妻子和孩子，同时他又想去地球另一端的马提尼克岛，这是非常可怕的，也会反过来引起欲望与需求的矛盾。

文森特

阿尔勒，1889 年 1 月 23 日

亲爱的提奥：

……罗林昨天离开了（当然我昨天的电报在今天早上收到你的来信之前也发出去了）。最后一天看到他和他的孩子在一起是非常感人的，尤其是非常小的那个，他让她笑，让她在自己的膝盖上跳，并为她唱歌。

他的声音非常纯正且感人，在我听来是甜蜜而忧伤的摇篮曲，是一种工业革命号角的遥远回声。然而他并不悲伤，相反，他穿上那天刚收到的崭新制服，每个人都非常理解他……

当我想起给高更造成的麻烦时，也很自责，虽然我并不是故意的。但直到最后的一些天，我所看到的唯一的事情是他在去巴黎实施自己的计划和在阿尔勒的生活之间取舍。

这些对他来说会带来什么？

在此期间最好的事情就是你的婚期不会被延误。你结婚让母亲感到舒心和愉快，毕竟从你的社会地位来说这也是一种必须。这会被你所属的阶层赞赏吗？也许不会……所以从你哥哥我的情况来看，你并不想要老套的祝贺。有了妻子，你就不会再感到孤单，我希望我们的妹妹也是如此。

你结婚之后，家里也许会有其他人结婚，但无论如何，你都能清楚地看到自己的道路，房子也不会再空着了。

其他我所能想到的就是我们的父亲和母亲是已婚人士的典范。

我永远都不会忘记母亲在父亲死的时候只说了一个字，这让我比以前更爱我们的母亲。

事实上作为已婚的人，我们的父母是典范，像罗林和他的妻子，是可以引用的另外的例子。

好吧，以同样的方式前进吧。在我生病期间，我再次看了津德尔特的房子的每个房间、每条道路、花园中的每种植物、周边田野的风景、邻居、墓园、教堂、后面的菜园以及墓园里高大相思树上的喜鹊窝。

我现在仍然保有这些早期日子的回忆，比你们中的任何人都要早，除了母亲和我，已经没人记得所有这些了……

如果你喜欢，我可以展示两幅向日葵的图画。

如果能够拥有一幅，高更会非常开心，我也愿意让他开心。所以如果他想要一幅油画，好吧，无论他喜欢哪一幅，我都愿意再为他画。

你会看到这些油画非常引人注目，但是我建议你自己保存，并把它们当成你和你妻子的私人乐趣。

这是一种能够在眼前发生变化的图画，你看得越久就越能发现丰富的东西……

文森特

阿尔勒，1889 年 1 月 28 日

亲爱的提奥：

……既然现在仍然是冬天，就让我继续安静地工作吧。如果这也是一种精神病，那就太糟糕了，我禁不住要这样做。

难以忍受的幻觉已经终止了，现在它们已经降低为一种简单的噩梦，我认为是我吃的安眠药起了作用。

……如果把我关在一个小牢房里不是完全必要的，那么我仍然要支付我应该支付的费用。总之我仍然要告诉你，昨天警察局的所长来看我了，他非常友好，他边和我握手边告诉我，如果我需要他，我可以把他当成我的朋友，我并没有拒绝，我很快就可能处于这样的位置了，如果他们继续增加房子的费用。

我静静等待着支付月租金的日子的到来，等待着和中介或房东面对面的交流。

但是如果他们想把我撵走，这次他们将会发现自己会被绊倒。

你会怎样呢？我们都已经在印象派画家之列，并且我仍然在尝试着完成能保证我在他们之中有一隅之地的油画。啊，未来在哪里……老潘格洛斯向我们保证一切都将是最好的，我们要对此产生怀疑吗？……

工作让我分心，我必须有一些娱乐活动，昨天我去看了《疯狂的阿莱城》，这是新获成功的剧目。这是我第一次睡觉没做噩梦，他们正在唱他们所谓的圣诞颂歌或者田园诗，带有中世纪基督剧目的怀旧色彩。它是精心策划的，它必然会花费许多钱。

它讲的是基督诞生的故事，穿插了普罗旺斯农民家庭纷争的滑稽故事。

但令人吃惊的是一个老农妇，她像伦勃朗蚀刻版画中的人物，又像唐吉夫人，冷酷、不诚实、背信弃义、愚蠢，所有这些在先前的剧中都非常明显。

现在那位女性，在这幕剧中出现在神秘的婴儿床前，她开始用颤抖的嗓音唱歌，然后声音发生了变化，从女巫的声音变成了天使的声音，从天使的声音变成了孩子的声音，然后回答却是另外一种声音，强劲、温暖且响亮，这个女人的声音是从幕后传来的。

这真令人吃惊……

高更和我实际上是能互相理解的，即使我们有一些疯狂，那又如何呢？

也许有一天每个人都会得神经衰弱、圣维斯特舞蹈病或者别的什么病。

但是在柏辽兹和瓦格纳身上没有什么解救方法吗？实际上对于画家的疯狂，我并不是说自己完全没被感染，但我仍然坚持我们对解救方法的美好愿望会被当作最好的补救方法……

文森特

阿尔勒，1889 年 2 月 3 日

亲爱的提奥：

我非常想立刻回复你那封友好的并附有 100 法郎的信，但我现在非常疲惫，医生也给我下了严格的命令，让我出去散步，不要消耗脑力，所以我直到现在才给你写信。

就我的工作而言，这个月并不算很糟糕。工作让我不再想别的事情，或者是让我保持理智。

《摇篮曲》我已经画了三次了，罗林太太是模特，我是画家。我让她从她、她的丈夫和我的肖像画中选一幅作为回报，她选择了我正在画的我的自画像的复制图。

你问我是否读过米斯特拉尔的《马赛》，和你一样，我只能读被翻译的章节。你呢？你读过吗？也许你知道古诺已经把它改编成音乐了，至少我是这样认为的。当

然,我并不了解音乐,即使我去听音乐,也是去看音乐家而不是去听。

但是我可以告诉你,他们这里的方言在阿莱城姑娘的口中说出是如此有音乐性,以致我有时都能领悟其中的一些片段。

也许在《摇篮曲》这幅画作中,有一种融合局部色彩的尝试。它画得很糟糕,给人一种廉价的多彩石印版画的感觉。

阿尔勒是这样奇怪的一个地方,高更有充足的理由称它为"南方最肮脏的地方"。如果里韦看到这里的人,他一定会感觉很不好,并且会一直有这样的感觉。

我想让你知道对于我目前的状态,我不想做任何解释。一切都很顺利,我正在按照医生的要求做。

我认为和罗林一起出院时,我并没有什么问题,但是之后,我感觉自己生病了,好吧,这是很自然的事。我有时会感觉自己被激情或者疯狂或者预言所抓紧。我先让自己精神上保持镇定,然后是言语上的镇定,像阿莱城姑娘一样说话。但即使这样,我的精神也很低落,尤其是在我的体力恢复后。但我已经告诉雷伊,一旦有严重的病症出现,我就会回来,顺从艾克斯精神病医生的安排或者是听从他的安排。

如果你和我的身体不好,除了遭受痛苦,我们还能有什么别的期待呢?

我们追求的目标变得如此低。所以,让我们平静地工作,尽力照顾好我们自己,我们不要让自己因无关紧要的事情而精疲力竭。你承担你的责任,我承担我的责任,考虑到这些,我们已经获得回报了,不仅仅是言语上的,而是我们最终又走到了一起。当我处于极度兴奋之中时,我是如此热爱一切事物,然后我也不会把那些错误当成现实,也不会玩虚假的预言。

事实上,疾病或者死亡已经不能让我感到恐惧,但对我们而言,幸福和我们的职业是不相容的。社会上许多不同阶级的人,从高级到低级,都这样认为。

但是为什么你现在会想起你婚姻的契约和死亡的可能性呢?难道简单地去爱一个女人不会更好吗?

相信我,一切终究都会变好。

但是我即使身无分文,谈到这些时,我也会说钱是一种货币,绘画是另外的一种。我已经准备好寄给你在先前的信中提到的托管品了,如果我的体力恢复了,一切都会变好的。

所以如果高更非常迷恋我的《向日葵》,要拿走这两幅画,我就要让他给你的未婚妻或你寄一些他的画,不是二流的作品,而是比那些更好的。如果他要模仿那幅《摇篮曲》,那么就会有更正当的理由让他作为回报给你一幅更好的画了。否则我就不能完成你说的那个系列,它们适合在我们经常看到的那个小展览窗里展示。

在这种情况下,绘画的价值就没有办法显示出来了,我并不是要宣称成为一个专家,然而事实是我可能获得一定的社会地位。

无论如何,我都不会继续下去了。

至于独立展览,6 幅画对我来说太多了,一半就可以。在我看来,《丰收者》《白色果园》《普罗旺斯的女孩》或者《播种者》中的 3 幅就可以了。事实上我并不关心这些,我唯一想做的事情是有一天可以给你多于 30 幅的更严肃的习作。无论在什么情况下,高更、纪尧姆和伯纳德等人都会是我们真正的朋友。

至于这所小黄房子,当我交付房租的时候,房东的代理商表现得很友好,他平等地对待我。

这里的人很公正,说出来的话比写出来的字更有约束力,所以房子我还会继续租用一段时间。因为我精神健康的恢复需要有家的感觉。

……

昨天我去看望了我离开时去看过的那个女孩,他们告诉我这样的事情并不奇怪。她一度很悲伤,然后就晕倒了,但她现在已经恢复了镇静。实际上,他们还说她很好。

但是我们也不能因此认为我是完全健康的,这里像我一样生病的人告诉我了真相,无论你是年轻还是年老,总会有失去意识的时候。

所以我并不是要求你告诉别人我完全没问题或者以后也不会有什么问题,这只是里科尔或者拉斯帕尔的一种可能性的解释。尽管我并没有局部发热,但是以后有可能会。他们已经知道医院里的一些事情了,只要你不感到虚假的羞愧,坦诚地说出你自己的感觉,那么你就不会错。

这封信今天晚上就要结束了,精神上热情地握手。

你永远的文森特

阿尔勒,1889 年 2 月

亲爱的提奥:

我已经完全摆脱了精神上的疾病,所以给你非常友好的那封信写回信也没有任何意义了。今天我暂时先回到了家中,通常情况下我都是相当正常的。事实上我也在想,如果我只是在这个地方有奇怪的病症,我就必须安静地等待直到变好,即使它会再次复发(希望它不会)……

这就是我一再告诉雷伊先生的,如果我去艾克斯是可取的,那么我就会这样做。

但是我作为一个画家的决定是不需要被任何人置疑的,哪怕是你或者一个医生,他们在不警告我和不询问我的情况下就直接采取行动,直到现在,我的头脑中还一直出现工作的事情。我有权利决定(或者至少也是我的观点),是继续待在我的画室,还是搬到艾克斯……

这里的人似乎有些迷信,这让他们对绘画产生了恐惧,他们经常在城镇中谈论绘画。非常好,我知道阿拉伯半岛也有类似的事情,但是在非洲也有许多画家,不是吗?……

不幸的是,我感觉自己更倾向于被别人的信仰所影响,真理可能存在于荒诞之中……

文森特

阿尔勒,1889 年 3 月 19 日

亲爱的提奥:

我似乎能感觉到你这封友好的信中,表达了太多兄弟间的苦恼,我认为我有责任不再沉默。我尽我所能给你写信,不是作为一个精神病人,而是作为你所熟知的兄弟。这是真的。这里的一些人给市长(我认为他的名字是泰德先生)写信,一份请愿书(超过 80 人签名的)把我描述成不适合自由的人,或者类似的人。

然后警察和一般检查员发出了把我再次关起来的通知……

无论如何我被关起来了,身处有锁和钥匙以及看守人的监狱之中,哪怕我并没有罪,甚至没有能够证明我有罪的有力证据。

不要说这是对我灵魂秘密的裁决,对此我有许多的回复,也不要说我不能生气,我认为在这种情况下对我的控告是一种打扰……

只是想让你知道这些以便能够还我自由,然而我并没有要求这些,指责也没有变少。

但是我必须说,对于给我自由这件事,你会发现非常困难。如果我不能抑制

我的愤怒，我就会立刻被认为是一个危险的精神病人。让我们满怀希望和耐心吧。除此之外，强烈的感情也会让我的病情加重，这就是我请求你现在不要干涉的原因。

把这当成是一种警告，它可能只是非常复杂和让人疑惑的事情。

你能够理解我现在是完全理智的吗？新鲜情感所引发的过度兴奋很容易让我病情复发。

所以你一定要理解，看到许多人聚集在一起反对一个人，并且是一个病人，这是多么令人难以置信的打击……

不要尝试着安慰我了，我自己会好起来的，但是要警告西涅克，不要干涉我，精神上握手，代我向你的未婚妻、我们的母亲和妹妹表达我美好的祝愿。

……我自己非常担心如果我在外面被给予了自由，如果我被惹怒或者受到侮辱，我并不总能控制自己，然后他们就可以利用这些。事实是请愿书已经被送到市长那里了，我大概回答说我已经做好了把自己投入水中的准备，如果这能够让那些好市民开心……

文森特

阿尔勒，1889 年 3 月

亲爱的提奥：

……我当然非常高兴见到西涅克，如果他要经过这里。他们一定会允许我和他外出去看我的油画。

……如果我迟早会变得疯狂，我认为我不应该继续待在医院里，现在我想自由地外出。

对我来说，现在最好的事情是不用单独居住，但是如果要因为我而牺牲另外一个人的生活，我宁愿一直待在监狱里。

文森特

阿尔勒，1889 年 3 月 24 日

亲爱的提奥：

我写信告诉你我已经见到了西涅克，这对我来说非常好。当通过暴力打开我的

门非常困难的时候，他采用了非常直接简单的好方法。警察把门关起来了，并且毁坏了锁。他们开始不想让我们那样做，最终我们还是进去了。我给了他一幅静物画作为纪念品，这让阿尔勒的警官非常恼怒。因为它代表了两个吸烟的鲱鱼，你知道吗，这里的警官被称作鲱鱼。你知道我在巴黎的时候画过同样的静物画，它们换回了一张地毯。这些人多么爱管闲事，多么愚蠢。

据说西涅克非常粗暴，但我发现他非常安静。他给我一种可以保持平衡且泰然自若的印象，这就是所有的事情。我很少或者从来没有和一个印象派画家在不和谐或者冲突两方面有过这样的自由对话。他已经去看了朱尔斯·杜普雷，并且很崇拜他。毫无疑问，他的到来让我的精神面貌有了一定的改善，谢谢你所做的这一切。我利用外出的机会买了一本书——卡米耶·勒莫尼埃的《那些土地》，津津有味地读了其中两章。它太有吸引力了，而且非常深刻。请等着我将它寄给你，这是几个月以来我手头上第一次有一本书。这对我来说意义重大，并且对我的病情也很有帮助。

总之，有一些西涅克看过的油画要寄给你。他看到我的作品时，并没有受到惊吓。西涅克认为我看起来很健康，这是真的。

因为这些，我有了工作的渴望。那些警官和怀有恶意的无所事事的人向他们选举的市长请愿反对我，因为市长是他们选的，所以他会维护他们的利益，而我也没有必要向人们屈服了。我相信西涅克也会告诉你同样的事情，我必须自由地进行交易。

雷伊先生说我应该继续喝咖啡和酒，而不是在固定的时间吃很多。这些我都认可。我现在真的有些紧张不安，画家最终会成为拥有作品的人。

我一定要遭受被关押或者住在精神病院的痛苦吗？为什么呢？……

文森特

阿尔勒，1889 年 3 月 29 日

亲爱的提奥：

在你离开前给你写一些简短的话，现在事情进展得非常顺利，前天和昨天我去城镇买了一些工作所需要的东西。然后我回到家中，弄清楚了真正的邻居并不在那些请愿的人之中。

然而也可能是住在别处的人，我看到他们中间仍然有我的朋友。

以备不时之需，萨勒先生在城镇的另一端给我找了一个公寓，我读了一些书，我再次读了《汤姆叔叔的小屋》……

现在我已经第五次画《晃动摇篮的女人》的肖像画了，当你看到它的时候，你会和我一样认为它只是商店中便宜的多彩版印刷画，甚至没有准确性的优点。

但我毕竟想画这样的一幅画，作为一个不会画画的水手，当他在海上时，会想着他海岸上的妻子。

在医院的这些天，他们对我照顾得很细致，这也和别的许多事情一样，让我感到烦躁，也让我非常困惑……

最后的三个月对我来说似乎非常奇怪，有时是难以表达的精神上的痛苦，有时是似乎瞬间把人撕碎……

文森特

阿尔勒，1889 年 4 月初

亲爱的提奥：

顺便说一下，昨天我们的朋友罗林来看望我了。他问候了你，并向你表示祝贺。他的到来让我非常愉快，他经常带着你认为非常重的行李。但是这对他并没有什么阻碍，因为他是拥有强壮体格的农民，他看起来很开心甚至是兴高采烈。我正在不断地向他学习。

我和他谈话，征求他对画室的意见，因为按照萨勒先生和雷伊先生的建议，我无论如何都应该在复活节的时候离开。

我告诉罗林要多做一些事情，让画室比我在的时候运转得更好。

他们催促我离开。

除了一些含糊不清的倾向，我还有难以表达的悲伤。但无论如何，我在身体上失去的力量已经找回来了，我正在工作。

我亲爱的伙伴，我现在相信我还没有病到要被关起来的程度。我已经开始适应这儿了，并且把这儿当成很好的避难所。我认为我在这里也可以发现绘画的主题。

文森特

阿尔勒，1889 年 4 月 21 日

亲爱的提奥：

当你收到信的时候，很可能已经回到巴黎了，我希望你和你的妻子玩得愉快。非常感谢你的来信和附上的 100 法郎的钞票……

今天我在医院安顿下来了。这个月仍然有足够的存款。这个月底我就能去圣雷米医院，或者类似于这样的机构，这是萨勒先生告诉我的，请原谅我不能逐一论述其中的利弊。

谈论这些对我来说是一种精神上的折磨。

我希望这已经足够了，我告诉你，重新租用一间画室并独自待在那里是不可能的，无论在阿尔勒或者别的任何地方，现在仍然是这样。我试着让自己有重新开始的想法，但目前是不可能的。

我很害怕失去工作的能力。通过强迫自己承担起画室的责任，我现在已经恢复了。

目前我希望自己处于被关押的状态，这有利于我自己保持冷静，对别人也非常好。

让我感到一丝安慰的是，我开始把发疯当成一种和其他疾病一样的疾病，并且接受这样的事实。但发病的时候，我认为我所想象的事情都是真实的。不管怎样，我已经不想再思考或者讨论这些了。你可以保留任何解释，但是我请你、萨勒先生和雷伊先生安排一下，以便我这个月末或者五月初可以住在那里。

现在我又要开始我曾经的画家生活了，我经常待在画室里与外界隔绝，除了与那些吹毛求疵的邻居去咖啡馆或者餐馆，就没有任何别的娱乐方式了。我不能和另外一个人一起生活，我是说另外的一个画家，这非常难。这需要承担太多的责任，我甚至不敢想象。

所以让我们开始三个月的尝试吧，然后我们就可以看到……

与此同时，你也可以了解酒精是否一定是诱发我疯狂的主要原因，它来得慢，去得也慢，让我假定是这样吧。但我唯一的希望是让一些人恢复对酒精和吸烟的可怕迷信，那么他们就会说服自己永不吸烟或喝酒……

文森特

阿尔勒，1889 年 4 月

亲爱的提奥:

……我深深感受到别人很久以前就可以从我身上看到精神错乱的征兆，他们能够更好地理解我所认为的正常，事实并非如此。无论如何这对我来说都是一种遗憾，因为现在已经太晚了，我并不能改变过去的任何事情。

但是我想仔细考虑下我们正在采取的措施，正如我对萨勒先生所说的，去精神病院只是一种纯粹的形式，无论如何，这种重复的发病对我来说都足够严重，以致我不能有任何犹豫……

除此之外，对于我的未来，因为我已经 36 岁了，不能再和 20 岁一样了。

实际上，我认为如果我想离开医院，对于别人和我自己来说都是可以容忍的，因为在行动和自我转化的问题上，我感觉自己是瘫痪的，事实上也是如此。好吧，让我们继续等等看吧……

文森特

阿尔勒，1889 年 4 月 28 日

亲爱的提奥:

……有时候就像波浪冲击着阴沉绝望的悬崖一样，我感受到一种要强烈拥抱一些东西的渴望，我们要严肃地看待它，毕竟这是过度兴奋所产生的影响，而不是真正看到的景象。

此外，雷伊和我也会因此而发笑，因为他说爱也是一种细菌，这并不让我感到吃惊，也不会让任何人感到苦恼。难道勒南的基督像不比那些纸质的基督像更让人感到安慰吗？在我开始读勒南的《反基督者》时，我并不知道是怎样的内容，但我预计会从中发现一件或两件妙不可言的事情。

啊，我亲爱的提奥，你是否看到了橄榄树……老银币般的叶子变成了蓝绿色，耕地是橙色的。这里的一些东西与你所想象的北方不同，非常纤细，非常有特质。

这儿的橄榄树好像我们荷兰牧场被修剪过的柳树，或者是沙丘上的橡树。它对我们来说太漂亮了，以致我们不敢描绘或者没有能力去想象。啊，那诉说着爱的夹竹桃非常漂亮，像皮维·德·夏凡纳的莱斯博斯岛的《海滩上的女人们》。

但橄榄树是不同的，如果你想把它比作一些东西的话，那就是德拉克罗瓦的作品……

文森特

阿尔勒，1889 年 4 月 30 日

亲爱的提奥：

在五一到来之际，我祝福你过得愉快，最重要的是身体健康。

我多想传送给你一些我的体力呀，我感觉现在体内有太多的力量，然而这并没有让我在精神上感到不适。

德拉克罗瓦是正确的，他独自以面包和酒生活，并成功地找到了一种维持自己职业的生活方式。但钱依然是不可规避的问题，德拉克罗瓦有他的私人收入，柯罗也是如此。米勒是农民，也是农民的儿子。

你也许会对我从马赛报纸上剪裁下来的文章感兴趣，因为人们可以从中瞥见蒙彼利埃的画作。我发现文章对教堂庭院一角的描述非常有趣。但是，它是另外一个可悲的故事。

想到一个成功的画家，即使只是部分成功，被六个比他还要糟糕的画家拖着，就会感到非常悲伤。

但是要记得潘格洛斯，记得《布瓦尔和佩居榭》，我记住了，并且记得很清楚。但是也许那些不知道潘格洛斯的人，或者只记得他的失望和痛苦的人，已经忘记了所有关于他的事情。

我并不是非常喜欢评论马奈和费加罗的文章，19 世纪还有许多比这更好的文章，人们可以从中了解绘画，但这篇里面除了陈词滥调什么都没有。

今天我在打包一些绘画和习作，并用一些报纸让其中的一幅卡住不动。它是最好的一幅，我认为你看到它的时候，就会更清楚地知道我的画室曾经是怎样的，现在它已经被破坏了。这幅习作和别的习作一样，在我生病的时候受潮了。

因为没有砂石阻止，水进到房子里来了。更重要的是，因为我不在，房子没有被加热烘干。直到我回去时，水还在从墙壁上渗出。

这对我来说是一个打击，因为不仅画室遭到破坏，甚至纪念它的习作也被毁坏了。这就是最终的一切，我想寻求一些简单却又持久的东西的渴望是如此强烈。我正在为一场失败的战役而斗争，或者这是我性格上的弱点，我带着难以表达的深切

的自责离开。我想这就是我发病的时候有如此多呼喊的原因。我想自我防护,却做不到。因为这不仅对我,更准确地说,对于那些附文说画室还有用处的可怜的画家们而言,也是如此。

事实上我们有许多前辈,蒙彼利埃的布里亚献出了他所有的财富,他整个的人生却没有任何明显的结果。

是的,在阴冷的画廊中,你可以看到许多焦虑的面容以及许多美好的图画。你在那里必然会被感动,就像在墓地一样。

穿过墓地非常困难,皮维·德·夏凡纳在他的作品《希望》中清楚地展示了这一点。

绘画会像花一样凋谢,即使德拉克罗瓦的一些作品也遭遇了这些。伟大的《丹尼尔》《女奴》(与卢浮宫的那些不同,它是单一的藏蓝色)给我留下了深刻的印象。那些绘画在那里凋谢,很少被库尔贝、卡巴内尔、维克多·吉罗等人的作品的参观者理解,这是真的。

我们是什么呢?我们是其他画家吗?

我确信里什潘是正确的,比如他野蛮地闯入精神病院,用脏话直接把他们骂回去。

但是我可以向你保证,没有任何医院愿意免费接纳我,即使是我自己承担绘画费用,并把所有的作品都留在医院里。

也即是说,这里仍然有小小的不公。即使如此,如果有人把我带进来,我就愿意顺从。如果我没有你的友谊,他们会冷酷地引导我自杀,我是如此的懦弱。我希望我们两个人可以与社会做斗争,保护自己。

你也非常清楚马赛那个在苦艾酒的作用下自杀的画家,真相应该不是那样的,最简单的原因是没有人愿意供给他,并且他自己也没钱。此外,他绝不是纯粹为了娱乐而喝苦艾酒,而是因为他已经生病了,这可以让他继续活下去。

萨勒先生去圣雷米了,他们不允许我在精神病院外面作画,也不愿意承担不到100法郎的花费。

这是非常坏的消息。

如果我可以通过参加外籍兵团5年的时间走出困境,我认为我会非常愿意。

一方面因为我被锁起来且不能工作,这很难让我有所好转;另一方面他们要我们在整个生病期间每月支付100法郎。

这是一场糟糕的交易,我们可以从中得到什么呢?但他们会愿意让我成为一名士兵吗?

在和萨勒先生交谈之后,我感到非常疲惫,并且也不知道该怎样做。我曾建议伯纳德去那里服役,因此我想着自己作为一名士兵去阿拉伯半岛,这一点儿也不奇怪。

如果我真的去了,你也不要过多指责我。其他一切都是模糊和奇怪的,你知道一个人能赚回绘画的花费是多么难吗? 至于别的,我似乎身体还不错。

想象一下我只被允许待在精神病院里,在监视下工作,上帝啊,为此付钱有意义吗? 在这种情况下,我在营房里也能工作,甚至会做得更好。

不管怎样,我正在思考这些。你也这样做吧,让我们记得在这美好的世界里,一切都是最好的,这并不是不可能的。

热情地握手。

你永远的文森特

阿尔勒,1889 年 5 月 2 日

亲爱的提奥:

……在镇上……现在没有人和我说话,实际上我在公园画画,除了一些好奇的路人,我不会被过多地打扰……

这里是我寄给你的一些作品中,我认为是值得放在框架中的:

《夜晚的咖啡馆》《绿色葡萄园》《红色葡萄园》《卧室》《犁田》《博克肖像画》《赖伐尔肖像画》《高更肖像画》《伯纳德肖像画》《阿里斯康》(墓地旁的小路)《针叶树和夹竹桃的花园》《雪松和天竺葵》《向日葵》《轮峰菊》《紫薇花和万寿菊》。

这个箱子里面也有一些高更的习作,还有两个击剑面具和手套。如果箱子里还有多余的空间,我会放一些框架的横档。

文森特

阿尔勒,1889 年 5 月 3 日

亲爱的提奥:

……最主要的是感受到我们之间的亲密,它依然没有动摇。

我有这样一种希望,可以从总体上了解我的绘画,当我可以再次作画的时候,这

个时刻就会到来,即使是在精神病院里。作为一个艺术家在巴黎过着艺术家的生活对我来说是怎样一种过去呢? 我将不会再有那时一半的状态,所以不可避免地缺少了早期的热情。

令人惊奇的是我的身体很好,但这还不足以让我对精神问题也抱有任何希望。

一旦我在精神上感觉好些了,我就希望试着逐渐适应医院的秩序,简而言之就是做一些事,重新为一些事情忙碌,无论它本身能带来什么。

……我必须试着拥有更少的激情,更多的好心情。

激情对我来说已经不是什么大问题了,只要我还有我所希望的力量,来感受我活着的同伴们的情感。

……许多画家发疯是真的,这种发疯的生活至少能让人健忘。如果我再次全身心地投入工作,那非常好,但我会经常崩溃……

文森特

圣雷米,1889 年 5 月

亲爱的提奥:

……我想告诉你我来这里对我来说很好,首先是看到了这里的许多疯子和精神病人的真实生活,这让我不再莫名地恐惧。我也逐渐把疯狂当作和其他疾病一样的疾病。然后我认为环境的改变,对我很有好处。

据我所知,这里的医生倾向于认为我是某种癫痫病发作,但我并没有问太多……

文森特

圣雷米,1889 年 5 月 22 日

我亲爱的提奥:

……这里是一幅新的 30 号油画,又是廉价的多彩石印版画,描述的是绿树丛中古老的情人幽会处。三棵巨大的树干被常春藤覆盖,地面也同样被常春藤与长春花覆盖。一条石凳,一束玫瑰花,在荫凉中显得有些暗淡。前景是一些有白色花萼的植物,它是绿色、蓝紫色和粉色的。

既然我在这里,我就有很多工作需要完成。这个被忽视的花园中有高大的松树,各种蓬乱的草,我在外面并没有见过。

然而,圣雷米周围的乡村是非常漂亮的,我也许会慢慢进行一些短途旅行。

我在这里的时候,医生必然要适时来看看我是否有问题,这会让他放心。我所希望的是他可以让我画画。

我向你保证我在这里很好,所以有时我一点儿都不明白为什么要在巴黎或者巴黎周边寄宿。我有一个很小的房间,墙纸是淡绿色的,两个海绿色的窗帘上设计有暗淡的玫瑰,掩映着血红的光辉。

这些窗帘,也许是一些已逝的富人的遗产,它们都设计得非常好。还有一把陈旧的扶手椅,或许也是同样的来源。透过铁栅栏窗户,可以看到一个封闭的小麦广场,有点像凡·戈伊恩作品中的景象。早晨我可以看到日出时的光芒。

除此之外,还有超过 30 间的空房间,我还有另外的房间用来工作。

就目前来看,这里的食物也很好,当然它尝起来会有些乏味,就像巴黎有螳螂出没的餐馆或者寄宿房中的食物一样。这里不幸的人,完全没有任何事情可以做(没有一本书或者更多的东西让他们娱乐,他们只是玩滚木球的游戏或者下国际跳棋)。他们没有别的日常娱乐活动,而是花费大量的时间吃鹰嘴豆、扁豆、小扁豆以及别的殖民地出产的食品,这些食物消化起来会有一定的困难,他们整天都无所作为。

但是严肃地说,我对于疯狂的恐惧已经明显地消失了,因为我近距离地看到了那些像我一样同样遭受疾病侵袭的人,他们之后的生活也不困难。

好吧,现在我可以毫不恐惧地想到这些,也即是说,我发现这并不比死于其他一些疾病,比如肺病或者梅毒更可怕。严肃地说,我应该对此深表感谢。

尽管这里有许多人哀号或咆哮,但这里有真正的友谊。他们说我们必须容忍别人,这样别人也会容忍我们,还有一些非常合理的论点,已经被付诸实践。我们很好地理解对方,例如有时我可以和他们中的一个进行交谈,尽管他只会以不连贯的声音作为回答,但他并不害怕我。……

你可以把这些油画从框架上拿下来带到唐吉那里或者你那里,如果它们已经干了,你就可以把任何你认为有价值的作品放上去。

高更应该可以告诉你能为《卧室》那幅画换衬布的人的地址,这不会很贵,我想这种整修应该要花费 5 法郎。如果太贵,就不要这样做了。我相信许多情况下,对于他自己的油画,或者塞尚或者毕莎罗的油画的整修,高更不会支付太多。

再谈论下我的情况,对于另外的事情,我也满怀感激。我注意到那些和我一样的人，并听到他们发病期间发出的奇怪声音，他们眼前的事情似乎发生了改变。那减少了我记忆中第一次发病的恐惧，当一些事情意外地发生在你身上时，你会感到非常恐惧。一旦你知道这是疾病的一部分，你就会像接受其他事情一样接受它。我之前没有如此近距离地看到过精神病人，所以会禁不住一直想这些事情，因为发病时产生的痛苦并不有趣。

大多数癫痫病人咬自己的舌头并伤害自己。雷伊告诉我他曾经见过一个伤害自己耳朵的案例，就像我所做的一样。我听到过和负责人一起来这里看我的医生说，他之前也见到过这样的情况。我认为一旦你知道它是什么，一旦你意识到自己发病，你就可以阻止意外的痛苦或恐惧。五个月以来，发病的情况一直在减少，我也对完全战胜它寄予厚望，或者至少不再有如此激烈的发病。

这里有个人两星期以来一直像我一样喊叫和说话，他认为自己在走廊中听到了声音和言语，或许是因为他的听觉神经有问题，并且过度敏感。我的情况是视觉与听觉同时出现了问题，按照雷伊所言，这在癫痫病初期是很正常的。

现在甚至活动都会让我感到不舒服，这种打击对我来说很大。除了永远不再醒来，没有别的任何东西可以让我感到愉悦。目前我对生活的恐惧已经不那么明显，忧郁也没有那么严重，但我仍然不愿意，几乎没有任何渴望去做与正常生活有关的事情。例如不想去看望朋友，尽管我的确在想他们。这就是为什么我现在或近期不打算离开这里的原因，我再次对一切事情都感到沮丧。

无论如何，这只是我最近所厌恶的生活，它会发生彻底改变。从现在开始变为有意愿做一些事情，我还有很长的路要走。

你全部时间都待在巴黎，除了巴黎周围，你从来没有去过乡下的任何地方，这多么令人遗憾呀！我相信我与现在的同伴待在一起，并不比你一直待在古比尔公司更糟糕。在这个层面上，我们是平等的，因为你也只能部分地实践自己的想法。然而一旦我们适应了这些困难，它就会成为习惯。

尽管这些作品耗尽了画布和颜料，但是我确信在它们上面多花一点钱，比直接把它们丢弃更合算，反正你无论如何都要支付我的食宿费用。这就是我这样做的原因，所以这个月我有 4 幅 30 号的油画和 2 幅或 3 幅其他绘画作品。

但无论做什么，钱的问题总是存在，就像军队面前的敌人，不能被拒绝与忽视一样。

正如每个人都能做到的一样，我知道我的责任。我也会从所花费的一切中得到回报，我认为是这样的。如果不能从你那里获得，也至少要从家庭中获得。这就是我创作作品并且要创作很多的原因。如果我是一个非常刻薄的人，也许我就会更自由地进行艺术创作。勤奋的工作也许会让一个人获得意外的进步，我对这样的想法非常满意。

下面是我所需要的颜料：

3 大管鲜绿色

2 大管深蓝色

1 大管群青色

1 大管铅橙色

6 大管锌白色

5 米长的画布

谢谢你的来信，热情地与你握手，也与你妻子热情地握手。

你永远的文森特

圣雷米，1889 年 6 月 9 日

亲爱的提奥：

……现在再次谈到印象派画家，如果内心不完整，就不能从事艺术，一幅作品如果不能和周围的环境相和谐并反映它被创作的时间，那它也是不完整的。我并不知道印象派画家是否比他们同时代的画家要好，或者相反并没有那么好。总之，他们的内在想法比在绘画中表达出来的更重要。

我看到了印象派画作的展览预告，有高更、伯纳德、安克坦以及其他名字，所以我倾向于认为一个新的画派已经形成，并且并不比那些已经存在的画派差。

这就是你所说的那个展览吗？有什么大惊小怪的呢！……

非常奇怪的是，我每次尽力让自己获得对事物的清晰想法时，比如为什么我会变成现在这样，一种强烈的焦虑和恐惧就会抓住我，阻止我思考……它似乎想向我明确地证明这不寻常或是我精神错乱，令人震惊的是这并不让人害怕。唯一确定的事情是要竭尽全力让自己再次活跃起来，这也许是有用的，从这个意义上来讲，我至少想创作出比以前更好的作品……

文森特

圣雷米，1889 年 6 月 19 日

亲爱的提奥：

……我认为你在展览中没有展示我的作品，而是展示了高更和别人的作品是正确的。既然我还没有恢复，那么就有足够的理由不触犯他们……

我在这里非常喜欢读莎士比亚的作品，有一本 1 先令就能买到。迪克的莎士比亚是完整的，有非常多的版本，我认为便宜的版本与昂贵的版本相比改动得更少，无论如何我都不会花费超过 3 法郎……

文森特

圣雷米，1889 年 6 月 25 日

亲爱的提奥：

……说到高更和伯纳德，他们给我们的绘画带来了极大的动力。然而我必须强调我经常向高更所说的，我们一定不能够忘记别人已经做的。但无论如何，离开巴黎就会让你非常快地忘掉巴黎。通过把你自己放在乡村的中心，你的思想就会改变。但就我而言，我不会忘记巴比松画派那些可爱的油画。任何人都可以比他们画得好，但对我来说是不可能的……

柏树一直占据着我的思想，我想像画向日葵的油画那样画一些柏树，因为令我非常吃惊的是，我还没有画过它们。

它们在线条和比例上都如埃及方尖碑那样漂亮，它们的绿也非常有特质。

在阳光普照的风景中，它们是黑色的斑点，这也是其中最有趣的一点，我可以想象这非常难画出来。

然后你就可以见到它们映衬着蓝色，处于蓝色之中。和别处一样，要画这里的自然，你就必须长久地投入其中……

文森特

圣雷米，1889 年，日期不详

亲爱的提奥：

……非常感谢你也忠诚于莎士比亚，它将帮助我记住我所知的一点英语。我现在开始阅读我了解不多的系列了，是国王系列，我已经读了一半的查理二世、亨利三世以及查理五世了。我读的时候没有在想那个时候人们的观点和我们现在人的观点有什么不同，或者把他们放置在反对共和政体以及社会主义信仰等背景中是怎样的。但让我非常触动的是那些人物的语言，和我们时代的一些小说家的作品一样。莎士比亚作品中那些来自遥远的几个世纪前的声音，对我们来说似乎并不陌生。他们是如此的鲜活，以至于你会认为你了解他们，你能明白他们的事情。

伦勃朗独自居住，他经常是孤独的，但那又怎样呢？那种在《以马忤斯朝圣者》或《犹太新娘》，或者是你有幸见到的天使形象中的温和的凝视，那种令人心碎的温和以及圣灵的隐约闪现，看起来都非常自然，在莎士比亚作品中也有许多这样的地方。伦勃朗的肖像画是庄重或者愉快的，像《简六世》《旅行者》和《萨斯基娅》。总之，他有许多肖像画……

文森特

圣雷米，1889 年，日期不详

亲爱的妈妈：

你说你是已经将近 70 岁的母亲了，这是正确的，但人们并不能从你的笔迹中看到这一点，因为我感觉它仍然非常有力。提奥和威廉明娜也写信告诉我，你似乎变得更加年轻了，我认为这非常好，有时候在生活中也是必需的。无疑你们在为科尼利斯忙碌，对于你们双方来说，都是非常艰难的（他的弟弟科尼利斯要在德兰士瓦省任职）。我认为他毫不犹豫地接受这个职位是正确的，就好像一个人远离世界上的大城市会发展得更好，会更开心一样。不仅仅指巴黎，还有阿姆斯特丹、鹿特丹和其他许多城市。

我并没有确切地听人说过德兰士瓦省，但听说过澳大利亚，那里的人来到这里，总是渴望回去。我也听说过海地和马提尼亚岛，与我一起待在阿尔勒的高更去过。

我猜想德兰士瓦省和澳大利亚在一些方面会有共同之处,一个人可以有机会在那里发展得更好。

至于其中的悲伤,亲爱的妈妈,分离中得到的和失去的,在我看来都是自然的,没有它们,我们就不会愿意分离。也许它会帮助我们重新认识和发现彼此。一直停留在原地似乎是不可能的……

……这里蓝色的天空并不会让我感到疲倦。我非常喜欢画开花的荞麦田或者开花的油菜田,或者亚麻田,但是也许在这之后我会去诺曼底或者布列塔尼。一个人也从来没有见过和我们那儿一样的仓房、小屋和苔藓覆盖的屋顶,也没有看到过修剪的橡树丛,没见过白色老茎交错的山毛榉树篱,也没有见过真正的石楠属植物和荒野的桦树,这在纽恩南非常漂亮。但在南方,漂亮的是葡萄园,它们在平坦的乡下或者倚靠小山,我见到过一些,甚至也给提奥寄过去一幅画,葡萄园是紫色、火红色以及黄色、绿色和蓝紫色,就像荷兰维吉尼亚爬山虎。我像喜欢玉米地一样喜欢葡萄园,山上也充满了百里香和其他气味的植物,非常漂亮,而且空气清新,我们在这个高度可以看得比之前更远……

文森特

圣雷米,1889 年 7 月 5 日

亲爱的提奥和约翰娜:

约翰娜今天早上的来信给我带来了一条非常好消息,祝贺你,这个消息让我非常开心。我被你的想法触动,你说你们两个身体都不太好,对于这种情况似乎也不抱希望,所以你感到怀疑。无论如何,对于孩子的到来,你从心底感激。

我今天早上和这里的医生说了一会话,他确切地告诉了我所思考的问题的答案。我必须再等一年才能够痊愈,因为任何事情都可能引起另一次发作……

我冷静地生活,因为我有机会这样做。我过去喝酒,因为我并不知道除此之外还能怎样做,而且我一点儿也不关心。然而有意的节制让我处于一种存在的状态,这是真的。如果你也这样节制,就可以轻而易举地改变。总之这和绘画中的灰色或彩色不同,事实上我打算用更多的灰色……

我非常喜欢昨天读到的《以牙还牙》,然后又读了《亨利八世》,这里有非常好的段落,比如沃尔西倒下之后所说的话。

我认为自己非常幸运,可以悠闲地阅读或者重复阅读一本书,然后我希望最终

可以读到荷马的作品。

蝉在外面歌唱，叫声非常刺耳，比蟋蟀的叫声要大十倍。烧毁的草地展现出可爱的古金色调，南方最美丽的城镇也变成了没有生气的城镇。一切都在衰落，蟋蟀也遵守着苏格拉底的规则，它们肯定是在用古希腊语歌唱……

文森特

圣雷米，1889 年，日期不详

亲爱的提奥：

明天我会通过货运寄给你一小卷油画，总共有 4 幅，即是下面的作品：

1.阿尔勒风景——开花的果园

2.常春藤

3.丁香花

4.阿尔勒植物园中红色的栗子

你可以将这些和已经拥有的那些放在一起，比如红色和绿色葡萄园、花园、丰收者以及布满星星的天空。

接下来的一批大部分画的是玉米田和橄榄园。

正如你所看到的，我去阿尔勒买了这些画布，是这里的牢房看守员陪我去的……

文森特

圣雷米，1889 年，日期不详

亲爱的提奥：

……佩顿医生对我非常友好，也非常有耐心，你可以想象，在我已经相信不会再发病时，发病让我多么苦恼。

你最好写几行话告诉佩顿医生，绘画对我的康复是必要的。因为这些天里我什么都没有做，并且不能去他们分配给我的房间画画，这几乎让我无法忍受。

我的朋友罗林也给我写了信。

我收到了高更、伯纳德和舒芬纳克画展的目录，我发现非常有趣。高更也非常友好地给我写了信，尽管有点儿模糊和晦涩难懂。但总的来说，我认为，你为他们举行一场画展是正确的。这些天以来我一直在思考现在的状态，如果不是更糟糕的话，是不是也和在阿尔勒的时候一样。医生认为我的病在未来还会再次发作，这让人非常讨厌……

老弟，最近一次发病时，我正在刮着风的田地里作画，刚好画到一半。我会把这幅油画寄给你。

事实上，这是一次更理性的尝试，它的表面黯淡无光，是绿色、红色以及生锈的赭黄色的融合，正如我曾经告诉过你的，有时候我非常渴望使用在北方时使用的调色板……

文森特

圣雷米，1889 年，日期不详

亲爱的提奥：

……昨天我开始工作了，画的是透过我的窗户看到的景色——收割后剩下黄色作物茬的耕地，蓝紫色的耕地和黄色的条形残茎形成对比，背景是小山。

工作比任何别的事更让我快乐，如果我可以立刻全力投入我的工作，这可能是最好的补救方法。

然而，无法获得模特以及别的一些事情让我不能这样做。

总之我真的要尝试着被动一些，有耐心一些……

如果我不久之后有所好转，我就要回到巴黎或者去布列塔尼。

首先是因为这里非常贵，然后我也害怕别的病人。总之有许多原因让我感到我在这里很倒霉。

也许我夸大了我的悲惨处境，我再次因自己的疾病而不知所措，但我真的有些害怕……

我亲爱的弟弟，我希望告诉给你一些比这更好的事情，但事情并没有进展得很顺利。一整天在山里作画能让我获得许多乐趣，我希望他们这些天能让我去画画……

文森特

圣雷米，1889 年，日期不详

亲爱的提奥：

我今天再次给你写信是因为我附上了给我们的朋友高更写的几行话。我感觉到这些天我又冷静下来了，这似乎对我来说已经足够了，我的信也就不会显得完全是荒谬的了。如果你过度顾虑尊重或者感伤的情绪，就不能确定你会表现得很礼貌。所以，和其他同伴交流对我来说有好处，即使他在远方……

文森特

圣雷米，1889 年 9 月

亲爱的提奥：

……我一直在我的画室里努力画画，这对我来说非常好，那些反常的想法也被驱走了。

我又一次画了我的卧室，很明显它是我习作中最好的一幅……

因为没有模特，我现在正在画两幅自画像，我这段时间以来很少画人物画。其中的一幅是早上起床后，我非常瘦并且像幽灵一样苍白。那是忧郁的紫蓝色，头上是黄中带白的头发，这也产生了一定的色彩效应。

在那之后，我又开始了另外一幅，浅色背景中显示了四分之三的身体。然后我又对那年夏天的习作进行了细微的修改，总之，我一天从早到晚都在工作。

我亲爱的弟弟，我是在工作的间隙给你写信，我像个疯子一样工作，比任何时候都更多地处于沉默的愤怒之中。我认为这会帮助我治愈我的疾病，也许尤金·德拉克罗瓦所说过的话会发生在我身上——"当我不能呼吸且没有牙齿的时候，我依然能够在绘画中有所发现。"在这个层面上，令人不快的疾病让我工作时处于无声的愤怒之中。我画得非常慢，但是从早到晚没有一点松懈。我该怎样表达呢？我认为目前我手上的一幅或两幅油画还不算坏，一幅是黄色玉米田中的收割者，背景是浅色的。如果他们还记得我，这是为二十人画派的画展准备的，之后它就完全属于我了。如果他们不喜欢这幅画，他们就会把我忘记……

这里已经是 9 月了，我们很快就会进入秋天，然后进入冬天了。

我会继续非常努力地工作，然后看看圣诞节是否还会发病。在这之后就没有任何东西可以阻止我把管理者送进地狱，然后我就会回北方待一段时间。现在离开，我可以判断下一次发病可能在冬天，也即是说最近三个月的时间都是比较危险的。我已经六周没有出去了，甚至是去花园。然而，下周当我完成我手上的油画时，我就要试着出去走走……

我又在工作的间歇继续写这封信了，昨天我开始画监狱看守员的头部画像，也许我还会画他妻子的肖像画,因为他已经结婚了,就住在离监狱不远的地方。

那是一张非常有趣的脸,像勒格罗作品中的一个古老的西班牙贵族,如果你还记得那幅画,你就会知道这是什么类型。在两次霍乱流行期间,他住在马赛的医院。总之他是一个看到了许多痛苦和死亡的人。他的脸有一种沉思的安静,有些像基佐的脸,但头部有些不同,这些都很自然地来到了我的记忆中。但他是一个朴素的人,如果我能够成功地画好,并复制一份的话,那么无论如何,你都能看到。

我正挣扎着使出全身的力量来画我的作品,如果我成功了,它就会成为我的疾病的最好的避雷针。我很照顾自己,认真地把自己封闭起来,有些任性,不愿意适应我处于不幸中的同伴,不愿意去看他们。但是我发现自己并没有很糟糕,因为我的工作一直在进步,并且我需要这样的进步。我会比以前做得更好,这是非常必要的,因为以前的不够好……

啊,《收割者》已经完成了,我认为它将成为保存在家里的一幅作品,这里面有那本伟大的自然之书中所说的一种死亡意象,但我试着传达的是"微笑"。整个画面都是黄色的,是暗淡的金黄,除了蓝紫色的小山。我发现,奇怪的是,它和我透过监狱的铁窗看到的景象很像……

我所希望的最好时刻,不是在色彩上获得引人注目的效果,而是运用半色调。我在蒙彼利埃画廊进行的参观促使我产生了这个想法,那里最触动我的作品是库尔贝的杰作《乡村女孩们》和《睡觉中的纺纱工》,德拉克罗瓦和理查德的布吕亚肖像画,然后是德拉克罗瓦的《丹尼尔》和《女奴》,都是半色调。画作中的那些女奴和卢浮宫的不一样,几乎都是暗紫色的。

但是这些作品中的半色调,是怎样的选择又是怎样的品质呢!……

文森特

圣雷米,1889 年 9 月 10 日

亲爱的提奥:

我认为你所说的都是非常正确的,卢梭和像博得默一样的画家在任何情况下都是伟人,人们会希望这个世界上都满是像他们这样的人。事实上,我也有这样的感觉。

让·亨德里克·维西恩布鲁奇了解并且画了泥泞的纤道、矮小的柳树,就像杜米埃画的律师那样,我认为是完美的。特斯提格做得很好,买了他的一些作品。我

认为像这样一些人的作品没有被卖掉,是因为有许多画商尝试着卖一些其他东西去欺骗和误导公众。

你知道即使是今天,当我偶然听说一些精力充沛的实业家或者一些出版商的故事时,我仍然感到非常愤怒,就像我曾经在古比尔公司时一样愤怒。

生命以这样的方式流逝,时光不会再回来。我非常努力地工作,因为我知道机会不会再次出现。

尤其是我这种情况,一场激烈的发病会摧毁我画出好作品的能力。在这次发病期间,我感觉到在面对痛苦和苦难时,我变得更加懦弱——比正常的情况更加懦弱——也许是道义上的怯懦,我事先并没有痊愈的渴望。现在我吃得更多,工作得更加努力,为了防止发病,我被限制了与其他病人之间的联系。总之,我正在尝试着恢复,就像那些打算自杀的人,发现水太凉之后挣扎着上岸一样。

我亲爱的弟弟,你知道我来到了南方,有上千个理由让我投入工作。寻找不同的光线,相信在明亮天空下对自然的观察能让人获得日本绘画的感觉和方式的精髓。因为一个人只有理解德拉克罗瓦的作品,包括技巧以及如何运用技巧,才会有感觉。一个人所能感觉到的色彩的折射会被北方的薄雾所遮蔽。

所有这些或多或少都是真的,如果一个人看了都德在《达达兰》中的描述,就会更热爱南方。事实上,我也时常在这里发现喜爱的朋友和事情,然后你就能理解无论我发现我的疾病多么恐怖,我仍然有与这里紧密相连的强烈感觉。这种关系会让我在之后的日子里很想再回来工作。尽管情况是这样的,我仍然很快就会回到北方。

是的,我不能以同样的方式欺瞒你,如同我对吃有急切的渴望一样,所以我非常想再次见到我的朋友和北方的乡村。

工作进展得顺利,我正在发现我多年以来追寻的东西,并且意识到我一直铭记着你所知的德拉克罗瓦所说的话——"当我不能呼吸且没有牙齿的时候,我依然能够在绘画中有所发现。"好吧,因为我有精神疾病,所以我认为有如此多的画家也遭受了精神上的痛苦,并且告诉自己如果不出什么错的话,这并不能阻止我作为一个画家的营生。

当我认为我在这里的发病在转向荒谬的宗教时,我也许会完全相信我必须回到北方。当你看到医生的时候,不要和他说太多,我不知道这是不是因为我在阿尔勒的医院和这里破旧的修道院住了太久。事实上,我真的不能再在这样的环境里生活了,大街上也会更好些。并不是我冷漠,甚至在我遭受痛苦的时候,宗教的思想有时也能给我带来巨大的安慰。在我生病的最后时期,我的运气非常差,德拉克罗瓦的平版画《圣母怜子图》以及别的一些画,掉进了一些油和颜料里,被毁掉了。

我因此非常难过,所以一直在忙于修补它,你总有一天会看到一张 5 号或 6 号的油画。在一些有感觉的地方,我进行了模仿。除此之外,我不久之前在蒙彼利埃看到了肖像画《丹尼尔》《女奴》以及《黑白混血儿》,现在仍然有深刻的印象。

这就是让我振奋的东西,我也读了一本好书,比如一本比彻·斯托或者狄更斯的书。让我感到不安的是这些好女人始终如一的视角,她们既相信《圣母卢尔德》又编造着这类事情。所以我再说一遍,如果不是劳役惩罚,那么至少也要进入军队。

我因我的懦弱而羞愧,我应该更好地保护我的画室,即使这意味着遭受宪兵和邻居们的殴打。别人会在我的地方使用左轮手枪,像杀死愣着的傻瓜一样杀死一个人。作为一个艺术家,当然应该被宣判无罪。如果我那样做就会更好,但我是懦弱的、喝醉的,也是生病的,但却不是勇敢的。

我也对发病带来的痛苦感到害怕,所以我并不知道我的热情除了我所说的这些外还有什么,就像那些打算自杀的人,发现水太冷就挣扎着上岸一样。

老毕莎罗或者维尼翁是否愿意接待我将会产生很大不同。我是一个画家,可能会被接待,因为钱被用来供养画家比供养优秀的修女要好。

总之,一个人不应该只画画,还要时不时地见见人。通过与别人交流,逐渐恢复并储备一些新的想法。我已经放弃了不会再发病的希望,相反,我们必须面对时不时会发病的事实。但那时我可以去精神病院,或者进城镇的监狱,那里通常会有独立的牢房。

不要紧张,无论如何,工作进展得很顺利,你看,我并不需要告诉你我现在还有许多事情要做,比如画麦田等。

我已经画好了《出席者》的肖像画,并为你复制了一幅。这和我的自画像产生了相当奇妙的对比,面部是模糊被遮蔽的,但他有一种军人的感觉,以及小而有活力的黑色的眼睛。

我把这幅肖像画给了他,如果他的妻子也想摆姿势的话,我也会为她画肖像画。她是一个容颜消退的可怜女人,这和她的命运相符,没有什么不同寻常之处,并且如此微不足道以致我只渴望画那满是灰尘的草。在我画她家小房子后面的橄榄树的时候,我有时会和她聊天。她告诉我她并不相信我是病人,事实上,如果你现在看到我的工作状态,也同样会这么说。我的思路清晰,我的手指也能准确地找到位置,所以我在画德拉克罗瓦的《圣母怜子图》时,没有做任何测量,尽管前景中有四只手和胳膊,手势和姿势都不容易画。

如果可能,请尽快给我寄些画布,我认为我现在还需要多于10管的白锌。

同样地,我确信如果一个人足够勇敢,就可以完全接受痛苦和死亡。但这对我来说并不友好,我喜欢画画,喜欢见到人和物以及让我们的生活更具艺术性的一切。是的,真实的生活可能是别的一些东西,但我认为我并不属于那一类准备好了活着,也准备好了随时遭遇痛苦的人。

刷子的一触一击是多么的奇妙啊!

身处户外的风中、太阳中和人们的好奇之中,一个人尽力工作,不管怎样都能完成他的作品。然而这才是一个人如何能抓住最真实、最重要的部分,也是最困难的部分。但一段时间之后,通过重新学习和调整画物体的笔触,这样无疑会让它看起来更和谐,更令人愉悦,一个人也可以从中感受到平静和幸福。

啊,我根本没有办法传达出我在这儿看到的人物的印象,当然这是一条新路,一条通往南方的路,但北方人会发现这是一条很难追随的路。我也能看到我自己总有一天会获得一些小小的成功,我会怀念我透过铁窗看到的田地里收割者的孤独与痛苦。

为了获得成功,为了享受自己最后的好运,一个人必须有与我不同的性格。我从来不会为了希望和追求,做本来可以做和应该做的事。

我很清楚地知道德拉克罗瓦或者米勒的独创性和优越性,我必须把那些画家的特点作为我的起点,然后以同样的方式尽我所能地创作一些作品。

我就想问你,是否有任何方式能让我和老毕莎罗在一起。如果你能像在这儿一样向他支付费用,他就会觉得非常值得,因为我除了他的作品,并不需要太多。所以要直接询问他,如果他不喜欢这个想法,我就会迅速地去和维尼翁待在一起。

我有点儿害怕蓬塔旺,那里有太多的人,但是你说的高更的事情让我非常感兴趣。我仍然告诉自己,高更也许会和我再次一起工作,我知道高更会比以前做得更好,但现在如何才能让他安心呢?我仍然希望可以画他的肖像画,你看过他画的我画向日葵时的肖像画吗?我当时必然是很快活的,那才是真正的我,非常累,但又很有活力。

为了观察乡村,一个人必须和普通的平民一样在农舍和小酒馆里生活。我向博赫说起过这些,但他抱怨没有看到任何能够吸引他或者让他产生深刻印象的东西。

有两天的时间,我和他一起散步,并向他展示了如何画30幅与北方摩洛哥的作品不同的作品。我很想知道他此刻在做什么。

你知道为什么尤金·德拉克罗瓦的宗教和历史性绘画《基督的小船》《圣母怜子图》《十字军》有如此大的魅力吗？因为尤金·德拉克罗瓦在画《革责玛尼》的时候,先看到了一片橄榄树林,强风吹打着海岸。因为他必须告诉自己,我们所知的那些历史人物,威尼斯总督、十字军、使徒、圣女以及现代人的后裔以同样的方式生活着。

我必须告诉你,你可以在《摇篮曲》中看到这一点,无论他的意图是多么无力。如果我有力量继续,我就会画圣徒和圣女的肖像画,而这些看起来似乎是属于另外的时代,他们可能来自今天的资产阶级,然而却和早期的基督圣徒有一些共同之处。

情感被唤醒了,然而却太强烈了,所以我会在这里停留。

弗罗芒坦是多么伟大的一个人呀！他总能成为想要看到东方的人的引路人。他是第一个在伦勃朗和南方之间建立了联系的人,他在波特尔和他所看到的东西之间建立了联系。

你一直都是正确的,我不能一直想这些,我必须冷静下来做一些事情,哪怕它们只是洋白菜和生菜的习作,冷静之后,我就能够做别的事情了。

当我再次看到它们的时候,我会画一些《塔拉斯孔的勤奋》《葡萄园》《丰收者》和《红色小酒馆》习作的复制品,就色彩而言,《夜晚的咖啡馆》是最有特色的一幅。但是中间白色的人物必须重新上色,使之更好地融合在一起。所以我仍然可以说这是真正的南方,是绿色与红色的融合。

我的力量很快就被耗尽了,但从长远来看,我能看到别人创作出极好的东西的可能性。在这个区域的某处建立一座画室是一件好事情,这能方便其他人旅行。

例如,一个人从北方到西班牙旅行,并不是一件愉快的事情,你看不到你应该看到的东西,你必须让眼睛慢慢适应不同的光。

我真的不需要在画廊里看到提香和委拉兹凯斯的作品,我见过如此多类型的活生生的人物,以致和之前的旅行相比,这次我看到了更好的南方。

上帝啊,那些画家中的好人说德拉克罗瓦的作品没有展示真正的东方,现在来看,巴黎人所喜欢的杰罗姆创造的是真正的东方吗？因为你画了自然中的阳光,很好且真实地按照北方看待事物的方式来画,但那能证明你真正看到过东方人吗？那就是德拉克罗瓦所寻求的东西,并且没有任何方式可以阻止他在墙上画《犹太的婚礼》和《女奴》。

难道这不是真的吗？然后德加说在小酒馆喝酒同时画画花销太大，这一点我并不否认，但他愿意让我去修道院或教堂吗？正是那里让我感到害怕，这就是为什么我努力不去谈论这些的原因。与你和约翰娜握手。

你永远的文森特

圣雷米，1889 年，日期不详

亲爱的提奥：

非常感谢你的来信。首先，我非常开心你已经想起了老毕莎罗。在那里，你会看到还有一些机会，如果不在那里，就会在别处。与此同时要公事公办，你要我这个冬天就立刻搬回巴黎的家，你是正确的，我同意。为了同样的原因，我来到了这里。既然巴黎的家可能是最后一站，那么事情就更加容易了，因为在这里工作并不坏，工作也是我的一种娱乐。

话虽如此，我要你注意下我信中所说的想要搬家的重要原因。

我再重申一下，我为自己所拥有的现代观点感到吃惊，我是左拉和龚古尔的狂热崇拜者，因为他们像我一样关心艺术。我像迷信的人一样发病，被可怕的宗教观点纠缠，我在北方时从来没有过这样的感觉……

我今天给你寄了我的自画像，你一定要找时间看下，你会看到我希望我的脸庞看上去更冷静，尽管我的眼神比以前更模糊。在我生病的时候，我还做了另外的尝试，我认为这会让你感到更加愉悦，我也试图把它简单化。如果你见到老毕莎罗，就向他展示这幅作品，你会因为《田里的工作》这幅作品色彩上的效果感到吃惊……

非常感谢你邮寄的画布和颜料，反过来我将和肖像画一起寄给你下面这些油画：
《月出时分》(干草堆)
《田地》
《橄榄树》
《夜晚》
《大山》
《嫩玉米田》
《开花的果园》
《采石场的入口》

……我非常喜欢《采石场的入口》,当我感觉开始发病的时候,我正在画这幅画,因为我头脑中昏暗的绿色与黄褐色协调得很好,所有画中有一些感伤却健康的东西,这就是我并不感到疲倦的原因……

文森特

圣雷米,1889 年,日期不详

亲爱的提奥:

……我现在感觉相当正常,一点儿也不记得那些不好的日子了。

因为工作和有规律的饮食,这种感觉可能会持续相当长的一段时间,尽管会有起伏。无论如何,我都会像这样继续工作,除非有一些事情发生。这个月底,你就可以收到另外的 12 幅习作。

……橄榄树非常有特色,我正在努力抓住这种特色。

它们是古银币色的,有时更多一些蓝色,有时是淡绿色和青铜色,它们在黄色的泥土上显出白色、玫瑰色、紫罗兰色或者橙色,有时会变成暗淡的红赭色。

尽管这非常难画,但它适合我,并能促使我正确地使用金色或银色。也许有一天,我会对它们产生个人印象,就像我认为向日葵是黄色的一样。我多么希望上个秋天就做了这些呀!但是这种半自由的状态经常阻止我做一些我认为可以做的事情。然而你告诉我要有耐心,我一定会有的。……

文森特

圣雷米,1889 年,日期不详

亲爱的提奥:

现在我必须以一些我所知道的令人恼火的消息开始这封信。事情是我在这期间会有一些花费,我以为当花费产生的时候,佩顿医生就已经告知你了,但是他们前几天告诉我并没有。所以扣除你汇过来的 10 法郎,现在已经积累到 125 法郎了。它们是颜料、画布、框架和横档的花费、前几日我去阿尔勒的旅费、一身亚麻套装以及各种修补费用……

让我非常吃惊的是,艾萨克森先生想要针对我的习作写一篇文章,我很开心地告诉他要等待,他的文章不会因此而降低质量。经过一年的努力,我希望可以在绘画中加入更多个人的东西,画更多有把握的作品。

佩顿先生非常友好地谈论着我的事情,考虑到他可能不会赞同,我还没敢提出近期回到阿尔勒的请求,但我非常想回去。我并不怀疑他会认为我先前的旅行和紧接着的发病之间有某种联系,但我非常想见到那里的一些人。

在南方,没有像普雷福特那样的霸权者来关押我,我会不由自主地重视那里的人和事。

现在我暂时待在这里,在我看来要从冬天待到春天,我不能在这里待到夏天吗?这取决于我的健康状况。

你所说的奥维尔小镇是一个让人期待的地方,如果不进一步观望,我们必须确定下来。如果我去北方,哪怕医生的房子里没有房间,在你和老毕莎罗的推荐下,他们也会帮我找到一个可以寄宿的家庭或者一家旅馆。最重要的是要有医生,这样我发病的时候就不会落入警察之手,然后被强制带入精神病院。

我向你保证,北方也会像一个新的国度一样让我感兴趣……

……总之,在你离开一个地方之前很难做一些事情来证明你深爱着它。

如果我回到北方,我打算创作一些希腊式的习作,你知道,只使用白色、蓝色以及一点儿橙色,就像在野外一样。……

文森特

圣雷米,1889 年,日期不详

亲爱的提奥:

我刚刚带回了一幅油画,我已经画了一段时间,它和《收割者》中展示的是同一片田地。地上是些土块儿,背景是焦干的大地。然后是阿尔卑斯山的峭壁,蓝绿的天空中有一些白色和蓝紫色的云彩。前景是蓟和一些干草,一个农民在中间拖着捆绑好的稻草。这又是一幅粗糙的习作,它几乎全是蓝紫色的,而不是黄色的。但我写信给你是因为这幅画会让《收割者》显得更完整,也会更清楚地解释它究竟是什么。因为《收割者》看起来好像是随意之作,这会给它一种支撑。……

这周我画的仍然是《采石场的入口》,它有些像日本的绘画。你记得吗? 日本的绘画中有一些岩石、小树和遍地的野草。有时自然是华丽的,秋天的色彩是辉煌的,绿色的天空与黄色、橙色以及绿色的树叶相互映衬,蓝紫色的土地上是枯萎的野草,但雨水又给一些植物带来最后一丝活力。它们开始绽放一些蓝紫色、玫瑰色以及蓝黄色的小花。让人悲伤的是不能把它们画出来。

这里的天空和我们北方的天空一样,但日出和日落时的色彩更富于变化,正如朱尔斯·杜普雷和兹姆作品中所描绘的那样。

我也有两幅公园和精神病院的风景画,它们看起来让人非常愉悦。我试着按照它们原本的样子来画,在蓝色的背景中简化并突出了松树和雪松高傲的品格。

我经常想如果高更留在这里,他并不会因此失去一些东西,因为我可以从他写给我的信中,清楚地看到他并不总是处于巅峰状态。我知道这是什么原因,他很难找到模特,并且那里的生活也没有预想的那么便宜。但是如果他有耐心,明年情况就会有所好转,如果他在服役,他不应该让伯纳德和他在一起。……

这就是关于印象派画家的可怕事情,他们的发展被延误,多年来仍然被前辈们已经战胜的钱和模特的困难所阻挠。……

乔的健康状况还好吗?我认为这一年对你来说总比前些年要好。我现在也很好,我认为佩顿先生是正确的,他说我并不是严格意义上的发疯,因为有时我的精神是完全正常的,甚至比以前还要好。但发病的时候就非常可怕,那时我会完全失去意识。但是那也能激励我继续工作,像矿工一样在危险中匆忙地做一些事情……

文森特

圣雷米,1889 年,日期不详

亲爱的提奥:

……我经常会感到非常沮丧,此外,我的身体恢复得越好,我的大脑就越能冷静地思考,我看起来也更傻。这所有的一切都是因为我为绘画花费了太多,却没有任何收益,甚至无法收回成本,然后我就会非常难过。我的年龄也是一个问题,现在很难再开始别的事情。

在一堆荷兰的报纸里,我发现了一些来自巴黎的信件,我认为它们属于艾萨克森。

信中的措辞非常敏感,可以让你猜到作者是一个痛苦、焦躁不安并且非常温和的人。这种温和让我自然地想起海因里希·海涅的《旅行心影录》。

我没有必要告诉你,我认为他对我的议论是非常夸张的,这就是我不想让他对我有任何评论的一个原因。我发现这些文章,虽然我不清楚它们是什么,但对我来说似乎是不健康的……

我正在画阿尔勒医院精神病房,然后这些天就没有更多画布了,我在这个地方四处行走,开始更多地感受我生活的地方的风景的整体效果……

啊,你现在本质上还是你自己。你说乔安娜已经感觉到孩子在快速地长大,那甚至比风景还有趣。我非常开心你的生活有了如此多的变化……

米勒的《人生第一步》那幅画是多么漂亮啊!……

文森特

圣雷米,1889 年,日期不详

亲爱的妈妈:

……好吧,我正在为我的油画辛勤地工作,就好像农民们在田地里耕作一样。

我们的职业发展很不好,事实上它一直都是这样的,但现在更糟糕。

画画也从来没有像这些天一样花费如此多的钱。

促使我们继续工作的是我们之间的友谊以及对自然的热爱,如果一个人想尽力画画,就没有什么能够阻止他。与别人相比,我仍然是幸运的,想象一下,如果一个人开始他的职业,却又在取得任何成就之前放弃这个职业会是什么样子,有许多这样的人。想象一下,如果学习一门职业需要十年的时间,那么学了六年并为此花费很多、却不得不停止的人,是多么悲惨呀!有太多这样的人!

文森特

圣雷米,1889 年,日期不详

亲爱的提奥:

……我非常好,除了有时候会感到非常沮丧,但是我感觉很好,比上个冬天还要好一些,甚至比我来这里时还要好,比在巴黎的时候还要好。

对我来说,工作中的想法似乎变得更加成熟。但我并不确切地知道你是否会喜欢我现在做的事情。因为你在上次的信中说,对风格的追求会影响到其他的品质。实际上,我更倾向于风格的寻求。如果你喜欢,我的意思是要进行更深层次的以及更深思熟虑的绘画。如果这些让我更像伯纳德或者高更,我也没有办法……

是的,你一定要感受下这里的全部,难道不是这让塞尚的作品比其他作品更加独特吗?……

文森特

圣雷米，1889 年 11 月

亲爱的提奥：

非常感谢你的来信,很开心你告诉我乔安娜现在仍然很好。这是目前最好的一件事情,我认为对你来说也是如此。你信中说你已经看了太多的作品,一段时间内你将不会再看任何作品,这说明你对生意有太多的担忧。是的,生活中除了绘画,还有一些别的东西,这正是你所忽略的。我认为在这种情况下,一个人必须坚持把绘画当成责任,但是再多就不行了。至于二十人画派,下面是我想向你展示的：

1 和 2.两幅向日葵的组合

3.直立的常春藤

4.开花的果园

5.红葡萄园

6.日出时的玉米田（我现在还在画）

高更给我写了一封非常好的信,信中热情地提到德哈恩和他在海边简单的生活。伯纳德也给我写了信,抱怨了许多事情。虽然他也像一个好伙伴,但他对于他的才智、他所有的作品以及他所有的克制并不开心,似乎他的家对他而言都是监狱。

我并不是高更《橄榄园中的基督》的崇拜者,他寄给我了这幅素描。然后对于伯纳德的作品,他保证会给我寄来它的照片。然而现在也不是让我称赞高更作品的时候,我们的朋友伯纳德也许从来没有见过橄榄树,现在他对很多事情也没有太多的想法。

我认为伦勃朗和德拉克罗瓦非常好地做到了这些,相比最初的作品,我更喜欢这些作品。我将不再尝试画《橄榄园中的基督》,但是你仍然可以看到橄榄园中鲜艳的色彩,也会让人想到人物的真实比例……

如果我的健康状况保持稳定,我就会再次尝试作品的销售、展览与交换,也许我会取得更大的进步,这样一方面能减轻你的负担,另一方面也会使我的热情复苏。我并不想对你有所隐瞒,因为无聊,待在这里让我非常厌倦。伴随着所有的不幸,整天无所事事,没有活力……

文森特

圣雷米，1889 年，日期不详

亲爱的提奥：

非常感谢你寄来的颜料包裹，还有一件非常好的马甲背心。

你对我来说非常友好，我多么希望可以做一些好的事情，这样就能向你证明我非常感激。颜料在合适的时间收到了，因为我从阿尔勒带回来的几乎要用完了。我这个月在橄榄园里作画，因为他们的《橄榄园中的基督》让我感到发狂。当然对我来说，画任何与《圣经》有关的东西都没有问题，我已经给伯纳德和高更写信了，我认为我们的责任是思考而不是做梦，所以当我看到他们的作品时，我为他们纵容自己变成那样而感到震惊。伯纳德给我寄来了他的油画照片，它们是一种梦想或者噩梦，你从中可以看出，他们在继续着原始的疯狂。但是坦白说，英国的拉斐尔派做得更好，然后是皮维斯和德拉克罗瓦，比拉斐尔派更健康。

……我的画布又快用完了，我请求你尽可能快地给我寄来 10 米画布，然后我就准备画大山和松树，我认为这将是我在这儿和普罗旺斯工作的核心。然后如果方便的话，我们就可以决定待在这里。这并不着急，毕竟巴黎有许多让人分心的事。然而我并不总是一个消极主义者，我认为我的心中仍然想画一个前景是黄色和粉色的书店，晚上的时候，前面是黑色的行人，这是现代派的一个非常重要的主题，因为这似乎是以灯光为焦点的想象。也即是说，这会是橄榄园和小麦田之间的一个主题。我非常想这样做，就像黑暗中的一丝亮光。是的，这是欣赏巴黎美景的一种方式，但毕竟书店不会像兔子那样跑掉，所以不必匆忙。我非常想在这儿再工作一年，这也许是最明智的决定……

文森特

圣雷米，1889 年 12 月

亲爱的妈妈：

……我生病已经一年了，并且我很难说什么时候才可以恢复。对于过去的事情，我经常自责，我的疾病多少来自我自己的错误，无论如何我都在怀疑是否有任何方式可以弥补错误。

但仔细考虑下，这些事情有时候又非常难，我比之前更多地感到这种感觉击垮了我。我经常会想起你,想起过去的生活。

你和父亲为我做了许多事,比任何人都多。我似乎并不具有开朗的性格,我发现在巴黎,提奥尽可能地从实际上帮助父亲,所以他自己的兴趣被忽视。因此我现在非常感激提奥有了妻子,并期待着他们孩子的出生。父亲去世之后,我去巴黎看望了提奥,他是如此依赖我,以致让我感受到他如此深爱着父亲。现在我向你而不是向他说这些,我没有待在巴黎对我们来说都是好事。

生活并不只是这样,我只能告诉你,我认为这种方式对他来说比以前更好。他需要考虑许多令人厌烦的琐事,他的健康也会因此受到影响。在我刚开始生病的时候,我并不想去医院。

现在我认为自己应该更早地接受治疗。

一个法国作家说,画家多少都有些疯狂,尽管有许多人反对这一点,但可以确定的是,人们从绘画中得到的是孤独。不管事实是怎样的,我可以想象,不用担心任何事情,我作品的质量正在提升。

因此,我继续保持着相对的冷静,尽力画好我的作品,不要认为自己是不幸的人。

现在我正在画群山和小溪之间的小路,溪水猛烈地撞击着两边的岩石。岩石是平滑的紫灰色或者粉色,到处是开花的棕榈树丛,展示出秋天的各种色彩,绿色、黄色、红色和棕色。画的前景是白色的小溪,像肥皂水一样满是泡沫,映照着蓝色的天空。

文森特

圣雷米,1890 年,日期不详

亲爱的提奥:

……高更非常不幸,他的孩子从窗户上摔了下去,并且他也不能够待在那里。我经常想起他,尽管他精力充沛以及拥有许多非凡的品质,但这仍然是不幸的。我认为乔安娜分娩的时候,我们的妹妹去帮忙真是太好了。

希望一切顺利……

我并不知道佩顿先生会有怎样的建议,但是考虑到他告诉我的,我认为对于我是否有可能回到以前的生活,他并不敢表态。再次发病是让人害怕的,但也不是完全没有理由让自己开心一些。

我认为把这些精神病人关在破旧的建筑里是一件非常危险的事情,这有让人丧失理智的风险。我并不是攻击这种行为，我已经习惯了这里的生活。但一个人不能忘记在相反的方向上做出一些尝试……

啊，当我生病的时候，这里有正在融化中的雪，我夜里起来观看，自然从来没有让我如此感动，让我如此饱含感情。

这里人对绘画的迷信观点，有时让我感到难以言说的沮丧。画家太沉浸于眼睛所看到的东西，所以不能充分地掌控他生活中其余的东西。……

文森特

圣雷米，1890年2月2日

亲爱的提奥：

我刚刚收到你已经成为父亲的好消息，乔安娜也已经度过了最关键的时期，这个小男孩也很好。这对我来说都是好消息，给我带来了难以用语言表达的欢乐。太好了，母亲一定非常开心吧！我前天收到了她的一封相当长又非常冷静的信。我所长久渴望的事情终于发生了，我不需要告诉你我的思想已经完全转向你。让我非常感动的是，乔安娜在前一天晚上非常友好地给我写了信。那时冒险给我写信多么需要勇气呀，这让我非常感动。好吧，这些都对我忘记生病的这些日子很有帮助。在这样的日子里，我已经不再记得我在哪里，我的思想在何处游荡了。

你寄给我的对我作品的评论文章让我感到非常吃惊，我不需要告诉你我希望可以继续思考，并不再那样作画了，但我从中学到了应该怎样画画。这篇文章以非常正确的方式表明了沟壑已被填充，我认为作者写作的真实目的是指导，不单单是指导我，而是指导所有的印象派画家。他简单地告诉我，到处都能看到一些好东西，即使我的作品并不完美。这正是让人欣慰的地方，我非常赞赏并满怀感激。只是对于完成这样的任务，我的背景知识还不够丰富，这一点是可以理解的。我也无须告诉你这篇文章在我看来有些夸张和奉承，这和那篇宣称当今的画家已经放弃争论，一场重要的运动正在蒙马特尔街边的小商店安静地进行一样有些夸张。我承认一个人要把他的想法以合适的方式表达出来非常困难，就好像一个人不能够把他所看到的都画出来一样。所以这并不是一场艾克萨森式的鲁莽批评，从长远来看，我们只是起到了示范作用，这必然会产生责任和义务。所以，你或我需要获得一些声誉，然后我们就可以冷静地进行简单的尝试，促使我们不断前进。

你为什么不说他对我的向日葵的评价呢？和科斯特完美的蜀葵与黄色鸢尾花、

让南的高贵的牡丹相比,他的评论是非常公正的。你也知道这种赞扬都有它的另一面,但我非常开心,对此也满怀感激,或者说内心非常愉快。更重要的是,像这样的一篇文章作为艺术评论性的作品有它自身的价值。我认为这一点应该受到尊重,作者也必须提高基调,掌控好他的论调。

你应该从一开始就避免让你年轻的家人过多地接触艺术世界。老古比尔对他的家人做出了很好的指导,我认为你仍然会经常想起他。事情到现在已经发生了很大的变化,他超然的冷漠遇到了当下的复兴,但是他预测风暴的能力还是非常独特的。

高更建议我们以他的名义成立一个画室,成员是他、德哈恩和我,但是他坚持一定要先看到托金的计划。对于继续作画,他看起来已经冷静了许多,然而我并不确定原因究竟是什么。他应该摆脱托金对他的影响,事实上他还需要一些发展的空间。

考虑到他所有的经历,该对他说什么呢?

所以我希望他能感觉到你和我是他真正的朋友,他在给我写信时有很大的保留,比去年更加严重。我已经写信给拉塞尔,试图唤起他对高更的回忆,因为我知道他是一个非常理智并且值得信赖的人。我应该回去和高更在一起,然后我们会需要拉塞尔的帮助。高更和拉塞尔都是乡下人,但并不是野蛮人,他们内心的成熟也许远远超过你和我,这就是我对他们的感觉。

一个人必须有信心。在我看来,如果我想继续,让我们把它称作是对米勒作品某种程度的转化,就要阻止人们对我的批评,他们会认为我所做的只是生产复制品,因此来妨碍或者阻止我。这个时候,我就需要得到像拉塞尔或者高更这样的画家的支持,让我的计划作为一项严肃的工作得以进行。在处理你寄给我的米勒作品时,我也有一些道德上的顾虑,我拍下了那些我精心挑选的作品的照片,直接寄给了拉塞尔,在我重新考虑之前,并没有再看它们。在听到你或者某些人对这些事的看法之前,我并不想这样做,你很快就会收到它们。

拉塞尔是耿直的,他很容易生气,他会就事论事,而这些正是我所需要的。我发现《圣母玛利亚》是如此耀眼,以致我还不敢看它。我的疾病让我变得更加敏感,我感觉自己没有能力继续这种"转化"。我停止了我正在画的《播种者》,它还不能让我满意。因为生病,我对继续工作这件事思考了许多。我作画的时候非常冷静,你很快就能看到我寄给你的 5 幅或者 6 幅已经完成的油画。

我希望洛泽先生能尽快到来,我也希望能够和他熟悉起来,我信任他的观点,他说我的作品是普罗旺斯风格。他也回避实质上的问题,像其他的批评家一样,他更多地说将要做的事情，而不是已经完成的事情。松树的风景画并不容易画，奥利尔也意识到了这一点。他说黑色也是一种颜色，指的是它火焰般的外表。我也在思考这些，但是现在还不敢做任何事情，就像谨慎的艾克萨森一样，我认为我们还没有到达那里。画出漂亮的东西，需要人们的灵感，需要高空的光线。我画这些向日葵的时候，却在寻找对立面，它是柏树。

我打算在这里停下来，我有点担心一个还在生病的朋友，我想去看望她。她是肖像画《吉诺克夫人》的模特，然而她现在有了很大的改变。她因过早地体验了生活中的变故而患上了精神病，总之非常痛苦。上次见到她时，她看起来像一个年老的祖母，我向她保证两星期后再来看望她，但是现在我自己也生病了。

不管怎样，对我来说，你所带来的都是好消息。那篇文章以及所有的事情，都让我今天感觉特别好。我很遗憾萨勒先生没有找到你，我也想对威廉明娜的来信再次表示感谢。我本应该今天就立刻给她回复，但现在要推迟几天。告诉她，母亲在阿姆斯特丹给我写了一封长信，她有多开心，威廉明娜就有多开心。

我已经把我所能想到的都写进去了，希望乔安娜可以长久地和我们保持联系。至于这个小男孩，为什么你不给他起名叫提奥以纪念我们的父亲呢？这必然会让我感到非常愉悦，握手。

你永远的文森特

圣雷米，1890 年 5 月

亲爱的提奥：

谢谢你的回信和乔安娜的人物画，这幅画非常漂亮，造型也非常成功。现在你看，我的回答非常坦率，也尽可能地实用。首先对于你所说的我必须在整个路途中都有人陪伴，我对这一点明确地表示拒绝。一旦上了火车，我就会感觉相对安全一些，我并不是那些危险分子中的一员。假如我发病了，车厢里还有别的乘客，不是吗？难道你不知道在每个火车站都有应对这种情况的准备吗？我知道你对此感到非常不安，因为疾病沉重地打击了我，几乎让我完全丧失勇气。

我向佩顿先生说了同样的事情，并且向他表明，这次的发病会让我在接下来的三四个月中完全平静。我想利用这段时间搬家，无论如何我都要搬家，我离开这里的决心是不会动摇的。

我感觉自己没有足够的能力来评判对待混乱的方式，我也不想了解细节。但是我早在六个月前就提醒过你,如果我再次发病,我就要换家精神病院。我那时正处在工作的中间时期,并且打算完成已经开始的油画,否则我绝对不会再继续待在那里。所以我说,两个星期的准备时间对我来说已经足够了(尽管我更希望一个星期)。如果你坚持,我可以在塔巴斯克,或者更远的一站或者两站等你。当我到巴黎的时候(我离开这里的时候会给你发电报),你可以来里昂站接我。

现在我应该尽快地去拜访这个地区的医生,我们可以把行李先放在车站,我不会和你在一起待超过两天或三天的时间,然后我就会去村庄,在那里我会重新找回内心的平静。

我认为,你现在应该毫不迟疑去做的事情是写信给我们未来的朋友——我们正在谈论的那个医生。"我的哥哥非常希望你成为他的熟人,在他到巴黎之前,你做他的咨询医生,希望你能同意过来,为了你的研究,在他所住的地方停留数星期。他非常相信你们可以相互理解,健康状况也会得到改善,尽管他现在正处于疾病的威胁之中。"

你在信中就这样写,我们也可以在到达巴黎的那天给他发电报,或者在那之后的一天,他可能会在车站与我相见。

这里的环境开始变得让我越来越难以忍受,我在这里已经当了一年多的病人,我需要新鲜的空气,我感觉要被无聊和悲痛压垮。

现在工作很紧迫,我在这里也只是浪费时间。你为什么如此害怕意外呢?那本不应该成为你所担心的事。天哪,自从来到这里,每天我都看到有人倒下,或者精神失常。

我向你保证,在这种环境中,人会很容易放弃自己,甚至是牺牲一个人的自由,这非常令人同情。

这让我有了不能迅速抹平的皱纹,现在形势更严峻了,我认为即使他们终结我的生命也是非常合理的。

所以请要求佩顿先生允许我离开这里,我们约定最迟在这个月的 15 日。如果我还需要等,我就会让两场发病之间的冷静时间白白流逝。现在就离开吧,我需要认识别的医生。如果疾病不久之后再次暴发,这也不是不可能的,这取决于情况究竟有多么严重,我们可以看看我是否可以继续保持自由,或者我是否为了健康而需要定居下来。如果是后一种情况,我在上一封信中就告诉你,我要去病人劳作的田地或者工作间,我确信在那里会比在这里发现更多的绘画主题。

直到现在,我还一直在尝试着作画,我没有给任何人带来任何伤害,把我当作危险动物一样看待公平吗？如果我要发病，他们知道应该在车站做什么，我必须学着适应。

但是我确信我不应该如此紧张，我离开的时候非常沮丧，这种沮丧比疯狂还强烈。

佩顿先生不用做出任何保证，因为他并不想承担这个责任，他说也许我们永远都不会到达终点，事情进行得非常缓慢，最终，我们会对彼此生气。对我而言，我亲爱的弟弟，我的耐心也几乎用尽了，已经到了尽头，我无法再继续了。我必须有一定的改变，哪怕这只是临时的措施。

然而这种转变对我来说很可能就是一个机会，工作仍然要继续下去。我在新剪的草坪上画了两幅油画，它们都非常简单。这是仓促完成的草稿，粉色和紫色的菠萝枝，然后是绿色草地上的白花，还有一束玫瑰和一些树干作为背景。我一定要到户外去走走，我确信我工作的热情会更高，并且对其他的事情也会有不一样的感觉，同时还会让我找回曾经的幽默。我一定要去那里，不用再做任何思考，也不用为可能会看到的东西闷闷不乐。

他们说在作画的时候，一个人不能追求过多的东西，也不能希望获得一幅特别好的图画。这很可能是真的，为什么一个人不能很好地抓住时间，尤其是处在生病状态的时候呢？

与你和约翰娜握手，我认为在人物画之后，我还要画一幅自画像，可能不会非常像，但是无论如何，我会努力尝试。

我希望很快就能见到你，高兴起来吧，留出一些时间来陪我旅行。

你永远的文森特

圣雷米，1890 年，日期不详

亲爱的提奥：

……事情目前仍然维持得很好，可怕的发病像暴风雨一样消失了，我正在这里冷静地保持热情完成画作。我手上有一幅玫瑰的油画，背景是浅绿色的，还有两幅有代表性的大束蓝紫色鸢尾花，其中的一幅是粉色的背景，给人带来柔美和谐的效果，因为它是绿色、粉色与蓝紫色的结合。另外一幅紫罗兰花束有令人惊艳的柠檬黄背景，花瓶里是其他的黄色调，因此形成了完全对立的补充效果，通过对立，双方都得到了加强。

这些油画要一个月的时间才能干透，但是这里的服务员会在我离开之后就寄出。我打算在这周尽快离开，并且今天就开始打包……

另外一件非常奇怪的事情是，正如我们被瑟拉的油画所吸引的那天一样，在这里的最后一些日子里，对我来说好像意外发现了新鲜的颜色。至于我的工作，我亲爱的弟弟，我比离开的时候更有自信。

文森特

奥维尔小镇，1890 年 5 月

亲爱的提奥和约翰娜：

与约翰娜熟识了之后，对我来说只给提奥写信是非常困难的，但是我希望约翰娜允许我用法语写信，因为在南方生活两年之后，我真的认为这样做能够更好地表达我的想法。奥维尔非常漂亮，其中还有一些古老的茅草屋，这在其他地方很少见。

因此我希望在这里开始一些油画创作，这是获得我在这里所需花费的机会。事实上，它真的非常漂亮，这是真正的乡村，有个性且风景如画。

我看到了加谢医生，他给我一种相当古怪的印象，但是作为医生的经历必然会让他有足够的力量与精神问题做斗争。在我看来，他至少也像我一样遭受着严重的痛苦。

他指引我去了一家旅馆，这里每天需要 6 法郎。我自己发现了一个每天只需要支付 3.5 法郎的地方……

也许你这周就可以见到加谢医生了，他有一幅很好的毕莎罗的画，是冬天雪中的一座红房子。他也有塞尚的两幅画作，一幅是画得得是非常漂亮的花束，另外的一幅是塞尚的乡村风景图，我非常开心可以在这里做一些绘画工作。

……他的房子里摆满了黑色的古物，全是黑色的，除了我刚提到的那些印象派画作。他给我的印象并没有什么不好。当他谈到比利时人和那些老辈画家们的生活时，他那刻画着悲伤的脸上再次有了笑容。我真的认为应该和他保持朋友关系，并且画一幅他的肖像画。

然后他说我应该大胆地工作，一点儿也不要考虑我现在出现的问题。

文森特

奥维尔小镇，1890 年 6 月 4 日

亲爱的提奥：

……加谢先生说父亲和母亲必须顺理成章地把孩子抚养长大。你必然会喜欢和他进一步接触，他也期待着你的到来。每次和他见面，我们都谈到这些。在我看来，他像你或者我一样有病和精神错乱。他已经老了，并且多年前就失去了他的妻子。他是一个很好的医生，他的职业和信念仍然在支撑着他。我们已经是很好的朋友了，当这发生的时候，他已经知道了蒙彼利埃的《布里亚》了，并且对它有着和我一样的想法。

我正在画他的肖像画，他头上戴着浅白色的帽子，手也是浅肤色，穿着一件蓝色的长工作服外套，背景是深蓝色，倚靠着一张红色的桌子，上面还有一本黄色的书和开着紫色花的植物。这和我在这个地方所画的自画像有同样的感觉。

加谢先生对这幅肖像画非常着迷，也想让我为他画一幅，如果可以，尽可能地相像，我自己也会喜欢，他现在已经能够理解最后一幅阿莱城姑娘的肖像画，你也有一幅玫瑰色的画像。当他过来看这些习作的时候，他总是回到那两幅肖像画中，并且完全接受它们，是的，完全按照它们存在的方式接受它们。

……无论如何，我在一天天地生活，这里的天气非常好，我也很好，我晚上 9 点钟睡觉，大多数时间都是 5 点钟起床。我希望我对刷子的感觉会比去阿尔勒之前更可靠。加谢医生说他认为我不可能再次发病，事情进展得非常顺利。

……现在除了加谢，没有任何东西，完全没有任何东西能够让我留在这里。我认为他会一直成为我们的朋友，我感觉在这个房子里，每次都能画出不错的作品，每个周日或者周一我要离开的时候，他总是会邀请我再过来吃饭。

尽管在这儿画画非常愉悦，但是在这儿吃饭非常耗费精力。因为一个友善的人会尽力做四道或五道菜，这对他和我来说都是非常可怕的，因为他并没有如此强大的消化系统。真正阻止我对此进行抗议的是，这唤起了他那些和家人一起吃饭的旧时光，这一点我们都清楚地知道。

但是吃一道或者两道菜的现代观念是一种进步，也是对遥远时代的一种回归。总之加谢非常喜欢你和我。

文森特

奥维尔小镇，1890 年 6 月 10 日

亲爱的提奥和约翰娜:

星期日给我留下了非常美好的回忆,通过这种方式,我们感觉到离对方并不遥远。我希望可以经常见到对方。星期日以来,我画了两幅树间的房子的习作。

……非常奇怪的是,噩梦也在一定程度上终止了。我经常告诉佩顿先生,回到北方会让我感到自由,但这种情况也是非常奇怪的。尽管他非常有能力,也希望我能变好,但实际上正在恶化……

文森特

奥维尔小镇，1890 年，日期不详

亲爱的保罗·高更:

（一封在文森特的手稿中发现的未完成的信）

非常感谢你再次给我写信,老朋友,你一定要知道自从我回来后每天都在想你。我只在巴黎待了三天,巴黎的噪音对我产生了如此大的影响,以致我认为回到这个地方是非常明智的,但我很快就会去看你。当你说到阿莱城姑娘的肖像画时,我感到非常愉悦,这是你所喜欢的绘画。

我们可以把这当作是数月以来你和我一起工作的总结。为了画它,我以生病一个月为代价。但我也知道,你一定能够理解这幅油画,对于别人,我们就不能期待被理解了。我的朋友加谢医生在两次或三次的犹豫之后接受了它,并且说"简单是最难的"。非常好,我想把它制成蚀刻版画。任何喜欢他的人都可以拥有它,你也见过橄榄树吧?

我有一幅加谢医生的肖像画,这是我们对令人心碎的时间的表达。如果你喜欢一些像你所说的橄榄园中的基督,虽然不能被理解,但无论如何我都完全接受你和我弟弟的建议。

我现在仍然在画星空下的柏树,这是最后的一次尝试。夜晚的天空,月亮没有散发光辉,一颗颗星星在空中闪耀,你是否喜欢深蓝色天空中云彩间玫瑰色和绿色的柔和光辉呢? 路旁是高挑的黄色竹竿,后面是小旅馆浅色的窗户,还有一棵非常高的柏树,非常直,也非常阴郁。

路上是黄色的运货马车，白色的马上套着马具，还有两个旅人。如果你喜欢，这会非常浪漫，我认为普罗旺斯也不过如此。

我可能会把这做成蚀刻版画，至于别的风景、别的主题以及普罗旺斯的记忆，我期待着给你一幅画作为总结。

当你到巴黎的时候，你就会理解我因没有看到你的油画的一点困惑，但是我希望可以尽快回去。从你的信中我知道你和德哈恩一起回到了布列塔尼，这让我非常开心。如果你允许，我会再次见到你，在与德哈恩熟识之后，我要画一两幅海景画。然后我们就要做一些果断且严肃的事情，因为我们的作品也许会从这里开始。

总之，在生动且宁静的背景中，我想画一些肖像画。绿色蔬菜有着不同的品质，但却有着同样的价值，就好像要画纯粹的绿色会让你想到耳边微风吹拂的沙沙声一样，这并不像色彩那样简单。

文森特

奥维尔小镇，1890 年 6 月 30 日

亲爱的提奥和约翰娜：

我刚刚收到你的来信，你说孩子生病了，我非常想去看望你。当想到我比你目前所处的焦虑状态还虚弱时，我又放弃了这个想法。我觉得这非常糟糕，希望我能够帮到你。

直截了当地说，我害怕增加你的困惑，但我却全身心地分享着你的焦虑。我认为来这里和加谢先生一起生活是一个很好的计划。我认为乡村的空气有非常大的帮助。你可以来住旅馆，那样你就不会感到太孤独，我可以经常来看你，这也不会增加花费……

至于小孩子，真的，给他新鲜的空气是必须的，这个乡村里其他孩子也会让他更有精神。我认为和我们一起承担焦虑和风险的约翰娜，也应该时不时地感受下这里的多样化。

还有一封来自高更的悲观的信，他模糊地说他已经决定去马达加斯加岛了，如此的模糊以致你会认为他只是想了一下，因为他并不知道真正应该想些什么。

实施这样的计划在我看来也是荒谬的……

这个旅馆的有户人家曾经住在巴黎，在那里，父母和孩子都感到不适应，在这里他们却不觉得有任何问题，尤其是最小的孩子。他两个月大就来到了这里，母亲也

不能给他足够的母乳,到这里后,一切立刻就恢复了正常。你整天都在工作,也许很难入睡。我坚信约翰娜来这里后会有双倍的乳汁,这样你们就不需要牛、驴以及别的四足动物了。对于约翰娜来说,白天这里有许多同伴,她可以在加谢家附近待着,你还记得山脚下有一家旅馆吗?

对于未来,如果没有贝索德,我还能说些什么呢?……

我尽我所能地把事情做好,但是坦白说,我几乎不能指望总是保持精神正常。如果我的病症又出现了,你一定要原谅我。我仍然非常热爱艺术和生活,但至于我要拥有一个妻子,我对此并没有信心。我恐怕我要说我已经接近四十了,或者什么也不说,我宣称自己什么都不知道,没有任何东西可以让这些完全静止。但是我立刻给你写了回信,关于这个小孩子,我认为你一定不要盲目担心。如果事情只是他开始长牙齿了,那很好,不用紧张,这里会带给他更多的欢乐,因为这里有孩子、动物、花朵以及新鲜空气。

文森特

奥维尔小镇,1890 年 7 月 7 日

亲爱的弟弟和弟妹:

我的印象是,从那时起我们就不再是我们自己了,任何情况下都心事重重,继续坚持我们明确规定的位置几乎已没有意义。我们之间不能达成一致,这让我非常吃惊,你们似乎想要推动这种情况。对此我可以做任何事情吗?也许不能,但是我做错了什么事情吗?或者你们想让我做一些别的事情吗?

灵魂上与你们再次握手,与你们再次见面给我带来了诸多欢乐,这是肯定的。

你永远的文森特

奥维尔小镇,1890 年 7 月 10 日

亲爱的弟弟和弟妹:

约翰娜的信对我来说就像福音,让我从烦恼中得以解脱。这相当困难,需要我们大家一起努力。当我们感到日常生活中的面包都快没有时,就不能要求别的更细微的东西了,也不会有别的原因让我们感受到我们的生活是如此脆弱。

回到这里,我仍然感到非常悲伤。威胁你们的暴风雨也沉重地压在了我身上。

你看我们需要做什么呢？总的来说，我尝试着保持合理的性情，但我的生活也从根本上受到了攻击，我的脚步也不稳定。

我恐怕自己虽不完全但也有点儿成了你的负担。你们会发现一些无法忍受的事情，但是乔的信清楚地向我证明你们意识到我在工作，并且像你们一样努力。

所以一旦回到这里，我就会再次开始工作，尽管刷子几乎会从我的手中滑落。我清楚地知道我想要的是什么，从那时起，我又画了 3 大幅油画。它们是天空下广阔延展的小麦田，我并不想太为自己操心，并试着表达我的悲伤和极度的孤独。我希望你们能够很快看到它们，因为我想尽快把它们带到巴黎。我非常确信这些油画会告诉你们我用语言所不能表达的东西，那就是我发现乡村是多么有益健康和生机勃勃。

有一幅油画画的是杜比尼的花园，这是一幅我从来到这里就开始考虑的图画。

我真心诚意地希望已拟定的行程能对转移你们的注意力有一些帮助。

我经常想起小家伙，我并不怀疑养育孩子比绘画更费精力。我多少感觉现在太老了以致不能回顾自己的过去或者渴望任何东西。那种渴望已经离开了我，但精神上的痛苦依然存在。

非常遗憾没能再次见到纪尧姆，但我也因他看到了我的油画而高兴。如果我等到他，我就会和他交流很久，甚至可能会错过我的火车。

祝你们幸运、内心坚定并获得一定的成功，告诉母亲和妹妹我经常想起她们。实际上，我今天早上收到了她们的来信，我会尽快回复。

思想上握手。

你永远的文森特

奥维尔小镇，1890 年 7 月

亲爱的妈妈和妹妹：

……我经常想起你们，并且非常想再见到你们……

我被广阔的平原所吸引，它映衬着山，像无边的海。微妙的黄色、嫩绿色与蓝紫色的耕地和杂草地，盛衰变换的豆科植物，天空下的一切都是精妙的蓝色、白色、粉色和蓝紫色。

画这些的时候，我的心情已经非常平静了。

我非常希望你们会和提奥与约翰娜一起度过快乐的日子。你们将看到他们把小孩子照顾得非常好……

文森特

奥维尔小镇，1890 年 7 月 23 日

亲爱的提奥:

谢谢你今天的来信和附上的 50 法郎钞票。

也许我应该写信告诉你更多的事情,但是首先因为我完全丧失了这种想法,然后我感到它对我来说似乎并没有用处。

我希望你会发现那些绅士们赞成你的安排。

考虑到你全家人的平静,我愿意相信它可以如我一样,即便面对着暴风雨的威胁,也能长久地坚持下去。

这里的事情变化很快,德赖斯、你和我不是比那些女士更加确信并可以更好地理解这一点吗? 就我而言,我全心地关注我的油画,尝试着画得像我非常喜欢和赞赏的那些画家一样好。

现在我回来了,我的感觉是画家本身在这些天里会陷入更深的困境。

好吧……但是试着让他们理解协会的好处的时刻不是已经过去了吗? 一个协会应该产生,如果其他的将要破产,那么它也会破产。总之,对我来说,个人的主动性没有用,考虑到我们所拥有的经验,我们真的还可以重新开始吗?

我看到来自布列塔尼的高更的作品非常漂亮,我很高兴。对我来说,他在那里所做的别的事情很可能与这一样好。

也许你应该看一眼杜比尼花园的素描,它是我画得最认真的一幅油画。我增加了茅草覆盖屋顶的素描以及两幅 30 号画布的素描,它展现了雨后麦田的广阔延伸。赫希格问我,你是否能够帮他从你为我买颜料的经销商那里订下附件中的材料。

塔赛特可以直接把它们寄给他,但是要给他百分之二十的折扣,这是最简单的。或者你也可以把它们放在给我的一批颜料中,增加账单,或者告诉我总共的数目是多少,然后他就会把钱寄给你了。我已经把自己的需要降到最低了。

在我看来,赫希格对于事情如何开始有了更好的想法。他画了一幅老校长的肖像画,画得非常好。然后他也有一些风景画的习作,和你那里的科宁的作品几乎有着同样的色彩。这可能会被证明只是和这些相似,或者与我们一起见到的沃尔曼的作品很相像。

再见了,生意上好运,向约翰娜问好,在思想上握手。

你永远的文森特

奥维尔小镇,1890 年 7 月

亲爱的提奥:

谢谢你的来信和 50 法郎钞票,既然事情已经向好的方向转变了,我为什么还要说一些不重要的东西呢!天哪,在我们有机会一起讨论生意之前,也许还有很长的一段路要走。

别的画家们,无论他们怎样想,都会本能地与真正的交易之间保持距离。

好吧,事实是我们只能用我们的作品说话,然而我亲爱的兄弟,我曾经告诉过你,并想再一次真诚地告诉你的是,勤奋可以让尽可能做好事情的决心更加坚定。我经常认为你不仅仅是柯罗作品的经销商,通过我的影响,你自己也能创作一些绘画作品,即使是在暴风雨中也能让它们安然无恙。

这就是我们可以从中得到的全部东西,或者至少是我现在所能告诉你的主要东西,这是画商手上死去的画家们的作品与活着的画家们的作品之间的紧张关系。

好吧,我以自己的生命为代价开始自己的工作,我的一半理性都淹没于此,不过没关系,但是你不在我目前所知的画商之列,我认为你仍然可以选择自己的立场,但是这又有什么用呢?

文森特

1890 年 7 月 27 日,文森特来到了玉米田,用左轮手枪朝自己开枪了。严重受伤的他挣扎着回到了小酒馆。虽然他处于巨大的痛苦之中,但他第一次看起来仿佛恢复了精神。提奥被人从巴黎召唤了过来。人们没有试图将子弹取出来。文森特躺着受了两天的煎熬和折磨,最终还是陷入了昏迷,于 7 月 29 日死在他弟弟的怀中,年仅 37 岁。

没有多久之后,提奥因为糟糕的身体状况和过度的悲痛,陷入了幻觉和剧烈的头痛中。他辞去了工作并且彻底崩溃了。仅仅在文森特死后 6 个月,提奥也去世了。